中国中部发展论坛2012

中部地区深化对外开放与区域合作的战略与策略

Strategies and Polices of Deepening External Openness and Regional Cooperation in Central China

主　编　范恒山

副主编　刘苏社　曾文明　张建清　傅　春

WUHAN UNIVERSITY PRESS
武汉大学出版社

图书在版编目(CIP)数据

中部地区深化对外开放与区域合作的战略与策略/范恒山主编. —武汉：武汉大学出版社,2013. 10
中国中部发展论坛 2012
ISBN 978-7-307-11827-0

Ⅰ. 中…　Ⅱ. 范…　Ⅲ. ①对外开放—研究—中国　②区域经济—经济合作—研究—中国　Ⅳ. ①F125　②F127

中国版本图书馆 CIP 数据核字(2013)第 229802 号

责任编辑:田红恩　　责任校对:鄢春梅　　版式设计:马　佳

出版：武汉大学出版社　(430072　武昌　珞珈山)
(电子邮件:cbs22@ whu. edu. cn 网址:www. wdp. com. cn)
印刷:荆州市鸿盛印务有限公司
开本:787 × 1092　1/16　印张:17. 25　字数:406 千字　插页:1
版次:2013 年 10 月第 1 版　2013 年 10 月第 1 次印刷
ISBN 978-7-307-11827-0　定价:48. 00 元

目 录

专题一　区域经济合作与发展

专题二　产业协同与发展

专题三　城市群建设与发展

专题一　区域经济合作与发展

全方位深化中部地区对外开放与区域合作

——在“中国中部发展论坛2012”上的讲话

范恒山

（国家发展和改革委员会地区经济司　北京　100824）

这次论坛已是中部发展论坛的第三届，连贯地看这三届论坛，可以说，论坛的主题越来越具体，研讨越来越深入，形式越来越丰富，对实践的影响也越来越直接。本次论坛以“深化对外开放与区域合作的战略与策略”为主题，既是对中部地区发展面临的新形势和新要求的准确把握，也是论坛的视角从宏观层面逐渐转向更专更细领域的具体体现。讨论这个话题很有意义。从全国看，基于全面建成小康社会的要求，前不久召开的党的十八大进一步强调了扩大开放的重要性，要求实行更加积极主动的开放战略，全面提高开放型经济水平。从中部地区看，这些年对外开放和区域合作不断走向深入，取得了积极成效，但与其他地区相比，就自身发展的需要而言，总体水平仍比较低，还有很大的提升潜力和空间，需要进一步努力，把开放合作推向更高层次。围绕全方位深化中部地区开放合作，我讲三个观点，供大家批评。

第一个观点，开放合作已成为影响中部地区崛起的核心因素。

全方位地深化中部地区的对外开放和区域合作既是大势所趋，又是环境所迫。

*深化开放合作是经济社会发展的内在要求。*从本质内涵看，开放合作包括两个方面含义。一是承力借势、扩权拓利。通过开放合作，能够突破行政地域的限制，在更大范围内利用和配置生产资源与要素。生产资源与要素的有限性和需求的多样性决定了开放合作的必要性。大到一个国家，小到一个单位，都不可能拥有自身发展所需要的全部资源与要素，如果囿于一个封闭循环的圈子里运转，或者通俗地说，仅限于在自己的一亩三分地里转圈圈，就难以打破资源要素的约束，也就难以有效利用各种高端资源与先进成果提升自己的发展水平与能力。换句话说，可以通过开放合作借资源、借市场、借人才，借一些自身不具备的要素为我所用，从而拓宽了发展的空间，放大了自身的权利，最终是增强了发展的能力，提高了发展的效率。二是合理分工、优势互补。在行政主导的经济运行模式下，各地区很容易局限在自身的地理空间作文章，而这样做的结果，一方面是造成了“小而全、大而全”的发展格局，形成地区间产业结构、社会结构等的同构，另一方面是造成了相互间对资源要素的激烈争夺，从而形成了恶性竞争。从整体上看，则是经济结构的低水平重复、地区间发展的不平衡和经济社会发展的缓慢。推进开放合作则有利于在发挥各地区比较优势的基础上实现合理分工，从而最大限度地减少恶性竞争，最大限度地获得总体效益。归纳起来，开放合作的本质内涵就是一体发展、联动发展和互利共赢。从现

实看，经济全球化和市场一体化的深入发展，使深化开放合作成为必然趋势。经济全球化和市场一体化使各个国家或地区直接和间接地联系在一起，难以偏安一隅，孤独求存。游离于国际经济体系之外，就会错失良机，被动挨打。而如果主动顺应这一潮流，积极推进开放合作，就能够充分利用国内外“两种资源、两个市场”，最大限度的获取发展利益。

*深化开放合作是促进中部地区崛起的关键环节。*从当前情况看，中部地区开放合作的程度相对不足，以进出口贸易而言，在很长一个时期里，其所占的比重在全国四大区域板块中是最低的。开放合作的相对不足已成为制约中部地区加快崛起的一个核心因素。造成这种状况的根本原因是中部地区在经济体制转轨过程中环境条件的变化。在计划经济时代乃至改革开放初期，国家经济运行处于相对封闭的环境中，国家掌控着全部生产要素，人流、物流、资金流主要依靠指令性计划统一调配。在均衡发展战略的指导下，这种调配往往兼顾着各个地区的需要。中部省份作为全国一盘棋中的重要组成部分，无疑与其他地区一样受到国家的同等关注。而中部地区具有的连南接北、承东启西的特殊区位优势，使之成为了国家资源要素配置和整体经济循环的枢纽，这使其能够获得比其他地区更大的益处，相对而言，中部地区就比其他地区发展得更好一些，开放合作也就显得无足轻重了。随着改革的推进和市场经济的深入发展，市场机制逐步对资源要素的配置起基础性作用，指令性的平衡不复存在，地区间的均衡也逐渐被打破，资源要素向基础条件较好、开放程度较高的地区流动，中部地区在计划经济条件下享有的那块均衡利益已非必然。从地理区位上讲，在全方位对外开放与合作的环境下，不沿边、不靠海、作为内陆地区的中部恰恰成了一块相对封闭的区域，没有内联外接的特殊优势。除了这方面的原因外，中部地区开放合作相对不足也与思想认识不深入、体制机制不健全、操作方式不完善等密切相关。这一点还将在后面谈到。一般地说，在经济全球化、市场一体化已成大势的情况下，相对封闭或开放不足就成了“逆势而动”。从更深层次看，经济全球化、市场一体化还能带来创新成果共享、产业转移承接、先进管理体制和运行方式对接等许多方面的益处。一个地区如果处于相对封闭状态或开放不足，就等于将这些益处拒之门外，自然就谈不上借力发展、趁势而上。有鉴于此，全方位深化对外开放和区域合作是中部地区的当务之急，对于加快实现中部地区崛起至关重要。中部地区要审时度势、对症下药，抓住国家实行更加积极主动的开放战略的重要机遇，积极挖掘发展潜力，创造和放大比较优势，不断开拓有效路径，全面提高开放型经济水平，推动区域合作迈上新台阶。

第二个观点，中部地区深化开放合作有利与不利因素并存。

适应国家不断深化的改革开放进程，中部地区开放合作的水平日益提高，但总体相对不足的状态仍然没有改变。在新的历史时期，中部地区深化开放合作具备不少有利条件，也存在着许多制约因素。我们要正确认识、全面把握。

*中部地区对外开放和区域合作逐步向纵深发展。*在经济全球化和我国全方位对外开放的背景下，中部地区克服困难、努力创造条件推进对外开放和区域合作，取得了积极的成效。这在两个方面体现得比较突出。一是反映开放合作水平的一些重要指标逐步提升。进出口贸易额是衡量国家或地区开放合作深度的标志性指标之一。这些年来，中部地区进出口贸易快速发展，贸易总额从2005年的415亿美元，增加到2010年的1167亿美元，年

均增长23%；进出口总额占全国比重也从2005年的2.9%，上升到2010年的3.9%。2011年以来，在国际环境十分严峻、国内经济总体不景气的情况下，中部地区进出口仍保持高速增长态势，2011年进出口总额达到1628亿美元，增幅达到39.3%，超出全国近17个百分点；进出口总额占全国的比重达到4.5%，首次超过东北地区，改变了长期垫底的状态。2012年前三季度，中部地区进出口总额已超过1300亿美元，增幅达20.8%，预计全年增长仍会大幅高于全国平均水平。与此同时，利用外资的质量和水平也在持续提高。“十一五”期间，中部地区累计设立外商投资企业15900多家，比“十五”期间增长19.2%，其中大型跨国公司进入中部地区的数量明显增多，许多跨国公司建立了生产基地或研发营运机构。外商直接投资的重大项目也快速增长，外资投向发生明显改变，由主要集中在房地产和商贸领域，逐步转向旅游开发、研发中心、金融、服务外包等现代服务业领域。二是推进开放合作的工作力度与措施不断增强。在这方面，中部相关省份经历了一个由“各自为战”到“左顾右盼”、再到“内外联动”的变化过程。促进中部地区崛起战略实施以来，中部地区各省份打破自我循环的封闭状态，推进开放合作的力度明显加大。但受历史联系、地理环境和发展状态的影响，中部省份在对外联系和合作上的兴趣往往放在周边那些比较发达的地区，比如湖南、江西更多地参与了与珠三角地区合作，安徽积极融入长三角地区，山西则努力向环渤海地区靠拢等，中部地区自身之间的联系显得不够紧密，开放合作的内容也往往止于浅层。这几年，国家关于促进中部地区崛起的政策体系逐步完善，为中部各省份之间加强联系创造了良好的环境。在实际运作中，中部各省份自身之间也感觉到了一体推进、分工合作、联动发展的重要性。因此，在继续推进与周边地区开放合作的同时，内部间开放合作的欲望也不断提升，力度不断增强。举两个例子。前不久国务院批复了《中原经济区规划》，这一规划是根据2011年国务院出台的《关于支持河南省加快建设中原经济区的指导意见》的要求制定的。意见对中原经济区的范围作了一个描述，即“以全国主体功能区规划明确的重点开发区域为基础、中原城市群为支撑、涵盖河南全省、延及周边地区的经济区域”，意见出台后，不仅河南省内群情高昂，而且在周边地区也引起了强烈反响。与河南省毗邻的安徽、山东、河北、山西等省抓住“延及周边地区”这一提法作文章，积极要求加入中原经济区。所以《中原经济区规划》统筹考虑历史沿革、经济联系及相关省份的要求，将中原经济区的范围具体确定为河南全境和与之毗邻的安徽、山东、河北、山西4省的12个地级市及2县1区，区域总面积约为河南省的2倍，协调互动、一体发展的内容不仅贯穿于规划的整体，而且规划还辟有专门章节阐述区际间的开放合作。这是一个例子。另一个例子是长江中游各城市间的合作发展。武汉城市圈、长株潭城市群和环鄱阳湖城市群是处于长江中游地区的三个重要城市群，其联动发展对于自身、所在省份、长江中游地区乃至整个中部地区都起着至关重要的作用。湖北、湖南、江西三省反应敏锐，主动加强沟通，积极推进三地以城市群为基础的开放合作，他们称之为“中三角”合作。2012年初，在武汉召开了三省党政主要负责同志参加的会商会，共商联动发展、开放合作大计，签署了一系列战略合作协议，推进一些关键领域的实质性合作。以这一实践为基础，国务院颁发的《关于大力实施促进中部地区崛起战略的若干意见》明确提出，鼓励和支持武汉城市圈、长株潭城市群和环鄱阳湖城市群开展战略合作，促进长江中游城市群一体化发展。这两个例子都有力地证明了中部地区各省份间基于共同利益和比较优势的主动合作在不断的增强。还有许多例子体现了这一特点，比如最近湖南省在研究建设洞庭湖生态经济区时，主动纳入湖北省的相关地区，并邀请湖北的同志一道进行谋划。

中部地区深化对外开放和区域合作环境良好。综合分析，改善中部地区开放合作相对不足状况，全面提升开放型经济水平有着良好的外部环境和内在条件。一是整体态势有利。经济全球化、市场一体化继续加快推进，避免被动挨打和获取更大利益的需要迫使各个国家或地区必须顺应潮流，迅速融入到全球经济和区域经济体系之中，这为深化开放合作奠定了坚实基础。国际范围和我国区域间的产业结构调整与转移承接深入展开，这为深化开放合作提供了丰富内容。中部地区利用这个好的大环境深化开放合作有着特殊的优势。与东部在经济社会发展水平上的距离及与西部在整体政策环境上的落差等因素，促使中部地区各省份在一体化发展趋势下越来越寻求自身的抱团发展，这有利于加快相互间的实质性开放合作步伐。中部地区在产业转移承接过程中，在地域环境和产业层次上所处的“中间性”有利于深化其与东、西部地区间的开放合作。举个例子，这几年安徽发展变化之大，令人耳目一新，这主要得益于国家实施了皖江城市带承接产业转移示范区战略，而东部沿海地区特别是长三角地区的一些产业之所以大量向安徽转移并取得显著效益，与安徽紧邻长三角地区这一区位密切相关，也与它的生产力发展水平、产业层次以及自主创新能力密切相关。此外，中部地区还是我国推进新一轮工业化、城镇化的重点区域，极具内需增长潜力，是促进我国经济和市场空间由东向西、由南向北拓展，推动区域协调发展的重要枢纽，这些都为中部地区进一步深化开放合作带来了有利条件、重大机遇和强劲动力。二是政策环境优越。进一步深化开放合作是国家确立的重要战略方针，党的十八大把推进开放合作提到了一个新的高度，提出要适应经济全球化新形势，不断拓展新的开放领域和空间，完善互利共赢、多元平衡、安全高效的开放型经济体系。从总体上看，开放合作的力度将进一步增强，体制将进一步创新，政策也将进一步强化，这无疑有利于中部地区深化开放合作。从更深层次看，在深化开放合作的进程中，区域开放格局将进一步优化，也就是协同推动沿海、内陆、沿边地区的开放。我国开放合作从沿海起步，逐步拓展到沿边，再进一步拓展到内陆地区。从现实基础出发，内陆地区将是新时期实施积极主动开放战略的重点。这给中部地区深化开放合作提供了特别有利的条件。三是现实基础较好。中部地区及其各省份在一些方面具有比较优势。如能源、有色金属等资源丰富，煤炭储量约占全国的40%，人均能源、资源拥有量居四大板块第二位，仅次于西部地区；粮食产量居四大板块首位，油料、肉类等产量也居前列。此外，中部地区人口众多，人力资源丰富，市场潜力巨大，所有这些都成为了深化开放合作的有利条件。四是支撑条件良好。经过这些年的努力，中部地区软硬件环境都得到了较大改善，形成了深化开放合作的良好支撑条件。“三基地、一枢纽”建设培育了一批具有竞争力的产业和富有特色的专门市场，构筑起了内联外接、便利快捷的交通运输体系。通过实施国家区域发展战略，打造了一批重要的开放合作平台，包括承接产业转移示范区、改革开放试验区、合作园区、综合保税区等，这些平台成为中部地区深化开放合作的试验田、突破口和推动源。此外，中部地区及其各省份之间还建立了中博会、中部论坛等合作交流渠道与联动协调机制。与此同时，相关的制度与法律法规体系不断完善，出台了一系列有利于开放合作、互联互通的政策措施和规章制度。在操作层面，已在许多重要领域开展了实质性的合作。

中部地区深化对外开放合作挑战严峻。应该同时看到，中部地区深化对外开放合作面临着许多方面的制约，困难和问题不可低估。从中部地区自身看，一是思想认识不足。担心开放合作会把竞争对手引进来，导致自身利益受损；单纯从自身利益考量，不懂得新形势下开放合作应建立在互利共赢的基础上；就事论事、被动应付，不善于基于全局和长远去考虑问题，不懂得依靠主动出击赢得先机；妄自菲薄、信心不足，不善于通过运用比较优势去争取开放合作的主动权和最大利益。二是体制机制还不完善。行政垄断与地区封锁仍在一定程度上存在，资源要素不能完全依市场规律自由流动，市场体系不完备，市场中介组织不发达，市场法规不健全，与国际成熟做法相对接、公平透明规范的管理体制和营商环境还没有真正形成。从区域比较的角度看，一是发展基础造成的比较劣势的影响。从理论上说，所有地区都能够通过开放合作在经济全球化、市场一体化的环境下获得利益，但受发展基础、话语权等的影响，所实际获得的利益差别很大。就全国而言，中部地区在发展基础上明显低于东部沿海地区，在政策支持程度上则整体弱于西部地区，在一些方面存在着比较劣势，在开放合作中，需要运用更多的智慧、采取更加精到的策略和措施。二是地理环境造成的比较劣势的影响。如前面所提到的那样，计划经济条件下中部地区地理位置“居中独厚”的相对优势，变成了全方位开放条件下“不沿边、不靠海”的相对劣势，推进开放合作必须构筑便捷高效的交通通道、统一开放的市场体系和与国际化相适应的管理体制，但即便是这样，比之沿海、沿边地区，中部地区开放合作的难度会更大，成本代价也会更高一些。

第三个观点，中部地区深化开放合作要针对性地解决一些关键问题。

适应加快实现崛起的需要，改变开放合作相对不足状况，把中部地区开放合作不断推向新的水平，尽快打造成内陆开放高地，需要超常规思维，大力度运作。要着眼于克服薄弱环节，抓紧解决如下一些关键问题。

切实提高思想认识。想不到必然做不到，想不深必然做不好。深化中部地区的开放合作最要紧的还是要提升思想水平。要深刻认识开放合作的本质内涵，清晰了解开放合作的重要作用。开放合作不是“引狼入室”，而是引进外援；不是“放弃领地”，而是拓展空间；不是“放权让利”，而是壮本强基。要立足高处、着眼长远谋划开放合作，统筹规划、整体考量，不以获取眼前小利而贻误长远发展，不因拘泥表面形式而妨碍实质合作。要善于换位思考，基于互利共赢、共同发展的要求积极主动地开展开放合作，努力做大蛋糕，使合作各方共同获益。要以开放的思维思考开放合作，不断创新合作形式，拓展合作内容，开放合作既可以是引进资源、技术、资金，也可以是借鉴管理体制；既可以是实务方面的合作，也可以是共同搭建平台；既可以是不定期的交流对话，也可以是建立常态化合作机制，以扩大影响力，提升话语权。

全面完善基础设施。完善的基础设施特别是交通基础设施是有效推进开放合作的基本条件和重要支撑。要以构建全国重要的综合交通枢纽为重点和契机，全面提升中部地区基础设施水平，加快建立起结构完整、协调联动、安全高效、保障有力的综合性、现代化基础设施体系。要完善铁路网络，贯通客运专线，加强枢纽空港建设，提升干流及重要支流航道等级，进一步扩展与东部沿海、西部地区的交通通道。要加强普通国省干线公路建设，推进国家高速公路网中部路段建设，加快构建沿长江快速通道，打通省级“断头路”，有序推进城际轨道交通建设，强化中部六省之间的互联互通。加强能源基础设施建设，促进能源资源的开发、流动和利用。以信息共享、便捷通畅为重点，大力推进信息基础设施建设，全面提高信息化水平。加强口岸、园区、市场基础设施建设，努力提高便捷功能和服务水平。

充分利用功能平台。这些年，在国家区域发展战略的有力推动下，一些地方探索建立了多种形式的区域合作平台，这是深化开放合作的重要载体和基地。要充分利用好这些功能平台，使之在创新开放合作路径、解决重大问题和促进全方位开放合作方面发挥探索、试验和引领作用。要通过开放合作平台加强对合作形式创新探索，推动发展“飞地经济”、“共建园区”等合作模式，促进开放合作从以项目为主体的“交换式合作”转向着眼于共同发展的“交融式合作”；加强对合作内容的创新探索，紧扣一体发展和科学发展的要求，促进开放合作从一般事务性领域深入到经济社会发展的核心领域和关键环节；加强对合作机制的创新探索，建立合理的利益分享机制，促进开放合作从着眼于眼前利益转向共谋长期发展。

着力发挥比较优势。对于自身而言，比较优势是开放合作的资本；对于合作伙伴而言，比较优势是开放合作的动源。要把发挥比较优势作为深化开放合作的重要手段。要充分利用优势资源，推进产品深加工，不断延伸产业链条，做强做大优势产业，形成名牌产品和优势产业集群；要充分借助合作共建、承接产业转移等途径，积极引进和吸收先进技术与管理经验，改造提升传统产业，乘风借势，“移植”和增创发展新优势；要立足于自主创新，开展先行先试，努力培育新的增长点，推动形成新的比较优势。

积极创新体制机制。良好的体制机制是深化开放合作的强大动力。就当前而言，体制机制不完善是影响开放合作深入开展的一个关键因素。应着眼于形成高效的管理协调体制、合理的利益分配机制和稳定的法律法规体系，大力推进体制机制创新。在创新管理协调体制方面，推动建立合作各方多层次地沟通交流机制，打造运转高效、调处有力的自协调系统，及时谋划重大事项和解决突出矛盾；探索建立省部联席会议制度等多种协调机制，打造横、纵向协商管道，形成集体推动、多方解困的管理决策系统；大力发展合作中介组织，推动建设非政府组织沟通协商体系。在创新利益分配机制方面，强化跨地区投资、产业转移等重大事项利益分享的政策安排和制度设计，推动形成依据充分、指标健全、权重得当的成果分享机制；着力探索合作园区利益分配模式，努力实现地区间产值、税收、利润、节能减排等科学合理分割；探索建立市场化的生态补偿机制，形成区际间关于资源、环境、重要产品等关键因素的利益平衡格局。在法制建设方面，完善保护财产权益、健全社会信用、规范市场秩序等方面的法律法规，促进保障权利、维护公正、打破垄断，实现协调发展、一体发展；强化法律法规的稳定性和执行力，推动形成以法制约束为主体的国际化管理体制和营商环境。

不断强化政策支持。比之其他手段，政策措施更具针对性、有效性和灵活性，深化中部地区的开放合作要注重运用政策手段，适应需要不断强化政策的制定和实施。要认真梳理已有政策，合理拓展政策内涵，科学整合相关政策，最大限度地挖掘内在能量，把国家给予中部地区的各项政策特别是有利于开放合作的政策用足用活用好。要积极运用自身权力，充分发挥主观能动性，加强协调联动，协商制定地方层面的有利于深化开放合作的专门政策。要全面了解和深入研究区域开放合作中存在的突出困难和问题，加强沟通与协调，推动国家有关部门及时出台相关支持政策。

国外区域开放合作的激励与协调机制及启示

杨刚强
（武汉大学中国中部发展研究院　武汉　430072）

区域合作是现代区域经济发展的普遍现象，它能使各个地区的优势通过市场的自动调节或一定的制度安排实现互补、共享和加强，把分散在各地区的经济活动有机地组织起来，从而获得区域经济的综合优势，提高区域经济的整体性和协调能力。它所产生的经济效益是在各地区封闭发展的条件下所难以取得的①。随着经济全球化进程的加快，新一轮区域化浪潮正蓬勃发展。区域开放与合作已成为各地区融入全球经济，增强本地区竞争力的重要手段。积极研究和总结国内外区域合作的成功经验，对于积极探索我国区域合作的激励与协调机制具有重要的借鉴和参考价值。

一、区域合作的困境

一般而言，区域概念可以在国际和国内两个层面上使用，国际区域是指跨国家的经济区域和政治区域，国内的区域主要是指跨行政区的经济区域②。因此，区域合作的层次也相应地可以分为跨国家的区域合作、国内跨行政区的区域合作。区域合作的基本动力源于区域主体间的共同利益与共性需求，市场是推动区域合作的内生动力，但在市场经济体制中，自由市场力量的作用使得经济向区域不均衡方向发展也是一个内在的趋势③。如果缺乏相应的协调机制，市场经济的利益最大化和资源配置规律决定双方区域经济合作的发展结局可能是差异性发展和掠夺性竞争④。

利益博弈是区域合作的核心问题，利益格局的调整也是区域合作的重要结果。从利益规制的角度分析，区域合作的实现面临着诸多困境，其原因也是多样的，但区域合作中缺乏相应的激励机制和顺畅的协调机制是其中的重要原因之一。

（一）利益诉求的多样化——区域合作动力的困境

寻求利益是区域合作的动因，但由于区域合作主体发展水平的差异，利益目标的多样化，导致了区域合作利益博弈的复杂化，在缺乏合理的“选择性激励手段”的情况下，

---

① 李小建．经济地理学［M］．高等教育出版社，1999.

② 杨龙，戴扬．地方政府合作在区域合作中的作用［J］．西北师范大学学报（社会科学版），2009（5）：57-63.

③ 陈秀山，张可云．区域经济理论［M］．商务印书馆，2003.

④ 程永林．区域合作、利益协调与机制设计——基于泛珠三角与东盟跨边界次区域经济合作的研究［J］．东南亚研究，2009（2）：32-37.

合作利益分配和成本分摊的不均衡会使一部分区域主体失去合作的动力①。由发展不平衡引发的利益冲突和利益格局的失衡，增加了区域合作利益整合与平衡的难度。

(二) 合作内容的复杂化——区域合作协调的困境

政府在区域合作具有重要的作用，其寻求合作的动机既有经济利益的诉求，也有政治利益的诉求。政府往往把自身的利益诉求强加于区域合作，使合作中的利益关系更为复杂，特别是国家内部的区域和国家集团之间的合作，往往涉及主权和政治因素，而地区社会经济制度和政府运作模式的差异更是增加了区域合作中利益协调的难度②。因此，政府行为的协调工作化有可能导致区域经济合作的分散化和碎片化，作为合作基础的共同利益因政府利益的加入而变得不确定和多变③。

(三) 合作主体的差异化——区域合作模式的困境

参与区域合作的主体在经济发展水平、综合实力等方面存在明显的差异，其参与区域合作的各自动力机制和博弈逻辑也存在明显的差异。如经济发达国家和经济欠发达国家间的差异，导致这些国家参与区域合作的目标的非一致性。一般来说，大国由于其市场规模较大，对外部世界的依存度较低，抵御外部冲击的能力和参与国际经济事务谈判的能力较强，所以源于贸易创造和贸易转移的影响不大，其参与区域经济合作的动力主要来源于传统经济利益之外的非传统收益；相反，小国由于市场规模小，对外部世界的依存度较高，抵御外部冲击的能力与国际经济事务谈判的能力较弱，其参与区域经济合作的主要动力来源于获得市场准入而带来的经济利益。正是由于合作主体间的差异，导致区域主体参与合作目标的非一致性，必然引起国家间的策略差异，一定程度上使得区域合作难以形成一致的模式。

二、国外区域合作的激励机制

区域合作是某一特定区域内不同利益主体间的合作，资源要素的稀缺性和禀赋的差异性约束造就了区域之间利益矛盾或冲突的一面，只有通过合作各方都认同的平台或市场进行交易、交换④，才能最大化地实现合作方利益的需要。如果合作的潜在收益很小，则合作将逐步消失。

(一) 通过内部开放推动与外部合作

就东盟而言，由于各成员国经济发展水平差距较大，且大多数国家经济不发达，在存在巨大差别的情况下，只能在差别中寻求共享利益点，通过协商达成认识和目标上的协

---

① 王再文，李刚．区域合作的协调机制：多层治理理论与欧盟经验［J］．当代经济管理，2009（9）：48-53.

② 程永林．区域合作、利益协调与机制设计——基于泛珠三角与东盟跨边界次区域经济合作的研究［J］．东南亚研究，2009（2）：32-37.

③ 庄士成．长三角区域合作中的利益格局失衡与利益平衡机制研究［J］．当代经济，2010（9）：65-69.

④ 马元柱．论中国与东盟国家区域合作的双赢模式——平台、机制与效益分享［J］．亚太经济，2006（6）：2-5.

同，才能有效实现区域间的合作。虽然东盟各成员国受资源禀赋和发展、发展战略的约束，合作的潜在收益很小，但对外部市场和资金的依赖性是东盟国家经济增长一直依赖的共同外部因素。这种外部因素对推动东盟经济合作发挥了重要作用，一是为东盟经济合作提供了一种必要的潜在收益；二是外部收益的存在为东盟经济合作充当了影子领导国的角色，使东盟经济合作在成员国层面博弈上面临的困境得以打破①。区域一体化的成功需满足两个条件，即一组能够通过区域一体化获得重要收益的国家，以及这些国家中有一个作为制度核心并能为地区事务负责的领导国。东盟成员国只有加强内部开放合作，最大程度上满足和改善与外部世界交换利益的条件，这也是东盟实现区域合作的重要动力。近年来，随着东盟自由贸易区（AFTA）建设，东盟加强了与中国、印度、日本、澳大利亚、韩国等“10+1”双边贸易，“10+3”、“10+6”峰会等一系列区域合作与对话机制不断完善，区域经济合作的效能也不断显现。

（二）通过基金激励成员国参与区域合作

欧盟各国内部不同地区间和欧盟范围内的国与国之间在经济发展水平、经济结构等方面同时存在巨大差距，在这种发展不平衡的格局中要建立统一的市场，面临最大的障碍就是区域利益诉求的多样化，从而导致“合作博弈”的破产。为激励各成员国增强区域合作的动力，欧盟把“协调和平衡发展”及“经济和社会凝聚”定为其政策目标，其政策目标的含义是，通过在欧盟内对资源配置的调整及利益的公平分配，缩小成员之间的发展差距以稳固合作的基础②。其重要的凝聚政策工具就是通过建立相应的基金，包括结构基金和凝聚基金，支持欧盟成员国落后地区的发展、凝集经济和社会、提升欧盟的整体竞争力。1975 年欧盟成立的“欧洲区域发展基金”是第一个结构调整的专项基金，1988 年又进行了结构基金改革，决定将资助部门结构改革的各种基金和干预区域经济差异的基金，全部用于经济和社会凝聚方面。1993 年，随着《欧共体条约》的生效，一个主要用于促进相对落后的希腊、西班牙、葡萄牙和爱尔兰四国经济的发展的凝聚基金也开始运作。2007 年以来，随着第四个多年期计划的执行，欧盟对结构基金和凝聚基金也做出了较大调整，将更加关注经济增长与就业促进。2007—2013 年的预算资金中 81.5%将用于趋同目标，16%将用于区域竞争力和就业目标，2.5%将用于区域合作目标③。欧盟通过这两个基金，有效激励了成员国参与市场一体化的积极性，避免了成员国间因经济发展差异所导致的“不合作博弈”的发生④，有效调整了欧盟区域发展不平衡的状况，为应对共同市场可能带来的负面的外部效应发挥了重要作用⑤。

---

① 王玉主．东盟 40 年区域合作的动力机制（1967—2007）［M］．社会科学文献出版社，2011.

② 卓凯，殷存毅．区域合作的制度基础：跨界治理理论与欧盟经验［J］．财经研究，2007（1）：55-65.

③ 张晓静．欧盟凝聚政策的演变及其收敛效应［J］．国际经贸探索，2009（10）：34-39.

④ 孙友祥，安家骏．跨界治理视野下武汉城市圈区域合作制度的建构［J］．中国行政管理，2008（8）：57-59.

⑤ 张浚．结构基金及欧盟层面的市场干预——兼论欧盟的多层治理和欧洲化进程［J］．欧洲研究，2011（6）：107-123.

三、国外区域经济合作的协调机制

建立区域经济合作中的利益协调机制，是协调区域合作主体、解决区域发展中“多元结构”问题的重要途径。国外主权国家间的区域经济合作和一国内部的区域经济合作，都十分重视区域经济合作中的利益协调机制的重要作用。在完全竞争的市场中，梯次的市场政策、市场机制和市场体系可以有效实现资源的优化配置，市场力量主导着区域利益的协调和分配。但由于经济活动的范围往往超出了民族国家的疆域，或一国的行政区域，区域经济合作中的利益协调存在“市场失灵”。因此，制度化的利益协调机制和非制度化的利益协调机制应用而生，但这两种协调机制的运作方式及内容存在明显差异，其成效也有所差别①。

（一）制度化的利益协调机制

区域合作的灵活性和多样性，产生了多种区域合作的制度安排，以推进和保障区域紧密合作与发展，这种制度化的协调机制主要包括区域合作组织、区域合作规则、区域合作惯例等②。如欧盟设立的欧洲理事会、欧盟理事会、欧盟委员会、欧洲议会和欧洲法院，以及就有关合作领域和事宜达成的明确规则，在区域合作实践中形成的、被国家和非国家行为主体接受具有约束力的非正式做法等。欧盟成员国间最具有利益协调作用的工具就是设立的基金和法律。首先，结构基金和凝聚基金是在欧洲共同市场条件下，逐渐发展起来一种欧洲层面的市场干预手段，其对推进成员国之间制度、政策和生产标准的趋同发挥了重要作用，对促进区域经济合作具有正面的经济增长效应和利益再分配效应。其次，欧盟在一体化的每个阶段都制定相关法律，如《巴黎条约》、《罗马条约》、《单一欧洲法案》、《里斯本条约》、《欧盟宪法条约》等，有效加强了成员国间的合作与交流，并使一体化不断地向更高的形式发展。

但是制度化协调机制的实现需要具备相应的条件，如相互关系、行政体制框架、外部竞争环境、内部经济关联等③。当这种制度化的条件尚未成熟时，其区域利益协调的作用将陷入困境。如东北亚区域合作中，由于各地区缺乏区域共识、没有公认的领导者或领导轴心，区域合作制度化利益存在明显分歧，致使东北亚区域合作的制度供给不足。没有制度约束行动、界定权利边界、监督制裁机会主义行为和不合作行为，东北亚区域合作缺乏稳定性，合作参与者缺乏安全感和预见性④，一些领域的合作也存在效率低下、难以深化的困境，极大地制约了东北亚区域合作向更高水平发展。

（二）非制度化的利益协调机制

非制度化的区域利益协调机制主要有区域论坛、自发形成的自愿性区域组织等，其协调模式主要是由区域各方采取集体磋商的形式，或由区域合作方领导人作出承诺，或通过

---

① 程永林．区域合作、利益协调与机制设计——基于泛珠三角与东盟跨边界次区域经济合作的研究［J］．东南亚研究，2009（2）：32-37.

② 姜曦，王小林．东北亚区域合作的制度化困境及其原因［J］．求实，2011（2）：69-73.

③ 洪银兴．长江三角洲地区经济发展的模式和机制［M］．清华大学出版社，2003.

④ 姜曦，王小林．东北亚区域合作的制度化困境及其原因［J］．求实，2011（2）：69-73.

一些松散的区域性组织进行协调等。非制度化的协调机制具有很强的灵活性和弹性，可以有效地对区域成员国共同关注的问题进行讨论和研究，提出解决的方案和制定解决特定问题的政策，在一定程度上实现了区域各方利益的整合。如 20 世纪 20 年代在美国兴起的区域委员会，它通过关注某些特定的区域性问题，并提供讨论论坛，有效加强了地方政府之间的交流、合作与协调，促成了大都市区的有序发展，消除了地方政府相互竞争所造成的负面影响，在一定程度上实现了大都市区内的整合①。

但非制度化的协调机制也存在诸多局限性，是一种非常薄弱的区域利益协调机制，缺乏一套完整的具有约束力、自动实施的制度②。一是在协调解决重大区域问题时缺乏足够的权威性。这些机构多为自愿性组织，没有独立的收入来源，其运行经费主要来源于成员政府的财政支持和一些私人的赞助，缺乏强有力的执行权。因此，为避免成员政府的推出和赞助资金的流失，一些利益协调机构在许多重要问题上很难采取有效措施。二是在落实和推进区域间达成的共识时缺乏实效性。对于一些由有集体磋商或领导人间达成共识的重大区域关切，受国内外环境的变化和执行机构的意愿倾向等的影响，很难有效落实和执行。

（三）区域利益协调的多层治理机制

1993 年 Gary Marks 在对欧洲共同体的结构政策进行分析时，提出了多层治理的理念，被广泛应用于欧洲一体化研究和国际关系研究。多层治理是在欧洲一体化进程中形成的一种新型区域合作协调机制，其治理实质在于建立在市场原则、公共利益和认同之上的合作③。在多层治理模式中有多种行为主体的共同参与，其目的在于实现参与合作各方利益，这一治理模式弥补了当前区域合作中出现的诸多缺陷和不足④。

多层治理这一机制主要有如下特点。一是参与行为主体的多元性。既包括各种超国家机构，如欧盟委员会、欧洲议会、欧洲法院，也包括各成员国政府以及由各成员国政府组成的部长理事会、欧洲理事会，还包括次国家机构如地方政府、利益集团、私人机构、非政府组织等。二是决策主体的多层级性。参与治理的行为体在欧盟决策中地位完全平等而互不隶属，而不是像政府间主义所坚持的那样由成员国政府垄断，每一个层次的参与者在自己权限内都享有独立决策权，强调权力非集中的、开放的运用。三是多层级治理体系具有动态性。多层级治理的参与主体和层级会因为它们所面临的政策任务和治理形式的不同而有所变化。在不同层级进行协商时，多层级治理体系采用的是非多数同意的谈判协商体系。

多层治理是《单一欧洲法令》实施以后欧盟逐渐发展起来的一种政治实践，是欧洲

① 刘彩虹．区域委员会：美国大都市区治理体制研究［J］．中国行政管理，2005（5）：66-69.

② 王再文，李刚．区域合作的协调机制：多层治理理论与欧盟经验［J］．当代经济管理，2009（9）：48-53.

③ 俞可平．治理与善治［M］．社会科学文献出版社，2000.

④ 王再文，李刚．区域合作的协调机制：多层治理理论与欧盟经验［J］．当代经济管理，2009（9）：48-53.

人应对全球化挑战、管理内部事务、探索改善自身生存环境的新尝试①，是目前为止较为成功的区域利益协调机制。

四、我国区域合作利益协调机制的重构

欧盟和东盟的实践构建了成功的激励机制和区域利益协调机制，有效激发了各成员国参与区域合作的积极性和主动性，形成了优势互补、互惠互利的区域协调机制，为我国积极推进国内外区域合作提供了诸多启发和值得借鉴的经验。

（一）增强区域开放的积极性和主动性

我国区域之间的资源禀赋、经济结构差异明显，且行政区经济较为明显。区域间的合作往往因利益合作主体潜在利益的模糊或不均，区域间合作缺乏应有的激励机制，使得区域合作很难有实质进展。因此，在市场一体化不断推进的今天，各地方应积极扩大开放，加快各种要素的区际间交流，实现资源共享、功能互补、联动发展，寻求区域合作的共同利益点，激发各地方参与区域合作的动力。为此，可以有效借鉴国外激励区域合作的成功经验，要加强具有潜在合作利益地区的开放，通过内部的开放推动与外部的合作，既要深化国内区域合作，加快推进重点地区的一体化发展进程，又要优化对外开放格局，协同推进沿海、内地和沿边开放合作，实现以开放促合作，以合作带开发，推动把沿边地区等边缘末梢变为前沿地带，把发展潜力变为增长现实，最大程度上实现区域合作主体的利益。

（二）设立区域合作的资助基金

区域合作是多方利益博弈的结果，为进一步增强我国区域合作的主动性，应积极尝试建立相应的区域资助基金和扶持机制，逐步完善这一区域合作的激励机制和协调工具的作用机理，有效激发各区域主体参与区域合作的意愿。缩小地区间差距，促进区域协调发展是我国是我国加快现代化进程、全面建设小康社会的一项重大任务。因此，中央政府或地方政府，应以多种形式建立资助基金或扶持机制，积极帮助欠发达地区打破制约发展的瓶颈，如基础设施建设、基本公共服务体系建设等，增强其自我发展能力和推动培育新的增长点，为推动区域经济协调发展提供广阔空间和有力支撑；积极支持有潜在合作地区转变经济发展方式，优化产业结构和布局，努力增创新优势，推进区域的一体化发展。

（三）建立多层次的利益协商机制

市场主导和政府主导的区域利益协调机制存在明显的“市场失灵”和“政府失灵”，而在欧盟合作中较为成功的多层治理机制，能在市场机制和行政手段之外适应需求者多样化的个性需求，为弥补这两种“治理失灵”发挥了重要的作用。当前，我国区域经济合作要应打破行政区划的约束，突破不同行政区划的政府各自为政的“囚徒困境”，构建由法律、组织机构、政策及政策工具组成合作体系，建议一种“软化”行政区划政府的

---

① 雷建锋．多层治理：欧洲联盟正在成型的新型民主模式［J］．世界经济与政治，2008（2）：60-68.

“超政府”合作管理组织协调机制①。一是要积极构建包括各级政府部门、企业部门、社会中介等共同参与、沟通和协调的机构和机制，最大化实现治理权力的非中心性和非层级性，参与行为主体地位的平等性和非隶属性，针对不同层次、不同类型的区域合作问题，实现各区域主体参与决策互动的最优化。二是要积极健全多层治理机制的相关法律和制度。合理界定各利益主体及其所协调的范围、区域协调的总体规划与进度、区域协调发展基金的来源及其使用标准、专门的区域合作协调与促进机构的职责与任务、区域协调效果的评判与纠正等规范性的法律和制度，有效保障区域利益协调作用的发挥。

（四）提高区域协调机构的运作效率

建立跨越行政边界的区域协调机构是构建区域多层治理体系的重要组成部分，也是健全区域协调机制的必然要求。科学、合理的机构设置是跨区域协调机构有效运行的前提条件，也是机构发挥功能和作用的基础和载体。欧盟之所以能发挥作用，与其设立了决策、执行、监督、仲裁等机构，构成一个完整的欧盟区域管理权力体系分不开的②。目前，我国多数区域合作机构多为联席会的制度或论坛，缺乏完善组织机构和相应的管理职能。规范区域协调机构，一是要建立健全区域协调机构的建置。包括决策机构、执行机构、仲裁机构、咨询机构和监督机构等，并合理界定这些机构的职能和范围，形成形式多样化的合作机制。二是加强区域协调机构的动态调整。由于任何一种类型的区域协调机构，都是在一定的区域环境和特定制度中产生的，其强制执行力和执行效率具有动态性和不稳定性。因此，应动态的调整区域合作成员间的负担与职责，建立动态优化的利益生成和协调机制，最大化提高区域协调的效率。

参考文献

1. 李小建．经济地理学．高等教育出版社，1999.

2. 陈秀山，张可云．区域经济理论．商务印书馆，2003.

3. 洪银兴．长江三角洲地区经济发展的模式和机制．清华大学出版社，2003.

4. 陈玉刚．国家与超国家——欧洲一体化理论比较研究．上海人民出版社，2001.

5. 俞可平．治理与善治．社会科学文献出版社，2000.

6. 王玉主．东盟40年区域经济合作的动力机制（1967—2007）．社会科学文献出版社，2011.

7. 杨龙，戴扬．地方政府合作在区域合作中的作用．西北师范大学学报（社会科学版），2009（5）.

8. 马元柱．论中国与东盟国家区域合作的双赢模式——平台、机制与效益分享．亚太经济，2006（6）.

① 王再文，李刚．区域合作的协调机制：多层治理理论与欧盟经验［J］．当代经济管理，2009（9）：48-53.

② 汪伟全．国外区域合作协调机构的比较研究及其启示［J］．中国科技论坛，2011（1）：148-153.

9. 罗峰，李琪．欧盟一体化发展对长三角协同发展的启示和思考．国家行政学院学报，2010（3）．

10. 庄士成．长三角区域合作中的利益格局失衡与利益平衡机制研究．当代经济，2010（9）．

11. 卓凯，殷存毅．区域合作的制度基础：跨界治理理论与欧盟经验．财经研究，2007（1）．

12. 王再文，李刚．区域合作的协调机制：多层治理理论与欧盟经验．当代经济管理，2009（9）．

13. 雷建锋．多层治理：欧洲联盟正在成型的新型民主模式．世界经济与政治，2008（2）．

14. 姜曦，王小林．东北亚区域合作的制度化困境及其原因．求实，2011（2）．

15. 刘彩虹．区域委员会：美国大都市区治理体制研究．中国行政管理，2005（5）．

16. 张晓静．欧盟凝聚政策的演变及其收敛效应．国际经贸探索，2009（10）．

17. 孙友祥，安家骏．跨界治理视角下武汉城市圈区域合作制度的建构．中国行政管理，2008（8）．

18. 张浚．结构基金及欧盟层面的市场干预——兼论欧盟的多层治理和欧洲化进程．欧洲研究，2011（6）．

19. 程永林．区域合作、利益协调与机制设计——基于泛珠三角与东盟跨边界次区域经济合作的研究．东南亚研究，2009（2）．

20. 汪伟全．国外区域合作协调机构的比较研究及其启示．中国科技论坛，2011（1）．

中部地区对外开放现状及对策

张建清　金　莎
（武汉大学中国中部发展研究院　武汉　430072）

中部地区位于我国大陆腹地，包括山西、安徽、江西、河南、湖北和湖南六省，承接东西，贯通南北，在我国区域发展格局中具有十分重要的战略意义。改革开放以来，我国的对外开放战略实行的是梯度推进战略，对外开放水平有了较大的区域差异，中部地区对外开放总体水平不高，对外开放对经济的带动和促进作用不明显，扩大开放的任务还相当艰巨。中部地区必须实施全方位的开放战略，发挥中部地区的后发优势，因地制宜、因势利导，努力探索一条属于中部地区对外开放的新路子。

一、中部地区对外开放现状

1. 中部地区对外开放取得的成绩

近年来，中部地区以中心城市和城市群为依托，以各类开发区为平台，积极发展对外贸易，加强市场体系和流通体系建设，充分发挥资源和劳动力比较优势，努力营造优良的投资环境，不断扩大利用外资规模，对外开放水平有了较大幅度的提高。

（1）中部地区进出口贸易额迅速提升，进出口商品结构逐步改善。

一是货物贸易规模迅速扩大。2002—2011 年，中部地区累计完成进出口总额 7046. 3 亿美元，年均增长 29. 4%，比全国同期 22. 7%的增速高 6. 7 个百分点。其中，出口总额 4049. 8 亿美元，年均增长 29. 1%，比全国同期 22. 7%增幅高 6. 4 个百分点；进口总额 2996. 5 亿美元，年均增长 30. 3%，比全国同期增幅 22. 8%高 7. 5 个百分点。二是对外贸易质量不断提高。在外贸规模日益扩大的同时，中部地区出口商品结构逐步改善，工业制成品在国际市场的竞争力不断增强。2011 年，中部六省机电产品出口额达到 395. 67 亿美元，比 2010 年增长 67. 2%，占出口总额比重比 2010 年提高了 5. 3 个百分点；高新技术产品出口额达到 182. 5 亿美元，比 2010 年增长了 109. 4%，占出口额比重比 2010 年提高了 5. 9 个百分点。

（2）利用外资成效显著。

中部地区抓住国际产业转移的机遇，着力完善外商投资环境，对外商投资的吸引力进一步增强。2002—2011 年，六省外商投资企业共 313072 家，投资总额 11631 亿美元。外商投资结构进一步优化，更多投向服务业推动产业结构优化升级，更多投向民生基础设施提高人民生活水平，更多投向环保产业加强“两型社会”建设。

（3）“走出去”战略加快实施，对外经济合作步伐加快。

中部地区 2011 年对外承包工程完成营业额 130. 9 亿美元，新签合同额 128. 1 亿美元，对外投资领域日益多元化，从过去以贸易服务和小型加工为主，逐步扩大到能源矿产资源开发、家电轻纺等加工制造业、基础设施和高新技术产业等领域。

（4）积极承接国际国内产业转移，进一步增强与国际市场的经济联系。

中部地区由于地缘及要素禀赋优势，在承接国内外产业转移的过程中具有独到的优势，近年来，中部六省积极承接两个产业转移，取得了显著成效。一方面，中部地区积极承接国际产业转移。至 2011 年底，山西、安徽、江西、河南、湖北及湖南实际利用外商直接投资 20.7 亿美元、66.3 亿美元、60.6 亿美元、100.8 亿美元、46.6 亿美元、61.5 亿美元，且在受到全球经济危机冲击的下，中部六省近几年的外商投资额仍保持了较高的增长速度。另一方面，六省承接东部地区产业转移的力度也不断加大，山西、江西、河南、湖北、湖南 2010 年实际引进省外资金增幅均超过 20%。安徽皖江城市带承接产业转移示范区 2009—2010 年引进 1000 万元以上省外投资项目 19950 个，实际到位资金达 6680 亿元；其中从长三角引进项目 14792 个，实际到位资金 4336 亿元。

2. 中部地区对外开放存在的问题

（1）中部地区进出口贸易规模较小、经济贡献度低，贸易对经济的拉动作用小。

2002—2011 年全国货物进出口总额受金融危机影响有所波动，但总体仍保持上升态势（如图 1），但中部地区的贸易规模远小于东部地区。2011 年全国进出口总额 36420.5 亿美元，其中东部地区进出口 32580.5 亿美元，占比 89.46%，中部地区进出口 1628.2 亿美元，占比 4.47%，额度及占比都远低于东部沿海地区。

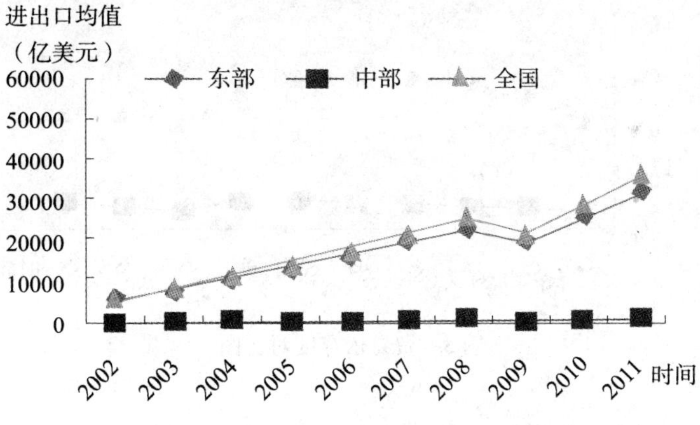

图 1　中部、东部、全国进出口额对比图

在过去 10 年中，中部地区各省平均对外商品进出口值都远低于东部各省均值及全国各省均值。2011 年中部地区各省平均对外商品进出口值为 271.4 亿美元，而全国、东部地区的这项指标分别为 1174.9 亿美元和 2715 亿美元，中部地区与东部地区的差距在 10 倍以上。且在过去的 10 年间，中部和东部的差距在不断扩大，且差距呈现继续拉大的趋势（如图 2）。

我国地区间外贸依存度很不平衡，大致呈现东高西低的特征。2002—2011 年，全国、东部及中部地区的贸易依存度变化趋势如图 3 所示，全国平均贸易依存度在过去 10 年间

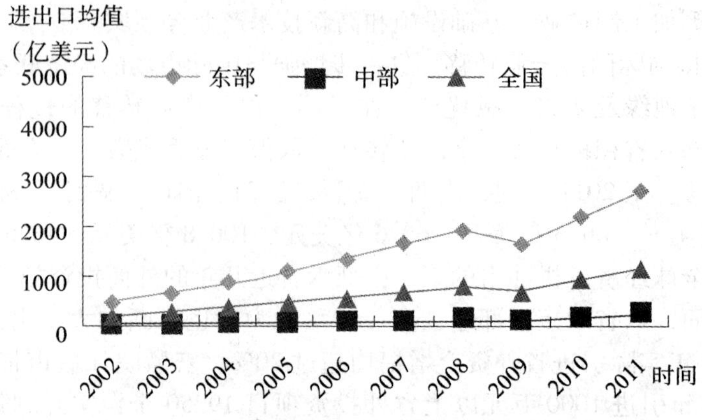

图 2　进出口均值对比图

都处于40%以上，东部地区水平在63%以上，最高在2006年超过90%。而中部地区的贸易依存度一直处于较低水平，仅在2007、2008年达到过10%以上，与东部沿海地区的差距长期在五倍以上（如表1所示）。

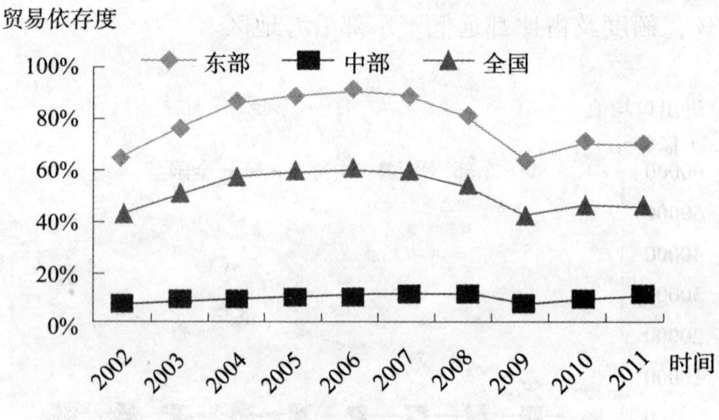

图 3　贸易依存度对比图

表 1

年份	东部	中部	全国
2002	64. 7%	6. 6%	42. 6%
2003	76. 2%	8%	50. 6%
2004	86. 4%	9. 1%	57%
2005	88. 5%	9. 1%	58. 5%
2006	91%	9. 9%	60. 3%
2007	89%	10. 7%	59. 1%

续表

年份	东部	中部	全国
2008	80.6%	10.7%	53.4%
2009	63%	7.5%	41.3%
2010	70.4%	9.2%	46.1%
2011	69.4%	10.1%	45.4%

（2）中部地区进出口贸易的抗风险能力差，对外贸易质量有待提升。

金融危机后，2009 年全国、东部及中部地区的进出口额分别比 2008 年下降了 13.88%、13.29%、21.25%，中部地区的降幅最大，进出口贸易受金融危机的影响程度明显大于其他地区。此外，中部地区机电产品和高新技术产品出口占比仍较低，高附加值的产品出口很少，加工贸易占比偏小的问题较为显著。例如，2011 年中部地区高新技术产品出口额为 182.5 亿美元，占外贸出口额的比例为 19.6%，低于东部地区的 30.5%以及远低于全国平均水平 28.9%；中部地区加工贸易占进出口总值仅为 8.9%，远低于全国平均水平的 35.8%。

（3）中部地区吸收利用外资规模偏小，外资产业结构、区域结构有待优化。

2011 年中国实际利用外商直接投资金额保持在 1160 亿美元的高位，居全球第二，中部六省仅占 30.7%，远低于沿海地区。中部地区外资依存度低于东部沿海地区，外资对经济的拉动作用小。外商直接投资的产业结构中，农业比重很低，第二产业比重最高，第三产业比重次之。中部地区吸引资方式和来源构成有待优化，引的外资量偏低，大城市是该地区吸引外资的绝对主要区域，如湖北省 FDI 主要集中在武汉城市圈内，武汉市 2011 年实际利用外资额 37.6 亿美元，占湖北省实际利用外资额的 80.7%。

（4）中部地区“走出去”的能力有待提高，外经合作层次亟待提升。

2011 年我国对外承包工程完成营业额 682.6 亿美元，中部地区对外经济合作完成营业额仅为 130.9 亿美元。中部地区对外投资产业层次低，多数集中在建筑工程类，市场多集中在经济欠发达国家，与经济发达省份在纺织、家电、机械、医药、电子等优势产业参与国际分工与合作，走国际化经营的道路差距较大。对外承包工程企业抗风险能力弱，长期在低水平上参与国际竞争，受金融危机的冲击较大。2009 年 1~5 月，中部六省除湖北外，其余各省对外承包工程新签合同额全部为两位数以上负增长。对外劳务合作结构性矛盾突出，存在市场结构单一、劳务结构不合理、经营秩序规范等问题。

（5）中部地区承接国内外产业转移的能力有待提高。

中部地区普遍存在着承接产业转移能力弱的问题，以实际利用外资为例，2011 年中部六省平均实际利用外资 59.4 亿美元，不但与沿海发达地区相比处于较低水平，甚至低于西部某些省份。由于未能注重对高新技术产业的引进和吸收，承接的产业转移以制造业为主，其中技术含量低、结构雷同的产业和规模小、集中度不高的企业又占了较大份额，于是中部地区承接产业转移还存在着产业结构层次偏低的问题，另外由于缺乏国家层面或者区域层面政策上的有效引导、协调以及约束机制，中部地区各省产业同构化问题比较突出，如中部六省均把食品加工、新材料、化工列为重点发展产业。在承接产业转移的过程中各省各自为政的状况，也导致区域内各地之间无序竞争，产业布局分散，资源得不到有效整合，制约了产业集聚效应的发挥。

（6）地方保护主义和贸易壁垒。

基于地方自身利益形成的保护主义和垄断主义倾向的加剧、以行政板块主力为主题的构架和以地区增长为基本动力的状况，导致了中部地区区域合作内生动力不足、区域一体化步伐较慢、区域合作系统自身建设相对滞后，使得中部地区进一步深化合作、扩大开放面临前所未有的复杂局面，中部六省省际合作有待进一步加强。地方保护主义阻隔了地区之间的优势互补，降低了各地区之间的资源配置效率。对外开放过程中的同质竞争必然导致中部各省自身优势难以发挥，加剧了各省间区域的无序竞争、形成新的重复建设，降低了经济效益，阻碍合理的地域分工和区域市场一体化发展，加剧了区域经济发展不平衡。

二、进一步提高中部地区对外开放水平的对策及建议

对外开放是促进经济社会发展的重要动力，经济开放程度与各地经济增长有着显著的正相关性。中部地区要实现崛起，必须充分利用国际、国内两个市场，在更大范围和更高层次上参与经济技术合作和竞争。后危机时代，中部地区要积极布局，破解难题，扬长避短，促进对外开放水平的全面提升。

1. 加快转变外贸增长方式，优化贸易结构

继续深入实施外贸主体、商品、市场和方式的多元化，着力转变增长方式。坚持以质取胜，从优化产业结构入手调整进出口结构，努力扩大高新技术产品、机电产品、成套设备出口，提高出口商品的科技含量和加工层次，促进出口增长方式由数量型向质量效益型转变。对重点出口企业和重点出口产品给予金融政策等方面的扶持。

2. “招商引资”、“招商选资”结合，促进经济发展方式转变和产业结构的转型升级

招商引资要在总量扩张的基础上确保质量的提升。中部地区在继续推动利用外资规模稳步增长的基础上，应更加重视引进外资搭载的各种竞争能力，一是通过“引资”推动产业升级。中部地区应结合国家产业振兴规划，引导外资投向就业容量大、技术扩散效应强、示范带动效应好、资源环境消耗低的产业，提升制造业核心竞争力。二是通过“引智”促进技术创新。把引进重点更多放到智力、人才、技术等无形资本上来，在招商引资和承接产业转移的过程中更注重吸引全球技术、智力、研发、服务等创新要素向中部地区转移，带动中部地区的技术创新。努力培育高科技产业，在承接国内外产业转移的过程中选择适合本地特点的高科技产业及高科技项目，形成一批高科技主导产业。

3. 提高贸易投资的便利化程度，积极营造良好的对外开放硬环境和软环境

继续优化外商投资软环境，加快完成政府的职能转型，提高政府办事效率；着力解决影响中部地区进一步扩大贸易投资的体制性障碍，建立健全领导机制、工作协调机制、责任考核机制和利益协调机制；健全涉及贸易投资的财政政策、货币政策、产业政策、投资政策等相关政策协调配合机制，推进与贸易投资相关的便利化措施；制定实施包括金融、交通、市场融合、信息共建平台、人才自由流动的区域一体化政策；完善中部地区承接产

业转移的融资平台、税收优惠政策，积极构建良好的金融生态环境；进一步加强知识产权保护，努力营造公开透明、平等竞争的政策环境、市场环境和法制环境。

加快完善铁路、公路、航空和水运布局合理的交通运输网络体系。加强物流基础设施建设，支持在沿江重要港口和其他重要交通枢纽城市建设区域性综合物流园区，着力构筑中部地区物流大通道。积极推进口岸基础设施建设，进一步完善口岸布局，加强口岸基础设施建设，充分发挥口岸的功能和效益。推进“大通关”建设，消除各种壁垒，全面优化通关环境。

4. “引进来”与“走出去”相结合，积极发展外向型经济

中部地区要继续通过“引进来”加强与国际跨国公司的合作，积极引进外部的资本、技术、制度和管理经验，配置新的产业，改造传统产业，建立现代经济结构，在开放中实现发展和赶超。“引进来”是为了弥补劣势，而“走出去”却是为了发挥优势。在世界经济一体化的背景下，中部企业只有大力实施“走出去”战略，用好两种资源、两个市场，融入国际生产体系，才能不断提高经济外向度。中部地区实施“走出去”战略，应按照比较优势原则，采取“异中求同，同中寻异”的方针，调整出口产品结构，提高国际竞争力。“异中求同”是指中部与发达地区同样要走产业升级之路，要发展下游产业，发展高新技术产业。“同中寻异”是指从比较优势出发，着力构建有竞争优势的地区特色经济，以提高产业竞争力。实施大外经贸战略，调整出口主体结构。进一步放开外贸进出口经营权，鼓励全社会多种主体、多种方式扩大出口，大力发展自营企业和外商投资企业出口。促进市场多元化，巩固发展东南亚地区出口市场，拓展欧美日等市场，扩大非洲和南美市场。另外，政府应搞好“走出去”宏观指导和服务。抓好“走出去”的统筹规划，完善海外投资布局，引导更多企业集群式“走出去”。改善政府公共服务，加强信息咨询等服务，完善境外突发事件应急处理机制，防范各类投资风险，有效维护海外资产和人员安全，提高“走出去”便利化水平。

5. 深化区域经济合作，进一步扩大对外开放

中部地区应加强产业协同发展，统筹规划区域产业布局；在航空、铁路、公路、水运等基础设施建设方面加强共同规划，实现区内区外互联互通，推进建立各地资源开发和共享机制；降低投资的信息成本、提高投资的聚集效应，进而提高投资的吸引力；加强与长三角、珠三角、京津冀和海峡西岸经济区等地区的分工合作，做好产业对接和协作联动，推动在更大范围、更广领域和更高水平上实现资源要素优化配置。中部六省应该有重点地发挥各自的比较优势，分工合作，打破现存的封锁和分割状态，凝成一股合力，共同推进中部地区的全方位对外开放。

6. 扩大对内开放，加强东中西部经济合作

中部地处我国内陆腹地，具有承东启西的区位优势，中部地区对外开放要在重视向海外和东部沿海开放的同时，也要重视向西部开放，要进一步强化对西部地区的带动和转移作用。具体来讲，首先，中部地区应密切与西部地区的合作，利用“中部论坛”和“中国中部投资贸易博览会”、“中国东西部合作与投资洽谈会”、“中国西部国际西博览会”等经贸合作平台，与西部地区深化合作；其次，加快推进中部地区与西部地区在交通能源等基础设施、信息平台、旅游开发、生态保护等重点领域的合作，加快构筑一体化的区域综合交通运输体系，加强与西部地区在科技要素、人力资源、信用体系、市场准入、质量互认和政府服务等方面的对接；再次，构建统一开放的市场体系，建立对接平台，提高合资合作水平，完善与西部省份区域合作机制。更好的贯彻区域发展由沿海向内地梯次推进的构想，增强对西部地区的带动作用，同时提升中部、西部的对外吸引力，实现西部大开发和中部崛起战略的融会贯通。

中部地区扩大开放与经济转型发展*

李志强[1] 顾 颖[2]

（1. 山西大学中国中部发展研究中心 太原 030006；2. 太原师范学院经济系 太原 030012）

一、引言

当前，世界经济形势仍然面临诸多变数，其饱受美国经济复苏乏力、日本地震海啸核泄漏事故以及欧洲国家主权债务危机影响，国际经济环境中存在的不稳定性不确定性上升，世界经济复苏路径依然曲折。面临严峻复杂的国际经济形势，各国纷纷推出新举措，加强国际经贸合作，深化对外开放，促进科技创新、产业结构升级和发展方式转变。作为一个发展中大国，中国转变经济发展方式正处于攻坚时期，只有积极扩大开放，以开放促改革、以开放促发展、以开放促创新，才能实现经济转型发展，走向结构均衡发展。

作为中国经济重要增长极，面对当前日趋激烈的国际、区域竞争，面对全国“调结构、促转型”的战略机遇，中部地区必须扩大开放、推进转型跨越发展。扩大开放有利于大规模引进外资，做大做强中部地区经济总量，快速提升经济实力，加速中部地区崛起；扩大开放有利于引进国外先进技术，大力促进中部地区的科技进步与创新，增强国际竞争力，带动中部地区科技水平的全面提升；扩大开放有利于大规模承接产业转移，不断优化产业结构，加快中部地区工业化、城市化进程；扩大开放有利于进一步发挥中部地区优势，促进其与国内外两个市场、两种资源的全面对接，使中部地区资源优势转化为经济优势，实现经济社会全面协调可持续发展。因此，扩大开放是推动经济转型升级的强大动力，是实现经济转型发展的必经之路，是实现中部崛起的根本途径，而经济转型发展又能实现更高层次上的开放。

二、中部地区扩大开放促进经济转型发展的现状分析

改革开放以来，尤其是中部崛起战略实施后，中部地区对外贸易有了较大改变，取得了较快发展。但不可否认的是，中部地区外向型经济在整个国民经济中所占的份额仍然较小，其对外开放程度与东部沿海地区相比仍有很大差距，且许多指标低于全国平均水平，目前仍然存在着外贸发展相对滞后、利用外资规模较小、外贸商品技术含量低、外经合作

* 本文吸收了由山西大学中国中部发展研究中心承担的国家发改委地区司委托项目“中部地区扩大开放与经济转型发展”的部分研究成果。

李志强，山西大学中国中部发展研究中心主任，博士，教授、博士生导师，主要研究方向为制度理论与竞争力、战略与创新管理、资源型经济转型；顾颖，太原师范学院经济系，教授，山西大学硕士生导师，山西大学中国中部发展研究中心特聘研究员，主要研究方向为制度理论与转型发展。

层次较低等问题。

（一）对外贸易规模发展迅速，但外贸发展仍相对滞后，对经济发展贡献率较低

2006年以来，中部地区积极推进对外开放带动战略，对外贸易取得较快发展，对外贸易总额总体呈上升趋势，从2006年的539.7亿美元增加到2012年的1934.3亿美元，增长了2.58倍。但是与全国相比，中部地区的对外贸易发展仍相对滞后，占全国的比重较小，2006—2012年对外贸易占全国的比重均在5.5%以下（图1）。中部地区的外贸依存度也偏小，与全国也存在较大差距，2006—2012年，中部地区年均外贸依存度只有9.7%（图2）。可见，中部地区外贸对经济增长的促进作用要远远小于全国。

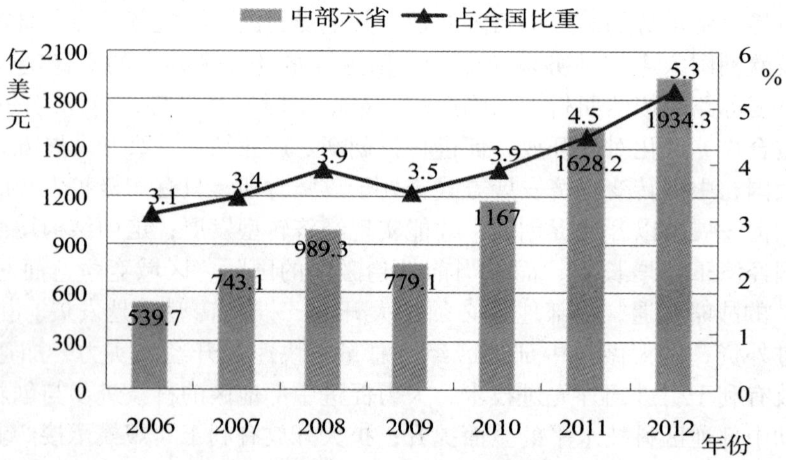

图1 2006—2012年中部六省进出口总额及占全国比重

数据来源：2006—2012年全国及中部六省国民经济和社会发展统计公报。

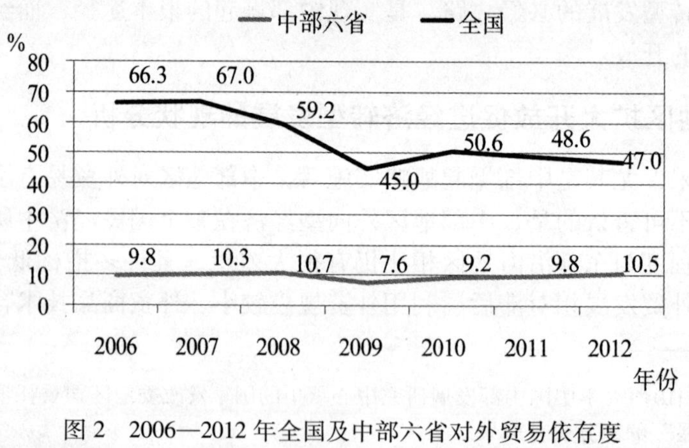

图2 2006—2012年全国及中部六省对外贸易依存度

数据来源：根据2006—2012年全国及中部六省国民经济和社会发展统计公报整理。

（二）利用外资量质齐升，但吸收外资规模仍相对较小，促进经济转型的活力不足

中部地区大力实施“引进来”战略，拓宽吸收外资渠道，扩大吸收外资规模，利用外资取得明显成效。2006—2012 年，中部地区实际利用外商直接投资额由 115.6 亿美元提高到 430.3 亿美元，增长了 3.7 倍（表 1）。但是，由于受经济基础、地理位置和其他历史、政策等诸多因素的影响，中部地区利用外资规模仍相对较小。2012 年，我国实际利用外资额为 1117.2 亿美元，而中部六省为 430.3 亿美元，仅占 38.5%。

表 1　**2006—2012 年中部六省实际利用外商投资金额**　单位：亿美元

年份 省份	2006	2007	2008	2009	2010	2011	2012
山西	4.7	13.4	10.2	13.5	15.1	20.7	25.0
安徽	13.9	30.0	34.9	38.8	50.1	66.3	86.4
江西	28.1	31.0	36.0	40.2	51.0	60.6	68.2
河南	18.5	30.6	40.3	48.0	62.5	100.8	121.2
湖北	24.5	27.7	32.5	36.6	40.5	46.6	56.7
湖南	25.9	32.7	40.1	46.0	51.8	61.5	72.8
中部六省	115.6	165.4	194.0	223.1	271.0	356.5	430.3
全国	394.7	747.7	924.0	900.3	1057.4	1160.0	1117.2
占全国比重（%）	16.6	22.1	21.0	24.8	25.6	30.7	38.5

数据来源：2006—2012 年全国及中部六省国民经济和社会发展统计公报。

（三）外贸商品结构有所优化，但外贸产品技术含量低，国际竞争力不强

中部地区对外贸易无论是出口商品结构还是进口商品结构都在不断优化，机电产品和高新技术产品等出口商品已成为中部地区外贸发展新的增长点。2012 年，中部地区机电产品出口额为 584.36 亿美元，占外贸出口总额的 48.47%；高新技术产品出口额为 307.27 亿美元，占外贸出口总额比例为 25.49%。但相对于全国及东部省份来说，中部地区的商品结构依然不够合理，机电产品、高新技术产品等高附加值产品依然较少，出口商品技术含量低，国际竞争力不强。

（四）对外经济合作步伐加快，但外经合作层次不够深，转型发展的拉力不足

中部地区大力推进“走出去”战略，对外经济合作取得较大进展。2012 年，对外承包工程营业额 136.7 亿美元，仅占全国的 17%。并且，中部地区对外投资规模较小，2012 年中部六省非金融类对外直接投资额为 33.2 亿美元，仅占全国的 11.8%。中部地区对外

投资产业层次低，多数集中在建筑工程类，市场多集中在经济欠发达国家。此外，中部地区对外承包工程企业抗风险能力弱，对外劳务合作市场结构单一、劳务结构不合理。

（五）外贸发展省域间差异较大，空间分布不均匀，不利于中部整体经济均衡发展

由于自然条件、经济基础、政策优势等方面的因素，中部六省对外贸易发展不平衡，对外贸易发展有较大差异。2012 年，河南对外贸易总额最大，达到 517.5 亿美元，其后依次是安徽、江西、湖北、湖南、山西，分别为 393.3 亿美元、334.1 亿美元、319.6 亿美元、219.4 亿美元，山西对外贸易总额最小，只有 150.4 亿美元，还不到河南的 1/3（图 3）。这种外贸空间分布上的差异，会进一步加大各省经济发展的差距，不利于中部整体经济的协调、持续发展。

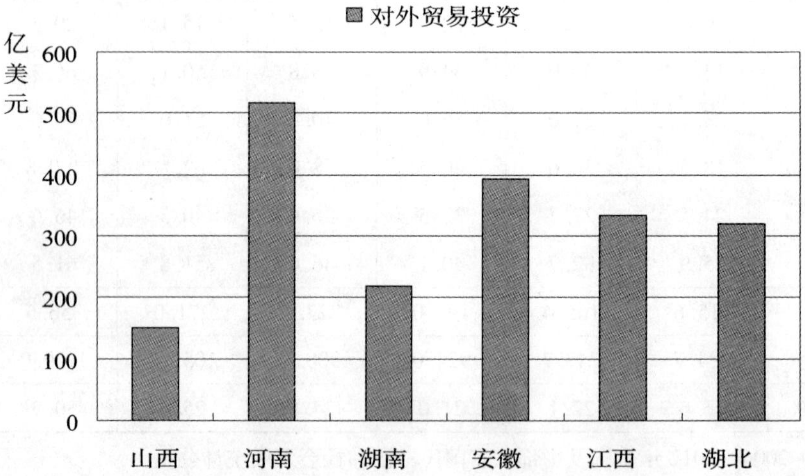

图 3　2012 年中部六省进出口总额

数据来源：2012 年中部六省国民经济和社会发展统计公报。

三、中部地区扩大开放促进经济转型发展的影响机制分析

开放作为一种交易机制，是一个包含技术、制度、资本和知识等诸多要素的综合体，扩大开放实质上是资源在更广阔的空间内进行转移和重新配置。而经济转型的实质就是用现代科技改造传统产业，发展高新技术产业，提高经济发展中的高科技含量。扩大开放对一个地区科技水平的提高、资源配置效率的提高都具有重要的作用，具体而言，扩大开放可以通过推动技术进步、加快人力资本积累、推动制度变迁、优化资源配置等途径来促进经济转型发展（图 4）。

（一）扩大开放通过推动技术进步来促进经济转型发展

科学技术的广泛应用能有效提高生产要素的使用效率，打破经济发展过度依赖资源、资本等生产要素投入的瓶颈，加快推动经济发展方式转变，促进经济转型升级。技术进步

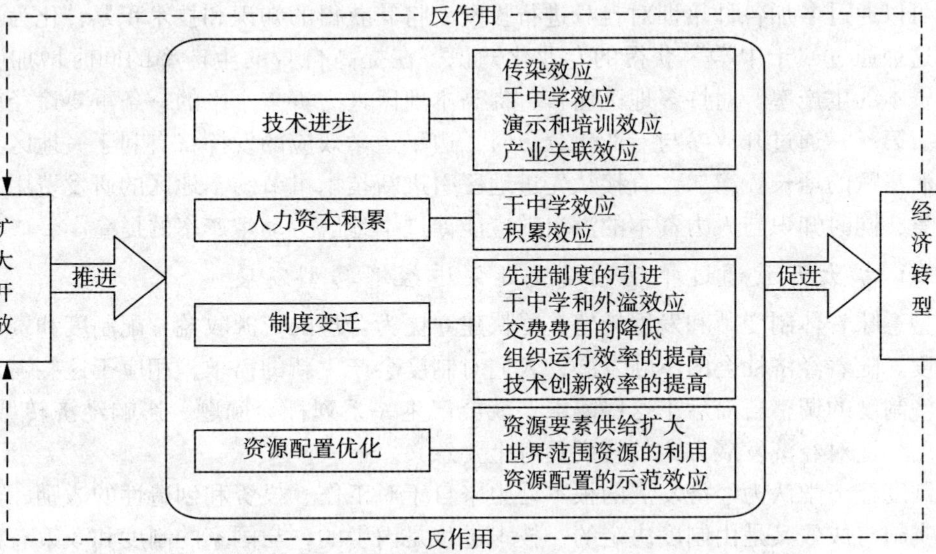

图 4　扩大开放促进经济转型机制

主要通过提高生产要素效率、提高规模经济和改变经济结构与制度等来促进经济转型发展。而新技术需要巨额的开发费用，中部地区不可能仅仅依靠本地区研发，更应通过扩大开放来满足自己所需的大量技术。

扩大开放可以获取本地区所需先进技术、管理经验和方法，促进产品技术升级换代，提升经济技术含量，促进经济转型发展。其可以通过双方的经济交往发生技术传递效应来实现，主要体现在以下四个方面：一是传染效应，扩大开放有利于获得发达地区先进的生产技术、先进的知识经验等；二是干中学效应，面对日益激烈的市场竞争，企业为增强竞争能力，就必须根据市场需求改进产品结构、提升服务质量，这种驱动力促使企业模仿和学习先进技术，在边干边学中提升技术水平；三是演示和培训效应，参与国际分工与合作，在对新产品进行演示及对用户进行技术培训的过程中，企业能获得新产品设计、生产方法和市场需求等信息，并通过进一步的学习模仿与创新，促成企业以低成本开发相似产品；四是产业关联效应，技术进步具有“外部经济”和“可积累”的特性，外贸部门可以通过上下游产业链与国内各产业部门产生关联效应，通过产业关联、产业聚集带动相关产业的技术进步。

（二）扩大开放通过加快人力资本积累促进经济转型发展

转型意味着彻底抛弃对优势资源的过度依赖，建立起依靠人力资本创富、创新驱动发展的新机制。经济转型发展的过程实际就是产业结构不断优化调整的过程，新旧产业更新换代的顺利实现要以人力资本的不断提高为前提。

扩大开放通过加快人力资本积累促进经济转型发展，具体可通过教育和工作培训两种途径来实现。首先，知识存量是提升创新能力的关键因素，是现代经济高比率的总量增长和迅速的结构变化的源泉，教育作为知识积累的一个有效途径，是缓慢的但也很有可能是最有力、最根本的增长因素。其次，人们在从事生产活动时，可以直接投资于产品的生产，也可以通过参加各种培训对自身进行投资，将其获得的知识和技术积累转化为现实生产力，这种通过“干中学”获得的专业化知识，在提高自身的生产率的同时增加劳动力和物质资本的生产率。对许多地区而言，提高本地区人力资本水平的一条重要途径就是扩大开放。第一，通过开放参与专业化分工时，边干边学效应的发挥将有利于一地区人力资本等资源禀赋的增长。第二，直接从先进地区引进新技术可节约本地区的研发费用，增加资本积累，同时知识与人力资本的溢出效应能促进本地区劳动生产率的提高。

（三）扩大开放通过推动制度变迁促进经济转型发展

转型意味着体制变革和发展转轨，尽快建立更为合理的资源收益分配制度和资源财富转化制度。随着经济社会的不断发展，人们对制度会产生新的需求，相应于这些需求的政治、经济制度的调整若滞后于这些需求，就会产生一系列社会问题，影响经济转型绩效。因此制度变迁对经济发展方式的转变具有重要意义。

新制度经济学认为经济发展的根本动力来自于对工作、投资和创造性的激励，而激励机制的实施与成效又是由制度决定的。技术进步是内生的，与国家的制度和政策有密切的联系，只有一国的制度和政策有利于先进技术的使用和开发时，才能促进经济增长，实现经济转型。扩大开放可以通过四条途径来推动制度变迁进而促进经济转型发展：第一，扩大开放可以通过引进制度，扩大本地区的制度供给，节省制度创新成本；第二，扩大开放可以通过“边干边学”效应和“外溢”效应，不断改进交易制度，直接促进整个地区的制度创新；第三，扩大开放导致市场和经济规模的扩大，迫切需要制度创新以降低交易费用；第四，扩大开放把企业推向竞争激烈的国际市场，迫使本地区企业积极进行制度创新，以提高组织运行效率和技术创新效率，从而提高自身竞争力。

（四）扩大开放通过优化资源配置促进经济转型发展

转型意味着告别浪费资源、破坏环境的资源开发模式，实现经济与环境的协调发展。中部地区是我国重要的能源原材料基地，煤炭资源储量占全国的39.8%，铜矿资源储量占全国的51.3%，钨矿资源储量占全国的80%，金、银、锑、铀等资源储量都占有重要地位。但长期以来传统的开发模式使资源破坏和生态环境恶化现象越来越严重。只有不断优化资源配置，摆脱高投入、高消耗、高污染、低附加值发展模式，才能实现经济增长方式的转变和经济结构的调整。

扩大开放是优化资源配置的重要手段，扩大开发可通过资源供给总量的增大、资源配置方式的转换和资源配置示范效应的发挥三种途径来优化资源配置：第一，扩大开放可以吸收引进国外资金、制度、先进技术和管理经验，扩大本地区的资源要素供给；第二，扩大开放有利于充分利用国际国内两种资源、两个市场，在世界范围内配置资源，更大程度更广范围发挥市场在资源配置中的基础性作用，克服资金、技术、市场、管理等诸多方面的制约，实现资源最佳配置；第三，扩大开放可以通过资源配置的示范效应带动本地区资源优化配置，主要体现在制度创新示范、企业竞争示范和市场开拓示范等方面。落后地区通过学习模仿发达地区制度创新，对本地体制改革、制度建设具有深远意义；外资企业进入本地市场具有领先的示范效应，对本地区企业的制度改革具有重要作用；外资企业在发现和满足本地市场需求方面往往起着先行者的作用，有利于开拓本地市场。

四、中部地区扩大开放，促进经济转型发展的政策建议

（一）优化对外贸易结构，保障外贸健康稳定发展，推进中部地区经济结构转型

1. 积极培育出口优势，提升外贸竞争力

保持中部地区现有出口竞争优势，加快培育以技术、品牌、质量、服务为核心竞争力的新优势。加大科技创新力度，推进资源性产品向加工型产品转变、粗加工产品向精加工产品转变、低附加值产品向高附加值产品转变，打造具有竞争力的国际品牌，培育拥有自主知识产权的高新技术出口产品。完善政策措施，促进加工贸易从组装加工向研发、设计、核心元器件制造、物流等环节拓展，延长国内增值链条。优化出口商品结构，稳定劳动密集型产品、资源深加工产品等传统优势产品出口，提升产品质量和档次，鼓励轻型化、精细化产品出口，提高出口产品技术含量。推进出口市场多元化，大力开拓国际和地区性市场，巩固欧美、日韩等传统市场，积极开拓东盟、拉美、非洲等新兴市场。

2. 优化进口结构，促进贸易平衡

优化中部地区进口结构，从引进一般技术和装备向引进关键技术和高新技术转变，从吸引简单生产投资向吸引高技术含量生产投资转变，积极扩大先进技术、关键零部件进口，适度扩大消费品进口，优化贸易收支结构。鼓励进口各省内短缺的资源类商品和加工贸易原料性产品，为经济转型发展提供资源支撑。各省对支柱产业重大技术设备进口给予资金支持。制定有效政策鼓励企业加大对高新技术产品的进口，加快企业机器设备的更新。努力扩大中部地区的吸引力和影响力，促进进口来源地多元化。

3. 大力发展服务贸易，转变外贸发展方式

促进中部地区服务出口，提高服务贸易在对外贸易中的比重。在稳定和拓展旅游、运输、劳务等传统服务出口同时，努力扩大文化、中医药、软件和信息服务、商贸流通、金融保险等新兴服务出口。大力发展服务外包，建设武汉、长沙、合肥、南昌等国家级服务外包示范城市，支持太原、郑州建设若干服务外包基地。依托中部地区外资企业开拓外包市场，大力开展境内服务外包，并以境内外包为基础，积极向离岸外包延伸、拓展。加强自主研发与创新，优化服务外包价值链，促进中部地区产业结构升级与经济转型。扩大金融、物流等服务业对外开放，提高服务业国际化水平。

（二）实施“引进来”战略，提升引资规模与质量，强化中部地区经济转型资金与人才保障

1. 优化利用外资结构，提高利用外资水平

优化中部地区利用外资结构，引导外资更多投向现代农业、高新技术、先进制造、节能环保、新能源、现代服务业等领域，推动中部地区产业结构转型升级。丰富利用外资方式，鼓励外资以参股、并购等方式参与中部地区企业兼并重组，促进外资股权投资和创业投资发展。积极引进海外先进技术，鼓励外资企业在中部地区设立总部中心、研发中心、

采购中心等功能性机构。主动借鉴国际先进管理理念、制度、经验，积极融入全球创新体系。支持外资金融担保等企业在中部地区设立分支机构。有效利用国外优惠贷款和国际商业贷款，完善外债管理。

2. 积极承接产业转移，促进产业优化升级

充分发挥中部地区资源丰富、要素成本低、市场潜力大等优势，按照市场导向、因地制宜、生态环保、集中布局原则，有序承接国内外产业转移。重点承接发展农产品加工、能源矿产开发与加工、装备制造、现代服务业和劳动密集型等优势特色产业。设立产业转移引导资金，重点支持产业园区基础设施建设，引导外商在具备条件的开发区和产业集聚区内设立专业园区。加快晋陕豫黄河金三角承接产业转移示范区、皖江城市带承接产业转移示范区建设。

3. 注重培养与引进结合，加快引进高端人才

加快培养与引进适应开放与经济转型发展的高层次人才，为中部地区扩大开放与经济转型提供有力的人才支撑。创新“学产研”合作培养人才模式，充分利用中部地区高等院校、科研院所等丰富的教育资源优势，建立高校、科研院所、企业人才开发合作机制，培养一批高素质复合型人才。大力引进具有国际经验和创新精神的国际化高级管理人才，鼓励海外留学人员到中部地区发展创业。多渠道、分层次引进一批通晓国际规则的法律人才、具有研发能力的技术人才、具有丰富专业知识的技能人才。

4. 积极改善投资环境，营造良好招商氛围

优化发展硬环境，提高贸易投资便利化程度。加强中部地区交通运输等基础设施建设，建成辐射周边的畅通经济通道。加强大通关建设，完善口岸功能布局，充分发挥口岸的功能和效益。优化投资软环境，加强政策环境、市场环境和人文环境建设。加快金融创新，完善金融政策产品和服务体系，推进对外贸易和国际投融资的便利化。建立科学的外商投资环境考核和监督管理体系，建立健全奖惩分明的激励制度，提高对外开放效率。重视市场规范建设和知识产权保护，建立公平竞争的市场经济环境。加大外商投诉处理力度，保护外来投资者合法权益，营造良好招商氛围。

（三）创新“走出去”方式，推进外向型经济发展，拓宽中部地区经济转型发展空间

1. 支持企业主动“走出去”，提升国际竞争力

加强中部地区企业与跨国公司在研发设计、营销体系等方面的合作，加快资源整合和管理创新。鼓励有条件的企业以资本、技术、管理、输出等多种方式参与国际投资，承包项目，并购重组，开展国际化经营。支持企业在境外建立生产基地、营销中心、研发机构等，开展境外资源合作开发和国际科技合作。加强对企业“走出去”的宏观指导和服务，对符合条件的企业开展对外投资与经济合作业务补贴。继续支持企业开展对外承包工程和劳务合作业务，积极创新业务拓展模式。支持中部各省加强劳务输出基地建设，健全完善选招、培训、输送、跟踪服务和管理一条龙运行机制，打造劳务外派品牌，开拓国际劳务市场。

2. 创新对外投资方式，拓展资源配置能力

拓宽“走出去”渠道，鼓励具有比较优势的企业参与国际生产加工、资源开发、研究开发和咨询服务等多领域合作。加大对外投资领域，推动从生产制造向研发和市场营销环节延伸，从制造业向服务业延伸，从“绿地投资”为主向“绿地”和“并购”多种投资方式并举转变。鼓励大型内贸企业到境外发展连锁业务，开展境外跨国并购，提高企业研发、营销的国际化水平。加快推动对外经济合作与内外贸的一体化，培育优势企业发展成为集境内外研发、生产、销售、服务于一体的跨国企业。支持大型企业参与境外经济贸易合作区建设，设立海外研发中心、生产基地、营销中心，创办工业园区、科技园区。加大中部地区各省间的组织协调力度，引导“走出去”企业实行跨省、跨行业联合，实现集群式对外投资。

（四）深化经济交流与合作，推进对内对外开放，提升中部地区经济转型发展新活力

1. 建立省际合作协调机制，深化中部六省合作交流

建立中部地区良好的协商沟通和应急处置机制，构建多层次区域合作框架体系。充分利用投资贸易博览会、中部论坛等平台，在产业发展、金融创新、基础设施对接等方面开展务实合作。构建区域一体化金融产业体系和金融服务体系。统筹规划六省交通基础设施建设，加强跨界交通基础设施对接。推进煤、电、油、气输送网络一体化建设，加强中部六省水资源统一管理。实施信息网络融合工程，促进电信网、有线电视网和互联网“三网融合”，建设省级电子政务信息资源中心和协同办公平台。建立中部地区生态建设和环境保护协作机制，联合制定跨界污染联治和污染事故应急处理预案。

2. 深化区际间交流合作，推动全方位对外开放

发挥承东启西的区位优势，加强与东西部的跨区域合作，扩大与京津冀、长三角、珠三角和海峡西岸地区的交流合作。选择有条件的地区，开展中东西区域合作试点，探索建立区域一体化发展的体制机制。加强政策引导和组织协调，为中东部企业对接搭建平台，更好地承接东部地区产业转移。支持中东西部建立长期稳定的合作关系，联合推进跨区域交通通道建设，在电力、煤炭、天然气、油品供应和运输及水资源利用等方面开展合作。加强中部粮食生产区与沿海销售区的合作，建立长期稳定的供销协作关系。加快推进山西转型综改区、皖江城市带、鄱阳湖生态经济区、中原经济区、武汉城市圈、长株潭城市群的全方位对外开放。

3. 扩大同发达国家的交流合作，提高对外开放能力

鼓励中部地区建立外派劳务合作试点，扩大对外劳务输出规模。进一步放宽对外商投资的限制，着力扩大中部地区利用外资规模。坚持办好中部博览会，打造有国际影响力的招商平台。建立完善“走出去”的政策体系，不断深化同周边国家的开发合作，鼓励煤炭、电力、冶金等行业的优势企业采用跨国并购、股权置换、境外上市等方式开展跨国投资经营。建立中小外贸企业贷款风险补偿基金。加快推进综合保税区建设，设立海关特殊监管区域。加快口岸大通关建设，推进铁路公路水路联运，开辟航空口岸通道，建立路港航一体化“大通关链条”。建设电子口岸，建立大通关联络协调机制，破解内陆地区对外

开放瓶颈，提升中部地区的对外吸引力。

参考文献

[1] 李志强等. 山西资源型经济转型发展报告（2011）[M]. 社会科学文献出版社，2011.

[2] 李志强等. 山西资源型经济转型发展报告（2012）[M]. 社会科学文献出版社，2012.

[3] 李志强等. 山西资源型经济转型发展报告（2013）[M]. 社会科学文献出版社，2013.

[4] 李中元等. 中国中部地区发展报告 [M]. 社会科学文献出版社，2011.

[5] 国家发展和改革委员会地区经济司. 促进中部崛起：五年来的成效及政策建议 [J]. 宏观经济管理，2011（10）.

[6] 国家发展和改革委员会地区经济司. 中部地区开放型经济发展情况与建议 [J]. 中国经贸导刊，2012（4）.

[7] 黄新飞，舒元. 中国省际贸易开放与经济增长的内生性研究 [J]. 管理世界，2010（7）.

[8] Jang C. Jin. On the Relationship Between Openness and Growth in China：Evidence from Provincial Time Series Data [J]. The World Economy，2004（10）.

[9] Frankel，J. A. and D. Romer. Does Trade Cause Growth [J]. American Economic Review，1999（89）.

促进区域经济协调发展的利益分享机制研究*

胡　艳　华德亚　胡本田　韩建雨
（安徽大学长三角经济社会发展研究中心　合肥　230601）

一、建立区域经济协调发展利益分享机制宏观背景与现实意义

（一）建立利益分享机制宏观背景

区域经济协调发展是科学发展观的重要体现，也是建设和谐社会的必然要求。经过西部大开发、振兴东北老工业基地和中部崛起等协调区域发展的一系列国家战略的实施，特别是近年来主体功能区规划建设，我国区域经济发展差距有所缓和，但从整体上看，区域发展不协调的局面仍没有得到根本扭转。导致这种现状的原因比较复杂，抛开要素禀赋差异和历史发展基础等因素外，当前缺乏完善的区域经济协调发展的利益分享机制应是重要原因。

从以往的经验看，我国协调区域经济利益关系主要依靠政府计划和行政手段。从总体上说，这种协调机制具有三方面特征：从调节主体看，主要依赖中央政府，不能充分发挥地方积极性；从调节方式看，主要依靠行政命令，没有充分发挥市场的调节功能；从调节目标看，重点考虑整体利益，较少顾及个体利益。这种被动式、行政命令式的调节机制，难以满足各利益主体的利益诉求，因而难以得到区域间各利益主体的广泛认同和支持。

在区域协调发展过程中，中央政府、地方政府、企业、中介组织和居民等利益主体，都存在各自的利益诉求。在这些利益关系中，中央和地方的利益关系既存在激励相容性，也存在利益分歧；区域协调发展双方之间既存在利益共生性，也存在利益冲突。因此，在新形势下协调区域经济关系，最重要的是处理好两种关系，即整体利益和个体利益之间的关系，以及相关各方各自利益之间的关系。处理好这两种关系的核心是各利益主体都要摒弃狭隘的利益独占思想，树立互利共赢的利益分享观。

构建新型利益分享关系，亟待我们建立起中央和地方互动、政府和市场互补、双方各利益主体互惠的区域协调发展利益分享机制。

（二）建立利益分享机制现实意义

建立区域协调发展利益分享机制，是平衡主体利益诉求、分享区域发展利益的要求；也是深化区域分工合作、构建新型区域关系的需要；更是落实国家区域战略、促进区域协

* 本文根据国家发改委地区司课题《促进区域协调发展的利益分享机制研究报告》修改，课题主持人：胡艳，安徽大学长三角研究中心执行主任，安徽大学经济学院教授、博导；课题组主要成员：华德亚（副教授、硕导）；胡本田（副教授、硕导）；韩建雨（讲师、博士）。

调发展的必然选择，具有重大战略意义。

1. 有利于平衡主体利益诉求，分享区域发展利益

从区域经济协调发展层面看，各利益主体作为区域经济的参与者，存在着相互依存的关系，是实现国家整体利益的“合作者”；但从其自身利益诉求看，各利益主体作为区域经济的竞争者，相互之间又存在着利益冲突，是维护自身利益的“博弈者”。

利益分享机制是各利益主体对共同利益自觉分享和自动调节的杠杆。它要求首先理清区域经济协调发展的各种利益关系，然后按照公平、规范的原则实现利益分享。利益分享机制既是一种激励机制，也是一种约束机制。在区域协调发展的市场活动中，作为激励机制，利益分享机制使各利益主体明确利益预期，减少不确定性，有利于激发合作积极性；作为约束机制，它又通过规范的权责界定，降低了区域经济发展中的利益分化，减少了利益分歧和冲突发生的可能性。具有激励和约束双重功能的利益分享机制，最终使各利益主体自觉参与区域经济合作与竞争，并分享利益。

2. 有利于深化区域分工合作，构建新型区域关系

科学合理的利益分享机制，有利于各地区顺应自然规律，根据各地区的条件、特点和比较优势合理划定功能区，制定各区域符合自身条件的发展规划；有利于促进区域经济技术协作与联合，建立区域经济协调发展的联动机制；有利于协调地区间的产业分工关系和经济利益关系，构建和发展区域经济合理的分工体系，形成团结合作的新型区域关系。

3. 有利于落实国家区域战略，促进区域协调发展

中央相继实施西部大开发、振兴东北老工业基地和中部崛起战略，标志着我国区域经济全面迈入统筹区域协调发展战略的新阶段。而合理有效的利益分享机制有利于保障区域协调发展战略顺利实施。构建区域协调发展利益分享机制，有利于完善西部地区基础设施建设，改善生态环境，缩小经济发展水平差距；有利于发挥中部地区综合优势，凝聚产业竞争力，加快中部崛起步伐；有利于加速东部地区产业转移，提升创新能力，推进转型升级进程。总之，构建区域协调发展利益分享机制，有利于形成我国东部、中部和西部协调互动发展的新格局。

二、建立区域经济协调发展利益分享机制指导思想和基本原则

（一）建立利益分享机制指导思想

以邓小平理论和“三个代表”重要思想为指导，以科学发展观为统领，落实《中华人民共和国国民经济和社会发展第十二个五年规划纲要》和《国务院关于中西部地区承接产业转移的指导意见（国发〔2010〕28 号文件）》要求，走中国特色社会主义道路，以“促进区域协调发展，缩小地区发展差距”为主题，以利益分享为纽带，构建效率和公平相结合的区域协调发展利益分享机制，实现区域经济发展中各利益主体的利益分享，促进我国区域经济协调发展。

（二）建立利益分享机制基本原则

1. 竞争合作与互利共赢相结合

区域协调发展利益分享涉及多重利益主体，包括中央政府、地方政府、企业、中介组

织和居民等。这些利益主体中，除了作为“大家长”的中央政府，其他主体间的关系形式多样，但本质上属于竞争合作关系。在各主体竞争关系中，彼此应本着互利原则，反对利益独占；在主体合作关系中，彼此应本着共赢宗旨，避免以邻为壑。因此，我们认为，区域协调发展利益分享机制应体现在竞争中实现互利，在合作中达到共赢。

2. 市场主导与政府引导相结合

区域协调发展依赖市场推动和政府引导双轮驱动，构建其利益分享机制自然要遵循市场导向和政府引导相结合的原则。区域协调发展需要微观企业落实，企业在其他地区投资的领域、方式和规模等都本着市场导向原则，因此，利润、就业、技术和管理等共同利益也应本着市场原则共同分享。在区域协调发展过程中，在某些领域存在市场失灵，利益分享机制也自然不能完全按照市场原则实施，其中，利益补偿、利益帮扶、利益磋商和利益仲裁等，完全的市场机制难以协调各主体利益诉求，需要政府搭建平台，为利益分享机制提供实现途径和制度保障。

3. 权责明确与公平公正相结合

实现区域协调发展利益分享首先要明确各利益主体的权利和责任，然后根据权责对等的原则分享共同利益。如某地企业在别的区域建立工厂，使其获得了新的生存空间和发展机遇，它也应当承担对后者进行利益补偿乃至利益帮扶的责任。如果各利益主体权利不明确，就会导致其利益预期不确定，从而增加利益分享过程中的交易成本。同理，如果各利益主体责任不清晰，就会增加负外部性，这也将会对利益公平合理分享产生不利影响。权责分配不但要明晰，更关键的是要遵循权责对等原则，这体现了权责公平公正分配的本质要求，只有这样，才能实现直接利益和间接利益，局部利益和整体利益等共同利益的合理分享。

4. 效率优先与合理补偿相结合

区域协调发展过程中利益分享要体现效率原则，按照各主体在利益创造中的贡献度实施利益分成，以此提高各利益主体的积极性。利益分享不等于平均分配，后者抹杀了各利益主体在利益创造中的差异性，不利于区域协调可持续发展。利益分享在体现效率优先的同时，还应遵循利益合理补偿原则。某区域的微观主体在生产过程中很有可能会给其他地区造成资源和能源过度开发，水资源、土地和环境污染等。上述负外部性需要国家财政转移支付或指定相关政策，要求加害方对受损方进行利益补偿。

5. 民主决策与统一行动相结合

利益分享机制牵涉各利益主体的切身利益，其设计过程理应各利益主体共同参加和民主决策。在决策过程中，应在充分尊重各主体利益诉求前提下，对利益分享方案民主讨论，就总体原则和总体方案达成一致，使之成为利益分享的行动指南；通过民主程序设计的利益分享机制要求各利益主体共同遵守，只有如此，利益分享才能真正落实。如果大家各自为政，各行其是，那么利益分享只能是幻想。因此，只有坚持民主决策形成的利益分享机制，才能得到各利益主体的一致认同；只有在遵守利益分享原则基础上的统一行动，才能真正实现利益分享。

三、区域经济协调发展及其利益分享机制体系

（一）区域经济协调发展内涵

区域经济协调发展是指具有一定空间结构和功能特征的区域系统在各种区域协调机制的作用下，各自发挥自己的优势，通过物质、能量、信息的交换，克服冲突和制约，形成相互依存、互惠互利、结构合理的区域发展模式，同时推动区域内社会、经济、生态各个子系统向更高层次发展，进而形成彼此和谐一致、整体利益最大化的区域良性循环态势。区域经济协调发展既是经济问题，也是政治问题。它不仅关系着我国现代化建设全局，也关系到社会稳定和国家的长治久安。区域协调发展是一个动态的过程，是指区域间各种利益关系逐渐协调的过程，主要包含两层含义：一是发挥各地优势，形成合理的地域分工，促进经济整体效益的提高；二是将区域经济发展差距控制在适度范围内，促进我国经济的整体协调。

（二）区域经济协调发展利益分享机制体系

区域经济协调发展利益分享主体：在区域协调发展过程中，主要涉及中央政府、地方政府、中介组织、企业和居民五个主体。从区域建设的角度看，它们是区域协调发展的主要参与主体，但如果从利益分配的角度看，同时，它们也是区域协调发展的主要利益分享主体。各利益分享主体之间既具有共同利益，也存在利益分歧，彼此之间形成了既相互依存，又相互制约的利益关系。

区域经济协调发展利益分享客体：利益客体是指区域经济协调发展中利益分享的标的物。

区域经济协调发展利益分享机制：应是围绕利益分享构建的一系列相互联系、相互制约的机制体系集合体，具体由利益分成机制、利益补偿机制、利益帮扶机制、利益磋商机制和利益仲裁机制等构成。利益分享机制体系的核心是利益分成机制，利益补偿机制和利益帮扶机制是对利益分成机制的进一步补充和完善。当上述三个机制难以自发协调各利益主体的利益诉求时，就需要利益磋商机制，甚至利益仲裁机制的介入，协调各利益主体关系，实现利益分享。利益分享机制体系结构关系请见图 1。

四、区域经济协调发展利益分享机制的运行

构建区域协调发展利益分享机制涉及中央政府、地方政府、中介结构、企业和居民等五类主体。利益分享机制亦存在利益分成、利益补偿、利益帮扶、利益磋商和利益仲裁五个子机制。那么，上述五类主体应该通过何种方式实现利益分享？利益分享机制五个子机制又是如何运行的呢？

（一）区域经济协调发展利益分享主体博弈

中央政府扮演“大家长”的角色，其目标是促进区域利益合理分享、区域间关系稳定和谐，以保证国家整体利益和长远发展利益最大化；地方政府是区域协调发展的核心参与者，在一定意义上，区域协调发展的重要内容即是协调好地方政府之间的利益分歧，因为在实践中地方政府往往就是各区域核心利益的代表；企业和居民是区域协调发展中的实

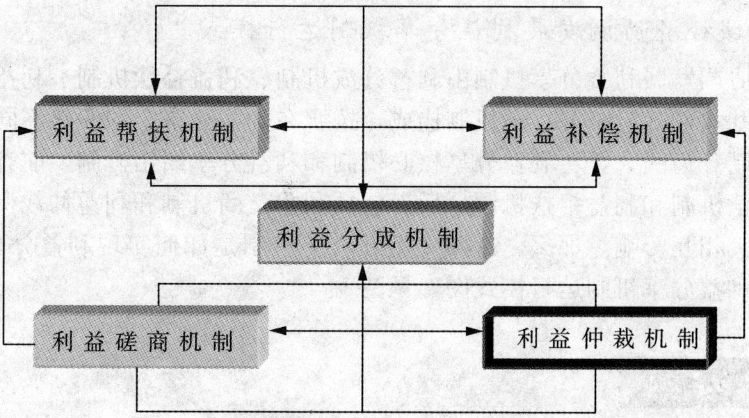

图1　利益分享机制体系结构关系图

际利益载体，所以区域协调发展利益分享机制可以简化为各区域企业和居民之间利益的分享和协调机制；但是企业和居民的利益诉求在实践中更多地是通过地方政府和中介组织来表达，因此可以将地方政府和中介组织的利益争取行为看做该地方政府辖区内企业和居民利益诉求的函数。利益分享机制可简化为探讨代表各区域核心利益的地方政府和中介组织之间的博弈。但由于我国行政区经济的特征，在区域协调发展中中介组织的作用还非常有限，企业和居民的利益诉求更常见的表达渠道仍然是地方政府。

因此，本课题将区域协调发展利益分享机制进一步简化为地方政府之间的利益分享。由此，我们设计区域经济协调发展利益分享主体的博弈图，如图2：

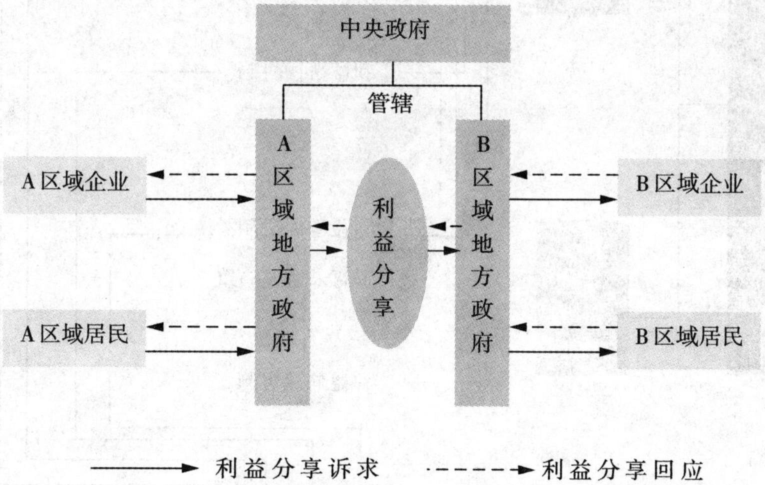

图2　区域经济协调发展利益分享主体博弈图

透过上图可知，A区域地方政府和B区域地方政府可以通过利益分享机制实现利益分享。那么，区域协调发展利益分享机制该如何运行呢？

（二）区域经济协调发展利益分享机制运行模式

区域经济协调发展利益分享机制由利益分成机制、利益补偿机制、利益帮扶机制、利益磋商机制和利益仲裁机制五个子机制构成。按照在利益分享中的职能不同，我们可以将上述五个子机制分为两大类：利益分享核心机制和利益分享纠错机制。前者涵盖利益分成机制、利益补偿机制和利益帮扶机制；后者包括利益磋商机制和利益仲裁机制。它们彼此之间相互联系、相互影响。那么，这两大类五个子机制是如何实现利益分享的呢？为此，本课题设计出利益分享机制运行模式图。见图3：

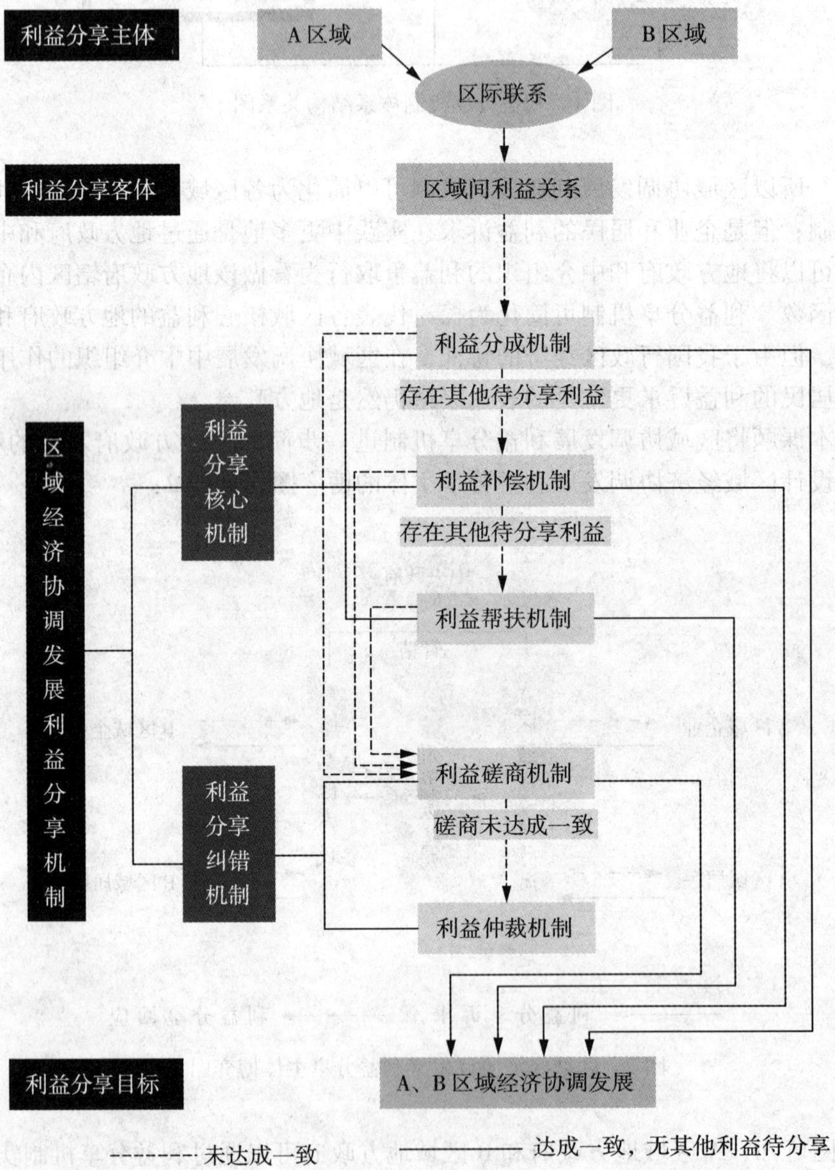

图3 区域经济协调发展利益分享机制运行模式图

五、区域经济协调发展利益分享机制的构建

（一）构建利益分享机制难点

1. 利益主体多元化，利益分享交易成本高

如前所述，区域经济协调发展利益分享涉及多方面利益主体，不同利益主体的利益诉求也呈现出异质性特征。各利益主体的利益诉求请参见图 4。利益诉求差异是构建利益分享机制的客观原因，但反过来，这种利益诉求差异会引发各利益主体之间的博弈，从而使得利益协调难度加大，这在客观上增加了交易成本，同时增添了建立利益分享机制的难度。

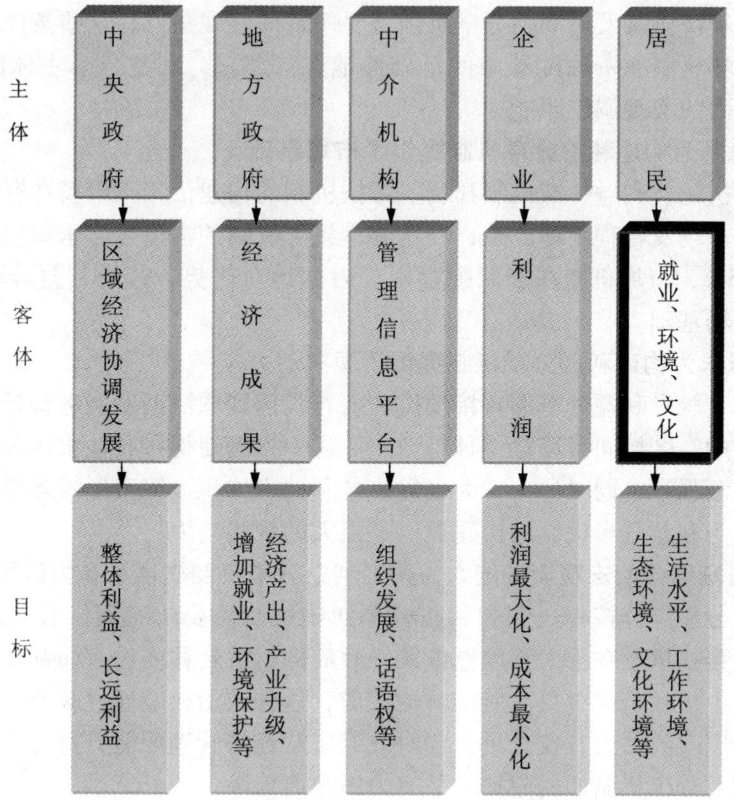

图 4　区域经济协调发展利益主体利益诉求

2. 利益和成本难界定，利益分享缺乏客观标准

经济行为中的利益或成本比较复杂，有些成本，特别是社会成本本身就难以界定。区域经济协调发展涉及多种利益，除了经济利益外，还存在大量难以指标化的非经济利益，如技术、管理、环境、信息平台等。这造成了利益定量化衡量上的现实困难。

3. 利益分享机制体系不健全，系统运行困难

当前，在区域经济协调发展过程中，各区域间尚没有形成完整的利益分享机制体系。

目前，除了一般工业园区有一些利益分成协议或者有不太完善的利益分成机制外，普遍没有建立利益补偿机制、利益帮扶机制、利益磋商机制和利益仲裁机制，这使得利益分享机制体系难以系统运行，利益分享缺乏相应的体系支撑。

4. 区域之间利益主体地位相对差异，利益分享难以平等实现

在区域经济协调发展过程中，发达地区由于经济发展水平、资源禀赋、投资环境、科技水平等相对较高，一般处于强势地位，而欠发达地区则由于发展相对落后，处于相对弱势地位。这种双方地位的差异，导致后者为了加快经济发展，在区域经济分工合作中不得不让出部分利益，这就是说在利益分享过程中，各区域之间难以实现真正意义上的利益平等分享。

（二）构建利益分享机制客观基础

构建区域经济协调发展利益分享机制需要一定的客观条件，这些条件主要包括以下三点：第一，市场机制在资源配置中的基础性地位；第二，利益分享主体的权利诉求；第三，政府强有力的宏观调控职能。

1. 市场机制为构建利益分享机制提供了市场基础

利益分成机制、利益补偿机制和利益帮扶机制的构建依赖于市场在资源配置中的基础性地位。如果市场发育程度不成熟，利益分享核心机制的构建难言乐观。目前，我国市场化指数高达75%，市场机制在资源配置中已占据绝对优势。这为利益分享机制的构建提供了良好的市场基础。

2. 利益诉求为构建利益分享机制提供了现实动力

利益诉求是触发利益分享的直接动机。随着我们区域协调发展进程日益加快，在区域分工合作过程中，区域间市场竞争日趋激烈。这一方面使得各利益主体要求分享区域经济利益的愿望日渐强烈；同时另一方面也促使各利益主体积极探索形式多样的利益分享机制实现模式。这为利益分享机制的构建提供了强大的现实动力。

3. 政府日渐增强的宏观调控能力为构建利益分享机制提供了有力保障

构建利益分享部分核心机制和利益分享纠错机制需要政府提供有力的经济和政治保障。比如利益帮扶机制在很大程度上依赖于政府的财政转移支付，而利益仲裁机制在很大程度上取决于上级政府或中央政府的政治权威，这种政治权威通过政府的政策法规体现出来。当前，我国政府财力日益充足，同时政府宏观经济管理职能日益完善，调控能力日渐增强，这为利益分享机制的构建提供了有力的政府保障。

（三）构建利益分享机制有效途径

1. 建立区域间利益生成评价制度，构建利益分成机制

由利益分成机制的内涵我们可以看出，利益分成机制更强调区域间经济利益的直接分成，它主要存在于产业发展的区域关联领域，如两个区域间基于产业链形成垂直关联，以及产业转移与承接等。下面我们以区域间产业转移与承接为例，探讨如何构建利益分成机制。

构建利益分成机制要关注三方面的问题：

第一，利益分成原则。遵循市场效率原则和注重区际公平原则。

第二，利益分成规则。利益分成规则的确定可以分成两个层面：一是地方政府间协商，达成利益分成总体框架，它主要涵盖产业发展、就业创造、财政税收等方面；另一个是区域间微观企业间通过谈判，达成利益分成的总体方案，如产业转移中创造利润的分割比例和分割规则。

第三，利益分成方式。利益分成方式是指分成的具体细则和办法。综合考虑上述利益分成原则和规则，首先建立既全面综合、又客观公正的区域间利益生成评价考核制度，以便对各微观利益主体行为的经济绩效作出准确测度，它是一个包括各项利益指标和成本指标、静态指标和动态指标等多重指标体系；然后依据上述指标体系，核算各主体行为对税收、就业和利润等经济利益的贡献度；最后据此进行既科学合理、又具体有效的利益分成。

2. 建立区域间利益损害评估制度，构建利益补偿机制

构建利益补偿机制的两种模式：

第一，政府主导模式。在政府主导的利益补偿机制中需要政府直接规制。例如，企业给某区域造成环境污染，若其私人成本小于社会成本，解决思路是政府向该企业征税或罚款，然后利用这种税收或罚款所得用于区域的环境治理，借以实现利益补偿。

第二，市场主导模式。市场主导的利益补偿机制强调微观主体间的直接协商。比如，赋予区域利益主体一定质量的环境财产权，企业要在该区域生产，就必须要从区域利益主体手里购买相应的环境财产权，在污染损害发生后，区域主体用出售环境财产权所得收入治理环境。构建区域经济协调发展利益补偿机制，无论是政府规制思路，还是市场污染权交易方法，首先都需要对污染损害本身（或财产权）进行评估，而这依赖于完善的损害评估制度。损害评估不但要核算当前损害，还要考察长远损害；不但要计算直接损害，还要测算间接损害，要从多层面、多角度进行综合评估，确定损害额度（财产权），制定利益补偿标准。

利益补偿两种模式决定补偿方式也有两种：利益间接补偿和直接补偿。前者要求首先设立全国性或者跨区域性的特定利益补偿基金（由对损害企业征税或罚款组成），然后根据前述损害测度结果，对受损方进行实质性利益补偿，它的优点是利益补偿相对稳定可靠，但其不足就是补偿往往难以及时实现。后者需要首先确立被损害方财产权，这依赖于政府的界定和保障。财产权确定后，微观市场主体通过自由交易实现利益补偿。当交易主体人数有限时，这种利益补偿机制比前者更直接、更高效，但如果参与交易的人数众多，会导致交易成本过高，有些交易主体也可能会出现搭便车现象，甚至还可能会发生交易双方机会主义倾向等行为，上述现象常常致使市场交易利益补偿机制难以奏效。在区域利益补偿实践中，我们可以根据实践的具体特征，作出最有效的补偿模式选择。

3. 建立区域间转移支付制度，构建利益帮扶机制

我国幅员辽阔，且地区间经济发展水平差异较大，为了协调区域经济发展，除了实行利益分成机制和利益补偿机制落实利益分享以外，还应该实施利益帮扶机制。利益帮扶机制主要依靠政府宏观协调，包括政府财政转移支付、地方政府间经济援建等。

政府财政转移支付有两种形式：纵向转移支付和横向转移支付。两种通过转移支付的利益帮扶机制各有特色，我们应综合两种财政转移支付形式的优点，探索以纵向为主、纵横交错的政府财政转移支付利益帮扶机制新模式。在这种新模式下，中央政府在提供财政转移支付的同时，支持地方政府参与部分转移支付。据此，发达地区依法向接受帮扶的落后地区政府直接划拨资金。不同于单纯纵向转移支付的“暗帮”，它这种横向的“明扶”不但会激励发达地区的帮扶积极性，也将有力地鞭策落后地区加快发展自身经济，有利于实现区域经济协调发展。

除了直接财政转移支付帮扶外，地方政府间的经济援建也是利益帮扶机制的有效实现形式。经济援建是经济发达地区对欠发达地区实施援助的一种政策性行为，它一般以中央政府为主导，以地方政府为主体，通过发达地区企业具体实施的利益帮扶模式。经济援建机制有三种主要形式：第一，特定灾难援助机制。如汶川地震发生后，其他省份对灾区灾后恢复重建对口支援；第二，日常经济建设援助机制。如上海和江苏等发达省份对西部地区的经济援建等；第三，补偿式援助机制。如用煤大省广东和江苏等地对产煤大省陕西和内蒙的援助建设。实施利益帮扶机制应遵循国家统筹规划的原则，针对经济发展不同层次，政府确定帮扶对象和具体帮扶措施，通过对欠发达地区的帮扶“输血”逐步培育被帮扶区域的自我“造血”功能，进而实现区域经济协调发展。

4. 搭建区域利益磋商平台，构建利益磋商机制

上述分成、补偿和帮扶等利益分享机制有效运行的前提是各区域利益主体之间达成合意，但在现实区域经济联系中，常常会出现利益摩擦、利益纠纷和利益矛盾。解决纠纷和矛盾首先需要双方（多方）磋商，这需要建立利益磋商机制。

构建利益磋商机制关键要做好以下工作：第一，明确磋商主体。磋商主体可以是不同区域间的企业，也可以是两地政府，乃至中介组织等共同参与。第二，确定磋商方式。磋商方式有两种：双边磋商和多边磋商。第三，制定磋商程序。磋商程序主要涉及磋商请求提出、被请求方答复时限、磋商时限、磋商中利益诉求的表达方式、磋商不能解决的问题进入仲裁的流程等。

除上述制度安排外，发挥利益磋商机制作用的关键还在于磋商平台的搭建，区际经济联系中牵涉到的区域公共利益，通过政府磋商平台进行磋商比较适宜。但在区际经济联系中，微观企业间的私人利益磋商，通过政府平台实施往往显得不够灵活和及时，此时需要利益双方共同协商，搭建私人利益磋商平台，以便及时快捷地实现利益磋商。在私人磋商难以平等开展时，需要引入行业协会等第三方磋商和监督机制。

5. 设立区域利益仲裁机构，构建利益仲裁机制

如果区域间利益摩擦和纠纷难以通过磋商解决，必须引入三边治理，借助于第三方解决利益争端，这种分歧解决机制最常见的就是利益仲裁机制。构建利益仲裁机制首先需要中央政府制定或地方政府签订双边（多边）区际协议，然后根据协议原则，设立专门的利益仲裁机构，配备专职仲裁人员，规范仲裁程序，实施利益仲裁。鉴于我国区域间经济联系日渐密切，利益分歧日益增多，且形式呈现多样化特征，我们建议建立多层次利益仲裁机构，区际公共利益分歧由上级政府设置的仲裁委员会仲裁，如省际间的利益分歧，通过国家设置的利益仲裁委员会加以仲裁；在经济联系密切的区域间，也可以设置跨省际的利益仲裁机构，如在长三角“三省一市”范围内，尝试设置专门的长三角区域合作利益分歧仲裁委员会等机构，以便对长三角范围内省际经济利益分歧提供仲裁；在各省（自治区或直辖市）设立市际经济利益仲裁委员会，负责省内各地级市之间的利益分歧仲裁；同理，在各地级市设置县际仲裁所等。上述各级仲裁机构既独立开展仲裁业务，同时又受上级仲裁机构的业务指导。在利益仲裁过程中，如果相关利益主体对仲裁程序或仲裁结果存在异议，可以申请上级仲裁机构重新仲裁，以便最大限度地保障各利益主体的合法利益。

至于区际微观主体间的私人利益分歧，较多地存在于特定行业或者相关行业间，这需要我们以行业协会为载体，设置专业性仲裁机构，它同样按照行政区设置层级。当区际特定行业发生利益分歧时，双方利益主体本着协商一致原则，在两个经济区域中选取一方专业仲裁机构（或第三地仲裁机构）进行利益仲裁。若特定利益攸关方对仲裁结果存有异议，也可按照公共利益仲裁原则，申请上级专业仲裁机构二次仲裁。通过上述机制设计，以便在尽最大可能保障各利益主体合法利益的基础上实现利益分享。

（四）构建利益分享机制制度保障

1. 政府加大宣传力度，提高利益主体利益分享认知度

中央政府应站在区域协调、可持续发展的高度，采取多种方式，加大宣传力度，使得政府官员、企业、居民、中介组织等相关主体对构建利益分享机制的必要性、机制内涵和框架、机制运行过程和结果等有较为深刻的了解，这是保障构建区域经济协调发展利益分享机制的思想前提。

2. 政府出台实施办法，增强利益分享机制可操作性

实现利益合理分享，关键在于分享机制实施办法的制定和执行。为此应该针对利益分享机制五个子机制，分别出台适宜操作的分享办法。就利益分成机制而言，政府应对利益创造评价制度进行原则性和规范性设计，使利益分成有据可依，减少和避免可能出现的利益分歧；就利益补偿机制而言，政府应对利益损害评估制度制定细则规范；就利益帮扶机制来说，政府应出台通过转移支付形成的帮扶资金使用原则、范围、过程和效果的全程考核和监督办法，以使利益帮扶资金规范运行；就利益磋商机制来说，政府应出台利益磋商总体原则，培育中介组织，搭建磋商平台，以使利益磋商行为成为各利益主体维护自身利益，同时也兼顾对方利益的情感培育平台；就利益仲裁机制来说，政府在加大力度培育仲裁机构的同时，特别要在仲裁人员培养、仲裁程序设计、仲裁结果执行等层面作出合理设计，以便维护仲裁的公正性和权威性。

3. 建立利益分享绩效考核机制，激励利益主体分享积极性

改变当前唯 GDP 是举的政府及官员绩效考核制度，对参与区域协调发展的利益主体，特别是发达地区地方政府及官员，要在考核时增加利益分享考核指标，强化对利益补偿、利益帮扶和利益磋商等分享指标评价，弱化经济增长指标评价；对于微观企业主体，要按照利益分享执行成效，在市场进入、行业评比、金融支持、税收征缴和技术扶持等层面给予差别政策，以鼓励和支持企业积极参与利益分享；对于仲裁机构等行业中介，参照利益仲裁绩效指标，对其在资质认定和资金扶持上予以一定的奖惩。

4. 明确各主体职责分工，建立合理利益分享治理结构

中央政府是协调全国区域经济发展的宏观指导机构，国家发展和改革委员会地区经济司作为实际执行机构，具体负责区域利益分享指导思想、基本原则和总体目标制定；地方

政府既是利益分享机制组织者和探索者，也是利益分享者和地方利益维护者。这种特殊身份使地方政府有较强的积极性构建利益分享机制；但同时，因其也是利益分享主体，导致它在构建利益分享机制过程中难以做到公平和公正，而在涉及地方整体利益时，往往会导致区际地方政府间在利益分享原则和规则出现严重分歧，此时需要上级政府甚至中央政府介入，协调双方利益分歧，实现利益分享；企业作为利益分享的微观主体，在利润最大化原则指导下，在主观上往往难以认同利益分享，但是，从整体利益与部分利益、长远利益与眼前利益辩证关系的角度看，利益分享既是企业的社会责任，也与企业自身长远利益目标具有一致性，因此，要通过适当的制度安排、激励企业自觉实现利益分享；仲裁委员会等中介机构作为利益分享纠错机制的主要执行机构，当利益分享主体间产生分歧且磋商无法协调时，利益仲裁机制将提供客观公正的利益仲裁，这是利益分享得以实施的最终保障。

5. 建立和完善居民参与机制，切实保障居民利益分享权

区域协调发展利益分享涉及区际多层次利益主体的切身利益，利益分享机制构建也就在客观上需要各利益攸关方共同参与。目前，利益分享尚停留在政府探讨以及少数地区和企业探索阶段，某些利益主体，特别是居民参与空间和积极性都相对不足。区域协调发展利益分享成效，特别是利益分成、利益补偿和利益帮扶等机制运转效率都会对居民生产生活产生重要影响，这提醒我们应充分关注居民的利益诉求，提高居民参与利益分享决策积极性。为此，我们要建立和完善居民参与机制，在利益分享决策前，要充分发挥听证制征求居民意见；在利益分享决策中，要吸引居民参与利益分享决策；利益分享决策结果，要充分接受居民有效监督，只有这样，才能切实保障居民利益分享权，使利益分享最终惠及广大人民。

参考文献

[1] 陈秀山，杨艳．我国区域发展战略的演变与区域协调发展的目标选择［J］．教学与研究，2008（05）．

[2] 陈栋生，陈耀．论建立区际经济新秩序［J］．财经问题研究，1989（08）．

[3] 严汉平，白永秀．我国区域协调发展的困境和路径［J］．经济学家，2007（05）．

[4] 徐现祥，李郇．市场一体化与区域协调发展［J］．经济研究，2005（12）．

[5] 孙翠兰．中国区域经济协调发展研究综述［J］．经济经纬，2007（06）．

[6] 新华网．中共中央关于制定“十一五”规划的建议（全文）［EB/OL］．http：//news. xinhuanet. com/politics/2005-10/18/content_ 3640318. htm，2005-10-18.

[7] 新华网．授权发布：中华人民共和国国民经济和社会发展第十二个五年规划纲要［EB/OL］．http：//news. xinhuanet. com/politics/2011-03/16/c _ 121193916. htm，2011-03-16.

[8] 国务院关于中西部地区承接产业转移的指导意见（国发［2010］28 号）．

[9] 范存增．科学调控区域经济差异努力构建和谐社会．光明日报，2005-09-06.

[10] 魏后凯．改革开放 30 年中国区域经济的变迁——从不平衡发展到相对均衡发展

[J]．经济学动态，2008（05）．
[11] 魏后凯．关于促进东西部地区经济协调发展的若干政策问题［J］．经济体制改革，1996（05）．
[12] 王英全．略论基于科学发展观的区域经济协调发展［J］．理论导刊，2005（04）．
[13] 陈秀山，刘红．区域协调发展要健全区域互动机制［J］．党政干部学刊，2006（01）．
[14] 唐忠辉．财产权的环境保护功能研究［D］．武汉大学，2005.
[15] 崔金星．环境财产权制度构建理论研究［J］．河北法学，2012（06）．
[16] 林民书，刘名远．我国经济发展过程中区域间利益分享与补偿问题研究［J］．河南社会科学，2013（02）．
[17] 庄士成．长三角区域合作中的利益格局失衡与利益平衡机制研究［J］．当代财经，2010（09）．
[18] 郭志仪，郑周胜．地方政府、利益补偿与区域经济整合［J］．经济问题，2010（08）．

中国区域政策和欧盟区域政策的比较研究

李　明*

（武汉大学中国中部发展研究院　武汉　430072）

当今世界，区域合作和区域一体化成为世界经济发展的潮流，区域政策已经成为与财政政策和货币政策相并列的第三大宏观调控政策。同时，由于区域政策自身所具有的特殊性，目前出现了超国家层次、国家层次和地方层次等不同层次上的区域政策。中国的区域政策和欧盟的区域政策正是不同层次上的区域政策。因此，只有深入分析不同层次区域政策的差异性，才可能从欧盟区域政策的成功做法中吸取对中国的区域发展真正有益的宝贵经验。

一、不同层次区域政策的差异性分析

欧盟区域政策这一超国家层次上的区域政策与普通的国家层次上的区域政策以及区域和地方政府当局制定的地区政策虽然都属于区域政策的范畴而具有一些相同的属性，但它们又具有很大的差异性。具体来看，这种差异性主要体现在如下几个方面：

第一，超国家层次上的区域政策与国家层次和区域（或地方）层次上的区域政策的政策主体不同。超国家层次上的区域政策一般是由超国家机构主管区域政策的相关部门负责制定、实施、管理和评估，例如在欧盟主要是由欧盟委员会主管区域政策的事务部主导。国家层次上的区域政策一般是由国家的中央政府中负责区域政策的部门制定、实施、管理和评估，例如在欧盟主要是各成员国国家政府中主管区域政策的相关机构负责，在中国主要是由国务院下属的国家发展和改革委员会主要负责。区域（或地方）层次上的区域政策主要是由区域或地方政府当局中主管区域政策的相关部门来负责，例如在欧盟主要是由各成员国中不同区域和地方政府中的相关部门负责，而在中国主要是省市人民政府中的发展和改革委员会负责。

第二，超国家层次上的区域政策与国家层次和区域（或地方）层次上的区域政策的政策目标也不同。超国家层次上的区域政策主要是解决超国家机构内部不同成员国之间由于政治和历史原因形成并由于区域一体化而进一步恶化的经济和社会发展差距问题。国家层次上的区域政策主要解决的是一个国家内部由于经济基础和发展条件的区域不均衡性以及区域发展战略的长期不平衡性而形成的不同区域之间的经济和社会发展问题。区域（或地方）层次上的区域政策则主要针对区域（或地方）自身的特定问题，制定区域（或

* 武汉大学中国中部发展研究院副教授、经济学博士，研究方向为区域发展战略和中外区域政策比较研究。

地方）自己的发展战略和政策，推动经济和社会的发展。

第三，超国家层次上的区域政策、国家层次上的区域政策和区域（或地方）层次上的区域政策在政策运作时需要协调的关系和需要完成的程序也不太相同。超国家层次上的区域政策在运作时，需要成员国和区域（或地方）政府的积极响应和参与，在相关的政策程序上由于涉及多个层次的管理当局因而更为复杂，它体现的是一种三层管理格局。超国家机构在制定和实施区域政策时需要同时协调它与成员国以及区域（或地方）管理当局之间的关系，并为成员国与区域（或地方）管理当局能够更好地协调彼此之间的关系创造条件，从而使之能够与超国家机构相互配合以实现区域政策的目标。此外，超国家层次上的区域政策还需要协调其制定的区域政策与超国家机构制定的其他共同政策之间的关系，并使得它制定的区域政策能够与成员国和区域（或地方）制定的各项政策更好地相互补充、相互协调。国家层次上的区域政策由于直接针对国家内部的不同区域，因此它主要需要协调与政策作用区域（或地方）管理当局之间的关系，政策制定和实施程序上也主要体现的是一种两层管理格局。区域（或地方）层次上的区域政策主要在超国家机构和国家管理当局的指导下针对本地的区域问题制定，因此需要协调的关系和政策管理的各种程序都相对比较简单，主要是集中在本区域内部，它体现的是一种单层管理格局。

第四，超国家层次上的区域政策、国家层次上的区域政策和区域（或地方）层次上的区域政策对政策管理机构和运作方式的要求也不太一样。尽管为了对区域政策进行管理需要设立统一的政策管理机构，但是由于不同层次上的区域政策需要协调的各种关系以及需要完成的各种工作的性质和复杂性大不相同，因此相应的管理机构也存在明显的差异。超国家层次上的区域政策的管理机构具有超国家性，它主要面对的是不同的成员国。由于超国家层次上存在的区域问题的复杂性，它往往还会设立专门的专家咨询机构，为解决各种区域问题出谋划策。同时，为了给处于多层治理格局最低层的区域（或地方）管理当局提供一定的话语权，让它们的呼声和要求能够直接得到有效地反映，在超国家层次上往往还会建立起一定的机构或相关的机制，使它们成为基层政府和相关机构为自身的利益进行游说的平台和窗口。国家层次上的区域政策的管理机构往往具有承上启下的作用，它既要对国家利益负责，又要按照超国家机构的要求完成区域政策的项目筛选、资金分配、政策评估等方面的任务。同时，它还要指导区域（或地方）相关管理机构开展与区域政策相关的各项工作。区域（或地方）层次上的区域政策的管理机构一般是区域（或地方）政府中的相关部门，它们往往是国家层次上的区域政策的管理机构在区域（或地方）的分支机构。它们既对区域（或地方）政府负责，也在国家层次的区域政策管理机构的指导下开展各项工作。同时，它们还通过建立一定的区域组织和专业协会的方式及时将自己的利益和要求向超国家机构进行反映，从而避免可能遇到的来自成员国国家层次上的噪音。

二、欧盟区域政策与中国区域政策的比较分析

通过上面的分析，我们可以清楚地发现欧盟区域政策与中国区域政策既有相同点，也存在着差异之处。

欧盟区域政策与中国区域政策的相同点主要体现在，无论是欧盟这一超国家层次上的

区域政策，还是中国这种国家层次上的区域政策，都是属于区域政策的范畴，它们都是以解决一定地域范围内的区域问题（尤其是经济发达地区与经济落后地区在经济发展水平和人民生活水平上的区域差距问题）作为政策制定和执行的主要出发点，通过集中的财政转移支付方式和项目管理原则来支持落后地区的发展，帮助落后地区打破经济发展的瓶颈。

其次，与欧盟区域政策实施密切相关的欧盟多层治理的政治格局与中国的行政管理的分层治理具有一定的相似性。在欧盟的多层治理格局中，欧盟、成员国以及区域和地方政府实现了一定的分工、发挥着各自的作用。这种由欧盟、成员国以及区域和地方这三层行政当局所组成的多层治理格局既是欧盟区域政策实施的政治和组织基础，也决定了欧盟区域政策的实施方式。中国的行政管理体制中的分层治理与欧盟的这种多层治理格局具有一定的相似性。中国的行政管理体制是由中央、省（或自治区、直辖市）、市（或县、自治县、自治州）、区（或乡、镇）等多个层次所组成。不同层次之间也实现了一定的分工和合作，从而实现对我国960万平方公里国土的有效治理。不过，我国的这种分层治理还不是十分完善，不同层次政府在权责分工上往往存在着越位和缺位的现象，从而影响到了行政效率和政策结果。

当然，欧盟区域政策和中国区域政策也存在着明显的差异，这主要体现在如下几个方面：

第一，欧盟区域政策是主要由欧盟这个超国家机构主导并具有超国家性的区域政策，它属于欧盟的共同政策之一。根据上述的分析，这种具有超国家性质的共同政策由超国家机构主导和实施，具有与国家性质的区域政策所不同的特点，也具有自身的优势和局限性。中国区域政策属于国家层面上的区域政策的范畴，它是由一个国家的中央政府制定和实施，虽然也属于区域政策的范畴，但它不同于超国家层次的区域政策主要关注不同成员国之间的经济发展差距，而主要关注国家内部的不同区域之间的经济发展差距。

第二，欧盟经过几十年的发展和完善已经成为世界上一体化程度最高的区域，而欧盟区域政策也随着欧盟一体化程度的深化而发挥出越来越大的作用，并成为欧盟三大共同政策之一，成为能够应对各种区域问题的有效途径。其管理的科学性和完善性已经达到了比较高的水平。相比之下，中国区域政策则是不成熟、不完善的。这一方面是由于中国长期以来以追求经济快速发展为主要目标而忽视了区域问题的现实激化，另一方面也是因为中国政府对于如何应对区域问题缺乏必要的经验。在区域政策的立法基础、管理机构、实施对象、政策工具和科学运作等多个方面都存在着缺陷和不足。随着中国政府对区域问题和区域政策的关注以及对世界上先进国家的区域政策的有益经验的深入学习，真正意义上的中国区域政策将会迎来全面发展的春天。

第三，欧盟的多层治理格局与我国行政管理的分层治理也存在着明显的不同。这主要体现在欧盟多层治理格局中居于最高层次的欧盟这一超国家机构并不是一个拥有完全主权的法律主体，它的权力既来自于各成员国，同时也受制于各成员国。欧盟与各成员国政府之间的这种微妙关系决定了欧盟区域政策制定和实施的效率有时会受到影响。中国行政管理的分层治理则不存在这种问题。这主要是因为中国的区域政策是国家层面上的区域政策，制定和实施区域政策的主体是拥有完全主权的法律主体——中央政府。在区域政策的实施过程中，中央政府拥有绝对的权威，它需要协调的关系主要是宪法框架下的中央与地方之间的关系。

第四，欧盟区域政策与中国区域政策相比需要应对的挑战更为复杂。这主要是因为欧盟的不同成员国内部在处理成员国与区域和地方之间的关系时所采取的政治体制不同，有些强调地方自治和分权，有些则强调中央集权，这样欧盟作为超国家机构在协调欧盟、成员国、区域和地方之间的关系并制定共同政策时就会面临很大的困难。同时，欧盟的东扩使得曾经实行不同政治制度、在经济发展水平和经济增长方式上存在诸多差异的国家成为了欧盟这个大家庭中的一员，如何应对由此而进一步激化的区域问题也会增加欧盟区域政策进一步发展的难度和复杂性。中国区域政策由于是单一制国家所制定的国家政策，尽管存在不同区域之间的经济发展差距问题，但是在政治制度和经济制度上全国是一致的，因此需要应对的困难和挑战相比会更加单一化。

三、欧盟区域政策对中国的有益启示

尽管欧盟区域政策是超国家层次上的区域政策，具有一些特殊的特点。但欧盟区域政策的系统性和成熟性是有目共睹的。通过对欧盟区域政策和中国区域政策的比较分析，我们可以从欧盟区域政策的成功做法中发现一些对当前中国区域政策有益的经验。

第一，在制定区域规划和区域政策的过程中，为了对政府行为进行有效规范和约束，需要国家制定出专门的区域规划法，并颁布一系列的配套法律，形成完整的区域规划法律体系。在我国目前还没有专门的区域规划法，更没有形成区域规划和区域政策法律体系，这样就必然导致区域规划和区域政策在制定与实施过程中没有法律保障，规划即使编制出来、政策即使制定出来，也很难协调与国民经济发展规划、城镇体系规划、城市总体规划、土地利用规划之间的关系。因此，我国应该尽早制定颁布专门对区域规划活动进行约束的区域规划法，并形成以区域规划法为核心、涵盖工业布局、产业结构、环境保护等多个领域的区域规划法律体系。

第二，区域政策和区域规划需要根据本国的特殊国情确定相应的理念和目标，并进行及时调整和修订。在我国，尽管区域政策的总体目标很明确，即为缩小地区差距和实现区域协调发展，但是这一点是任何国家在绝大多数的情况下制定区域政策的总的指导方针，因而太过笼统，并没有体现出我国的具体国情和特定时期的阶段特色。因此，在制定区域政策和区域规划时应该明确规划和政策的具体理念和目标，实现目标的细化和体系化。同时，这种具体的规划和政策的理念和目标应该根据经济社会发展水平的变化在每次具体的规划中做出相应的调整。此外，区域规划的理念和目标应该体现在区域规划法中，这样才能更好地贯彻和实施，而区域规划法也应该随着经济社会情况以及规划理念和目标的改变及时进行修订。

第三，欧盟区域政策基金工具的实施是建立在明确的政策实施主体的基础之上的。区域政策基金工具是针对特定问题区域的，如果问题区域不明确，区域政策的实施对象也就不会明确。欧盟区域政策的实施是建立在明确的区划标准基础之上的，它建立了专门的标准地区统计单元目录（Nomenclature of Territorial Units for Statistics，简称 NUTS）。NUTS 是由欧洲统计局建立的，主要是为欧盟提供统一的地域单元划分。NUTS 为三级分类，欧盟

15国共有72个NUTS1区域、213个NUTS2区域和1091个NUTS3区域。① 区域政策基金工具主要是在NUTS2区域的层次上实施的，这样做既避免了区域政策的实施对象范围过大、政策效果不明显的问题，也可以避免由于实施对象的范围过小而无法实现以点带面的现象。然而我国区域政策的实施对象并不明确，这就严重影响了区域政策的实施效果。

第四，欧盟区域政策基金工具已经形成了一个相当完善的体系。欧盟的区域政策是依靠一系列的政策工具来实施的，其中最主要的是基金工具，它是一种特殊形式的财政转移支付方式。欧盟区域政策的基金工具是相当完善的，形成了一个完善的基金工具体系，这些基金从不同角度和不同方面对经济落后地区和结构重组地区实施经济援助，从资金上保证了区域政策的实施。在我国，用于区域政策的财政资源在使用过程中往往具有较大的随意性，而且政策资源的分配往往也缺乏科学决策。这样就明显影响了区域政策的实施效果。

第五，区域援助资金的运用和区域政策的实施要科学化。为了使投资于落后地区的财政资源最大限度地发挥作用，也为了使区域政策能取得最佳的政策效果，欧盟对区域政策的实施和资金的运用实现了科学化的管理。在资金投放上，欧盟遵循部分资助原则，即欧盟为援助地区的项目提供的资金援助仅仅只是项目所需资金总额的一部分，其余的资金一般是由成员国政府、地方政府或私人来承担。对于不同类型的项目，欧盟资金投放的比例也会不同。外溢效应比较大的项目，欧盟的资金支持会比较多；而自身能够产生经济收益的项目，则主要依靠地方政府和私人投资。此外，欧盟为落后区域提供的经济援助是一揽子的援助计划。这些做法都是为了使资金运用能充分发挥带动私人投资、扩大就业、推动地区经济发展的作用，实现最佳的政策效果。另外，欧盟会定期对区域政策的实施效果进行评估，并写出欧盟经济和社会融合报告，一方面对前期的工作进行总结，另一方面也找出问题以便在下一阶段加以解决。欧盟的经验是非常值得我们学习和借鉴的。我国每年财政有大量资金用于为落后地区提供经济援助，但是资金使用效率不高一直以来都是一个值得关注的问题。只有建立起科学的管理机制才能使资金发挥最大的作用，起到最好的政策效果，在短时间内缩小地区经济发展差距。无论是部分资助原则、区域政策工具包，还是对区域政策的实施进行定期评价，都是为了通过科学的管理来达到最佳的政策效果。

第六，扩大就业、技术革新、中小企业的发展、交通基础设施建设和环境保护是区域政策关注的热点。扩大就业一直就是欧盟区域政策的重要目标，欧盟结构基金中的欧洲社会基金就是主要针对失业问题提供资金援助。在2000-2006年期间，欧洲社会基金的资金援助金额高达700亿欧元，这反映了欧盟对失业问题的高度重视。欧盟对所有的项目都是提供部分援助，但是对于技术革新方面的项目（尤其是基础研究和技术支撑），欧盟会提供全部的项目所需资金。对中小企业发展的支持主要是通过欧洲投资银行的贷款工具实现的。2005年10月欧盟委员会和欧洲投资银行启动了两项联合行动计划，欧盟中小企业联合资助计划就是其中之一，它主要是为中小企业融通资金提供服务，它有助于鼓励商业活动（特别是具有较高创新性的活动）的开展，从而推动落后区域乃至整个欧盟经济的发展。交通基础设施项目和环境项目是欧盟区域政策资金投入的主要方向，无论是结构基

① 张可云．区域经济政策［M］．商务印书馆，2004：172.

金中的欧洲地区发展基金，还是团结基金和入盟准备基金中的结构政策工具，这两类项目都是投资的重点。这既反映出它们对于振兴地区经济的重要作用，也反映出欧盟坚持走经济发展与环境保护并重的可持续发展之路的思想。我国在制定区域发展战略的过程中，可以学习欧盟的成功做法，重点关注这些热点领域，这样我国的区域政策也能够跟上时代发展的潮流，实现重大的突破和飞跃。

参考文献

[1] 杜莉．欧盟区域经济政策［M］．吉林大学出版社，2007.

[2] 冯兴元．欧盟与德国——解决区域不平衡问题的方法和思路［M］．中国劳动社会保障出版社，2002.

[3] 李明．欧盟区域政策及其对中国中部崛起的启示［M］．武汉大学出版社，2010.

[4] 王倩．欧盟区域政策——从资金支持视角的分析［M］．吉林大学出版社，2007.

[5] 王倩、许梦博．欧盟区域政策及其对中国东北老工业基地振兴的启示［M］．吉林大学出版社，2007.

[6] 张可云．区域经济政策［M］．商务印书馆，2005.

[7] 张可云．区域经济政策——理论基础与欧盟国家实践［M］．中国轻工业出版社，2001.

[8] 张荐华．欧洲一体化与欧盟的经济社会政策［M］．商务出版社，2001.

[9] 祝宝良、张峰．欧盟地区政策［M］．中国经济出版社，2005.

[10] Harvey Armstrong and Jim Taylor. *Regional Economics and Policy* (Third Edition), Blackwell Publishing, 2000.

[11] Jill Wakefield. *The Plight of the Regions in a Multi-layered Europe*, European Law Review, Vol. 30, No. 3, June 2005.

[12] Nick Bernard. *Multilevel Governance in the European Union*, Kluwer Law International, New York, 2002.

中部地区区域竞争力评价

朱　翔　贺清云　吴智琴　徐　美　何　甜　胡宏涛
（湖南师范大学资源与环境科学学院　湖南长沙　410081）

中部地区地处内陆腹地，有着承东启西、连接南北的地理区位优势，是东西部经济合作的桥梁与枢纽，在全国经济板块中具有不可替代的作用。2006 年中共中央和国务院下发的《关于促进中部地区崛起的若干意见》明确提出将中部地区建设成为中国重要的粮食生产基地、能源原材料基地、现代装备制造及高新技术产业基地和综合交通运输枢纽。在中部崛起战略的推动下，中部六省内部合作开始实质化，取得了一些进展。但相比于长三角、珠三角来看，由于产业结构层次低、结构效益不明显，加上产业结构趋同化加剧了区域的内部竞争，区域内的产业分工与协作、区域一体化产业链的培育较为滞后，这些都制约了整体产业结构的优化升级及区域竞争力的提升。

一、区域竞争力评价方法

采用因子分析法对中部区域竞争力进行评价。因子分析法是从研究相关矩阵内部相关的依赖关系出发，把一些具有错综复杂关系的变量利用多元统计方法及线性代数“降维”为少数几个综合因子的一种多变量统计分析方法。其分析模型步骤为：

（1）研究的指标体系中，由于各自单位量级的不同而存在着不可共度性，为了排除由于各项指标的单位不同以及数值量级间的悬殊差别所带来的影响，分析前首先采用 Z-score 法对基础指标进行无量纲化处理，公式如下：

$$X'_{ij} = \frac{X_{ij} - \overline{X_j}}{\sigma_j}$$

其中，X'_{ij}为标准化后的指标值；X_{ij} 为指标值；$\overline{X_j}$ 为该项指标的平均值；j 为该项指标的标准差。

（2）计算样本相关矩阵 Z，计算公式$\frac{\sum_{k=1}^{n} X'_{ki}X'_{kj}}{n-1}$为：

$Z_{ij} = (i,\ j = 1,\ 2,\ 3,\ \cdots,\ p)$

$$Z = \begin{bmatrix} z_{11} & z_{12} & \cdots & z_{1p} \\ z_{21} & z_{22} & \cdots & z_{2p} \\ \cdots & \cdots & \cdots & \cdots \\ z_{n1} & z_{n2} & z_{n3} & z_{np} \end{bmatrix}$$

(3) 根据特征方程 $\partial\ (K) = \frac{\sum_{m=1}^{k} \lambda_m}{\sum_{m=1}^{p} \lambda_m}$，求得全部 p 个特征值，再根据方程 $(R - \lambda E) U_m = 0$，求得与 λ_m 对应的特征向量 $U_m(m = 1,\ 2,\ 3\cdots\cdots,\ p)$。

(4) 求 m 个因子的累计方差贡献率：$\partial\ (K) = \frac{\sum_{m=1}^{k} \lambda_m}{\sum_{m=1}^{p} \lambda_m}$，由 $\partial\ (K) \geqslant 85\%$ 确定 k 的值。

(5) 将因子表示为原有变量的线性组合，即为：$F_{mi} = \sum_{j=1}^{p} U_m X'_{ij}(i = 1,\ 2,\ 3,\ \cdots,\ n;\ m = 1,\ 2,\ 3,\ \cdots,\ p)$。

最后，用每个主因子的贡献率作权重，进行加权求和即得到 k 个因子的综合得分值：

$$F_i = \sum_{j=1}^{p} \beta_m F_{mj} (\beta_m = \frac{\lambda_m}{\sum_{m=1}^{p} \lambda_m})$$

二、区域竞争力评价指标体系设计

基于科学性、实用性、可比性及定性与定量相结合的原则，结合国内外对于区域竞争力指标体系设计的研究，从经济综合实力竞争力、产业竞争力、科技竞争力、环境竞争力及居民生活水平五个方面，将区域竞争力进行分解，设计出能够科学合理地反映区域竞争力的评价体系。指标体系由 12 个二级指标和 22 个三级指标构成，具体如表 1 所示。

表 1　　区域竞争力评价指标体系

一级指标	二级指标	三级指标	表示参数
区域经济综合竞争力	经济总量	GDP 总量（亿元）	X_1
		人均 GDP（元）	X_2
		人均社会消费品零售总额（元）	X_3
	经济推动能力	全社会固定资产投资额（亿元）	X_4
		城乡居民储蓄存款余额（亿元）	X_5
	外向经济	进出口总额（亿美元）	X_6
区域产业竞争力	产业总量	工业增加值（亿元）	X_7
		第三产业增加值（亿元）	X_8
	产业结构	第二、三产业占 GDP 比重（%）	X_9

续表

一级指标	二级指标	三级指标	表示参数
区域科技竞争力	科研经费投入	R&D 占 GDP 的比重（%）	X_{10}
	科技产出	每万人专利申请受理量（件）	X_{11}
		技术市场成交额（亿元）	X_{12}
区域环境竞争力	基础设施	客运总量（万人次）	X_{13}
		货运总量（万吨）	X_{14}
		移动电话年末用户（万户）	X_{15}
	资源环境承载力	人均水资源拥有量（立方米/人）	X_{16}
		废水排放达标率（%）	X_{17}
	资源利用效率	单位 GDP 能耗（吨标准煤/万元）	X_{18}
区域居民生活水平竞争力	居民收入	城镇居民家庭人均全年可支配收入（元）	X_{19}
		农村居民家庭人均纯收入（元）	X_{20}
	居民支出	城镇居民家庭人均全年消费性支出（元）	X_{21}
		农村居民家庭人均生活消费支出（元）	X_{22}

三、区域竞争力评价定量化分析

（一）数据的收集与处理

本文将中部地区置于全国范围内进行比较，即在对国内 30 个省份（西藏、港、澳、台由于部分数据不全，暂不列入比较范围）区域竞争力分析的基础上，比较分析中部地区与东北地区、东部沿海、西部地区的区域竞争力。本文根据前面所确定的评价指标，收集了 30 个省（市）2010 年的 22 项指标值，并依据标准化处理公式，对指标数据进行一致化、无量纲处理，得到标准化后的数据 X'_{ij}。

（二）计算各因子的特征值和贡献值

应用 SPSS13.0 软件中的因子分析，对 2010 年全国 30 个省市选择的各个指标的标准化数据进行处理，得到各因子的主成分特征值及贡献率（具体见表 2）。

从表中不难发现，前三个公共因子累计方差贡献率接近于 85%，表明前三个公共因子的数值变化就可以基本代表指标体系中 22 个指标值原始变量的变化，因此，将前三个公共因子用 F1、F2、F3 来表示，并将其作为竞争力评价模型的综合变量。同时，将最初的因子载荷矩阵采用最大正交旋转法使得载荷矩阵的每一列元素都按其平方值尽可能大或者尽可能小，尽量地向 0 和 1 分化，其结果如表 3 所示。

表 2　　各因子的特征值及贡献率

Component	Initial Eigenvalues			Extraction Sums of Squared Loadings		
	Total	% of Variance	Cumulative %	Total	% of Variance	Cumulative %
1	12. 380	56. 274	56. 274	12. 380	56. 274	56. 274
2	4. 830	21. 954	78. 228	4. 830	21. 954	78. 228
3	1. 416	6. 434	84. 662	1. 416	6. 434	84. 662
4	. 969	4. 402	89. 065			
5	. 763	3. 470	92. 534			
6	. 456	2. 074	94. 608			
7	. 292	1. 328	95. 936			
8	. 242	1. 102	97. 038			
9	. 169	. 770	97. 808			
10	. 151	. 686	98. 494			
11	. 093	. 420	98. 914			
12	. 077	. 351	99. 265			
13	. 040	. 183	99. 448			
14	. 036	. 162	99. 610			
15	. 029	. 132	99. 743			
16	. 025	. 115	99. 857			
17	. 010	. 047	99. 904			
18	. 008	. 037	99. 941			
19	. 005	. 025	99. 966			
20	. 004	. 019	99. 985			
21	. 003	. 015	100. 000			
22	. 000	. 000	100. 000			

表 3　　旋转后主成分载荷矩阵

指标	主要因子		
	F_1	F_2	F_3
GDP 总量（亿元）	0. 263	0. 941	0. 168
人均 GDP（元）	0. 921	0. 110	0. 162
人均社会消费品零售总额（元）	0. 935	0. 153	0. 225

续表

指标	主要因子		
	F_1	F_2	F_3
全社会固定资产投资额（亿元）	-0.016	0.842	0.396
城乡居民储蓄存款余额（亿元）	0.430	0.869	0.105
进出口总额（亿美元）	0.617	0.698	-0.142
工业增加值	0.161	0.955	0.166
第三产业增加值	0.487	0.857	0.103
第二、三产业占 GDP 比重（%）	0.774	0.188	0.064
R&D 占 GDP 的比重（%）	0.850	0.049	0.235
每万人专利申请受理量（件）	0.892	0.268	0.143
技术市场成交额（亿元）	0.792	-0.052	0.088
客运总量	0.101	0.899	0.058
货运总量	-0.140	0.792	0.393
移动电话年末用户	0.113	0.970	0.117
人均水资源拥有量（立方米/人）	-0.251	-0.182	-0.692
废水排放达标率（%）	0.227	0.249	0.866
单位 GDP 能耗（吨标准煤/万元）	-0.408	-0.339	-0.519
城镇居民家庭人均全年可支配收入（元）	0.918	0.250	0.151
城镇居民家庭人均全年消费性支出（元）	0.913	0.226	0.108
农村居民家庭人均纯收入（元）	0.929	0.170	0.201
农村居民家庭人均生活消费支出（元）	0.916	0.183	0.071

（三）计算因子得分系数矩阵

因子模型可以将变量表示成公共因子的线性组合，因此也可以将公共因子表示成原始变量的线性组合，根据计算因子得分的回归方法，将公因子对指标体系中的变量 X_{ij} 做线性回归，得到系数的最小二乘估计结果即因子得分系数，计算结果如表 4 所示。

表 4　**因子得分系数矩阵**

指标	主要因子		
	F_1	F_2	F_3
GDP 总量	-0.016	0.144	-0.038

续表

指标	主要因子		
	F_1	F_2	F_3
人均 GDP	0.114	−0.039	0.009
人均社会消费品零售总额	0.108	−0.04	0.044
全社会固定资产投资额	−0.073	0.107	0.151
城乡居民储蓄存款余额	0.017	0.132	−0.085
进出口总额	0.073	0.125	−0.242
工业增加值	−0.031	0.152	−0.032
第三产业增加值	0.026	0.128	−0.09
第二、三产业占 GDP 比重	0.098	−0.005	−0.053
R&D 占 GDP 的比重	0.1	−0.057	0.071
每万人专利申请受理量	0.105	−0.005	−0.022
技术市场成交额	−0.028	0.158	−0.09
客运总量	−0.089	0.103	0.167
货运总量	−0.034	0.163	−0.062
移动电话年末用户	0.034	0.068	−0.41
人均水资源拥有量	−0.056	−0.077	0.518
废水排放达标率	0.002	0.022	−0.261
单位 GDP 能耗	0.109	−0.011	−0.016
城镇居民家庭人均全年可支配收入	0.113	−0.009	−0.042
城镇居民家庭人均全年消费性支出	0.109	−0.033	0.026
农村居民家庭人均纯收入	0.118	−0.013	−0.061
农村居民家庭人均生活消费支出	0.109	−0.054	−0.007

（四）计算主因子及综合得分

利用因子得分系数矩阵和因子得分公式：$F_{mi} = \sum_{j=1}^{p} U_m X'_{ij}$，可计算出主因子在各个变量上的得分值 F_i，并利用每个主因子的贡献率作权重，计算出各省的综合得分 F。

表 5　　各省综合竞争力综合得分及排名

地区	省份	F1 得分	F2 得分	F3 得分	综合得分	综合排名
东部地区	北京	3.297	−0.973	0.342	1.664	1
	天津	1.363	−1.122	1.025	0.586	6
	河北	−0.721	0.538	0.797	−0.236	17
	上海	2.731	−0.530	0.119	1.428	2
	江苏	0.774	1.961	0.090	0.873	5
	浙江	1.222	1.044	−0.222	0.904	4
	福建	0.339	−0.187	0.086	0.156	8
	山东	−0.338	1.983	0.849	0.300	7
	广东	0.723	3.317	−1.588	1.035	3
	海南	−0.646	−1.016	0.255	−0.571	30
中部地区	山西	−0.466	−0.386	0.354	−0.324	21
	安徽	−0.720	0.139	1.070	−0.306	20
	江西	−0.546	−0.299	0.198	−0.361	22
	河南	−0.912	0.801	1.017	−0.272	19
	湖北	−0.311	−0.001	0.494	−0.144	11
	湖南	−0.518	0.222	0.265	−0.226	15
西部地区	内蒙古	−0.108	−0.380	0.171	−0.134	10
	广西	−0.705	−0.305	0.453	−0.435	24
	重庆	−0.149	−0.513	0.495	−0.165	12
	四川	−0.627	0.597	0.211	−0.208	13
	贵州	−0.676	−0.530	−1.006	−0.562	29
	云南	−0.647	−0.468	−0.183	−0.479	26
	陕西	−0.320	−0.376	0.785	−0.213	14
	甘肃	−0.669	−0.756	−0.205	−0.556	28
	青海	−0.128	−0.616	−3.635	−0.440	25
	宁夏	−0.257	−1.029	−0.950	−0.432	23
	新疆	−0.472	−0.419	−2.122	−0.494	27
东北地区	辽宁	0.005	0.332	0.432	0.104	9
	吉林	−0.205	−0.553	0.119	−0.230	16
	黑龙江	−0.314	−0.474	0.283	−0.263	18

从旋转后主成分载荷矩阵可以看出，第一主因子 F_1 所承载的载荷量主要集中在人均GDP（0.92）、人均社会消费品零售总额（0.94）、城镇居民家庭人均全年可支配收入（0.92）、农村居民家庭人均纯收入（0.93）、农村居民家庭人均生活消费支出（0.92）等，主要反映的是区域经济、人民生活水平及科技的综合竞争力。从载荷量可以得出，经济综合实力及人民生活水平对区域竞争力的提升尤为重要。

（五）区域竞争力模型子系统得分计算及排名

为了更精确地反映中部地区经济综合实力、产业、科技、区域环境、居民生活水平五个子系统在全国的竞争力排名，分别对其进行主成分模型分析，具体结果见表6。

表6　**各省综合竞争力子系统综合得分及排名**

地区	省份	区域经济综合竞争力		区域产业竞争力		区域科技竞争力		区域环境竞争力		区域居民生活水平竞争力	
		综合得分	排名	综合得分	排名	综合得分	排名	综合得分	排名	综合得分	排名
东部地区	北京	2.806	3	1.191	6	3.618	1	−0.182	13	4.745	2
	天津	1.193	7	0.649	7	0.733	4	−0.71	22	1.96	4
	河北	0.115	10	0.152	10	−0.484	22	0.691	8	−0.884	17
	上海	2.608	4	1.39	5	1.503	2	−0.283	17	5.92	1
	江苏	2.951	2	2.346	2	1.061	3	1.686	3	1.75	6
	浙江	1.939	5	1.572	4	0.519	5	1.31	4	3.799	3
	福建	0.235	9	0.16	9	−0.205	14	−0.316	18	1.085	7
	山东	1.824	6	1.762	3	0.097	8	2.449	2	0.378	8
	广东	3.758	1	2.932	1	0.467	6	3.197	1	1.959	5
	海南	−1.478	26	−2.37	30	−0.674	30	−1.223	27	−1.101	24
中部地区	山西	−0.727	18	0.146	11	−0.406	18	−0.201	15	−1.305	26
	安徽	−0.824	21	−0.529	20	−0.103	12	0.974	6	−0.834	15
	江西	−1.043	22	−0.579	22	−0.458	21	−0.462	20	−0.935	19
	河南	−0.103	12	0.109	12	−0.413	19	1.239	5	−0.967	20
	湖北	−0.201	13	−0.219	15	−0.005	10	0.112	11	−0.692	14
	湖南	−0.552	16	−0.323	18	−0.283	15	0.483	9	−0.562	12

续表

地区	省份	区域经济综合竞争力		区域产业竞争力		区域科技竞争力		区域环境竞争力		区域居民生活水平竞争力	
		综合得分	排名	综合得分	排名	综合得分	排名	综合得分	排名	综合得分	排名
西部地区	内蒙古	-0.014	11	-0.054	13	-0.555	27	-0.329	19	-0.094	10
	广西	-1.094	23	-1.056	27	-0.551	25	-0.213	16	-0.995	21
	重庆	-0.782	20	-0.228	16	-0.068	11	-0.19	14	-0.486	11
	四川	-0.34	14	-0.275	17	-0.122	13	0.905	7	-0.848	16
	贵州	-1.774	30	-0.928	25	-0.541	23	-0.949	26	-1.881	29
	云南	-1.407	25	-0.968	26	-0.572	28	-0.793	24	-1.288	25
	陕西	-0.736	19	-0.209	14	0.184	7	0.022	12	-1.078	23
	甘肃	-1.617	29	-1.077	28	-0.405	17	-0.913	25	-1.99	30
	青海	-1.611	28	-0.784	24	-0.543	24	-2.538	30	-1.652	28
	宁夏	-1.506	27	-0.705	23	-0.551	27	-1.387	28	-1.021	22
	新疆	-1.295	24	-1.548	29	-0.598	29	-1.478	29	-1.528	27
东北地区	辽宁	0.809	8	0.45	8	0.078	9	0.416	10	0.066	9
	吉林	-0.499	15	-0.538	21	-0.434	20	-0.724	23	-0.634	13
	黑龙江	-0.635	17	-0.47	19	-0.291	16	-0.593	21	-0.885	18

四、中部地区区域竞争力评价与分析

由表5可以看出，从全国范围来看，中部六省山西、安徽、江西、河南、湖北、湖南区域竞争力综合得分分别排名第21、20、22、19、11、15位，除了湖北和湖南，都处于全国下游水平，整体竞争力远低于东部地区，相比于东北与西部地区，也没有竞争优势，面临“中部塌陷”的困境。从中部六省内部来看，综合竞争力湖北最强、湖南次之，整体差异并不明显，排名第一的湖北在全国排名第11位，极化效应并不显著。由表6可得知，单独就区域经济综合竞争力而言，中部六省河南居首，湖北次之，其次分别是湖南、山西、安徽、江西，全国分别排名第12、13、16、18、21、22位。除了环境竞争力，中部六省各项子系统竞争力都没有显著竞争优势，因此，“中部塌陷”竞争力不足既有增长速度、发展水平等方面的差距，更深层次的是产业结构、科技竞争力及居民生活水平的滞后。

（一）中部地区产业竞争力评价分析

由表6可知，中部产业竞争力相对应经济综合竞争力排名稍有靠前，主要得益于传统工业的支撑，但整体竞争力并不强，山西居首，河南次之，其次分别是湖北、湖南、安徽、江西，全国分别排名第11、12、15、18、20、22位。作为我国区域关联度最强的地区、全国最大的商品粮基地及重要的能源和原材料工业基地，中部产业结构体系全国地域分工中扮演着十分重要的角色，拥有竞争优势，但同时也有深层次的结构矛盾。

中部地区的产业构成为典型的“二、三、一”结构。2010年，中部六省三次产业结构比例为13.03∶52.41∶34.56，全国的为10.10∶46.75∶43.14，虽然中部六省工业化进程加快，但同时整个中部的三次产业的发展在全国还处在较低的水平，第二、三产业比重偏低，尤其是第三产业的比重仍然明显低于全国平均水平，升级速度缓慢，社会生产资源有待优化配置，较低层次的产业结构严重制约了产业结构效益的提升。

就农业内部结构而言，中部地区农业资源丰富，是中国重要的农业精华区。地形以平原和高原的平地为主，森林、耕地及水资源充裕；气候资源条件优越，为暖湿带半湿润区与亚热带湿润区，雨热同期，能满足农作物1年2~3熟的热量要求；洞庭湖、鄱阳湖和巢湖三大湖泊都位于中部地区，淡水养殖资源丰富，仅湖南、湖北、江西三省的淡水养殖面积就占全国的27.5%。依托得天独厚的农业自然资源优势，中部地区历来是我国重要的粮油生产基地，粮食产量和油料产量一直维持在全国的40%左右。其中河南农业竞争力最强，一直是全国小麦、玉米、棉花、油料、烟叶等重要农产品的主要生产基地之一，2010年其小麦、花生、芝麻、牛肉产量居全国首位，水果、麻类、烟草、玉米等也都具有优势。湖北、安徽、湖南农业基础也比较雄厚。湖北油菜籽、淡水产品居于全国首位，芝麻、棉花、麻类、茶叶等优势也较为明显；安徽小麦、豆类、油菜籽、芝麻等总产量竞争力较强；湖南稻谷、麻类产量居全国首位，猪肉、淡水产品等优势也较为明显（具体见表7）。但同时，中部地区农业仍然偏重于传统种植业，林、牧、副、渔产业发展相对较慢，新型高效农业比重较小，产业化程度低，严重制约了农业产业竞争力的提升。

表7　**2010年中部各省农业主要产品的产量及在全国的比较分析**

主要作物＼省份		山西省		安徽省		江西省		河南省		湖北省		湖南省	
		产量	排名	产量	排名	产量	排名	产量	排名	产量	排名	产量	排名
粮食	稻谷	0.5	29	1383	7	1858	2	471	15	1558	5	2506	1
	小麦	232	11	1207	4	2.1	26	3082	1	343	9	9.9	24
	玉米	766	8	313	15	8.4	29	1635	4	261	16	168	20
	豆类	24	21	122	3	27.9	19	93.3	6	44.3	10	40.3	13
	薯类	26	26	47.4	20	57.1	17	137	9	97.4	14	118	11

续表

主要作物＼省份		山西省		安徽省		江西省		河南省		湖北省		湖南省	
		产量	排名	产量	排名	产量	排名	产量	排名	产量	排名	产量	排名
油料	花生	2.1	23	86.4	6	40.8	10	428	1	64.4	7	27.3	13
	油菜籽	0.6	24	134	4	63.8	7	88.8	6	233	1	167	3
	芝麻	0.4	14	6.6	3	2.8	4	23.2	1	13.9	2	1.3	7
棉花		6.9	11	31.6	6	13.1	9	44.7	5	47.2	4	22.7	8
麻类		—	—	2.4	5	1.0	10	3.9	3	3.3	4	6.4	1
烟叶		1.2	19	3.0	15	3.8	14	28.7	3	12.4	7	22.2	5
茶叶		—	—	8.3	7	3.0	12	4.3	10	16.6	4	11.8	6
水果		475	17	805	8	468	16	2394	2	779	10	788	9
肉类	猪肉	53.1	22	238.8	10	221.1	12	408.3	3	287	5	412	2
	牛肉	4.9	24	18.3	11	11.2	18	83.0	1	17.7	12	16.3	13
淡水产品		3.2	28	193.3	6	215.3	4	57.9	13	353	1	198	5

资料来源：2011 年《中国统计年鉴》。

就工业内部结构而言，中部六省是中国的矿产资源富集区，六省都是资源大省，矿产资源种类齐全，已探明储量的矿产有 105 种，其中，煤炭、石油、铁、金、银、铅、锌、铜、铝土矿、磷矿等分布较广。区内山西、河南两省原煤产量分别位居全国第一和第三，铜矿基础储量占全国的 45%（其中，江西的铜储量占全国的五分之一），铁矿基础储量约占中国的 10%，金矿基础储量占全国的 27%。依托丰富的能源原材料，中部各省都将资源优势转化为经济优势作为经济发展战略的重点，经过长时间的发展形成了煤炭、石油、电力、黑色和有色冶金、机械、汽车和化工为主体的颇具特色的重工业体系，门类比较齐全，是中部各省产业竞争力的重要支撑。为分析中部六省工业中的主要行业的比较优势，对工业的 33 个主要行业进行区位商的计算，计算公式为：

$$Q = \frac{\frac{a_1}{a_2}}{\frac{b_1}{b_2}}$$

其中，a_1、a_2分别代表研究的特定地区及全国（或高级区域）某一产业部门的产值，b_1、b_2分别代表研究的特定地区及全国（或高级区域）的总产值。区位商越大，专业化水平越高，区位商大于 1，可以认为该产业是地区的专业化部门，如果区位商小于或等于 1，则认为该产业是自给性部门。

表8　　**2010年中部各省工业主要行业在全国区位商**

行业	山西	安徽	江西	河南	湖北	湖南
煤炭开采和洗选业	11.8	2.31	0.47	2.18	0.08	1.1
石油和天然气开采	0.03	—	—	0.85	0.81	—
黑色金属矿采选业	0.28	1.51	1.68	0.73	1.77	0.82
有色金属矿采选业	0.08	0.53	3.07	5.67	0.51	2.68
非金属矿采选业	0.37	1.08	2.21	1.77	3.41	2.24
农副产品加工业	0.23	1.17	0.95	1.54	1.28	1.42
食品制造业	0.44	1.01	1.04	2.22	1.02	1.51
烟草制造业	0.35	1.81	1.11	0.93	2.25	4.71
纺织业	0.03	0.57	0.96	0.89	1.09	0.57
皮革、毛皮、羽毛及其制品业	—	0.71	1.27	1.19	0.13	0.71
木材加工及木、竹、藤、棕、草制品业	0.05	1.22	1.47	1.52	0.65	2.03
造纸及纸制品业	0.05	0.69	0.72	1.74	0.76	1.34
印刷业和记录媒介的复制	0.14	1.27	1.38	0.75	1.15	1.31
石油加工、炼焦及核燃料加工	3.41	0.43	0.71	0.66	0.78	0.90
化学原料及化学制品制造业	0.71	0.79	1.05	0.79	1.27	1.16
医药制造业	0.61	0.79	2.18	1.03	1.31	1.45
化学纤维制造业	0.02	0.42	0.59	1.05	0.27	0.32
橡胶制品业	0.24	1.11	0.61	1.23	0.49	0.46
塑料制品业	0.12	1.23	0.69	0.68	0.79	0.49
黑色金属冶炼及压延加工业	2.12	1.20	0.96	0.81	0.94	0.87
有色金属冶炼及压延加工业	0.79	1.19	4.51	2.11	0.64	2.49
金属制品业	0.12	1.05	0.58	0.59	0.81	0.91
通用设备制造业	0.23	0.81	0.35	0.89	0.69	0.33
专用设备制造业	1.19	1.03	0.41	1.53	0.50	2.34
交通运输设备制造业	0.10	1.17	0.73	0.49	2.14	0.62
电气机械及器材制造业	0.11	1.89	1.26	0.43	0.66	0.63
通信设备、计算机及其他电子设备制造业	0.12	0.16	0.30	0.06	0.47	0.10
仪器仪表及文化、办公用机械制造业	0.08	0.52	0.37	0.50	1.70	1.25
工艺品及其他制造业	0.01	0.68	0.93	1.12	0.70	0.51
废弃资源和废旧材料回收加工业	—	1.12	0.49	0.61	0.82	3.02

续表

行业	山西	安徽	江西	河南	湖北	湖南
电力、热力的生产和供应业	1.82	1.27	1.05	1.27	1.23	1.14
燃气生产和供应业	0.08	0.72	0.46	0.74	0.73	1.07
水的生产和供应业	0.83	0.83	1.00	0.40	4.29	1.41

数据来源：由国家及各省统计局数据整理计算。

由表8可以看出，中部地区重工业竞争优势明显，山西省的煤炭开采和洗选业在全国处于绝对的优势地位，石油加工、炼焦及核燃料加工、黑色金属冶炼及压延加工业等也具有一定优势。江西的有色金属矿采选业、非金属矿采选业、有色金属冶炼及压延加工业，河南的有色金属矿采选业、煤炭开采和洗选业，湖北的水的生产和供应业、非金属矿采选业，湖南的烟草制造、有色金属矿采选业、有色金属冶炼及压延加工业、专用设备制造业、非金属矿采选业在全国的竞争力优势也相当突出。但中部地区具有明显专业化意义的产业主要属于采掘和原料工业，就整体而言，各省工业部门全却大部分专业化水平不高，规模竞争力不大。中部地区工业基础比较好，资源丰富，但是与之匹配的产业的专业生产优势却并没有得到最大程度的发挥，主要是因为长期以来，政策过分强调以省区为单位的平衡发展，形成“完整的经济体系”，同时，一些地方政府出于自身利益的考虑，各自规划本省域内的生产力布局与发展，人为地分割市场，阻碍生产要素在更大范围的优化配置，导致“大而全，小而全”的产业在各省同质化现象严重。这些因素不仅导致六省内部竞争严重，而且严重制约了产业规模的进一步扩大，限制其竞争力的提升。同时，中部各省工业结构偏重型化，优势的产业大多是依托当地的自然资源优势发展起来的，资源利用率不高且生态环境破坏严重，除了江西的医药制造，湖南以及河南的专用设备制造业，湖北的交通运输设备制造业、安徽的电气机械及器材制造业，湖南的废弃资源和废旧材料回收加工业等在全国具有相对的优势以外，中部六省以科技与信息化为特点的现代装备制造业及高新技术产业在全国的地位并不是太突出。过度依赖重工业，新型工业及轻工业的滞后发展都导致了中部六省只能算得上是传统的工业大省，还未实现向工业强省的跨越。

中部地区的第三产业面临发展滞后、总规模不大和结构不优等问题。首先，中部六省第三产业在三次产业结构中的比重甚至低于全国平均水平，且都集中在批发、零售、餐饮、交通运输、仓储、邮电等传统产业，多数经营方式落后、科技含量低、信息落后，各自为政现象严重，市场化程度低，发展空间小，竞争能力弱，严重制约了第三产业的发展壮大。其次，新兴产业发展不足，对金融、保险、证券、旅游、信息、房地产、咨询服务和现代物流等新兴服务产业的发展滞后，严重制约了产业结构的优化升级及竞争力的提升。

（二）中部地区科技竞争力评价分析

由表6可知，从区域科技竞争力子系统来看，中部六省湖北居首，安徽次之，其次分别是湖南、山西、河南、江西，全国分别排名第10、12、15、18、19、21位。科技竞争力是制约河南、山西综合竞争力提升的主要因素之一。

中部六省是我国科技资源的主要集聚区之一，有着独特的科研资源优势，2010年六省高等学校在校学生数达到611.9万，占全国的27.4%。武汉、合肥、长沙是国家重要的科研基地，其中武汉拥有院士48名，国家级重点实验室14个，国家级工程技术研究中心13个，国家级企业技术研究中心11个，武汉东湖更是全国仅次于中关村的第二大智力密集区。湖南拥有两院院士45人，国家级重点实验室10个，国家级工程技术研究中心5个。合肥在20世纪80年代就被定位为中国重要的科教基地，拥有各类专业技术人员30多万人。中部的科研资源优势为高新技术产业的发展提供了充足的动力资源，湖北沿江产业带、湖南环长株潭城市群产业带、中原产业带是我国高科技产业发展的重点区域。但同时，中部地区科技竞争力的主要制约因素是科研成果转化为现实生产力的严重滞后，科技对经济的促进效果不显著，2010年，中部六省专利申请受理数仅占全国的12.93%，技术市场成交额更是仅占全国的6.77%，如何将科研优势转化为产业优势，提升区域持久竞争力是未来中部发展的关键。

（三）中部地区居民生活水平竞争力评价分析

中部地区居民生活水平竞争力整体排名在全国排名靠后，湖南居首，湖北次之，其次分别是安徽、河南、江西、山西，全国分别排名第12、14、15、19、20、26位，成为制约综合竞争力提升的主要因素，特别是农村居民家庭人均纯收入及生活消费水平较低。其主要原因首先是中部各省第一产业比重较大，且与工业的关联程度低，农业现代化水平不高，结构不优，大量的劳动力仍然滞留在第一产业，使农民增收潜力受限。其次，中部地区城市整体规模偏小，密度偏低，且经济比重小，GDP均值低。2008年，中部城市GDP总值29501043万元，城市人均GDP为1.997万元，这些指标不仅落后于东部、东北地区，而且全面低于全国平均水平，同时，中部地区产业结构层次低，产业效益不高，这些都制约了城镇居民收入水平的提升。因此，不断改善城乡人民生活水平，统筹城乡发展尤其重要。

五、结论

东部沿海地区“强势经济”的迅速扩张，西部地区“政策经济”的快速追赶，区域集团间竞争越来越激烈，中部地区的传统优势正在逐渐弱化，整体竞争力处于全国中下游水平。但同时，“中部崛起”有利的宏观政策环境为中部地区区域竞争力的提升带来了重大的发展机遇，中部各省应打破区域间的“行政分割”，强化宏观经济的规划与协调，减少由于结构趋同、重复建设、过于分散而造成的浪费，通过兼并、收购、重组等方式，促进生产要素在区域间合理流动和优化配置，在此基础上建立高效的分工与合作，获取规模经济效益，形成发展合力。产业合作方面，应充分发挥区域内产业空间布局的差异及互补性，专业化各自的主导优势产业，对于共同拥有的绝对优势产业实行强强联合，扩大生产规模，对于劣势产业，通过产业合作，实现优势互补，培育区域一体化产业链，区域整体发展效应将转换成巨大的产业竞争优势。同时，要加快现代装备制造业、高新技术产业及现代服务业的发展。科技竞争力方面，建立科技创新网络，实现科技联动发展，依托重大科研项目联合攻关合作平台，对具有优势的科技领域进行产业化转变，推进基础科技资源共享及中部人才市场一体化进程，增强科学技术的整体功能，通过扩散效应，将局部科技优势转化为区域主导产业优势。城乡统筹方面，加快由农业大省向农业强省的转变，可以在具有优势的产品上实行农业产业化经营，在农副产品的深加工上进行合作，延伸产业链条，扩大区域市场，减少流通成本，共同把第一产业做大做强，切实提高农村家庭收入。最终，通过经济、社会、科技及环境竞争力的协同发展，实现中部“抱团”崛起。

中部地区重点试验区对外开放与合作的模式与路径

江西省发展和改革委员会课题组
曾文明　郎道先　喻学锋　王圣云　康健林
（江西省发展和改革委员会　南昌　330046）

一、中部重点试验区：战略意义与内容比较

（一）中部重点试验区设立的战略意义

1. 中部重点试验区是中部地区改革开放与合作的先行先试实验区，为中部地区乃至全国提供经验和示范

中部重点试验区包括国家在中部地区批复的综合配套改革试验区和国家级区域规划，是中部地区推进改革开放与合作、进行先行先试的改革试点；是中部地区顺应经济全球化与区域经济一体化趋势，完善社会主义市场经济体系，在中部崛起战略制定和实施过程中，建立的以制度创新为主要动力，以全方位改革试验为主要特征，对中部乃至全国社会经济发展带来先行先试经验和示范作用的改革试验区；是我国在经济社会发展的新阶段，在科学发展观的指导下为促进中部地方经济社会发展而推出的一项新的举措；是我国改革开放继深圳等第一批经济特区后在中部地区建立的第二批综合配套改革试验区。国家在中部地区设立综合配套改革试验区是为了探索建设和谐社会、创新区域发展模式、提升区域竞争力的新思维、新思想、新路径、新模式和新道路，国家通过选择一批有特点、有代表性、符合条件的地区进行综合配套改革，以期为中部其他地区经济社会改革提供新经验和新思路。

2. 中部六大重点试验区是中部崛起背景下国家区域发展总体战略与地方发展要求结合的产物，是我国区域发展战略的重要组成部分

中部六大重点试验区是国家区域发展总体战略要求同解决地方发展的实践有机结合的产物。一方面，中部重点试验区的批设着眼于落实国家提出的重大改革发展战略（资源节约型战略、环境友好型战略、产业转移战略等），是基于国家深化开放合作的需要制定的；另一方面，中部重点试验区也是中部六省根据自身发展基础、发展特色和比较优势制定的，反映了中部各省紧迫的发展要求。中部六大重点试验区是国家区域发展战略的重要组成部分。中部重点试验区规划的批复、实施有助于加快中部各省重点地区发展，有助于“次增长极”的培育，以此和解决中部各省面临的发展问题，进而能为中部乃至全国同类

型区域的发展提供宝贵经验和模式借鉴。中部六大重点试验区更大程度上是由地方政府主导，上报中央政府批复，使之具有国家战略层面的意义，这更有利于发挥地方政府的积极性、主动性和创造性。因为国家赋予各试验区制度创新和实验的自主权力，地方政府具有更为灵活的改革和发展空间。

3. 中部重点试验区的陆续批复使得中部地区新的增长极不断涌现，重塑了中部区域经济格局

自《中共中央国务院关于促进中部地区崛起的若干建议》（中发［2006］10号）颁布以来，中部崛起明显加快，在全国区域经济格局中的地位迅速提升。随着《〈促进中部崛起规划〉实施意见》（2010）、《关于促进中部地区城市群发展的指导意见》（2010）的颁发以及《全国主体功能区划》的全面实施，中部崛起战略不断向纵深方向发展。尤其是中部地区自2008年起连续出台一系列国家级区域规划和综合配套改革试验区，使得我国中部地区不断涌现出新的增长极，这些增长极作为中部区域经济空间组织的核心，发挥着经济集聚和扩散的重要作用，带动了周边腹地区域的经济社会发展。中部重点试验区通过制度创新和体制机制改革的先行先试实验，优化了试验区资源配置与空间组织，细化和重塑了中部地区经济版图格局。

4. 主体功能区规划是中部重点试验区的基础，中部重点试验区开发开放是在主体功能区空间规划约束下的先行先试

主体功能区规划是战略性、基础性、约束性的空间规划，是重点试验区规划在国土空间有序开发的重要基础。反过来，试验区规划是发展性规划，对未来发展重点和空间格局进行规划安排，这应以主体功能区规划确定的空间功能定位为基准，而不是简单地以行政区为界确定区域的功能定位和发展方向。中部重点试验区的功能定位则主要是探索科学发展模式的实验区，深化改革的先行区，扩大开放的试验区以及中部地区人口、经济、城镇的重要密集区。中部六大重点试验区肩负带动整个中部地区经济社会快速发展的重任和承担改革开放与合作先行先试的探路职责。因此，中部重点试验区实施主体功能区战略，既要突出其重点开发与优化开发的主体功能，也要兼顾和发挥好其他功能，尤其是在能源安全、粮食安全、生态安全、江湖治理等方面发挥好改革开放先行先试的实验职能，让主体功能区规划划定的限制开发区在保护生态环境的同时产生更多经济回报和社会福利。

（二）中部六大重点试验区的内容比较

1. 中部重点试验区位于中部各省发展条件较好地区或城镇密集区，是“十二五”时期促进中部崛起的强力引擎

中部重点试验区位于中部各省发展条件较好地区或城镇密集区。武汉城市圈、长株潭城市群、鄱阳湖生态经济区、中原经济区、皖江城市带、太原城市圈都是中部各省经济发展最发达的地区和人口最为集中的城镇密集区，是中部各省经济社会发展的强力引擎。未来中部地区的武汉城市圈、皖江城市带、中原城市群、长株潭城市群、环鄱阳湖城市群、太原城市圈都将成为引领中部崛起的空间载体和增长引擎。随着城市圈（群）内部一体化进程加快，将形成多极化的、辐射带动力强的区域增长极，带动中部崛起。

2. 中部六大重点试验区肩负着改革开放先行先试的重大使命，但先行先试的主题和重点各有侧重

六大重点试验区是先行先试的改革试验区，都有鲜明的试验主题和改革重点。从实验主题和重点而言，武汉城市圈、长株潭城市群主要致力于探求资源节约型和环境友好型社会建设；鄱阳湖生态经济区致力于建成人与自然和谐相处的生态经济示范区以及全国大湖流域综合开发示范区，肩负着探索经济与生态协调发展模式的重任。中原经济区探索不以牺牲农业和粮食、生态和环境为代价的“三化协调”发展模式和路径，促进三化协调发展，为全国同类地区提供经验。皖江城市带是合作发展的先行区和科学发展的试验区，在探索产业承接与创新合作机制等方面承担先行先试的任务。

3. 中部六大重点试验区普遍关注经济、社会与生态环境的协调可持续发展，但着眼点各有特色

中部六大重点试验区都关注区域经济、社会与自然环境的协调可持续发展，但在先行先试改革试点中视角不同。武汉城市群和长株潭城市群以资源节约、环境保护和社会建设的先行先试为综合配套改革的重点。鄱阳湖生态经济区以经济与生态的协调发展模式探索为先行先试重点，注重区域可持续发展。皖江城市带以承接产业转移为试验主题，探索承接产业转移的新模式，尤其注重产业的绿色承接。山西省资源型经济转型试验区着眼于破解经济转型发展面临的“资源诅咒”，带动山西全省资源型经济转型和可持续发展。中原经济区建设着力于探索工业化、城镇化和农业现代化的协调发展的“三化”协调科学发展道路。

二、中部重点试验区对外开放与合作：现状分析与存在问题

（一）中部六大重点试验区对外开放发展较快，但对外开放水平和外向经济程度较低

（1）对外贸易规模不断扩大，但规模、水平和质量不高，对外贸易发展滞后成为制约中部经济快速发展的瓶颈。

自国家实施中部崛起战略以来，中部地区对外开放度不断提高，开放型经济对中部经济发展的贡献和支撑作用日益突出。通常衡量一个地区的对外开放程度，可从对外贸易、引进外资两个方面进行考察。与东部地区和全国平均水平相比，中部地区外贸依存度仍然偏低，自 2003 年以来，中部地区的外贸依存度一直在 8%～10%。2005 年中部六省实现进出口总额 415 亿美元，2010 年 1167 亿美元，比 2005 年增长了 1.81 倍，年均增长 23.0%，占全国比重由 2005 年的 2.9%提升到 2010 年的 3.9%。其中，实现外贸出口为 634.6 亿美元，仅占全国出口总额的 4.0%。中部地区对外贸易规模不断扩大，对外开放水平和质量

不高，但对外开放水平和外向经济程度较低。中部地区对外开放有了较大发展，但其开放程度并不高。进出口总额虽有所增加，但低于同期 GDP 增长速度。对外开放度总体水平和东部沿海地区相比处于较低水平，对外贸易发展滞后是制约中部经济快速发展的突出瓶颈。

表 1　　　　**中部六省对外贸易比较**

指标	年份	山西	安徽	江西	河南	湖北	湖南
进出口总额（亿美元）	2006	66. 27	122. 45	61. 95	97. 95	117. 62	73. 52
	2010	125. 76	242. 73	216. 19	178. 32	259. 32	146. 56
进出口总额增长率（%）	2006	19. 50	34. 30	52. 60	22. 40	29. 10	22. 40
	2010	46. 76	54. 83	69. 18	32. 32	50. 32	44. 41
外贸依存度（%）	2006	10. 73	15. 83	10. 15	6. 26	12. 20	7. 55
	2010	10. 80	15. 52	18. 07	6. 10	12. 83	7. 22

数据来源：根据中部六省 2007 年、2011 年统计年鉴整理计算。

（2）利用外资成效显著，外商直接投资已经成为中部地区经济平稳较快增长的重要“推进器”，但仍和沿海发达地区有较大差距。

“十一五”期间中部地区加快对外招商引资步伐，大规模引进外资使外商直接投资由 2006 年的 124. 5 亿美元增加到 2010 年的 290 亿美元，年均增速 21. 4%。2006—2010 年中部地区引进外资、利用外资规模有了很大提高。从实际利用外资总额增长率来看，中部六省都以约两位数速度增长，中部六省利用外资成效显著，质量和水平持续提高，外商直接投资已成为中部地区经济平稳较快增长的重要推动因素，但仍和发达地区有较大差距。

（3）区际贸易活跃度小于国际贸易活跃度，区际开放程度比对外开放程度低，区际开放的省际差异明显。

近似计算区际贸易活跃度定量刻画中部地区区际贸易交流水平，判断中部地区区际贸易的活跃程度。中部地区区际贸易活跃度小于国际贸易活跃度，国际贸易和区际贸易相比是主要的。一般而言，区际开放程度与其区域经济专业化水平成正比。因此，用第二、三产业区位商衡量中部区域经济的区际开放程度。2006 年和 2010 年山西第二、三产业区位商一直最高且呈增长态势，可见其参与区际分工的程度和趋势最为明显；而江西第二、三产业区位商一直是中部最低且呈降低趋势，初步判定其参与区际分工的程度较低。

（二）区域合作进一步深化，但区域合作意识较弱，区域合作进程有待进一步推进

中部地区开展区域合作的积极性和主动性得到大大提高，省际交流合作的广度和深度

进一步加强。江西省以昌九工业走廊和鄱阳湖生态经济区建设为核心，对接长珠闽，深化与毗邻浙江、福建、广东等省的合作取得明显成效。安徽以皖江城市带为核心，积极融入长三角，推动合肥、马鞍山加入长三角经济协调会。湖北加快与长江经济带的经济合作与交流，引领中三角城市集群构建。湖南则巩固珠三角、拓展长三角、积极对接环渤海和海峡西岸经济区。山西、河南积极推动中原经济区建设和晋陕豫黄河金三角区域合作试验区构建。但和长江三角洲、珠江三角洲等沿海发达地区相比，中部地区的区域合作意识较弱，区域合作进程有待进一步推进。

三、国内外重点试验区改革开放与合作的成功模式

（一）“前店后厂”模式——港澳与珠三角产业合作

20世纪70—90年代末，香港和澳门的制造业向珠三角地区大转移，与珠三角地区的乡镇企业、民营企业进行合资合作，有效利用了珠三角地区劳动力便宜、土地成本低等优势，使其产品的国际竞争力迅速提升，在国内外市场占有重要份额。这一背景下，珠三角地区逐渐成为港澳最大的生产加工基地。但是，香港在向珠三角地区进行制造业产业转移的时候，却将产品营销、设计和管理等价值链高端环节留在香港。港粤两地这种销售渠道在香港、生产过程在广东的经济合作模式，被学界称为“前店后厂”模式。该模式充分发挥了港粤两地比较优势，是双方内在需要的互补，是珠港澳区域中心城市与周边城市之间优势互补、协同发展、互利共赢的典范，对中部重点试验区的产业合作及模式选择有很好的借鉴价值。

（二）“总部—生产基地”模式——长三角城市区域经济合作

20世纪80年代至90年代初，上海的一些企业开始延伸到江浙地区建立零部件配套基地和原料生产基地，这一时期江浙沪的经济合作以企业合作为主导。20世纪90年代中期以来，长三角开发开放进入新阶段，尤其是浦东开放更加速了长三角对外开放与合作进程，大量外资涌入长三角，大批外资金融机构、法律服务机构、广告公司、中介公司等生产性服务业进入上海，促进了上海产业结构优化升级。经过30年来的发展，上海承担了主要的生产性服务业职能和金融中心的职能，是长三角的交通与航运中心、航空中心和对外贸易的重要枢纽，是长三角企业总部、研究机构的聚集地。这种将总部和研发中心落户上海，将生产基地放在上海周边的城市（苏州、昆山、嘉兴等）的开放合作模式，有学者将长三角城市区域经济合作的这种模式称为“总部—生产基地”模式。

（三）“顺德飞地”模式——广东顺德清远（英德）经济合作区

广东顺德和清远（英德）经济合作区是顺德和清远合作共建的广东省新型区域合作示范区，即“顺德飞地”模式。该合作示范区建设，不仅为广东全面实现“提升珠三角、带动东西北、加快建设幸福广东”的战略目标探索经验，而且这种跨区域的合作模式和园区运作机制对中部地区承接沿海地区产业转移尤为值得借鉴。共建广东顺德清远（英

德）经济合作区能使顺德与清远实现优势互补，合作共赢。对于顺德来说，可以解决经济发展面临的瓶颈制约问题，通过产业转移将腾出的土地用于发展战略性新兴产业和现代服务业，大力促进传统产业改造升级。对清远而言，利用自身成本优势，既可大规模承接顺德产业转移，又可使企业在示范合作区集聚，破解本地企业向外转移存在的成本较高和风险较大等难题。

（四）跨国生态城市合作模式——中新天津生态城

中国新加坡天津生态城是中国、新加坡两国合作共建的世界上第一座国家间合作开发建设的生态城市，是中新两国政府应对全球气候变化、节约资源能源、建设和谐社会的重大合作项目。中新天津生态城开发建设4年来，已从一个由盐碱荒滩、废弃盐田、污染水面组成的不毛之地，逐渐发展成为以服务外包、数字出版、互联网及电子商务三大主导产业为引领，城市与产业良性互动发展的现代宜居城市。该合作项目是继苏州工业园之后中、新两国合作的新亮点。生态城构造一个“资源节约、环境友好、经济蓬勃、社会和谐”的新型城市，探索出一条城市节能环保的良性发展新路，为中部地区建设资源节约型、环境友好型社会提供宝贵经验和典型示范。

四、中部地区重点试验区的区域合作路径

（一）改善产业转移承接环境，健全服务承接产业转移的长效机制，加快构建现代产业体系

目前，中部地区产业层次整体较低，产业发展规模较小。中部地区更为紧迫的任务是立足自身比较优势，构建适合自身发展实际的现代产业体系。沿海地区面临着产业转型升级和企业成本上升等严峻挑战，产业向中部地区转移是必然趋势。中部地区主动承接产业转移的区域竞争明显加强，会导致产业同构、产业布局雷同，不利于中部产业分工合作。因此，中部六大重点试验区要基于自身发展优势，遵循优势互补、合作共赢的原则，有序承接和绿色承接东部和境外产业转移，科学规划布局产业，促进产业分工合作，借此构建较为合理的现代产业体系。同时，要注重培育承接产业转移的良好环境和合意氛围，不断创新采纳也承接服务方式，提升管理服务水平，建立健全服务承接产业转移的长效机制。

（二）推进湘鄂赣城市组合发展，打造长江中游城市集群示范区

城市联盟以区域内部各发展单元的公平对话为基本准则，共同发展为目标，在促进地区发展，提高地区综合竞争力等方面有积极的作用，适用于区域发展相对均衡的地区。中部地区在推进城市化进程中面临两大问题，一是中部六省合作不足，尤其是六大重点试验区之间、省际交界地区的合作力度较小；二是中心城市规模较小，集聚扩散能力弱。湘鄂赣三省地缘接近，城市密集，都处于快速工业化和城市化的发展阶段，面临着相同的发展任务。长江中游地区是内陆地区唯一跨三省的重点开发区域，是被列为重点发展的八个大

城市群之一，在未来具有巨大的发展潜力。为此，进一步谋求长江中游城市群共同发展，构建长江中游城市集群并将其上升为国家战略，将大大提升长江中游城市集群竞争力。

（三）促进晋陕豫省区边界地区合作，构建黄河金三角区域协调发展综合试验区

晋陕豫三省依据黄河毗邻相接，但晋陕豫黄河金三角区域处于省际边界地带，虽然有分工合作的现实需求，但更容易形成恶性竞争。一些长远有利益冲突的产业合作方面却缺乏有效的合作手段和有力的协调机构推动。由此影响了区域协调发展的进一步深化，适合促进区域协调发展的财税体制、资源配置体制、金融体制难以建立，造成了资源浪费和区域竞争力下降，限制了晋陕豫黄河金三角区域经济社会的快速协调发展。国务院在关于促进中部地区崛起规划的批复中明确提出："支持中部地区与西部毗邻地区开展合作，鼓励晋陕豫黄河金三角地区突破行政界限，开展区域协调发展试验。"为此，构建晋陕豫黄河金三角区域协调发展综合试验区，使之成为全国第一个打破省际行政区划的试验区，为中部行政区划交接的边界地带区域协调发展提供先行先试的经验和示范。

（四）重视中部重点试验区空间组织模式和调控路径创新，促进试验区空间开发开放有序推进

中部重点试验区改革开放与合作要注意区域空间组织模式创新。当前，城市群战略已经成为我国在新时期推进城市化发展的主体形态。尤其是中部六大重点试验区的陆续批复和逐渐发展，中部区域经济调控的空间组织模式已由原来的"中央—省（市、区）"两级调控模式转变为"中央—试验区"与"中央—省（市、区）"并重的调控模式。值得注意的是，就新出现的"中央—试验区"调控而言，当前试验区只有国内省际合作经济区，在中部六大试验区改革开放与合作力度进一步加大的形势下，未来也会出现境外、国外的国家和地方与中部重点改革试验区的飞地经济合作模式。因此，要成立和完善试验区的区域协调综合性权威机构和专门机构，进行跨区域合作有关事务的协调和管理。此外，建立试验区动态监管和调控指标体系，并根据试验区区域发展功能变化及时反馈和调整，保持试验区空间开放秩序的有效监控。

（五）推进重点试验区制度创新，强化试验区"先行先试"职能立法保障，引领中部地区对外开放与改革进程

一方面推进管理体制创新和管理服务改进，在有条件形成合作经济区的地方，探索行政区改革，减少行政分割，建立精简、统一、高效的现代政府管制体制；另一方面通过试验区深化经济体制改革，完善社会主义市场经济，包括财政和投资体制改革、金融体制改革、企业体制改革和市场环境。切实有效推进中部重点试验区的制度创新，才能有效促进

中部地区对外开放与改革。另外，要强化对中部重点试验区的“先行先试”职能进行立法保障。通过立法形式，对国家赋予中部重点试验区的“先行先试权”提供立法保障，主要从土地管理、资金保障、金融服务、税收优惠等方面为试验区建设提供了制度保障。

参考文献

[1] 郝寿义、高进田．试析国家综合配套改革试验区［J］．开放导报，2006（2）．

[2] 陈耀．国家级区域规划与区域经济新格局［J］．中国发展观察，2010（3）．

[3] 陈秀山、赵霄伟．区域规划密集推出重构区域经济格局［J］．领导之友，2010（2）．

[4] 陈栋生，罗序斌．实施主体功能区战略：中部地区科学崛起的新引擎［J］．江西社会科学，2011（1）．

[5] 范恒山．促进中部地区崛起重大思路与政策研究［M］．人民出版社，2011.

[6] 赵伟．中国区域经济开放：制度转型与经济增长效应［M］．经济科学出版社，2011.

[7] 陈安国．城市区域合作［M］．商务印书馆，2010.

[8] 罗小龙．长江三角洲地区的城市合作与管治［M］．商务印书馆，2011.

[9] 杜鹰．促进中部地区崛起发展报告（2006—2011）［M］．人民出版社，2011.

[10] 王圣云，王鑫磊，戴璐．长江中游城市集群的物流——经济网络与空间组织战略［J］．江汉论坛，2012（5）．

中部与长三角地区产业合作机制研究
——以信息产业为例

黄永明　邵　玮
（武汉大学中国中部发展研究院　武汉　430072）

区域经济合作或区域经济一体化已经成为当今世界经济全球化进程中的一种潮流和趋势。区域产业合作是区域经济合作的主要内容和区域经济一体化的主要载体。我国中部地区与长三角地区开展产业合作面临着难得的机遇，中部地区应该利用与长三角地区邻近的区位优势，建立区域间的产业合作机制，加快中部地区的产业发展。

一、建立区域产业合作机制是长三角地区信息产业转型升级的迫切要求

自2008年全球金融危机以来，中国宏观经济发展方式经历了深刻转变。长三角信息产业所秉承的成本优势，正在不可避免地走向弱化，制造成本的上升将成为长期趋势，主要表现在原材料成本、人力成本和环境成本几个方面。金融危机导致产业面临中长期成本输入型通货膨胀，资源价格机制改革提升产业原材料成本水平，劳动力新法削弱人口红利带来的较低的劳动力成本产业用工优势以及节能减排策略性强化加大产业生产成本。在面对内忧的同时，长三角地区的信息产业还需考虑外患。尽管中国自2002年以来一直占据吸引FDI（外国直接投资）榜的榜首位置，但后来居上的印度已大有赶超之势。就IT产业而言，印度拥有良好的基础和人才优势，IT行业很可能成为其大力吸引外资的突破口。几大科技巨头已经纷纷宣布大举进军印度市场，如微软、英特尔及思科系统在印度的投资都在10亿美元以上。跨国公司的一系列投资举措对长三角地区乃至我国其他地区IT产业集群的进一步发展会产生较大的影响，当我们注意力尚集中在区域竞争时，也应该开始着手应对周边国家比较优势的显现对于自身进一步发展可能带来的不确定性。

长三角各地区的“十二五”规划都将信息产业定义为支柱产业，并且为了加快电子信息产业的步伐优化了该地区的产业环境。长三角地区作为我国电子信息产业化基地，作为国内电子信息产业发展基础最良好的地区，迫切需要从区域产业合作入手，扬长避短，利用区域间的互补优势，降低成本，提升竞争力，率先突破跨国公司的控制，实现产业升级，价值攀升。长三角地区信息产业发展现状有以下几个特点：

（1）市场开放程度高。

目前，一个以上海为龙头，以江苏、浙江为两翼的信息产业新经济带已经形成。根据

各省统计局公布的最新数据，2009 年，长三角地区信息产业产值为 27806 亿元，占全国信息产业总值的 35.42%（表 1），具有举足轻重的影响。由表 1 可见，2005 年以来长三角地区信息产业产值占全国的比重不断递增，现在已超过 1/3。同时，2010 年长三角地区信息产业产品出口额达到 1924.257 亿美元，占总出口额的 32.10%（参见表 2）。可见，信息产业在长三角地区不仅占有支柱产业的地位，在国内处于领先水平，同时对外开放水平高，有更多的机会走向国际市场。

表 1　**长三角地区信息产业产值与全国的比较**

年份	长三角信息产业产值（亿元）	信息产业增长率	全国信息产业产值（亿元）	占全国信息产业比值
2004	11030.05	——	33838.3	32.60%
2005	14356.21	30.16%	50439.5	28.46%
2006	18211.43	26.85%	54152.9	33.63%
2007	23160.4	27.18%	65205.1	35.52%
2008	26804.2	15.73%	74902.5	35.79%
2009	27806.16	3.74%	78498.5	35.42%

注：信息产业产值数据来自《2009 中国信息年鉴》、《2010 中国信息年鉴》。GDP 数据来自《中国统计年鉴 2009》、《中国统计年鉴 2010》。

表 2　**长三角地区出口情况**

2010 年	江苏	浙江	上海	总额	单位
信息产业出口额	935.8157	147.3315	841.11	1924.257	亿美元
出口总额	2380.36	1804.649	1807.84	5992.849	亿美元

注：以上数据来自各省统计年鉴。

（2）研发水平国内领先。

信息产业是一个需要技术支持的产业，对信息技术的创新具有很强的依赖性，因此，对于信息技术的研发有着很高的要求。根据中国信息年鉴 2011 年公布的最新数据，长三角地区 2010 年在信息产业相关方面被授权的专利数量达到 301240 件，占全国总量的 41.87%；完成技术市场交易的总金额达到 7411258 万元，占全国总量的 20.42%（表 3）。这说明，长三角地区在国内信息产业的技术研发方面有着绝对的优势，带动着国内信息产业的技术创新。

表 3　　长三角地区信息产业技术发展状况

地区	国内专利授权数（件）	教育经费（2009 年数）（万元）	技术市场成交额（万元）	普通高等学校在校学生数（人）
全国总量	719408	146920959	36293771	22317929
全国平均水平	23206.71	4739385.774	1209792.4	719933.194
长三角地区	301240	24903736	7411258	3049958

注：以上数据来自《中国信息年鉴 2011》。

（3）本土企业规模偏小，盈利能力较弱。

近年来，尽管长三角地区骨干信息企业规模逐渐壮大，但与国际跨国公司相比仍有很大差距。2008 年中国电子信息百强企业中，上海贝尔阿尔卡特股份有限公司是长三角地区排名最前的企业，营业收入为 164.47 亿元人民币，只及位列百强企业规模榜首的联想控股有限公司（1462.01 亿元人民币）的 11.25%。况且联想与惠普、微软相比尚有很大差距，营业收入分别为两者的 16.1% 和 32.8%。赢利能力是反映企业国际竞争力强弱的主要指标。在 2008 年电子信息百强中，长三角企业占有 31 家，它们的合计利润为 92.37 亿元人民币，约合 13.39 亿美元，还不如戴尔一家公司的利润（24.78 亿美元），可见长三角信息企业赢利能力普遍较弱。

（4）处于全球信息产业价值链的低端。

长三角地区是以满足国外订单为主的委托加工制造起家，长期以来，逐步形成了以“国际代工”为特征的经济成长模式，增值空间狭小，制约了企业技术创新能力的培育和提升，阻碍了信息产业竞争力的提高。如 2008 年浙江以代工为主的加工制造的国际毛利率为 8%，而同期的英特尔公司为 31%，净利润率高达 20%。虽然长三角的信息产品在全球拥有巨大的市场，但是企业结构还是以外资企业为主导。长三角信息企业目前分为三类：第一类是跨国公司投资的生产工厂，主要利用当地低成本制造优势进行加工组装，产品的研发、营销、服务等高增值环节都在境外；第二类是跨国企业周边的配套型中小企业，数量众多，产品集中在附加值较低的传统整机和中低端零部件的大规模加工、组装上，利润水平较低；第三类是本地的品牌型企业，大多数没有掌握自主知识产权的核心技术，在高端计算机网络设备、系统集成及服务、集成电路等关键产品领域缺乏自主创新能力，仍然依靠中低档产品在市场上竞争，盈利能力难以提高。

综合上述情况，作为国内信息产业领头羊的长三角地区，在国际上与其他国家和地区相比，距离创建国际一流的信息产业还有很大的差距。长三角地区想要建设一批具有国际竞争力的从事信息产业制造的企业，应该从信息产业的核心技术研发和降低制造成本提高企业利润这两方面入手，寻求更大的科研支持和更为低廉的劳动力资源，这样更加有利于长三角地区的信息产业产品走向国际市场。

二、建立区域产业合作机制是中部地区加快发展的现实需要

我国中部地区属于典型的内陆地区，对外开放相对滞后，引进外资的规模、进出口贸易等方面都大大低于长三角地区，也低于全国平均水平。产业运行与国际接轨程度偏低。同时，中部地区发展长期偏重于农业、能源、原材料产业，这种情况没有得到根本改观。第一产业仍然偏高，第二产业优势不突出，原材料和初级产品比重大，深加工产品没有很好的发展。第三产业尤其是现代服务业仍然比较落后，信息产业也处于刚刚起步的阶段。而在开放程度以及产业结构方面，长三角地区正好处于全国的领先水平。中部地区应该利用与长三角地区邻近的区位优势，建立区域间的产业合作机制，加快中部地区的产业发展。中部地区进行产业合作的基础主要有以下几点：

（1）物流业发展迅速。

中部物流产业的总体发展形势上看，物流规模是不断增长的。从历年来中部地区物流业增加值的发展趋势来看，产业增加值每年都在增长，发展速度明显。1990 年，中部地区物流业产值为 211. 71 亿元；到 1998 年突破千亿大关，一跃增长为 1133. 17 亿元，然后继续不断增长。自 2001 年国家六部委正式下达关于发展现代物流的若干意见后，中部地区物流业就开始进入了飞速发展期。2002—2009 年中部地区物流业产值的上升趋势比以往都要迅速，从 2002 年的 1761. 23 亿元一直上升至 2009 年的 3577. 32 亿元，在短短六年间就增加了近两千亿元，年平均增长率约为 10. 05%，发展速度和趋势明显。同时，中部地区的物流需求规模也在不断扩大。2000—2009 年这十年间，中部六省 GDP 由 19041. 14 亿元增长到 72577. 56 亿元，增长了 3 倍；同期货运量由 306472. 5 万吨增长到 774209 万吨，占全国货运量的比重由 22. 56%增长至 27. 40%；货物周转量由 6400. 88（亿吨/公里）增长至 22828. 51（亿吨/公里），增长了接近 4 倍，快于 GDP 的增长速度，且中部在全国货物周转量的比重由 2000 年的 14. 44%增长至 2009 年的 18. 77%（表 4）。这些数据充分说明中部地区的物流业近十年来发展迅速，物流产业的发展规模在不断扩大，产业增加值也不断的在增长，物流业已经达到了一个较为发达的水平，有能力为长三角地区与内陆地区之间提供一个通畅的运输通道。

表 4　**中部六省 GDP 与物流有关数据统计**

年份	货运量（万吨）		货物周转量（亿吨/公里）	
	2000	2009	2000	2009
湖北	40948. 5	82714	1156. 57	2808. 46
湖南	51090	129582	1074. 14	3200. 97
山西	85524	109883	868	2100. 07

安徽	44536	196676	1077.74	6322.01

续表

	货运量（万吨）		货物周转量（亿吨/公里）	
年份	2000	2009	2000	2009
江西	23696	85718	747.92	2350.91
河南	60678	169636	1476.51	6146.09
六省合计	306472.5	774209	6400.88	22828.51
全国	1358682	2825222	44321	122133
六省占全国百分比	22.56%	27.40%	14.44%	18.77%

注：以上数据来自中部各省统计年鉴及《中国统计年鉴》。

（2）人工成本较低。

长三角地区的人口总数逐年增长，生活成本较大，导致生产力成本上升，对企业的生产成本带来不利的影响。相比之下，中部地区的人工成本则处于一个较低的水平。就信息产业内部的劳动力成本而言，中部地区信息产业员工工资水平最高的是湖北省，为39707元，仅为长三角地区信息产业员工工资水平最低的浙江省的70%；而中部地区信息产业员工工资水平最低的是江西省，为27753元，仅为长三角地区信息产业员工工资水平最高的上海的37.5%。中部地区信息产业员工工资整体水平为32971元，是长三角地区的52.7%（表5）。可见中部地区在降低企业生产成本，实现利润最大化方面有着较为明显的优势。

表5　**各地区信息产业劳动力成本比较**

地区	信息产业员工工资水平（元/年）
山西	33668
河南	34364
湖北	39707
湖南	32178
江西	27753
安徽	30159
上海	74049
江苏	56842
浙江	56561
中部地区	32971.5

长三角地区	62484

注：以上数据来自各省统计年鉴。

（3）科研潜力大。

中部地区虽然在信息产业的专利数量以及技术市场成交额两方面距离长三角地区还有一定的差距，但比全国平均水平还是要高出许多，分别为全国平均水平的 3.14 倍和 2.0 倍。同时，中部地区有着非常丰富的高校以及科研院所资源，从事与信息产业相关专业学习的在校学生人数为 6119253 人（表 6），能够为信息产业的技术研发与创新提供大量后备人才。

表 6　　中部地区信息产业技术发展状况

地区	国内专利授权数（件）	教育经费（2009 年数）（万元）	技术市场成交额（万元）	普通高等学校在校学生数（人）
全国总量	719408	146920959	36293771	22317929
全国平均水平	23206.71	4739385.774	1209792.4	719933.194
中部地区	72887	30947603	2457020	6119253

注：以上数据来自《中国信息年鉴 2011》。

中部地区基本处于信息产业发展的起步阶段，长三角地区正在向信息产业的成熟阶段迈进。两者在信息产业发展阶段和发展水平上的差异，使得中部地区与长三角地区进行产业合作大有前途。综合中部地区的发展优势来看，中部地区完全有能力融入到长三角地区信息产业链，依托自身在生产成本以及科研潜力上的优势，为长三角地区信息产业的元件制造及装配环节提供帮助，同时通过人才合作让前者更多地投入到信息技术的研发与创新制造，共同打造具有国际竞争力的一流的信息产业。

三、中部地区与长三角地区信息产业合作的路径选择

根据区域分工理论，自然资源禀赋差异性越大，区域劳动分工越明显，常常形成各具特色的区域专业化生产部门。而自然禀赋差异较小的地区，则往往通过市场机制，增强自己在某些要素上的优势，加强经济竞争实力，不断地拓展市场。劳动分工所带来的规模经济可以降低或节约单位生产费用。通过规模经济可以提高劳动生产率，降低生产成本。因此，在规模经济机制作用下，不仅厂商可以通过技术创新降低生产成本，提高产量和质量，从而产生一系列生产上的节省，而且产品可以在其价格低廉的生产地集中生产，形成区域分工和产业链。因此，在信息产业上，长三角地区应该将发展的重点放在信息产业的上游环节，中部地区则更多参与信息产业的中低端环节，各自发挥自身优势，形成产业分工优势，由此而建立自己的产业优势。

中部地区应该鼓励各层次企业积极融入长三角地区信息产业链，在承接代工生产过程中培养技术能力。在现有的能力范围之内，优先扶持已有的一批小而精专的电子信息零部

件和元器件生产企业，避免各个企业单打独斗，通过企业间的网络化联系实现灵活的生产协作，使之在竞争激烈的电子信息市场上逐步建立一定的竞争力。同时，将长三角地区的类似于贝尔·阿尔卡特这样的大型企业作为服务核心，加强本地小型企业与他们的联系，从信息产业链下游做起，逐步通过执行不同的外包学习和创造知识，以多样性和非线性的形式和路径融入全球信息产业链，推动本土电子信息产业升级。各层级的本土企业从低端的劳动密集型外设起步，融入长三角信息产业链，为实现本土产业升级打基础，逐渐升级技术能力。中部地区与长三角地区信息产业合作的具体路径选择包括：

（1）打造高效的物流交通运输通道。便捷的物流交通可大大缩短地区间进行货物运输和合作交流所付出的时间，拉近地区间的时空距离。近年来，中部地区加快国家路网通道和高速公路通道建设，形成了联结所有省辖市和周边主要合作城市的高速公路骨架，高度重视铁路、公路、水运、民航、管道运输等方面，先后修建和完善了京沪、京福、京九、沪汉蓉等8大通道。目前，无论是中部地区各省市之间还是中部地区与长三角地区之间，都可以考虑修建更多与沪蓉高速具有相同标准的高速公路以及与武广高铁具有相同标准的高速铁路，实现中部地区与长三角地区的快速相通，最大限度地减少交通不便带来的货物运输成本的增加和各种资源共享以及城市合作的限制。

（2）推进两地人力资源交流。中部地区拥有丰富的劳动力资源，在与长三角地区的信息产业合作以及制造方面具有很大优势。中部地区通过参与长三角地区信息产业制造环节的合作，可提高中部地区信息制造业人员的技术水平，培养一批经验丰富的信息产业制造人员，有利于中部地区奠定良好的信息产业发展基础。同时，中部地区是全国的重点科教地区，其基础研究能力较强，而长三角地区优越的地理位置、工作环境以及具有自主品牌的企业对于中部地区的高端人才具有很强的吸引力。可以从中部地区选拔一批在信息产业技术方面具有一定特长的高端人才参与长三角地区的信息产业技术研发与合作，加强地区间同类型人才的交流，在两大地区内实现人力资源共享。

（3）构建产业合作的制度保障体系。目前，体制与机制是阻碍中部地区与长三角地区信息产业合作因素之一。从区域分布看，中部地区与长三角地区间的制度建设可分为两类：地缘性、基础性制度；公共性、协调性制度。在第一类制度建设中，中部地区应立足于本省实际，根据长三角地区信息产业未来发展方向和发展战略，制定符合本地区发展的地方性制度。第二类制度建设是中部地区在与长三角地区信息产业一体化中实现合作的根本和关键。中部地区与长三角地区间在信息产业发展情况上存在一定的梯度差别，因此，中部地区要想迅速融入长三角地区信息产业一体化建设、借力发展、实现自身信息产业的提升，必须在保持地区内原有竞争性、差异性的同时，尽量追求统一性和同一性，探索与长三角地区在公共性、协调性政策上的制度建设，在交通、产业、环境与资源配置、社会保障以及人才引进和发展等方面的政策上实现接轨，这将更加有利于中部地区在信息产业发展模式与发展经验上向长三角地区进行学习与交流。

中部地区应该与长三角地区一同构建优势互补的差异化发展模式，避免在体制上的“画地为牢”。因此，在一体化发展中，在协调的基础上，可以考虑建立两大地区间的信息产业协调委员会，把两大地区捆在一起，研究整体发展战略，形成产业分工，不搞重复建设，淡化行政分割、淡化利益之争。地区之间要发挥各自优势，消除地方壁垒，互补发展，朝着建立国际一流的信息产业链的目标奋进。

四、构建中部地区与长三角地区产业合作机制的政策建议

（一）建立指导区域产业合作的相关组织

这包括以下几个层次：（1）成立由高一级政府发展和改革委员会牵头、合作方政府共同参加的地区合作领导小组，负责制定区域产业发展战略和政策，协调解决配套设施建设和环境治理中的重大问题；（2）建立合作成员政府共同参加的协商制度，负责解决经济运行中生产要素自由流动以及生产、销售中的合作与互利问题；（3）组建地区性的行业协会和其他中介机构，例如，建立区域间的联合商会和主要行业协会等，负责解决产业转移中各项经济、财务和法律问题；（4）建立各项专家委员会，为解决区域间各种合作问题提供科学论证的方案，为解决区域共同发展中的双赢问题提供互惠可行的利益分配方案。

（二）构建区域产业合作的共享制度

在区域产业合作的初始阶段，各种体系还不是很完善，区域间的互动成为构建产业链的主要动力之一。应该推行产权分税制度，消除地方政府针对企业对外投资设置的障碍，促进社会资源向优势区域转移。中部地区可借鉴外地“飞地经济”经验，与长三角地区政府建立利益共享机制。“飞地经济”是指在经济发展过程中，两行政区域打破行政区划限制，把飞出地的资金、项目等放在行政上互不隶属的飞入地，通过规划、建设、管理以及税收分成等合作机制实现互利共赢的一种经济合作模式。中部地区可以选择若干园区，利用自身劳动力优势、土地优势及政策优惠吸引长三角地区的企业到中部地区合作兴办产业转移园区，建立“飞地经济”。合作建设和管理可考虑采取苏州—新加坡工业园区模式、两地企业共建模式、“托管”共建模式等。中部地区各省政府和所在地政府要对产业转移园区在政策上予以支持，承接地政府帮助协调和解决园区企业发展的具体问题，由长三角地区政府负责组织规划、投资、开发、建设和招商引资等工作，并按商定比例在一定时期内进行利益分成，最终实现产业转移双方的互利共赢。

（三）实施区域产业合作的补偿措施

两大区域间的产业合作是建立在合作共赢关系的基础之上，参与合作的各方都是区域共同利益的占有者，在共享区域经济合作带来共同利益的同时，参与区域合作的各方在合作中也要承担各种有形或无形的损失。建立利益补偿机制，对参加区域产业合作的各方所遭受的利益损失进行补偿成为约束各方参与区域经济合作的条件，以调动各方参与区域产业合作的积极性。中部地区与长三角地区间产业合作的补偿机制建立应主要考虑核心技术研发与生态建设两方面。一方面，建立技术专利补偿制度。由于两个区域所处产业链环节不同，导致劳动力资源的投入和产出存在着不均衡，中部地区主要负责附加值较低的制造装配环节，在经济收益上占得比重较小，因此要建立专利技术机制，为中部地区未来的产业升级奠定技术基础。另一方面，建立生态补偿制度。两大地区经济合作面临共同的生态问题，产业中的负责产品制造的地区往往以牺牲生态环境为代价获取微薄的收益，因此要通过建立

发达地区对落后地区生态保障的援助机制，从而调动落后地区进行生态建设的积极性。

参 考 文 献

[1] 王招娣．长三角地区电子信息产业升级问题研究-基于全球价值链视角［D］．江西财经大学，2009.

[2] 李燕，曹永峰．长三角地区电子信息产业发展的问题与对策研究［J］．中国科技论坛，2007（7）．

[3] 高洪深．区域经济学［M］．中国人民大学出版社，2006.

[4] 李东业，邵发森，江中略．长三角地区信息产业发展现状及对策分析［J］．电子政务．2012（7）.

中东部地区金融合作模式探讨

吴远卓[1]，洪丹丹[2]，傅春[3]
（1. 南昌大学公共管理学院　南昌　330031；2. 南昌大学经济与管理学院　南昌　330031；
3. 南昌大学中国中部经济社会发展研究中心　南昌　330047）

一、引言

中部地区是我国的人口大省、重要的粮食基地、原材料基地和交通运输枢纽。东部地区是我国城市分布最密集的地带和国际化程度最高的地区。随着社会进程的推进，区域间经济金融合作已与缩小地区发展差距、可持续发展、促进人与自然和谐相处等一样，成为区域协调发展的重要组成部分。20世纪末以来，长三角经济圈、环渤海经济区、泛珠三角地区、海峡西岸经济区等区域经济合作和经济一体化的实践表明，统筹区域协调发展是落实科学发展观，实现区域共同发展的必由之路。金融合作是经济合作和产业合作的重中之重，是迈向区域经济一体化的重要一步。通过区域间金融合作，可以提高资金配置效率，促进金融资源的自由流动和高效运用，从而实现区域经济优势互补和联合发展，最终达到共同发展的目的。中东部地区的金融合作对于缓解资金供求矛盾，改善金融生态环境，缩小区域发展经济不平衡具有重要作用。

近年来一些学者从不同视角对金融合作进行了研究。Akira Kohsaka 于2004年对东亚地区金融合作进行了研究，探讨了通过汇率制度、外债管理和金融部门结构管理等政策安排应对和预防经济危机①。他认为，东亚金融合作可以加强金融结构，但不会导致货币联盟的建立。易会满于2004年提出制度性安排的设想，分析了长三角地区金融联动的现状，建议联动效应较大的银行开展跨行合作业务，并实现业务处理平台的区域集中②。沈迪邦于2005年提出长三角地区建立了以市场为导向金融合作模式，通过整合银行业内部资源，协调区域内地方政府间利益，并从市场导向型的金融服务，金融监管模式以及政府职能的转化三方面进行了阐述③。施书芳于2005年通过对长三角地区主要城市的经济指标以及商业银行的经营指标进行了对比分析，认为长三角地区已具备了良好的金融合作基础和环境，同时，应通过建立金融合作制度和市场规范来营造合作氛围④。而对中部地区金融合

① Akira Kohsaka，*A Fundamental Scope for Regional Financial Cooperation in East Asia*，Journal of Asian Economics，2004，15：911-937.

② 易会满．经济一体化与金融区域化——长江三角洲经济发展中的金融联动策略研究［J］．金融论坛，2004（02）：3-10.

③ 沈迪邦．长三角银行跨省区金融合作模式探讨［J］．沿海企业与科技，2005（02）：183-185.

④ 施书芳．用科学发展观关注长三角金融合作与互动［J］．上海企业，2005（01）：45-48.

作的研究较少。米运生（1999）对中部三省（江西、湖南、湖北）建立金融合作区提出相关建议：建立南昌—长沙—武汉金融合作轴心，对金融体制、工具、手段、机构进行创新等①。据此，本文以我国中东部地区为研究对象，在分析中部和东部地区金融合作的现状、必要性和制约因素，总结四大经济圈的金融合作经验，并在此基础上，为我国区域金融合作模式的的选择提出建议，以期为政策决定者和相关管理部门制定中部崛起措施提供一定的参考依据。

二、中东部地区金融合作现状分析

（一）中东部地区金融合作现状

中东部地区包括16省市，涵盖了长三角、泛珠三角、环渤海和海西经济区四大经济圈，各省发展水平不一，金融差异很大。中东部地区省际间的合作主要表现为四大经济圈的合作，其各方面的合作都开展得如火如荼。长三角地区的金融机构和金融市场在经济一体化的推动下，在一定程度实现了初步合作，如跨地区存贷款、资金清算、票据交换、投融资等方面的合作。环渤海经济区包括北京、天津、山西、河北、辽宁、内蒙古和山东五省二市，在推出和达成“环渤海区域合作框架协议”和“廊坊共识”等区域合作协议后，环渤海地区经济合作的进程得到了快速发展。2005年10月，在十六届五中全会中将滨海新区列入了国家总体发展战略，带动京津冀和环渤海地区的进一步合作和发展。2005年6月，京津冀正式运行了票据自动清分系统，实现了河北廊坊与北京、天津票据清算中心同步清分区域票据交换、资金清算信息网络化传输，打破了支票使用的限制；京津冀银行卡得到了较快推广应用；设在北京、天津、大连、青岛等城市的金融机构，把业务扩展到其他城市，打破行政区域的限制。2005年8月，通过区域联动机制、信息共享机制和利益协调机制，中国建设银行总行在系统内建立了服务联动机制和整合资源，加强各分行之间的合作。2005年11月，在天津召开了“环渤海区域金融合作发展”研讨会，议题为“加强区域金融合作，探索建立金融合作与协调机制”等。由此可见，环渤海金融合作已具备一定的基础和条件。泛珠三角是我国金融总量最大的经济区，区域内既有我国东、中、西三个不同的区域金融特征，又有“一国两制”下的三个货币区域、三种金融制度的特点。随着泛珠三角经济合作的不断深化，金融合作问题的重视程度也不断加深。2004年，泛珠三角11个成员方（包括港、澳）的各项存款余额超过10万亿元人民币，各项贷款余额超过6.5万亿元。粤港金融合作的突破是泛珠三角金融合作取得的初步成果，主要体现在CEPA框架下，反洗钱、银行结算和打击地下保单等金融基础设施建设上的合作。

然而，东部和中部两大区间金融合作处于起步阶段，未形成规范、有效的合作机制。

（二）中东部地区金融合作的必要性分析

金融合作是经济合作的重要组成部分，是区域发展的重要推动力量。对于东部地区而言，可以利用中部丰富的自然资源和劳动力优势，转移成熟产业，为东部自身拓展更大的空间；对于中部地区而言，可以获得东部地区的资金、信息、技术和人才等资源，促进中

① 米运生．创建中部金融合作区的几点思考［J］．湖北广播电视大学学报，1999（03）：43-45.

部崛起。东部和中部地区通过金融合作达到互利共赢的目的。

1. 东部地区有条件向中部地区转移产业和金融资源

东部地区已进入经济的持续快速发展阶段，产业不断向高科技、低成本发展，金融资源相对集中，有着资金、信息、技术、人才等优势。一方面，东部地区有条件向中部地区转移产业、资金、技术和人才等资源。另一方面，东部地区的快速发展也造成了东部沿海地区人口集中，交通拥挤，生活成本大大提高，特别是住房成本很高，居住条件得不到满足。近两年的劳动力回流普遍，东部发达地区出现了招工难、加薪等现象，进一步提高了劳动力成本，从而劳动密集型产业进一步向中西部转移。

2. 中部地区需要承接东部地区的产业和金融资源

随着东部地区的快速发展，中部地区发展速度相对缓慢，中东部地区的发展差距不断扩大。中部地区要想缩小与东部地区的差距，就必须依靠劳动力、土地等低成本优势，发展农业、手工业和第三产业等，但资金短缺成为中部地区发展最大的障碍。中部地区对资金、金融信息和人才有大量需求，需要承接东部地区转移的产业和金融资源，从而使金融资源得到高效合理配置，推动中部地区的经济金融发展。在金融合作中，中部地区处于劣势，东部地区向中部地区转移的产业也往往是污染较大或劳动密集型产业，对中部地区的发展是不利的。为此，政府的政策倾向和优惠措施是中部地区快速发展的希望，中部地区急需政府的政策支持，转移东部地区的优势产业、高科技低能耗产业和金融资源。

3. 中东部地区金融机构跨区域合作的渠道

市场经济导致了金融主体自主配置金融资源和金融资源自由流动。中东部地区金融机构跨区域合作渠道有：一是银行间市场的同业拆借；二是银行内部资金转移定价系统；三是金融机构跨区域资金投放，异地票据交换等。中部地区通过制定较多的优惠政策，吸引区域外特别是东部地区金融机构的进入，满足多元化的金融需求，最终达到中部地区经济金融快速发展的目的。

（三）中东部金融合作的制约因素分析

正因为中部地与东部地区有着金融合作的必要性，而两地区的合作现状却处于起步阶段，分析其原因主要有以下几方面：

1. 观念障碍

中部地区缺乏像上海、北京这样的金融中心，因此不能通过辐射作用带动整个区域经济的发展。由于增长极的缺失，中部六省各自为政，凝聚力和向心力匮乏，缺少构建利益共同体的决心和行动。江西、安徽、湖南与东部发达地区相邻，都希望能与东部一同发展，借助东部的资金、技术和人才等优势发展，尤其是江西，愿意当“长珠闽”配角，以此跻身东部地区；山西与环渤海地区相邻，将自己归为环渤海地区的一员，和京津冀各省市保持着密切联系。直到“中部崛起”战略的提出，中部六省才有了观念上的改变，中部作为一个整体，加强交流和合作才能实现共同发展。也只有中部六省突破观念障碍，才能与东部地区衔接，接受东部地区先进的理念、观点和技术等，顺利实现与东部地区的金融合作。

2. 体制障碍

在当前行政区划和行政体制下，地方政府的作用是不可忽视的，在推动地方经济的发展，提供公共产品和服务，提高人民生活水平等方面都起着重要作用。然而，行政区划的设置以及地方政府绩效考核的标准以地区 GDP 作为重要指标，这就导致了地方保护主义，地方政府各自为政，追求自身利益最大化，而不考虑资源的优化配置和区域的共同长远发展，从而阻碍资金的跨地区流动和有效配置。中部地区和东部地区存在巨大的信贷资金不平衡问题，东部地区金融资源集中，而中部地区的金融业并不发达，在经济高速发展时急需大量资金投入。因此，金融资源的自由流动是提高资金配置效率，实现中东部金融共同发展的重要条件，这就需要突破银政壁垒，减少地方政府干预。此外，央行及其他金融管理机构的行政设置和独立监管会增加中东部金融合作的协调难度和信息传播成本，也难以争取到对中东部发展有利的区域货币政策。

3. 金融基础设施障碍

金融合作的顺利进行不仅需要完善的法律制度、健全的信用体系和畅通的结算网络，也需要资金、技术、人才、信息等要素的自由高效流动。而中部六省金融基础设施建设较为落后，若不改善，必然会延缓与东部地区金融合作的步伐。例如信用体系的建设，中部地区信用缺失和信用体系混乱现象较为普遍，其中湖北等省份曾被列入“金融重灾区”，虽然该现象目前有一定的改善，但离完善的信用体系还有很大的差距。再如结算体系的建设，中部地区的支付结算体系处于分割状态，还未形成高效、快速、统一的票据交换和支付清算系统，减缓了地区间资金流动的速度。

三、中东部地区金融合作模式选择

从金融合作的市场主体逻辑关系看，金融合作包括在中东部地区同一金融机构的分支机构间合作，不同金融机构间的合作，证券业、银行业、信托业、保险业的混业化合作。从金融合作的区域逻辑关系看，金融合作内含中东部地区省份间的合作，城市间的合作。从金融合作的驱动力逻辑关系看，金融合作涵盖了市场主体利益最大化的推动，金融监管机构构建的助动，金融同业协会主导与沟通的拉动。因此，中东部地区金融合作意味着多层次、渐进式、全方位的金融一体化合作过程。

1. 模式一：政府主导型金融合作模式。

政府主导型金融合作模式可以由中东部 16 省区地方金融服务办公室或有关机构成立中东部金融合作规划办公室，并下设资本市场、货币市场、证券、银行、信托、保险、租赁等区域金融合作小组，统一制定合作规划，协调合作项目，监督合作进程。中央银行等监管部门派出视察员，在金融政策咨询方面提供相关支持。该模式是以政府为主导，由于政府所特有的权威性使得统筹规划较强，组织协调工作较容易，金融合作的成效也较稳定。但这种模式会增加政府的财政负担，且不符合市场经济运行和发展的趋势，不利于调动金融合作各参与方的积极性。

2. 模式二：市场主导型金融合作模式。

市场主导型金融合作模式可以由银行、保险、证券、信托等金融同业协会联合设立促进中东部金融合作的有关机构，成立理事会，规划、协调、监督有关区域金融合作事宜。中央银行等监管部门以及地方金融服务办公室作为理事会观察员，下设区域金融同业合作促进分会。该模式是以市场为主体，在市场机制的作用下运行的，能充分调动利益各方的积极性。但由于我国的市场经济和宏观管理体制不完善，特别是在中东部 16 省区的金融合作中，参与主体众多，会加大各利益方的协调成本，不利于金融合作的有效进行。

3. 模式三：政府推动—政府与市场联动—市场推动的循序渐进模式。

由于政府主导的金融合作模式存在成本高且不利于调动参与方的积极性，而市场主导型的金融合作模式又存在协调难、成本高的特点，都不利于中东部金融合作的顺利进行。为了克服这些不利因素，探索符合中东部发展的模式，我们结合中东部地区的经济金融发展现状，结合政府主导和市场主导的特点，得出金融合作应遵循政府推动—政府与市场联动—市场推动的循序渐进模式。

目前，在市场机制不完善和市场推动力不足的情况下，首先运用政府力量，通过各地方政府的合作与协商，对中东部金融合作进行科学合理的规划设计，充分考虑各省区金融业发展的优势和特征，以激发各成员合作的积极性。同时，出台相应的金融政策和法规，鼓励各地区金融机构的交流与合作。当市场力量逐步壮大和市场机制逐步完善时，政府的重点转向金融基础设施的建设，规范市场规则，营造公平合理的竞争环境，并构建合理的利益协调机制。到金融合作的后期，初步形成了内在自发的合作机制，建成了金融机构之间以及金融机构内部各分支机构之间全方位的合作机制，如合作开拓市场、共同开发金融产品、相互交流客户信息、介绍客户、组建银团贷款等。此时，政府力量和政策作用逐渐减弱，而由市场力量来主导金融合作的顺利开展。

四、结论

四大经济圈的金融合作经验显示：应寻求有效的政策支持和制度保障，建立利益协调机制和充分发挥金融中心的辐射带动作用。本文借鉴四大经济圈的金融合作经验，进一步分析了中东部金融合作的必要性和制约因素。并通过以上探讨得出中东部地区的金融合作模式是遵循政府推动—政府与市场联动—市场推动的循序渐进模式。

中部地区金融发展的区域差异研究
——基于四大区域板块的比较

吴远卓[1]　洪丹丹[2]　傅　春[3]
（1. 南昌大学公共管理学院　南昌　330031；2. 南昌大学经济与管理学院　南昌　330031；
3. 南昌大学中国中部经济社会发展研究中心　南昌　330047）

一、引言

近年来，我国区域金融发展的总体水平都有所提高，但金融发展的区域差异也相当明显，呈现不平衡态势，又由于金融发展的区域差异影响经济的协调发展。为此，探究我国金融发展的区域差异研究是十分重要的理论和现实课题。

一些学者从不同视角研究中国以及部分省市的金融发展差异。杨胜刚、朱红从我国中部地区入手论证中部地区存在经济塌陷与金融弱化问题，指出金融的发展能够加快中部地区经济增长、优化中部地区产业结构、更好地促进中部崛起。何运信汇集整理现有金融发展差异文献，总结出分析评价金融发展区域差异的方法包括直接比较所计算的指标和在指标基础上计算相关系数（如变异系数、泰儿指数）等。古学彬、孙丽霞、方茂扬结合金融发展水平和金融结构重点对广东珠三角与粤西地区的银行业及其金融交易活动进行差异分析，勾勒出两大区域间经济货币化、存贷比、金融环境等差异。如何缩小金融发展的区域差异，以促进经济的协调发展，不仅成为管理部门必须考虑的问题，也是学术界研究的热点话题。

据此，本文以我国四大区域为研究对象，选取金融发展的区域差异评价指标，采用变异系数研究方法，对比分析四大区域金融发展差异态势，在此基础上，提出加强我国区域金融合作的对策建议，以期为政策决定者和相关管理部门制定中部崛起措施提供一定的参考依据。

二、我国区域金融发展的现状分析

由于目前我国各地区金融资产总量的统计资料不足，况且银行在我国金融业中处于主体地位，是我国金融资产的主要聚集地，故文中所引用数据仅限于银行业金融机构。

（一）金融发展规模的现状分析

“十一五”期间，我国各区域各类银行业金融机构网点由2006年年末19.3万家增长到2010年末19.5万家，5年间增加了0.2万家；从业人员数量也稳中有升，从2006年年末250万人增至2010年年末308万人，增幅达23.2%；资产总额从2006年年末41万亿元增至2010年年末88.8万亿元，增长幅度较大，达116.6%。金融业总体发展态势良好，但各区域银行业金融发展现状差异如表1所示：

表1　　我国银行业金融机构主要指标的区域差异（%）

地区	指标	2006	2007	2008	2009	2010
东部	机构个数占比	39	39	39	39	39.5
	从业人员数占比	45	44	44	44	44
	资产总额占比	63	64	61	61	60.5
中部	机构个数占比	25	24	25	25	23.6
	从业人员数占比	24	22	22	22	21
	资产总额占比	14	14	15	15	14.8
西部	机构个数占比	27	27	26	27	27
	从业人员数占比	19	23	22	23	23.9
	资产总额占比	15	15	16	17	17.5
东北	机构个数占比	9	10	10	9	9.9
	从业人员数占比	12	11	12	11	11.1
	资产总额占比	8	7	8	7	7.3

注：各地区金融机构营业网点不包括国家开发银行和政策性银行、国有商业银行、股份制商业银行等金融机构总部数据。

数据来源：中国人民银行上海总部、各分行、营业管理部、省会（首府）城市中心支行。

从四大区域的横向分析可知：东部地区银行业各指标的全国占比最高，远远超过其他区域，尤其是银行业资产总额占比大于60%。而中部地区与西部地区三项指标大致相当，东北地区金融发展受地理环境、经济发展等因素影响较大，因而各项指标占比在四大区域中最低。从2006—2010年纵向分析可知：2006—2010年四大区域的机构数占比、从业人员数占比、资产总额占比三项指标总体趋势呈水平状态，各项指标东部地区维持39%、44.5%、62.5%的水平，中部地区保持25%、22%、14.5%的水平，西部地区呈现26%、22%、15.5%的情形，东北地区维持10%、11.5%、7.5%的水平。但由于三项指标总数的不断增加，四大区域银行业发展差异也呈增大趋势（表1）。

（二）金融深化程度的现状分析

金融深化程度用金融相关比率来衡量，此比率由戈德史密斯提出，是指“全部金融资产价值与全部实物资产（即国民财富）价值之比”，可以简化为金融资产总量与GDP的比值。其公式如下：

$$FIR=(DT+LT)/GDP \quad (1)$$

其中，FIR代表金融相关比率，DT代表全部金融机构存款额，LT代表全部金融机构贷款额。1999—2010年我国四大区域金融相关比率趋势详见图1：

分析图1可知：东部金融相关比率最高，其中2009年和2010年比率超过3；西部金

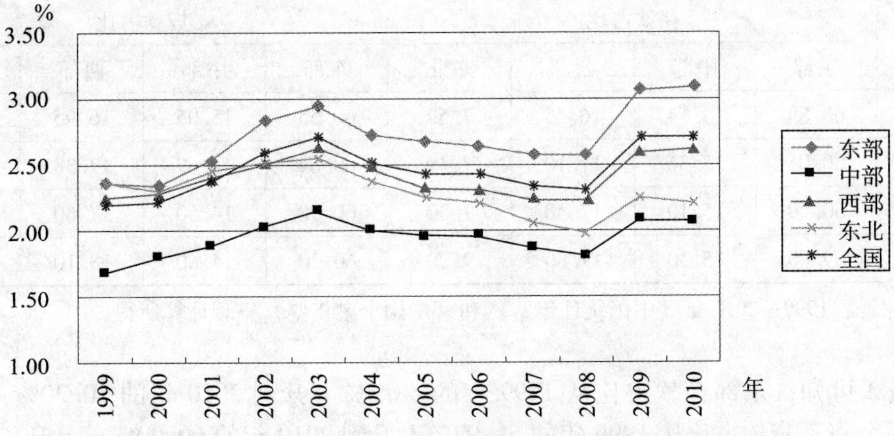

图 1　1999—2010 年全国及四大区域金融相关比率比较图

数据来源：1999—2010 年《中国统计年鉴》和《中国金融年鉴》整理计算所得。

融相关比率与全国基本持平，略低于全国平均；而中部金融相关比率远远低于其他地区，除 2003 年、2009 年和 2010 年外，金融相关比率都小于 2。2008 年中部金融相关比例仅为 1.81，与东部的 2.57 相差甚多。说明东部金融深化程度最高；西部、东北次之；中部金融深化程度最低。金融深化程度与金融发展水平存在着正相关关系，中部地区金融深化程度最低，说明中部金融发展水平也较低，中部塌陷现象明显。

（三）金融资产结构的现状分析

1. 区域存贷款总量占比趋势比较分析

由于四大区域的地理面积不同，为了保持计算指标的一致性，故用各地区存贷款总量占全国总量的比例来反映各地区金融总量的发展趋势，如表 2 所示：

表 2　　**1999—2010 年存贷款占全国的比例变化情况（%）**

年份	存款占比				贷款占比			
	东部	中部	西部	东北	东部	中部	西部	东北
1999	58.30	15.34	16.70	9.65	51.97	16.47	19.52	12.05
2000	58.09	15.31	17.01	9.59	52.32	17.94	18.35	11.40
2001	58.38	15.23	16.79	9.60	53.81	17.08	17.88	11.22
2002	60.17	14.88	15.63	8.98	56.04	16.54	17.16	10.26
2003	61.39	14.57	15.63	8.42	58.45	15.65	16.62	9.28
2004	61.17	14.88	15.78	8.17	58.85	15.70	16.64	8.81
2005	61.27	14.88	15.81	8.03	60.17	15.27	16.65	7.91
2006	61.03	15.04	16.07	7.86	60.35	15.13	16.79	7.73

续表

年份	存款占比				贷款占比			
	东部	中部	西部	东北	东部	中部	西部	东北
2007	60.89	15.14	16.45	7.52	60.55	15.05	16.95	7.45
2008	60.05	15.36	17.10	7.49	60.64	14.69	17.38	7.29
2009	60.20	15.10	17.40	7.30	60.90	14.50	17.60	7.00
2010	59.70	15.30	17.80	7.20	60.20	14.60	18.10	7.20

数据来源：1999—2010年《中国统计年鉴》和《中国金融年鉴》整理计算所得。

由表2可知，东部存款占比从1999年的58.3%上升到2010年的60.20%，上升了1.90个百分点；贷款占比从1999年的51.97%上升到2010年的60.90%，上升了8.93个百分点。中部、西部的存款占比上下波动，走势基本稳定，贷款占比分别下降1.87个百分点和1.42个百分点；东北存款占比从1999年的9.65%下降到2010年的7.20%，下降了2.45个百分点；贷款占比从1999年的12.05%下降到2010年的7.20%，下降了4.85个百分点。可见，东部地区存贷款占比的上升幅度最大，中部和西部比较稳定，东北下降幅度最大。

进一步分析可知，东部存贷款占全国的比例上升较快，且遥遥领先于其他地区，金融资源过度集中于东部。而中部、西部、东北的存贷款比例相对较少，增长缓慢，这导致金融资源的分布极不平衡。

2. 区域收入比变化趋势比较分析

收入比是用来衡量一个地区的相对储蓄能力和资本形成能力，反映单位国民收入形成的存款数量。采用1999—2010年全国四大区域的存款总额与GDP的比值来表示，具体走势如图2所示：

如图2可知，东部收入比远远高于其他地区，且在2010年达到最高，为1.82，西部和东北略低于全国平均，中部地区最低。2008年，中部地区收入比仅为1.11，比东部、西部、东北及全国平均分别低0.44、0.23、0.10、0.29。可见，中部资本储蓄能力和资金形成能力是最弱的，缺乏一定的金融基础，这与中部地区农业人口众多，资金来源途径少等因素密切相关。此外，从趋势图也可以看出，全国四大区域收入比的变化趋势基本一致，这与国内外宏观经济政策和形势密不可分。

3. 区域存贷比变化趋势比较分析

存贷比可以表示为银行贷款总额与存款总额之比，用来衡量一个地区存款资源的利用率和信贷资金的流向，反映存款总量转化为贷款投放的比例。存贷款比越高，说明银行盈利能力越强，但抗风险能力越低。四大区域存贷比趋势详见图3：

分析图3可知，四大区域的存贷比都呈持续下降趋势，其中东北和中部下降幅度最大，东北和中部分别从2000年的95.7%和94.3%下降到2010年的66.49%和64.96%，下降了29.31个百分点和29.34个百分点。而东部从2000年的72.5%下降到2010年的69.50%，只下降了3个百分点，盈利性和抗风险能力都相对比较稳定。到2010年，东

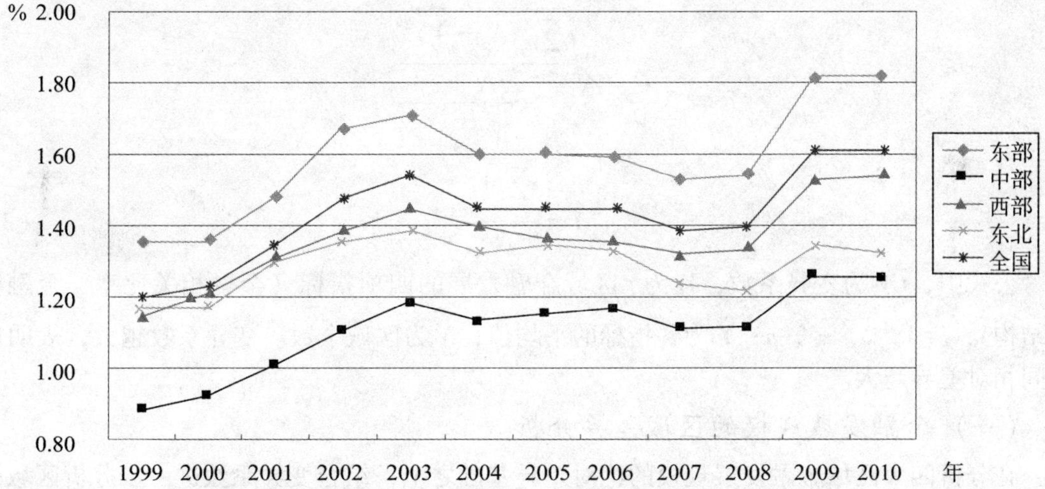

图 2　四大区域收入比变化趋势图

数据来源：1999—2010 年《中国统计年鉴》和《中国金融年鉴》整理计算所得。

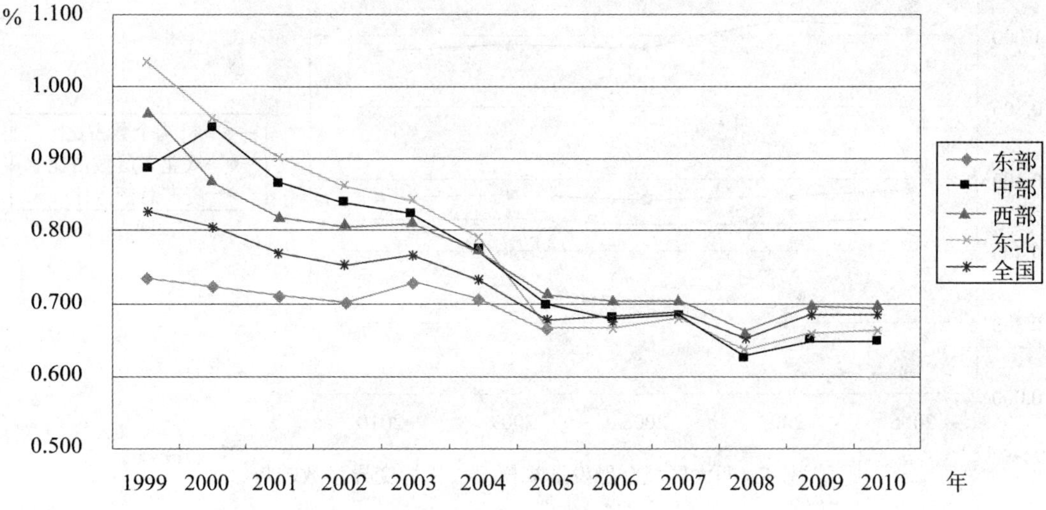

图 3　四大区域存贷比变化趋势图

数据来源：2000—2010 年《中国统计年鉴》和《中国金融年鉴》整理计算所得。

部、中部、西部和东部四大区域的收入比分别为 1.82、1.26、1.55 和 1.33，东部达到最高，中部最低，反映了中部地区大量信贷资金外流。

三、我国区域金融发展的差异分析

本文主要采用变异系数方法来度量我国区域金融发展差异的动态变化。变异系数又称“标准差率”，是衡量资料中各观测值变异程度的一个统计量，它可以消除单位和（或）平均数不同对两个或多个资料变异程度比较的影响。变异系数的计算公式为：

$$\frac{C}{V}=\frac{\sqrt{\frac{\sum_j (Y_j-\overline{Y})^2}{N}}}{\overline{Y}} \tag{2}$$

$$\overline{Y}=\frac{\sum_j Y_j}{N} \tag{3}$$

公式中，CV 为变异系数，Yj 为 j 区域金融发展的四项指标（金融相关比率、金融资产结构），$j=1, 2, \cdots, n$；$\overline{Y}$ 为各指标的平均值；N 为区域个数。变异系数越大，表明区域间相对差异越大。

（一）金融发展规模的区域差异分析

在分析四大区域金融发展规模的绝对差异基础之上，结合变异系数进一步分析区域间金融发展规模的相对差异。

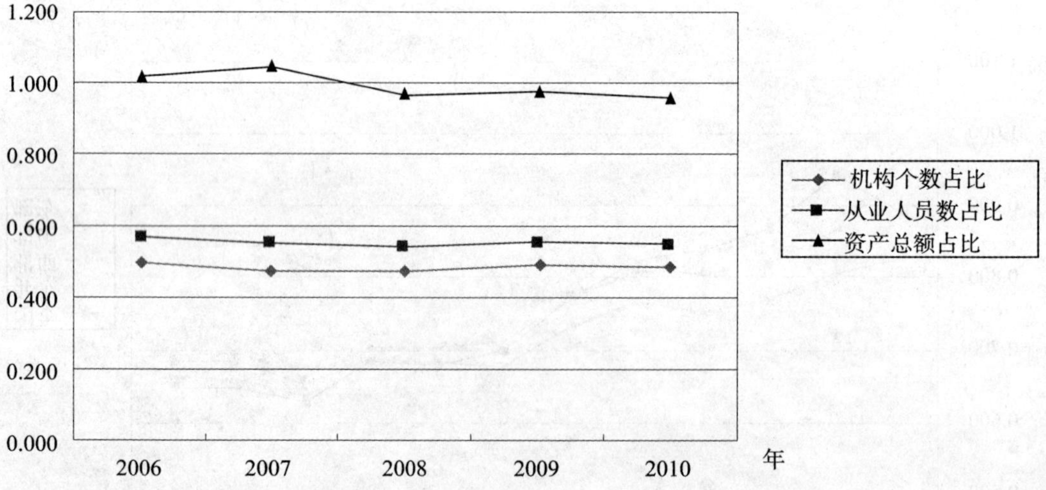

图 4　四大区域金融发展规模三大指标变异系数趋势

从 2006—2010 年，我国四大区域金融发展规模三大指标的变异系数走势相对比较平稳，除了资产总额占比变异系数在 2006 年和 2007 年大于 1 之外，其余两大指标的变异系数均小于 0.6。表明区域金融发展规模的相对差异并不明显，一方面与国家先后在各个区域实施的率先发展东部地区、西部大开发、振兴东北老工业基地、中部崛起战略有关；另一方面各个区域以此为契机大力发展金融业，银行业金融机构个数、从业人员数和资产总额量都有一定程度的增加，进而导致金融发展规模的相对差异较小。

（二）金融深化程度的区域差异分析

为了进一步探讨我国四大区域间金融相关比率相对差异发展趋势，采用公式（1）和（2）计算金融相关比率变异系数，得出金融相关比率差异趋势图（如图 5）。

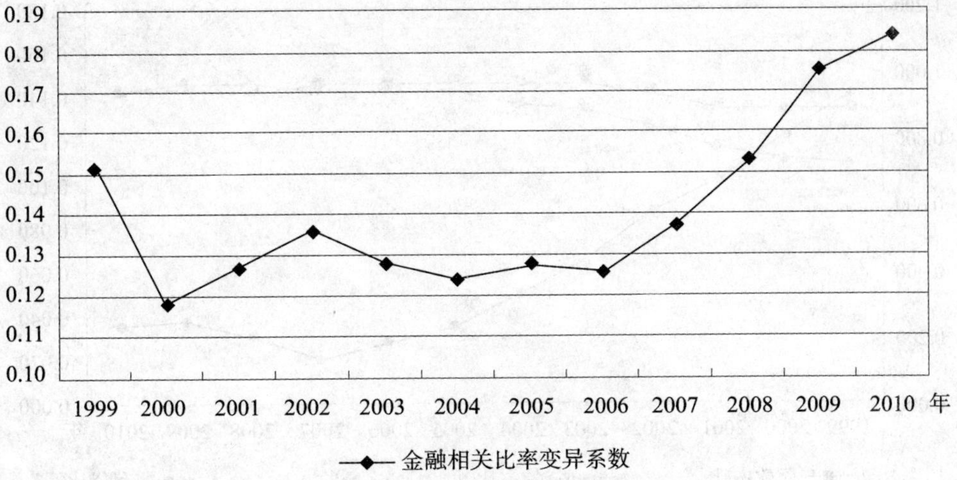

图 5　金融相关比率变异系数趋势

从金融相关比率变异系数的变化趋势来看：我国区域间金融深化程度差异总体上呈上升态势，1999—2006 年处于平稳震荡期，在 2000 年达到最低点 0. 12。2007—2010 年呈不断上升态势，差异更加明显，表明四大区域间金融深化程度存在显著的地区差异。这种差异趋势和资本的逐利性是一致的，资本流向投资收益率高的地区。因此提高中部地区的金融深化程度和发展水平，必须引入外部机制对资金的流向加以引导。

（三）金融资产结构的区域差异分析

在描述分析金融资产结构差异后，本部分将借用变异系数进一步衡量区域金融资产结构相对差异的变动趋势。详见图 6：

结合变异系数计算公式和四大区域金融资产结构相关数据，可以清楚看出 1999—2010 年各地区金融发展的差异。除了存贷比变异系数总体上呈下降趋势外，存款占比和贷款占比变异系数呈上升趋势；收入比变异系数在 2002 年达到高点 0. 17，2002—2006 年收入比差距呈逐年缩小的态势，2006—2010 年收入比差距又呈现扩大态势，这是由于 2005 年股票市场调整之后，金融各领域总体上发展势头强劲，但东部地区金融基础明显优于其他三大地区，金融资产结构各项指标发展速度远远超过其他地区，导致区域间差异更加明显。这说明四大区域金融资产结构差异性有扩大态势。

四、结论与对策建议

综上分析可知，我国区域金融与区域经济发展水平类似，呈现梯度和非均衡发展特征。近年来区域金融总体发展势头良好，金融发展规模、金融深化程度和金融资产结构都有所改善和提高。但金融发展的区域差异依旧明显，除区域金融发展规模差异较小之外，金融深化程度和金融资产结构差异越发明显，且有继续扩大之势。东部地区金融业各项指标均居全国领先地位，金融集中化程度最高；中部和西部地区金融发展规模基本相同，但中部地区金融深化程度、金融资产结构不及西部地区；东北地区金融发展规模不及中部，

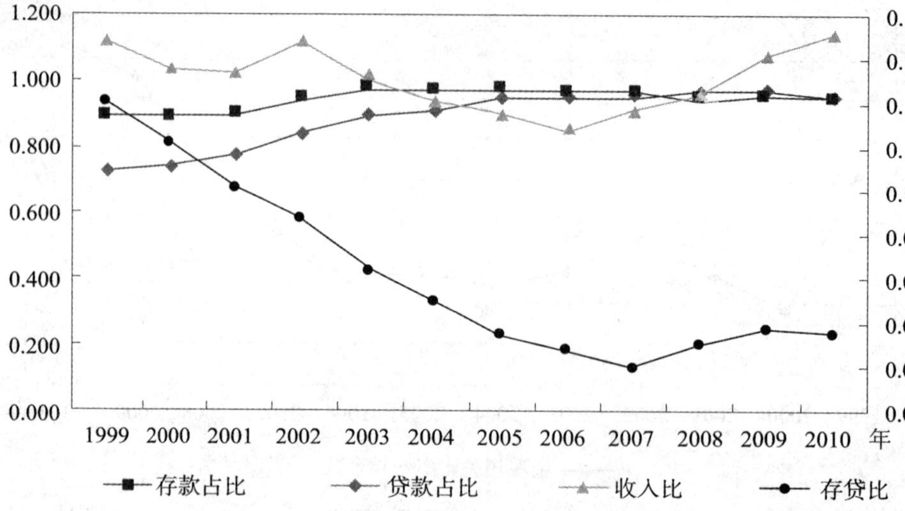

图 6　金融资产结构各项指标变异系数趋势

数据来源：2000—2010 年《中国统计年鉴》和《中国金融年鉴》整理计算所得。

但金融资产结构优于中部地区，尤其是收入比优于中部地区。

为此，中部地区须以“中部崛起”为契机，一方面继续壮大金融机构规模，不断创新金融产品，优化金融生态环境，发挥企业和社会的资金、技术支持，实现金融与经济良性互动发展；另一方面积极推动中部地区与其他三大区域的金融合作，逐步缩小与东部地区的金融差距，实现区域金融协调发展，政府须提供促进合作的宽松平台，适当放松金融监管力度。

参考文献

[1] 王修华．我国区域金融发展差异的比较［J］．经济地理，2007，27（2）．

[2] 杨胜刚，朱红．中部塌陷、金融弱化与中部崛起的金融支持［J］．经济研究，2007（5）．

[3] 何运信．中国金融发展的区域差异与区域金融协调发展研究进展与评论［J］．经济地理，2008，28（6）．

[4] 古学彬，孙丽霞，方茂扬．广东区域金融发展差异研究—基于珠三角与粤西地区比较［J］．南方金融，2009（4）．

[5] 周立，王子明．我国各地区金融发展与经济增长实证分析：1978—2000［J］．金融研究，2002（10）．

[6] 段进，郭冬冬，朱静平．长株潭地区金融发展与经济增长关系的实证研究［J］．经济地理，2011，31（8）．

区域合作的治理问题研究

张 彪

（武汉大学中国中部发展研究院 武汉 430072）

区域合作是我国区域协调发展的基础性问题。我国各地区在资源禀赋上存在很大差异，这就要求促进区域协调发展必须加强各地区之间的分工与合作。在进行区域合作时，必须确保区域合作能够在不冲击我国现有中央与地方关系的前提下，充分发挥合作效应。

一、区域合作所面临的制度困境

早在20世纪80年代，我国各地区之间就曾展开多领域、多层次、多形式区域合作。据不完全统计，在这一期间，全国共成立包括“经济协调会”、“经济技术协作联席会”、“经济发展联络会”、“经济联合会”、“经济互促会”、“经济联合恳谈会”、“市长联席会”、“专员联席会”、“经济协作区”等在内的各类区域协调组织达100余个。但是发展到90年代末，“20世纪80年代建立的（区域协调）组织处于停滞状态或基本消亡”。①

21世纪初，全国各地再次展开了大规模的地方性合作，如“泛珠三角9+2经济圈”、“长三角经济圈”、“京津冀都市经济圈”等合作实体相继成立。但这种地方性合作，如何才能避免重蹈先前的覆辙？如何才能取得实效？我们认为，在此有两个问题必须慎重加以考虑：

第一，在展开区域合作之前，必须解决区域合作的合法性问题。也即大范围、大规模的区域合作，是否会影响我国现有的中央与地方关系，冲击我国宪政构架？

第二，在区域合作展开之后，必须解决区域合作的实施问题。也即区域合作的保障机制如何建立？

上述问题是我国区域合作面临的两个基础性问题。其中，第一个问题直接关系到我国的宪政体制安排，如果不能妥善解决，甚至有可能对我国政治发展的稳定产生相当不利的影响。第二个问题则关系到区域合作的运行，如果不能加以解决，那么区域合作势必流于形式。

二、区域合作的合法性问题

区域合作的合法性困境主要源于我国中央与地方关系的安排。在中央与地方关系上，我国一直采用中央集权的单一制模式。这种模式是由我国的民族、地理、历史、经济等多种因素共同决定的，也是维护我国国家独立和统一的重要制度保障。② 在中央集权的模式

① 陆大道等．中国区域发展的理论与实践［M］．科学出版社，2003：361.

② 参见周叶中．宪法［M］．高等教育出版社、北京大学出版社，2005：238-240.

安排下，地方政府之间的横向联合一直是较为敏感的话题。如我国自元朝以来，在行政区划上一直采用“犬牙交错”的地理格局划分，意在避免地方政府的联合，冲击中央政府的政治安全。

当前我国地方政府间的区域合作发展迅速。其中，合作的主体范围日益扩大，如“泛珠三角 9+2 经济圈”，就已经涵盖广东、福建、江西、广西、海南、湖南、四川、云南、贵州等 9 个省（区）和香港、澳门两个特别行政区。合作的领域也逐步深入，已经涉及交通运输、电力供应、农业合作、旅游合作、环境保护、教育交流、食品药品监管等多方面、深层次的内容。面对这种发展局面，必须慎重考虑其对中央与地方关系可能产生的冲击。

当然，如前文所提到的，在区域协调发展过程中，必然会涉及地方政府间的区域合作，这是不同地区资源禀赋和发展差距所必然决定的。如果我们将视野进一步扩大，可以发现，区域合作在域外发达国家已经较为普遍，如美国州际政府之间的合作、日本都府县之间的合作等。

但是，这并不意味着我们可以直接借鉴其合作模式，而忽略区域合作对中央与地方政府关系的冲击。原因在于，美国和日本在中央与地方关系上，与我国有着截然不同的制度安排。美国采用的是联邦制结构，联邦各州分别有自己的宪法和法律，独立于联邦之外。日本虽然与我国同样采用单一制结构，但是按其宪法规定，其在地方实施自治，中央政府并不能直接干涉地方事务。

我国采用的是中央集权的单一制模式，这并不是说地方政府之间不能进行合作。按照我国宪政体制安排，中央与地方的关系是：“遵循在中央的统一领导下，充分发挥地方的主动性、积极性的原则。”① 也就是说，地方政府之间可以进行积极的横向合作，但是，这种合作必须在中央政府的统一领导之下进行。事实上，即使是在联邦制的美国和地方自治的日本，联邦各州和地方政府的横向合作也要受到相应的限制：

美国联邦政府对于州际合作的限制：美国联邦宪法第 1 条第 10 项第 3 款规定：“无论何州，未经国会核准，不得征收船舶吨税，不得于平时设立军队或战舰，不得与他州或外国缔结任何协定或契约。”②

日本中央政府对都府县合作的限制：日本《国土综合开发法》则规定，都府县在制定“地方综合开发计划”（也即设计两个以上都府县的综合开发计划，类似于我国两个以上的省签订的合作协议）后，必须将该计划通过国土厅（现国土交通省）长官报告给内阁总理大臣，总理大臣接到计划之后，必须咨询国土审议会的意见，同时将该计划送交各行政机关的负责人。在各行政机关负责人对此计划提出意见之后，国土厅（现国土交通省）长官必须将此计划提交国土审议会。③

说明：在美国，随着经济发展的深入，各州之间的交流日益紧密，上述条款也有所松动。1962 年，美国联邦上诉法院作出裁决：除非得到国会的批准，政治性的州际协定不

① 《中华人民共和国宪法（1982）》，第 3 条。

② U. S. CONST. art. I，§10.，cl. 3.

③ 参见日本《国土综合开发法》，第 7 条、第 8 条，昭和二十五年五月二十六日法律第二百五号，1950。

能生效，但是不涉及政治的州际协定不必得到国会的同意。① 但是，即使这样，是否需要国会的同意依然存在相当大的争议。因此，很多州采取了保守的方法：如果州际协定涉及联邦政府的关注焦点或敏感领域，比如交通、空气和水污染等，它们都事先请求国会的同意。但是，有一点是肯定的，那就是，国会的批准权是绝对的，它有权决定一个州际协定是否涉及政治，也有权决定什么时候以及如何准予同意。②

由此我们可以看出，无论是在何种国家结构之下，地方性的横向联合都会受到中央（或联邦）政府的相应限制。如果不能对地方性的横向联合加以有效规范，那么势必会影响国家的独立和统一。

具体到我国，在区域协调发展过程中，也必须对地方政府之间展开的各种区域合作加以规制。在规制的路径选择上，可以在中央区域协调发展管理机构内部，设置对区域合作的批准生效或备案生效两种制度：

批准生效制：两个以上的省级政府在开展区域合作时，必须将其合作的范围、形式、内容、组织等，以区域合作协议的形式报送中央区域协调发展管理机构。中央区域协调发展管理机构应当对报送的合作文本进行实质审查，经中央区域协调发展管理机构批准，该区域合作协议方能生效。

备案生效制：两个以上的省级政府在开展区域合作时，必须将其合作的范围、形式、内容、组织等，以区域合作协议的形式报送中央区域协调发展管理机构。中央区域协调发展管理机构应当对报送的合作文本进行形式审查，并加以备案，经中央区域协调发展管理机构备案，该区域合作协议方能生效。

区域合作批准生效制和备案生效制的核心区别在于是否对区域合作进行实质性审查。在批准生效制下，要审查区域合作协议的实质性内容，审查批准，区域合作协议方能生效。在备案生效制下，中央区域协调发展机构不审查区域合作协议的实质性内容，仅对其进行形式性审查，只要区域合作协议符合形式规范，即可经备案生效。

批准生效和备案生效体现了中央政府对地方政府不同的控制力度，具体采用何种制度，仍需要加以进一步研究。就我国目前的现实情况来看，我们建议，在区域协调发展的初期，应当采用较为严格的批准生效制度，待到区域合作较为成熟，中央与地方关系进一步理顺时，可以适时调整为备案生效制度。

三、区域合作的实施问题

当前我国地方政府主动展开的区域合作很多，彼此签订的区域合作协议也很多，但合作的效果却令人堪忧。要想使区域合作真正取得实效，就必须建立区域合作协议的实施保

---

① 需要说明的是，虽然美国联邦政府和各州政府的立法权由国会行使，但由于美国属于英美法系，采用“判例法”制度，因此其联邦法院和州法院的判决在实际中具有立法的性质。尤其是联邦最高法院（Federal Supreme Court）的判决，对其联邦宪法有着极其重大的影响。当然，也正因如此，其联邦最高法院在司法实践中往往秉持“自我抑制”的审判原则，以求尽量减少对国会立法的干预。

② See *Tobin v. United States*. 306 F. 2nd 270 at 2724，D. C. Cir.（1962），转引自何渊．州际协定——美国的政府间协调机制［J］．国家行政学院学报，2006（2）．

障机制。而在区域合作的实施保障机制中，最重要的又在于如何构建区域合作协议纠纷解决机制。我们认为，区域合作协议纠纷解决机制的构建，应当分为如下三个步骤：

步骤一：明确区域合作协议的性质。

目前在对区域合作协议的认识上，有很多声音认为，区域合作协议就是政府间的一种立法，其本身即具有法律约束力与强制力。

对于这种观点，我们认为有失偏颇。区域合作协议是两个以上的地方政府（这里我们仅指省级政府）之间，为推进彼此合作，而就合作范围、形式、内容、组织等签订的合作协议。作为区域合作协议的主体，各地方政府在法律上地位平等，也即区域合作协议是平等主体之间签订的合作协议，具有明显的平等性和自愿性，它与法律存在根本性差别。

如果我们将区域合作协议与民事领域的合同相对比，区域合作协议的性质就会更加明了。在民事领域，平等的自然人、法人和其他组织为实现某种民事目的，可以相互签订协议，这个协议我们称之为合同。在合同之外，有合同法对合同的签订、效力、履行、违约等内容作出规范。合同与合同法是两个截然不同的事务，前者是平等民事主体之间的一种“意思表示”，后者是国家为规范这种“意思表示”而出台的法律规范。

尽管区域合作协议在性质上与合同类似，但由于其实现的并非民事目的，因此应当属于公法上的“行政契约”。

步骤二：探讨司法解决路径的可能。

既然区域合作协议只是地方政府之间的行政契约，那么在该契约产生纠纷时，能否通过司法路径加以解决呢？我们认为司法路径并不可行。

首先，从理论上而言，区域合作协议虽然是一种平等的契约，但其涉及的却是政府事务，因此区域合作协议纠纷实质上是政府纠纷。如果将政府纠纷交由法院加以处理，那么势必会破坏我国现有司法权、行政权的配置框架。

其次，从法院的组织构架来看，其民事审判庭处理民事纠纷，行政审判庭处理公民与行政机关的纠纷，并没有解决政府纠纷的庭审设置。

再次，从法院的组织层级来看，我国没有跨区法院设置，如果将政府（省级）纠纷交由法院处理，势必会集中到最高法院，由最高法院进行一审。而当前我国最高法院的核心职能仍然是审判监督，其难以承受如此众多的一审需求。而如果设置跨区法院，又会与我国“人民代表大会—人民法院”的宪政构建相冲突。

综合来看，将区域合作协议纠纷交由司法裁决，在理论上和实践上都无可能，因此必须构建其他的纠纷解决路径。

步骤三：构建行政解决路径。

从上述分析来看，区域合作协议纠纷并不能通过司法路径加以解决，其唯一可行的路径在于，通过行政机关的内部纠纷解决机制加以解决。具体模式设置如下：

第一，制定《促进区域协调发展基本法》，赋予中央层级的区域协调发展管理机构以纠纷解决职能；

第二，制定《促进区域协调发展基本法》，构建“区域合作协议”批准或备案制度；

第三，在中央层级的区域协调发展管理机构内设相应的纠纷解决委员会，委员会依据批准或备案的“区域合作协议”裁决相关纠纷。

特区衍生与我国新区域开发战略的形成①

罗海平②
（南昌大学中国中部经济社会发展研究中心　南昌　330043）

一、特区衍生与演变

在我国对外开放和市场化的过程中，以“先行先试”、“重点开发”、“优先开发”为特征的经济特区发挥了重要作用。鉴于经济特区的职能和存在形式的多样性，经济特区的定义往往比较宽泛。钟坚（2009）基于世界经济特区的发展视角，将经济特区定义为主权国家或个别地区在其境内划出一定范围，实行特殊开放政策和特殊管理体制，以此实现特定经济发展目标的特殊区域。高进田（2009）用“特殊经济区”（Special Economic Areas，SEA）来定义我国特区模式下特区的各类衍生体。石国亮（2009）等则将我国经济特区为广义和狭义经济特区，狭义的经济特区是指深圳为代表的五个综合型经济特区，广义的经济特区泛指特区及各类衍生体则包括经济特区、沿海沿江开放城市、省会开放城市、内陆边境开放城市、经济技术开发区、高新技术产业区、保税区、出口加工区、边境经济合作区、旅游度假区、综合保税区、自由贸易港区、综合配套改革试验区等。

“十一五”时期，我国陆续推出了数十个上升为国家战略的区域发展规划，这些规划继承和发展了我国经济特区的发展思路，即圈出特殊区域或划定区域采取“重点开发、优先开发和典型示范”的非均衡区域开发开放战略。这些“特殊区域”尽管并未被称为经济特区，但却发展和完善了特区谱系，均体现了经济特区的本质内涵。此类特殊区域相对于传统经济特区可称之为“新兴经济特区”。故新兴经济特区则特指我国新时期，尤其是“十一五”时期，在全国范围内所设立具有试验、示范职能的经济功能区，包括有综合改革试验区、先行先导经济区、生态经济区、主体功能区等经济区域。

随着市场化进程的推进，“特区”的概念、内涵和作用不断得以扩展和演化，特区走向了综合性和多元性试验的道路。樊纲（2009）认为，中国渐进式改革开放的试验走过了一条典型的从“特区（试验）”到“推广（示范）”的“路径依赖”，并且市场化和对外开放一直是路径依赖的两个不可偏离的轴心。1979 年 1 月国务院《关于我驻香港招商局在广东宝安建立工业区的报告》批复，同意将蛇口半岛 2. 14 平方公里的土地划给了招商局，建立蛇口工业区标志着我国特区模式开始启动。从 1980 年批准的最早设立深圳、

---

① 基金项目：教育部人文社会科学研究青年基金项目（项目编号：12YJC790134）。

② 罗海平（1979-　），四川南充人，南昌大学中国中部经济社会发展研究中心助理研究员，博士。

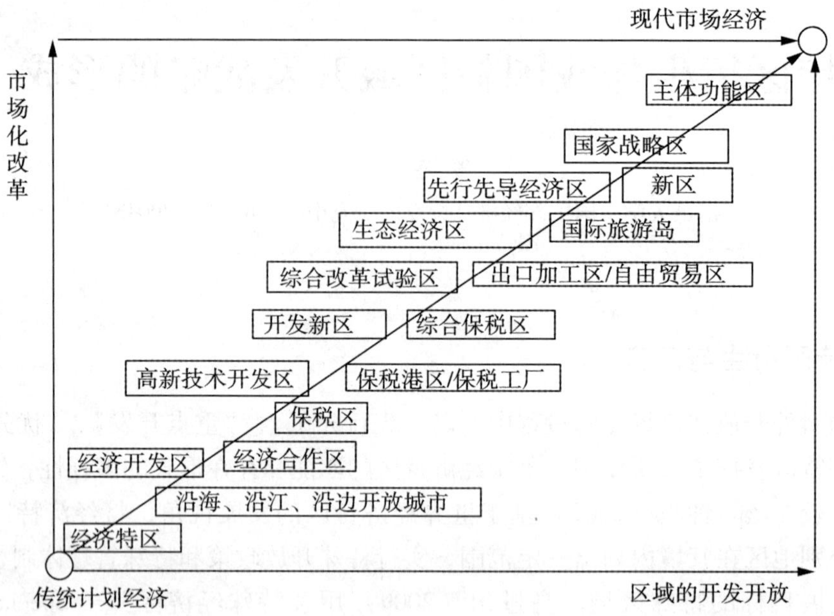

图 1　特区衍生与演变

珠海、厦门、汕头 4 个“经济特区”开始，各种特区衍生体开始诞生，比如 1984 年批准开放的大连、秦皇岛、天津、烟台、青岛、连云港、南通等 14 个沿海城市以及在此基础上建立的“国家级经济技术开发区”，1987 年建海南经济特区，1990 年批准设立上海浦东新区。1992 年邓小平南巡以后，以开放为主要目标的各类特区开始从沿海转向内地。1992 年以来全国先后确定 34 个试点城市，围绕国有企业实施配套改革，在建立市场体系和社会保障制度等方面进行了全面的探索。进入 21 世纪，新的区域发展规划纷纷出台。从 2005 年和 2006 年先后批准浦东新区和天津滨海新区为“综合配套改革试验区”，到 2007 年批准重庆、成都为“统筹城乡综合配套改革试验区”，武汉、长株潭为“两型（即资源节约型、环境友好型）综合改革试验区”。再到 2008 年的广西北部湾，2009 年的海西区、关中—天水区、辽宁沿海经济带、江苏沿海经济带等区域发展规划上升为国家战略，2010 年鄱阳湖生态经济区、黄河三角洲高效生态经济区以及长三角、珠三角、京津冀经济圈以及东北老工业基的发展规划纷纷的出台并上升为国家战略。直到 2010 年 12 月《全国主体功能区规划》正式发布，我国区域开发与区域发展新的路径渐趋成熟。各类特区则成为优先开发、重点开发的区域。从而，各种类型的经济特区以及新兴经济特区统一纳入分为四类的主体功能区范畴。

二、非均衡的区域开发模式和路径选择

影响中国制度变迁空间格局的邓小平“两个大局”的思想就是以经济发展水平为基础的转型区域治理思想。邓小平要求“沿海地区要加快对外开放，使这个拥有两亿人口

的广大地带较快地先发展起来，从而带动内地更好地发展，这是一个事关大局的问题，内地要顾全这个大局。反过来，发展到一定的时候，又要求沿海拿出更多力量来帮助内地发展，这也是个大局。那时沿海也要服从这个大局”。在1989年10月，邓小平又对“两个大局”进一步阐释：“我们的发展规划，第一步，让沿海地区先发展；第二步，沿海地区帮助内地发展，达到共同富裕。”两个大局思想充分体现了制度的梯度变迁与经济技术的梯度推移的关系，即制度的空间诱致与转移路径要以经济技术的空间分布与势差为基础或前提。同时，制度势差能强化和反作用于经济技术势差。

对外开放和区域开发是建立现代市场经济的两个重要方面，同时我国市场化的区域序列遵从区域开发和开放序列。所以，转型的区域治理序列即为我国区域开放和开发序列。我国20世纪80年代开始有选择地实施点轴式对外开放和区域开发。邓小平认为，“沿海地区要加快对外开放，使这个拥有两亿人口的地带较快地发展起来，从而带动内地更好地发展起来”。在这种思想的指导下，《全国国土规划纲要（草案）》根据点轴发展战略理论兼顾效率、公平的原则，将点轴开发理论充分的应用和体现于我国经济空间布局，提出了将沿海地区和沿长江地区作为全国第一级发展轴的“T”字型发展轴构想，即以长江黄金水道轴线和南北沿海轴线为基础，形成了三极：北极—京津，南极—香港和广州为中心的珠江三角洲，西极—重庆，中枢—上海。在1980年设立深圳、珠海、厦门、汕头四个经济特区的基础上，1985年，国务院宣布开放天津、上海、大连、秦皇岛、烟台、青岛、连云港、南通、宁波、温州、广州、湛江和北海等14个沿海城市，1990年，国务院又作出开发、开放上海浦东的战略决策。自此，形成了经济特区（点）—沿海开放城市（线）—沿海经济基础开放区（带）的对外开放局面，形成了珠江三角洲、长江三角洲和闽南三角洲等点轴开发格局。而这个格局同时也是我国转型早期和中期的区域治理格局。

点轴式开放、开发和转型的空间路径对我国非均衡渐进式诱致型市场化的顺利推进具有重要意义。朱金海、陆德明（1995）认为，中国的市场化改革之所以能在维持政治社会稳定、经济高速增长的基础上，取得举世瞩目的成就，其关键在于选择了一条由点到线、由线到面，即由沿海到沿江、由沿江到沿边，从而辐射到全国的市场化区域渐进策略。中国的市场化是与对外开放进程紧密相连的，它是在开放的推动下逐步延伸和发展的。中国对外开放的基本轨迹是由点到线、以线带片、从片到面、片面联体，是一个区域循序渐进、逐步向纵深推进的过程。从沿海到沿江、从沿海到沿边、从沿海到内陆铁路沿线，至今已形成“四沿”全方位开放的新格局。相应地，中国经济也在对外开放中逐渐市场化和国际化。而最近启动的新的区域开发开放依然沿袭了由点到线、以线带片、从片到面、片面联体，是一个区域循序渐进、逐步向纵深推进的空间治理思想。比如成都与重庆两个特大城市的“点”，形成成—渝经济带，进而带动成渝之间及周边城市形成成-渝经济圈。以西安为重心的关中—天水经济区则是典型的带状区域，然后向南北扩散延伸带动一片，再作为一个整体与成-渝经济带相连，则构成以成都-重庆-西安为角点的“西三角”经济区。所以、无论是辽宁沿海的“五点一线”，还是长吉图、江苏沿海、广西北部湾以及海西区在目前都处于点线连接的开发初期。

三、特区衍生与新区域开发路径和格局的形成

表 1　　特区模式下区域治理的时空序列

时间（年）	特区及衍生体	职能	空间
1980	深圳、珠海、汕头、厦门试办经济特区	开放、试验、开发	沿海
1984	开放沿海城市	开放	沿海
1984	决定举办经济技术开发区	开发	沿海
1985	长三角、珠三角和闽南三角区划为沿海经济开放区	开放、开发	沿海
1985	深圳创办了深圳科技工业园	改革、试验	沿海
1988	海南成为全国最大的经济特区	开放、开发、试验	沿海
1988	环渤海开放区形成	开放	沿海
1988	批准设立国家高新区	改革、试验	沿海
1990	国务院宣布开发开放浦东新区	开发、开放	沿海
1990	创办了中国第一个保税区	开放	沿海
1992	开放长江沿岸芜湖等 5 个城市	开放	沿江
1992	合肥等 21 个省会内陆城市开放	开放	内地
1992	开放黑河等内陆边境的沿边城市	开放	东北（沿边）
1994	批准建立新加坡苏州工业园区	开放、改革	沿海
1996	深圳盐田保税区、珠海保税区设立	开放	沿海
2000	批准设立出口加工区	开放	全国
2003	《内地与香港、澳门关于建立更紧密经贸关系的安排》（CEPA）签署	开放、开发	全国
2004	实施保税区与港口的区港联动	开放	沿海
2005	批准上海浦东新区进行完善社会主义市场经济体制综合配套改革试点	改革、试验	沿海
2005	批准设立上海洋山保税港区	开放	沿海
2006	国务院推进滨海新区开发开放	改革、试验	沿海
2007	首个“综合保税区”正式建成	开放、改革	沿海
	天津中新生态城项目签署	开放、改革、试验	沿海
	重庆全国统筹城乡综合配套改革试验区	改革、试验	西南
	成都全国统筹城乡综合配套改革试验区	改革、试验	西南
	武汉城市圈“全国资源节约型和环境友好型社会建设综合配套改革试验区”	改革、试验	中部
	“长株潭”“全国资源节约型和环境友好型社会建设综合配套改革试验区”	改革、试验	中部

续表

时间（年）	特区及衍生体	职能	空间
2008	广西北部湾经济区	开放、开发	西部
	《关于进一步推进长三角洲地区改革开放和经济社会发展的指导意见》	改革、开放	沿海
2009	海峡西岸经济区	开放、开发	沿海
	江苏沿海地区	开发、改革	沿海
	关中-天水经济区	开发	西北
	辽宁沿海经济带	开发	东北
	横琴新区	开发、开放、试验	沿海
	长吉图开发开放先导区	开发	东北
	《珠江三角洲地区改革发展规划纲要（2008—2020）》	改革、开放	沿海
	《黄河三角洲高效生态经济区发展规划》	开发、试验	沿海
	《鄱阳湖生态经济区发展规划》	开发、试验	中部
	《皖江城市带承接产业转移示范区发展规划》	开发、试验	中部
2010	海南建设国际旅游岛	开发、试验	海岛
	重庆西永综合保税区	开放	西部
	重庆两江新区	开放、开发	西部

（一）沿海优先开放：由南到北

东部沿海是我国对外开放的前沿，也是率先市场化的营地。而港、澳、台地区则是我国对外开放的“桥头堡”，是通向世界市场的“跳板”。尤其是香港，作为国际金融中心，是一个国际性的“市场极”和“辐射源”。因此，我国的对外开放首先在东南沿海突破。1980年8月，第五届人大常委会第十五次会议正式批准有我国广东省的深圳、珠海、汕头和福建省的厦门设立四个“经济特区”。30年来，特区作为国内国际市场接轨的连结点或桥梁，在外向型经济的发展中起到了“二传手”作用。尤其是深圳，作为中国大陆市场经济的“南极”，功不可没。在四个特区取得明显成效的基础上，1988年国务院又决定开辟海南为第五个经济特区，实行更为灵活的政策，并相继扩大了其他四个特区的面积。

特区是对外开放的第一步，是市场化的第一层次，在此基础上，由点到线，我国政府1984年5月决定开放大连、秦皇岛、天津、烟台、青岛、连云港、南通、上海、宁波、温州、福州、广州、湛江和北海14个沿海港口城市。汕头、珠海、厦门市特区以外区域和威海市区也享受与这14个城市相同的优惠待遇。同时，在这些“沿海开放城市”内设立了14个经济技术开发区。1992年国务院新批准了温州、昆山、威海、营口和东山等6个开发区。至此，被称为“小特区”的国家级沿海开发区共有20个。在建立沿海开放城市经济技术开发区的基础上，1985年初，政府进一步决定将长江三角洲、珠江三角洲、闽南厦漳泉三角地区开辟为“沿海经济开放区”。1988 年又将沿海开放区扩大到胶东半岛和辽东半岛。至今，由线到片，我国东部沿海已形成一条从南到北、又长又宽的开放地带。这一地带包括 11 个沿海省、市区滨海或近海的 292 个市县，面积达 41.7 平方公里，占个国的 4.4%；人口 2.1 亿，近占全国的 20%。它是中国市场化的前沿阵地。

（二）沿江开放：由东向西

20 世纪 90 年代，在沿海地区进一步开放开发和市场化不断深入的基础上，国家开始重视内陆地区的开放和开发，并将对开放和市场化改革的重点由珠江三角洲逐步移向长江下角洲和长江流域。1990 年 4 月中央决定开放开发上海浦东。浦东新区的对外开放是直接而向欧美日和整个世界的。它实行经济技术开发区、经济特区和某些浦东开发所需的特殊政策。浦东的开放开发旨在振兴上海，重建国际大都市，即将上海建成为长江流域的“龙头”和国际性的经济中心、金融中心和贸易中心之一。在浦东新开发开放的有力带动下，上海充分施展了建立现代市场体系的优势。在短短的几年里，上海已构筑了一个立足上海、辐射全国、沟通世界的大市场框架。目前上海已建成发展金属、煤炭、石油、粮油、农资、化工、汽车、建材等八大国家级交易所，相继建立了中国外汇交易中心、城乡产权所等交易市场。这些大市场格局的形成，事实上已使中国的市场化中心从南方的珠江三角洲移向了以上海为中心的长江三角洲。浦东开放开发两年后，国务院又宣布进一步对外开放芜湖、九江、武汉、岳阳和重庆 5 个长江沿岸城市，实行沿海开放城市政策，并在条件具备的地区经国务院批准可多办一些开发区。1992 年，三峡工程的上马又带动了长江中上游的开放开发。至今，包括下游的苏、锡、常、通、宁、镇、扬等在内，长江流域共有 10 多个主要城市实行沿海开放城市政策，并有 9 个港口对外开放已形成一条以上海浦东为龙头的长江流域开放地带。它有力地推动了横跨我国的东部、中部与西部三大地带的市场化进程。

（三）沿边、内陆全方位开放

1992 年春天邓小平视察南方谈话以来，中国的对外开放和市场化进一步向纵深发展。为了加强和扩大与周边国家的合作，国务院先后决定开放珲春、绥芬河、黑河、满洲里、二连浩特、伊宁、塔城、博乐、河口、畹町、瑞丽、凭祥和东兴 13 个边境市、县、镇。这些边境开放城市实行与沿海开放城市基本相同的优惠政策，形成了沿边对外开放格局。在此同时，国家又进一步确立哈尔滨、长春、呼和浩特、石家庄、太原、合肥、南昌、郑州、长沙、成都、贵阳、西安、兰州、西宁和银川等内地所有省会或首府城市为“内陆开放城市”，实行与沿海开放城市同样的优惠政策。这些城市，除了其中大多设有“高新技术产业开发区”外，在条件成熟时还可各办一个“经济技术开发区”。至此，我国多层次、全方位开放的新格局基本形成。区域渐进式的对外开放，通过外资引进和外贸出口等，有力地推进了区域渐进式的市场化进程。

（四）西部开发、东北振兴与中部崛起

2000 年 10 月，中共十五届五中全会通过的《中共中央关于制定国民经济和社会发展第十个五年计划的建议》，把实施西部大开发、促进地区协调发展作为一项战略任务。西部大开发的范围包括重庆、四川、贵州、云南、西藏自治区、陕西、甘肃、青海、宁夏回族自治区、新疆维吾尔自治区、内蒙古自治区、广西壮族自治区等12个省、自治区、直辖市。2003年9月10日，国务院常务会议研究实施东北地区等老工业基地振兴战略，提出了振兴东北的指导思想、原则、任务和政策措施。2003年10月，中共中央、国务院下发《关于实施东北地区等老工业基地振兴战略的若干意见》。针对中部地区的山西、安徽、江西、河南、湖北、湖南六省发展相对缓慢的状况，2006年4月，国务院出台了《关于促进中部地区崛起的若干意见》，出台了36条政策措施，提出要把中部建成全国重要的粮食生产基地、能源原材料基地、现代装备制造及高技术产业基地以及综合交通运输枢纽。到此，“东部腾飞、西部开发、东北振兴、中部崛起”较为完整的区域发展战略得以形成。

这些战略的实施是我国区域非均衡转型和发展的完善和补充，是对转型前期沿海先行等带来的非均衡问题的矫正和补偿。但无论是西部开发、东北振兴，还是中部崛起都仅是产业驱动的区域发展模式，而不是特区模式下通过重点开发区域增长极来实现区域战略目标的实现。为此，西部开发、中部崛起就意味着中央在西部和中部上重点建设项目、由大项目带动地方经济发展。随着上海浦东、天津滨海、成都—重庆分别上升为综合配套改革试验区，以及近一两年各类区域开发区获批“东部腾飞、西部开发、东北振兴、中部崛起”又开始了特区模式的区域发展战略。近年来特区模式下各类特区衍生体的产生具体化了该总线图，尤其国家综合配套改革试验区以及各类上升为国家战略的经济开发区陆续出台更应证了我国新时期区域发展战略思想。

四、特区模式新区域开发战略的承继与完善

上海浦东、天津滨海以及深圳上升为社会主义市场经济国家综合配套改革试验区，既是转型走向纵深阶段社会主义市场经济制度完善中先行先试特区功能的赋予，又是“东部腾飞”区域发展战略的保证，是对已经形成的沿海三个经济增长极长三角、环渤海、珠三角的强化和完善。为此，国家先后出台《关于进一步推进长江三角洲地区改革开放和经济社会发展的指导意见》、《珠江三角洲地区改革发展规划纲要（2008—2020）》和《京津冀都市圈区域规划》等中长期的区域规划设计。而江苏沿海地区、海峡西岸经济区、珠海横琴新区、深圳前湾等都是“东部腾飞”区域治理设计的重要组成部分。成都和重庆成为全国城乡统筹综合配套改革试验区、关中-天水经济区上升为国家战略、西安成为全国统筹科技资源综合配套改革试验区以及广西北部湾的开放与开发则是新时期“西部开发”的特区模式的区域治理设计。武汉城市圈和“长株潭”被列入“全国资源节约型和环境友好型社会建设综合配套改革试验区”则是实现“中部崛起”的重要举措。辽宁沿海经济带、长吉图开发开放先导区等近期新批准的区域开发区以及东北老工业基地振兴计划构成了“东北振兴”的战略意图。尤其是2009在国务院先后批复了《珠江三角洲地区改革发展规划纲要（2008—2020年）》、《关于支持福建省加快建设海峡西岸经济区的若干意见》、《关中-天水经济区发展规划》、《江苏沿海地区发展规划》、《横琴总体发展规划》、《辽宁沿海经济带发展规划》、《中国图门江区域合作开发规划纲要》、《促进中部地区崛起规划》等8个区域发展规划后，我国新的区域经济版图逐渐成型，包括了长三角、珠三角、北部湾、环渤海、海峡西岸、东北三省、中部和西部等经济版图。同时，

各地新提出的区域经济规划如雨后春笋，比如淮海经济区、环渤海地区的唐山湾、西三角经济圈、黄河三角洲经济区、鄱阳湖生态经济区、重庆“两江新区”等。这一方面表明我国已进入社会主义市场经济全面建设和完善的历史阶段，另一方面，也说明新时期我国区域发展和开放格局日趋完善和明朗。

另外，除由中央政府主导、组织和批准实施的特殊区域外，一种区域间自我组织、自我整合和一体化的多区域发展趋势正在形成。相对于单一行政区域的先行试验区，城市群、跨省区的区域经济整合、市场融合与一体化逐渐成为新的区域开发与区域开放的方向，如泛珠江三角洲、泛长江三角洲、环渤海湾、环北部湾等。我国城市具有不同的行政等级，如直辖市、副省级市、地级市及县级市，这使它们拥有对经济资源的不同控制能力。而以经济联系结成的区域经济合作区是一种以专业化地区经济为特色、以中心城市为依托，在生产、流通等方面紧密联系、互相协作、内部具有很强经济集聚性的经济综合体。它是内在经济力量的自发区域组合。中心城市是“经济密集的社会有机体，是区域发展的中心”，其形成和发展既依赖于对周边资源的集聚，也是对周边地区辐射的结果。中心城市与周边地区的相互作用使其影响不断跨越行政区界限，而形成以中心城市为核心的经济区。由于非中央政府主导下的跨区域治理是基于市场原则、共同利益上公共机构与非机构的合作。为此，参与区域合作的各地方政府是推动区域间合作与协调的主要动力。所以，无论是泛珠三角的“9+2”、环渤海地区经济联合市长（专员）联席会议、长株潭经济区……都是以地方政府自我协调、自我组织形成的区域治理形式，是对中央政府主导下特区发展战略的补充，也是特区模式更高发展阶段的必然要求。

参考文献

[1] 王志锋．创新区域治理机制推动都市圈一体化进程［J］．学习与实践，2005（3）．

[2] 高进田．特殊经济区与中国区域经济发展［J］．兰州大学学报（社会科学版），2009（3）．

[3] 厉无畏，王振．中国开发区的理论与实践［M］．上海财经大学出版社，2004.

[4] 钟坚．中国经济特区发展报告（2009）［M］．社会科学文献出版社，2009.

[5] 朱金海，陆德明．论中国市场化的区域渐进［J］．上海社会科学院学术季刊，1999（4）．

[6] 于东山，娄成武．省级政府竞争之弊与跨省区域治理［J］．东北大学学报（社会科学版），2009（4）．

推进区域经济一体化的制度创新

姚　莉①
（湖北省社会科学院经济所　武汉　430077）

21世纪是全球经济一体化的世纪，区域经济一体化已成为经济社会发展的必然趋势。所谓区域经济一体化，是指在区域内制度一体化、市场一体化和竞争规则一体化基础上，区域经济各个组成部分之间通过资源流动和分工协作，所形成的经济联系越来越紧密的一种状态和过程，区域经济一体化进程也就是由区域内要素自由流动所推动的区域内经济联系和分工协作关系的紧密化过程。[1]而一个国家内的区域经济一体化是指两个或两个以上的省市按共同的目标协调其经济活动，促进其经济联合的过程，其最终目标是形成一个统一的区域经济共同体和垂直分工与水平分工并存的区域经济发展格局。在经济全球化的背景下，城市和地区的竞争将体现在区域一体化的进程和水平上。

一、我国区域经济一体化的发展进程

20世纪80年代以来，我国在区域发展战略上实施非均衡的发展战略，推动了东部地区的率先发展，形成了中国区域经济增长的"三大引擎"——长江三角洲、珠江三角洲以及京津冀地区。在全国的区域竞争中，长三角、珠三角及京津冀等三大经济圈一马当先，以占全国三分之一的人口、十分之一的土地面积创造了全国61.2%的经济总量、58.3%的工业增加值和86.5%的外贸出口额，[2]成为我国参与全球经济运行的桥头堡和经济快速发展的三个重要增长极。当今，这三大经济区活跃于我国的经济社会舞台，正逐步摆脱行政区约束，实现"行政区"向"经济区"经济的跨越。

1. 长三角城市群

长江三角洲简称长三角，指长江和钱塘江在入海处冲积成的三角洲，范围主要包括：上海市、江苏8市（南京、苏州、无锡、常州、扬州、镇江、南通、泰州）和浙江7市（杭州、宁波、湖州、嘉兴、绍兴、舟山、台州），共16个城市。规划面积22.01万平方公里，2010年末常驻人口1亿2千多万人。2010年3月，又吸收盐城、淮安、金华、衢州等4个苏浙城市为新会员，并且泛长三角区域内安徽省的合肥、马鞍山两个城市也正式"加盟"，增加为22个城市。该地区区位条件优越，自然禀赋优良，经济基础雄厚，城镇体系完整，科教文化发达，体制比较完善，已成为全国发展基础最好、体制环境最优、整体竞争力最强的地区之一，在中国现代化建设全局中具有十分重要的战略地位。改革开放以来，长三角地区经济社会发展取得了举世瞩目的巨大成就，2011年，长三角22个城市

① 姚莉，湖北省社会科学院经济所副研究员、硕士生导师。

以占全国1%的土地面积和6%的人口，创造出占全国22.7%的GDP，GDP总量达到95250亿元。其中，上海市GDP为19195.69亿元，占整个长三角的比重为20.15%。作为长三角的中心城市，20世纪90年代初浦东开发开放以来，上海经济持续高速发展，也带动了江苏与浙江“两翼”城市的突飞猛进，对于长三角地区的整体联动发展更是起到了举足轻重的巨大作用。上海建设国际大都市目标明确，在长三角地区的核心地位突出，南京、苏州、无锡、杭州、宁波等特大城市在区域乃至全国占有重要地位。区域内城镇密集，一批各具特色的城市具有很强的发展活力。长三角城市群不仅是中国最大的城市群，也是中国内地最具竞争力的城市群，目前，核心区城镇化水平超过60%，具备了跻身世界级城市群的基础。其定位为：亚太地区重要国际门户、全球重要现代服务业和先进制造业中心、具有较强国际竞争力的世界级城市群。

2. 珠三角城市群

珠江三角洲，简称珠三角，是组成珠江的西江、北江和东江入海时冲击沉淀而成的一个三角洲区域，范围包括广东省的广州、深圳、珠海、佛山、江门、东莞、中山、惠州和肇庆市为主体，辐射泛珠江三角洲区域，与港澳紧密合作。土地总面积41698平方公里，总人口4230万。改革开放30年来，珠江三角洲地区充分发挥改革“试验田”的作用，率先在全国推行以市场为取向的改革，较早地建立起社会主义市场经济体制框架，成为全国市场化程度最高、市场体系最完备的地区；依托毗邻港澳的区位优势，抓住国际产业转移和要素重组的历史机遇，率先建立开放型经济体系，成为我国外向度最高的经济区域和对外开放的重要窗口。带动广东省由落后的农业大省转变为我国位列第一的经济大省，经济总量先后超过新加坡、我国香港和我国台湾，奠定了建立世界制造业基地的雄厚基础。2011年，大珠三角以占全国1%的土地面积，创造了超过全国11%的GDP，GDP总量为7.1万亿人民币。其中，广州、深圳和香港三个中心城市的GDP占到整个城市群的近70%，香港的GDP为1.5436万亿元，超过总量的三分之一，是国际著名的商业、航运中心，其货柜码头吞吐量和经济自由度至今保持全球第一；广州则充分显示中国改革开放成就，经济总量与全国城市排第二的北京相差无几。区域内人口和经济要素高度聚集，城镇化水平快速提高，基础设施比较完备，形成了一批富有时代气息又具岭南特色的现代化城市，成为我国三大城镇密集地区之一。其定位为：探索科学发展模式试验区、深化改革先行区、扩大开放的重要国际门户、世界先进制造业和现代服务业基地、全国重要的经济中心。

3. 京津冀城市群

京津冀城市群也就是我们常说的大北京城市群，范围主要包括由北京、天津、唐山、保定、廊坊等城市所统辖的京津唐和京津保两个三角形地区，以及周边的承德、秦皇岛、张家口、沧州和石家庄等城市部分地区，中心区面积近7万平方公里，人口约4000万。2007年，城市群提出了北京、天津和河北全省11个城市的“2+11”模式，其目标是要打造以北京、天津为双核的世界级城市群，扩大区面积21.58万平方公里，人口9594万。2011年，京津冀以占全国2.3%的人口，7.23%的土地面积创造出5.1万亿元的GDP总量，占全国GDP总量的10.8%。其中天津市GDP总值为1.1万亿，比上年增长16.8%，居全国首位。作为京津冀城市群的中心城市，北京现有良好的教育设施、科研水平和一流的研发机构，将成为高新技术和高附加值工业的门户；天津以其港口和制造业基础，将重点发展现代物流和通信产业，同时也将承担部分高新技术研发产业。滨海新区依靠国家政策上的大力扶持，将成为国际性的金融、贸易港。河北省以丰富的人力资源和更低的地价，安置北京、天津的溢出产业，并为两个核心内的高新技术产业和研发产业提供制造基地。

4. 长江中游城市群

近年来，随着国家“促进中部地区崛起”战略的进一步推进，中部地区发展进程开始加快。特别是长江中游地区交通区位条件优越，工农业生产较为发达，人口和城镇分布密集，资源和环境承载能力较强，是我国加快工业化和城镇化的重点开发区域。武汉城市圈、长株潭城市群、鄱阳湖生态经济圈等城市群在中部地区人口、城镇和产业相对密集，是中部地区经济发展的核心区域，已成为我国中部最具活力和发展潜力的区域之一，正加快构建长江中游城市群。城市群范围主要包括：武汉“1+8”城市圈和宜昌、荆州、荆门等城市，长株潭“3+5”城市群，环鄱阳湖城市群6市和萍乡、宜春、新余等共29个城市。总面积30.44万平方公里，总人口11528.5万人。2010年，长江中游城市群以占中部和全国29.6%和3.2%的土地面积、以及32.3%和8.6%的人口，创造出占中部和全国38.2%和7.5%的GDP。长江中游城市群与全国三大城市群相比，在发展后劲、开发潜力、人力资源、生态环境、辐射国内市场等方面都具有明显优势，在促进中部地区崛起和全国经济发展中发挥了重要作用，未来有望成为继长三角、珠三角和京津冀之后引领中国经济增长的“第四极”。[3]

二、我国区域经济一体化发展的制度障碍

区域经济一体化要求增强区域整体竞争力和辐射带动能力，促进要素低成本、高效率地流动，形成各城市间优势互补、资源共享、市场共通、利益共有的经济一体化格局。但我国现行的诸多体制机制性障碍却成为区域一体化发展的制度瓶颈，阻碍了区域经济一体化由低层次向高层次的演进。

1. 行政区划体制构筑区域“行政壁垒”

随着区域一体化进程加快，我国传统的行政区划体制对区域经济发展的消极作用日益显现，已无法适应市场经济的发展要求，逐渐成为区域经济一体化发展的掣肘。总体看来，现行的行政区划体制存在三大突出问题：一是功能边界和管理边界错位。区域之间功能边界和管理边界不清，模糊了地方政府的职能界限。二是利益主体和决策主体分离。区域发展利益主体和决策主体不一致，造成了政策制定的脱离实际。三是长期利益和短期利益失衡。地方经济长期利益和短期利益不兼顾，凸显了经济发展的难以为继。因为行政区划分割生成的行政壁垒对区域经济形成了一种刚性约束，产生了一种与区域经济一体化相悖的“行政区”经济现象。

2. 行政垄断形成市场条块分割

我国一直是“诸侯经济”盛行。受地方经济利益驱动，地方政府凭借行政强制力，采用各种行政手段干预市场：一是区域封锁。地方政府从狭隘的地方保护主义出发，限制外地商品或服务进入本地市场，阻碍区内外企业、公民之间的自由和公平竞争，造成各种

要素不能有效流动，加大了市场交易成本。二是重复建设。各地方为追求政绩，不顾国家宏观调控、自身条件、环境约束和产业结构演进状况，乱铺摊子，重复投资，导致投资膨胀、产业结构严重趋同。三是招商引资的“政策大战”。为了获得竞争优势，各地政府纷纷以远低于成本的土地价格吸引外商，土地竞相压价，相互比拼政策优惠，从而导致引资成本上升，项目效益降低。限制地区间经济贸易往来，割裂地区间的资源联系，损害了市场统一与公平竞争，企业规模不经济和市场过度竞争，严重影响了资源合理配置和经济效率的提高，造成社会各种资源的浪费，背离了市场机制作用。反观联邦体制的美国，地方经济发展同样关系到地方政府的经济利益（地方财政收入）和政治利益（地方选民的支持），但地方政府却是通过提供更优质的公共产品来提高自身的吸引力，争夺所需的生产要素。地方政府的竞争仅在公共产品领域展开，而未渗透到私人产品领域，更未演变成地方保护主义和地方市场分割。[4]地方市场分割严重制约着市场微观主体对外部产品和要素市场的获取，限制了它们进一步成长的空间，阻碍了区域一体化的形成和发展。因此，突破行政壁垒和地方市场分割，建立一体化市场秩序，已成为区域经济一体化进程中最为迫切的制度创新需求。

3. 干部考核制度强化了地方无序竞争

我国现行的干部绩效考核制度存在着极大的制度缺陷，以 GDP 为纲的干部考核模式，形成了地方领导干部之间的政治竞争，经济发展的好坏关系到个人的政治前途，地方领导不可避免地从辖区利益而非全局最优的角度来考虑经济发展，导致了地区之间主要是一种经济竞争关系。地方各自为政、以邻为壑，为了本地的经济发展，采取各种手段争夺资源、市场和项目，产业布局只从本地利益出发，且不顾有限的资源与环境约束，造成了经济短期效应明显，资源与环境容量无法承载，成为区域可持续发展的严重障碍。地方之间的无序竞争，牺牲了区域整体利益，也必然使各城市对区域的合作和融合缺乏高度认同，不利于区域一体化的迅速推进。

4. 政府管理体制不健全造成区域行政职能缺位

近年来，伴随我国区域经济一体化进程加快，区域发展中存在的问题也十分突出，地方政府之间没有明确的权责边界，区际公共事务的管理和区域公共服务及公共产品的供给等职能严重缺失。如政府行政机构设置不到位，区域经济宏观管理和公共服务的综合性机构不健全，缺乏推进区域经济一体化的组织沟通平台以及在区域经济事务中交流合作和共同治理的机制等。虽然“长江三角洲城市经济协调会”等区域合作组织在促进区域协调发展方面发挥了较好的作用，但这类组织只能在推动各成员之间互利互惠的共同利益上发挥作用，无法协调各方之间的利益矛盾。地方政府的职能缺位，表明现有的地方政府管理体制已不适应区域经济一体化的发展要求，地方政府区域管理的行政职能亟待完善。[5]

三、加快区域经济一体化发展的机制创新

在区域经济一体化过程中，排斥合作的竞争和缺乏竞争的合作都不利于区域经济的健康发展，应增大合作、互动带来的正效应，减小冲突、摩擦造成的负效应。因此，建立区域合作机制，加强对区域发展的协调和指导，统筹跨区域资源的开发、利用与保护，致力解决跨行政区界性质的区域公共问题，成为加快区域一体化发展的重要制度创新。

1. 搭建跨区域多层次、多领域的交流合作平台

要构建富有竞争力的区域分工与协作体系，实现地方利益和区域整体利益的双赢，必须促进区域之间的经济交流与合作。首先，应加强区际政府之间的交流合作，达成对区域经济一体化的认同，解决在区域经济一体化过程中政府各自为政、恶性竞争等各种资源浪费问题。[6]如建立制度化的高层协商对话机制，形成主要领导定期会晤制度和市长联席会议制度，共同研究和商讨区域合作的重大战略问题，推动区域各地方政府共同制定在国家法律和政策体系基础上的、适合区域经济一体化发展需要的多边协议，以促进区域大交通体系建设、区域共同服务体系建设、区域信息资源共享、区域生态环境保护和建设以及区域统一市场的建设。其次，应构建多领域的区域合作平台，如区域的信息共享系统、产学研开发联合体、人才资源库和人才交易市场、产权交易平台以及统一招商联盟等，以突破现行的行政区划限制，实现社会资源的最优配置，提升经济的整体运行效率。区域一体化的关键是区域市场一体化，市场一体化能使分工在更广阔的范围内展开，应在区域建立一种以市场竞争为基础、非行政扭曲的竞争体系，逐步限制地方政府参与市场运作的市场主体功能，充分发挥企业的资源配置功能，促进商品、生产要素自由流动，营造开放的市场经济环境，加快区域统一市场的发育，大力培育促进区域合作的市场机制。

2. 制定区域经济社会发展的整体战略和规划

要加快区域经济融合和一体化发展，必须做好顶层设计，加强区域发展整体战略、统一规划和相关政策的制定。应由国家有关部门和地方政府共同编制区域经济的总体发展规划，明确区域经济发展的中长期目标，确定各城市的定位和分工以及都市经济圈空间结构和空间开发方向，统筹城乡发展，避免重复建设，统一合理规划公路、快速轨道、港口、机场等城乡基础设施以及信息网络基础设施和社会服务设施，以提供区域合作发展必需的政策、信息等公共服务和道路、通讯等公共基础设施，实现区域公共服务和公共设施的统一化和网络化。对区域的生态建设和环境治理进行统筹安排，实现区域经济、社会和生态之间的和谐发展。区域规划的编制不仅要注重长远性、前瞻性和科学性，更要注重可操作性，要着力解决大都市经济圈在发展中遇到的现实问题，以充分体现规划在促进区域发展中的引领作用。

3. 设立区域的投融资平台和共同发展基金

要推进区域建设，解决中长期发展的资金瓶颈问题，必须积极构建区域的投融资平台。可参照国家开发银行的模式，组建区域开发银行，主要参与国家投资项目的开发融资；也可按照商业银行法则，组建跨区域的商业银行，通过严格审贷，对地区的建设开发项目实行一般商业贷款或地方融资。在此基础上，还可建立区域共同发展基金，主要用于跨省市的基础设施建设、社会服务设施建设和生态环境治理等。该基金可依据经济规模来筹资，也可借鉴欧盟的规则，按照经济发展水平来筹资。设立区域共同发展基金的同时，应创建基金管理委员会，专门负责基金的运营和管理。基金管理委员会成员由各地的政府官员和企业界代表组成，投票机制可在协商一致的基础上全票或多数票通过。

4. 建立区际间的组织协调机构和利益协调机制

区域经济整合发展的主要动力来自于各城市之间的共同利益，为保障区域合作框架协议的顺利实施，解决区际之间的利益冲突，协调区域经济发展中出现的各类矛盾，必须建立相应的运行规则和协调机制以及相关的执行、监管和仲裁机构。应积极发展区域横向的组织协调机构，既要设置开展城市间横向联系和合作的政府组织机构，还要鼓励发展各种非政府的民间协调机构，以减少区域内经济活动的摩擦，降低交易成本。另外，可从财政、税收、金融等方面着手，建立有利于区域协同调整的利益协调机制。通过利益调整机制，对部分地区在地区利益和地区机会上的损失予以补偿，使这些地区同样享受到区域协同整合后效率提高所增加的利益，以减少区域经济整合和一体化发展可能遇到的阻力，进一步推动区际之间的合作向高层次、宽领域、紧密型方向发展，从而促进区域经济一体化的加快推进。[7]

参考文献

[1] 杨德才．用制度创新推进长江三角洲区域合作［J］．中国发展．

[2] 阳小华．论中部崛起战略的理论基础［J］．江汉论坛，2007（11）．

[3] 魏后凯、成艾华．携手共同打造中国经济发展第四极［J］．江汉论坛，2012（4）．

[4] 唐勇．一体化市场制度与区域经济一体化——制度变迁的“中间抵制”与突破［J］．浙江社会科学，2006（1）．

[5] 姚莉．区域经济一体化视角下的制度创新［J］．湖北社会科学，2009（11）．

[6] 李金龙等．地方政府管理体制：区域经济一体化发展的重要制度瓶颈［J］．财经理论与实践，2007（1）．

[7] 夏丽萍．长三角经济一体化呼唤体制机制创新．新华网浙江频道（2005-06-08）．

回到中部：理论与现实的结合

孙元元
（武汉大学中国中部发展研究院　武汉　430072）

基于中部地区和中国的经济社会发展历程，利用非均衡发展理论、梯度转移理论以及新经济地理学理论分析中部崛起战略提出的现实背景、理论依据及其可行的实现路径是本文的目的所在。本文的结构主要分为四个部分，第一部分是支撑中部崛起的相关理论，第二部分是从非均衡发展理论和梯度转移理论的视角分析中部崛起战略，第三部分是从新经济地理学视角分析中部崛起战略，第四部分是本文分析得到的结论。

一、支撑中部崛起的相关理论

支撑中部崛起的理论主要有非均衡发展理论、梯度转移理论和新经济地理学理论，同时还有张培刚提出的“牛肚子”理论，非均衡发展理论主要包括增长极理论、循环累积因果论、不平衡增长论以及“中心—外围”论。

增长极理论。增长极理论最早由法国经济学家佩鲁提出，其认为增长并非同时出现在所有的地方，它以不同的强度首先出现于一些增长点或增长极上，然后通过不同的渠道向外扩散，进而对整个经济产生不同的终极影响，其主要强调规模大、创新能力高、增长快速、居支配地位的且能促进其他部门发展的推进型单元即主导产业部门，着重强调产业间的关联推动效应。增长极就是围绕推动型的主导工业部门而组织的有活力的高度联合的一组工业，它本身能迅速增长并通过乘数效应，推动其他经济部门的增长。

循环累积因果论。缪尔达尔的循环累积因果论认为经济发展过程在空间上并不是同时产生和均匀扩散的，而是从一些条件较好的地区开始，一旦这些区域由于初始优势而比其他区域超前发展，则由于既得优势，这些区域就通过累积因果过程，不断积累有利因素继续超前发展，从而进一步强化和加剧区域间的不平衡，导致增长区域和滞后区域之间发生空间相互作用，由此产生两种相反的效应：一是回流效应，表现为各生产要素从不发达区域向发达区域流动，使区域经济差异不断扩大；二是扩散效应，表现为各生产要素从发达区域向不发达区域流动，使区域发展差异得到缩小。

不平衡增长论。美国经济学家赫希曼的不平衡增长论认为增长点或增长极的出现必然意味着增长在区域间的不平等是增长本身不可避免的伴生物和前提条件，经济进步巨大的推动力将使经济增长围绕在增长的初始空间进行且集中，增长极的出现必然因外部效应等因素而使区域之间的经济增长并不平衡。他指出在核心区与边缘区之间同时存在着两种不同方向的作用，即“极化效应”和“涓滴效应”，“极化效应”是指核心区在与边缘区的作用中将处于支配地位，将各种要素和资源吸引到核心区，引起边缘区的衰退；涓滴效应是指核心区在其增长过程中，将不断购买边缘区的原料、燃料和向边缘区输出剩余资本和技术，带动边缘区的经济发展。在这一过程中，极化效应往往大于涓滴效应，因而市场的力量往往使区域间的差别扩大。

"中心—外围"理论。赫希曼认为，增长在区际间不均衡现象是不可避免的，核心区的发展会通过涓滴效应在某种程度上带动外围区发展，但同时劳动力和资本从外围区流入核心区，又会加强核心区的发展，并起着扩大区域差距的作用，此时极化效应起支配作用，而要缩小区域差距，必须加强政府干预，即加强对欠发达区域的援助和扶持。

梯度转移理论。梯度转移理论认为，区域经济的发展取决于其产业结构的状况，而产业结构的状况又取决于地区经济部门，特别是其主导产业在工业生命周期中所处的阶段。梯度转移理论主张发达地区应首先加快发展，然后通过产业和要素向较发达地区和欠发达地区转移，以带动整个经济的发展。国内认同梯度转移理论的学者认为，区域经济发展是不平衡的，区域之间存在着经济技术的梯度，经济布局的重点选择应该根据区域之间的经济梯度来决定。即首先要重点发展高梯度区域，在高梯度区域实行对外开放政策，国家给予重点扶持，通过引进先进的技术，消化、吸收，然后依次向低梯度的区域推移。随着高梯度区域的经济发展加速，推移的速度将加快，从而带动低梯度区域的经济发展，逐步达到区域之间的相对均衡。

新经济地理学理论。新经济地理理论的创始人克鲁格曼以规模报酬递增而导致的垄断竞争市场结构为假设前提，在一般均衡模型下讨论了空间经济问题，解释了"中心—外围"结构产生的内在机制。克鲁格曼从规模报酬递增的视角研究产业聚集，规模经济作为一种凝聚力量同时决定着国家之间的专业化和地区之间的专业化。新新贸易理论的产生也催生了新新经济地理理论，新经济地理将区域间生产效率差异的原因仅仅归结为产业集聚效应，而忽视了各地区之间还可能存在的人才结构差异和企业生产率效益，然而新新经济地理却假定，每个企业的生产率水平不尽相同，高生产率的企业由于能够经受激烈的竞争，因而能够在市场规模较大的地区生存并获得规模经济效应，而生产率较低的企业为了避免竞争只能分布于外围，进而导致了"中心—外围"结构的产生。

"牛肚子"理论。张培刚认为，中国经济要持续协调发展，不能只牵东部这个"牛鼻子"，也不能只拉西部这个"牛尾巴"，只有撬起中部这个"牛肚子"，中国经济才能整体腾飞。

改革开放初期，国家优先发展沿海地区的策略与非均衡发展理论相符合，而当沿海经济获得较大发展，沿海与内地差距逐步扩大的情况之下，按照梯度转移理论，国家应该更加重视内地的发展，以达到区域之间均衡发展的目的。但是对于内地特别是中部地区的具体发展路径，新经济地理学是一个更好的理论分析框架。

二、从非均衡发展理论和梯度转移理论的视角分析中部崛起战略

中国东部、中部以及西部之间生产力发展水平、经济技术水平以及社会发展基础的差异较大，这使得三大地区间存在较大的经济技术梯度，按照梯度转移理论，中国的经济布局应该根据地区之间的经济梯度来决定，故而中国改革开放初期实施沿海地区优先开放的战略，并给予其相当优惠的政策，让沿海地区引进和掌握先进技术，率先发展一步，这也

与增长极理论相符合。循环累积因果论同样认为在经济发展初期，政府应当优先发展条件较好的地区，以寻求较好的投资效率和较快的经济增长速度，通过扩散效应带动其他地区的发展，但当经济发展到一定水平时，却要防止累积循环因果造成贫富差距的无限扩大，此时欠发达地区不应消极地等待发达地区产生扩散效应来消除这种差别，而应由政府采取一定的特殊措施来刺激不发达地区的发展，尤其是不发达地区的政府应制定相应的对策来发展自己的经济，进而缩小这种差异，可见按照循环累积因果论，当东部地区经济发展到一定水平，国家政策应该向中部和西部倾斜。按照梯度转移理论，此时国家的发展中心应该逐步向中部和西部推移，从而随着经济的发展和推移速度的加快，逐步达到缩小沿海与内地之间地区差距、实现中国经济布局和发展相对均衡的目的，然而事实是国家率先提出了西部大开发战略，而非中部崛起战略。

国家率先提出西部大开发的理论基础为反梯度转移论，即国家应该优先开发西部地区，而不是经济技术梯度高于西部的中部地区，其现实基础在于西部的经济发展已经大大落后于全国平均水平，从国家稳定和谐的角度出发，尽快提高西部地区的经济发展水平势在必行。此时国家为什么没有提出开发中部地区？一是因为中部的经济发展水平与全国平均水平相差不大。二是国家一定时间内可以给予地方政府的优惠政策有限，非此即彼，从整个中国长远稳定发展的角度出发，西部地区对这些政策的渴望与需求要远远高于中部地区。三是此时国家对支持中部崛起政策的制定还缺少一个好的支撑点和着力点，国家支持西部政策的重点在于支持西部地区的教育发展和基础设施的建设，这两项也是任何一个地区经济发展必不可少的两项支撑条件，无论一个地区未来采用何种经济发展模式，较高的人力资本水平和较为完善的基础设施都是先决条件，但是对于中部地区而言，教育和基础设施都已有一定的发展基础，国家对中部地区的政策支持应该只是对市场力量的一种引导和扶持，但是从何种方向入手来引导市场力量支撑中部地区的经济发展，当时却无合适的方法与路径。四是中部地区当时也尚无意识要求国家给予其大规模的政策扶持以支撑中部地区的发展，虽然张培刚的“牛肚子”理论很早就已提出，但是其更多地是一种地区发展策略，还没有提升到国家整体战略的高度，中部地区对其也没有形成足够的关注和认识，正是西部大开发策略的提出让中部各省意识到中部地区的发展也离不开国家系统的、大规模的政策扶持，而后在国家出台的促进中部地区崛起规划中，众多的政策条文都参考自国家支持西部大开发的相关政策条文，这既说明了中部崛起战略直接受西部大开发战略的影响，也说明了在制定支持中部崛起相关政策的初期，中部地区对自身的政策需求尚无一个明确的认识和规划。

随着西部大开发的不断推进，西部地区的经济水平获得了较大的提升，西部地区的经济发展水平不断接近中部地区的经济发展水平，这很大程度上得益于西部地区从西部大开发战略中所获得的政策红利，但是西部也表现出发展后继乏力的现象，更加重要的是，由于西部地区成熟产业和配套资源极度缺乏，致使国家给予西部地区的优惠政策难以通过市场的力量惠及中部地区。随着中部和西部地区的人力资源和物质资源不断流向东部地区，中部和西部地区都出现了产业空心化的前兆，支柱产业的缺乏和市场规模的减小让内地各省份更加重视本省产业的集聚、支柱产业的培养以及人力资源和资金的回流，如此一定的工业基础和人力资源成为必要的前提。相对于西部地区而言，中部地区的工业基础和技术实力更为雄厚，将中部地区重点城市培养成中国新的经济增长极，提高中部地区的整体经济发展水平和人均收入，可以扩大产业集聚程度和市场规模，进而满足中部地区经济长期稳定发展所需，还可以通过人力和技术的流动带动西部地区的经济增长，故而此时提出中部崛起战略正当其时，也与梯度转移理论相吻合。

从上文可知，虽然依据某一阶段的经济和社会发展所需，可以不按照梯度转移理论来安排国家优惠政策的指向，但是从长远来看，将优惠政策优先给予经济技术梯度较高的地区，如中部地区，符合市场经济运行的基本规律，与东部地区相比，中部地区快速的经济增长会更为容易、也会更为迅速地扩散到西部地区。

三、从新经济地理学视角分析中部崛起战略

虽然中部崛起战略在2006年就已经开始正式提出并实施，但是对于政策优惠的具体方向，国家和中部地区却都没有提出十分明确和细化的目标，国家对中部地区“三基地一枢纽”的定位虽然与中部地区的实际情况大致相符，但却没有提出具体可行的发展战略和思路。直到2008年次贷危机爆发之后，沿海地区大部分企业出口规模急剧下滑，此时内地承接沿海产业转移的呼声渐高，沿海地区希望实现产业升级，内地特别是中部各省市迫切希望在本省部分重点城市实现某种程度上的产业集聚，虽然这也与地区非均衡的发展思路相关，但是就整个中国的经济布局而言，这是与新经济地理学紧密相连的，市场的力量在其中起到了相当重要的作用，而且还可以预期未来中国产业布局的改变将主要由市场的力量决定，而非政府的优惠政策。新经济地理学紧紧依托于不完全竞争和规模收益递增，有完善的理论模型，可以视为未来研究中部崛起的理论基础。更加重要的是，可以将很多在现代经济发展中起到重要作用的因素加入到新经济地理学的模型框架中去，探讨与之相关的可行政策范围与路径。

回顾中国以及中部地区改革开放之后的经济发展路径，新经济地理学可以对其作出很好的阐释，不但可以从中看出中部崛起战略与经济学理论和国家经济发展事实的契合，还可以明确实施中部崛起战略时国家给予中部地区优惠政策的基本思路和具体目的。改革开放初期国家作出优先发展沿海地区的决定，政策明显倾向于沿海地区，此时政策的重点是对引入外资的优惠，随之而来的是国家和当地政府对沿海地区基础设施的大力投入。但是在20世纪80年代，内地的乡镇企业也发展蓬勃，内地较大的市场规模是这些乡镇企业立足的根本，不过沿海地区借力于引入外资所带来的技术革新、管理机制的完善、基础设施的完善以及税收等优惠政策的作用，沿海生产产品的成本不断降低，并开始逐渐占领内地市场，这些产品也大多由沿海的乡镇企业所生产，如此，企业规模收益递增的特性使得沿海的乡镇企业得以不断发展，而内地的乡镇企业大多只是昙花一现，一些产业，特别是技术含量不太高的产业在沿海有了初步集聚的趋势，在新经济地理学中，当地区间贸易的成本为中等大小时，最终产业即可能是均衡分布，也可能会形成“核心—边缘”模式，此时经济这种最初的布局至关重要。在20世纪90年代初期，沿海地区初步的产业集聚带来了沿海工资水平的上升，内地劳动力大规模流向沿海的趋势就此开始，劳动力向沿海地区的流动又带来了沿海市场规模的扩大和内地市场规模的缩小，加上国家基础设施的不断改善，沿海与内地之间的贸易成本不断降低，进而使得沿海地区产业集聚的程度不断提高，

这又带来了进一步的大规模劳动力迁移。相对于西部地区，中部地区与沿海更为接近，中部地区也成为了沿海劳动力的主要迁出区域。

大规模的劳动力迁移其实并没有带来沿海劳动力工资的大幅上升，这是因为沿海地区的劳动力供给过于庞大，然而即便如此，中部地区劳动力仍然不断流向沿海地区，因为中部地区能够大规模吸纳劳动力的产业大部分已经被削弱甚至消失，此时中国的经济布局越来越类似于以沿海地区为“核心”、以内地为“边缘”的“核心—边缘”模式，随之而来的是中国内地产业的极度萎缩和经济社会发展水平与沿海经济社会发展水平之间差距的不断扩大，其中又以西部地区为甚，从社会和谐稳定发展的角度出发，国家适时提出了西部大开发战略。沿海劳动力成本的低廉推动了其出口的不断扩大，依赖于地理优势和经济发展的“先发”优势，沿海地区企业的市场规模的增加和产业的集聚有了一个不断循环累积加速的过程，在20世纪90年代和21世纪初期，沿海地区出口规模的扩大更是使各类产业在沿海地区的集聚程度不断上升。按照新经济地理学，促使沿海地区产业集聚的因素不但包含新迁入劳动力所带来的市场规模的扩大，还包含厂商对中间投入品需求的增加所带来的市场规模的扩大，后者是技术含量较高产业中厂商迁移和产业集聚的重要力量，如果将劳动力和厂商都视为代理人，能够在区域之间迁移的劳动力和厂商视为流动性代理人，那么流动性代理人需求的增加都会加剧区域之间的发展不平衡，这也是中国沿海与中西部地区之间经济差距持续扩大的主要原因。

可见，依据新经济地理学，缩小区域之间差距的重点在于增加非流动性代理人的需求、使外迁的劳动力回流以及使部分沿海企业内迁，其中的重点应该是使沿海部分企业内迁，如此内地劳动力的收入才会增加，外迁的劳动力才会回流，内地的市场规模才会真正扩大，鉴于中部地区的工业基础和基础设施要好于西部地区，积极出台优惠政策鼓励沿海企业内迁到中部地区，应该是实施中部崛起战略的重点，但是从长远来看，在没有市场力量推动的情况下，政策上的优惠并不能真正解决问题。次贷危机的出现可以视为一个转折点，沿海地区出口额的大幅减小使其市场规模急剧萎缩，沿海产业的转型压力与内地承接沿海产业转移的要求刚好相符合，同时考虑到当内地的劳动力减小到某个程度，其工资开始上升，考虑迁移成本，甚至已经开始与沿海地区相差无几，故而沿海的部分企业和劳动力自身回到内地发展的动力也日益增加。产业的迁移会带来劳动力的回流，这又会带来市场规模的扩大，扩大的市场规模将足以支撑内迁企业的发展，即产业转移会带来内地产业集聚程度和市场规模的增加，同时可持续的产业转移也要以一定的产业集聚程度和市场规模为基础，从这个角度而言，与西部地区相比，国家更适宜将产业转移的重点放在中部地区。此时中部地区应该主要承接何种产业的转移？从新经济地理学中间品理论和贸易成本的角度出发，应该主要承接两种：一是这个产业的产业链较长，同时有规模足够大的领导型企业，因为只有它的迁移才会带来产业周边专门生产中间品企业的迁移；二是可以吸收大量劳动力的产业或企业，内地各省争相邀请富士康设厂正是看中富士康对劳动力的大量需求。中部地区以承接沿海产业转移为先导，依托于随之而来的劳动力和资金的回流，以及市场规模和内需的扩大，这将会是实现“中部崛起”战略的基础，也是实现国家对中部地区“三基地、一枢纽”定位的可行路径。

中部各省争相建立各类城市群的行为也与其积极承接沿海产业转移紧密相连。城市群或城市圈建立的目的首先在于在当地形成某种程度的产业集聚，并拥有一定的市场规模，这是其承接沿海产业转移的基础，其次在于减小城市群内的交易成本和劳动力的生活成本，按照新经济地理学的观点，城市群的建立可以有效降低城市拥挤成本，特别是可以有效降低技能劳动力的生活成本，这有利于中部地区不断承接沿海产业转移、提高其产业集聚程度，还会强化城市群对附近地区和沿海地区劳动力、特别是技能劳动力的吸引，而在存在一定程度的贸易成本时，特别是在国内各地区市场保护行为较为严重的情况之下，劳动力的地理集中所带来的市场规模的扩大是一个地区形成规模经济和产业集聚的基础。

四、结论

由本文分析可见，国家的战略重心重新回到中部，既符合国家的经济发展现实，也符合相关经济理论的分析和推断，是理论和经济社会发展现实相结合得到的结论。在中部崛起的过程中，中部若不积极承接沿海产业转移，则中部崛起是无源之水，而中部若忽视以降低城市拥挤成本、减弱市场拥挤效应为目的的城市群建设，产业转移以及随后的劳动力回流、市场规模扩大以及产业集聚又会后继乏力，故而国家积极扶持沿海产业向中部转移，支持中部各省的城市群建设，特别是与国内其他地区相比，对中部地区的产业转移和城市群建设实施一定程度的差别化政策，才与中部地区的现实政策需求和发展实际相符合。

参考文献

[1] 安虎森、颜银根、朴银哲．城市高房价和户籍制度：促进或抑制城乡收入差距扩大？[J]．世界经济文汇，2011（4）．

[2] 范剑勇、张雁．经济地理与地区间工资差异［J］．经济研究，2009（8）．

[3] 许德友、梁琦．对外贸易与国内产业地理：来自新经济地理学的研究综述［J］．南方经济，2011（11）．

[4] 张文武、梁琦．劳动力地理集中、产业空间与地区收入差距［J］．经济学季刊，2011（1）．

[5] 钟笑寒．劳动力流动与工资差异［J］．中国社会科学，2006（1）．

限制开发区域的可持续发展模式与对策研究

——基于区域外部性视角

李雪松[1,2]　陈　希[1]

（1. 武汉大学经济与管理学院　武汉　430072；2. 武汉大学水研究院　武汉　430072）

一、引言

限制开发区域是我国《“十一五”规划纲要》提出的四类主体功能区之一，是“资源环境承载能力较弱、大规模集聚经济和人口条件不够好并关系到全国或较大区域范围生态安全的区域”①。国务院2010年12月发布的《全国主体功能区规划》把限制开发区域分为“农产品主产区”和“重点生态功能区”两类，前者是“具备较好的农业生产条件，以提供农产品为主体功能，以提供生态产品、服务产品和工业品为其他功能，需要在国土空间开发中限制进行大规模高强度工业化城镇化开发的区域”，包括以“七区二十三带”为主体的农产品重点区域和覆盖全国各地的优势特色农产品产业带，主要功能定位为“保障农产品供给安全的重要区域，农村居民安居乐业的美好家园，社会主义新农村建设的示范区”。后者指“生态系统脆弱或生态功能重要，关系全国或较大范围区域的生态安全，需要在国土空间开发中限制进行大规模高强度工业化城镇化开发的区域”，包括大小兴安岭森林生态功能区等25个地区，总面积约386万平方公里，占全国陆地国土面积的40.2%，主要功能定位为“保障国家生态安全的重要区域，人与自然和谐相处的示范区”②。广阔的地域面积和特殊的功能定位决定了限制开发区域在我国经济社会发展中具有极其重要的作用。

但是，在限制开发区域中，无论是农产品主产区还是重点生态功能区都要面对“被限制进行大规模高强度工业化城镇化开发”的宏观国家政策，这使得限制开发区域在发展中必然面临获取经济利益与承担主体功能之间的失衡与冲突，可持续发展成为一个难题。而以地理要素运动为载体的区域间的关联和作用会对不同行政经济区域的利益产生不同性质和程度的影响，并且并不因这种影响而承担成本或获取利益，也就产生“区域外部性”问题。区域外部性的客观存在使得可持续发展不单单是一个区域自身的问题，而必须重视区域外部作用的影响。对于我国面积广阔的限制开发区域，制约其可持续发展的

① 国务院：《中华人民共和国国民经济和社会发展第十一个五年规划纲要》，载 http://www.gov.cn/ztzl/2006-03/16/content_228841.htm,2006-03-16。

② 国务院：《关于印发全国主体功能区规划的通知》国发〔2010〕46号，载 http://www.gov.cn/zwgk/2011-06/08/content_1879180.htm,2010-12-21。

关键问题就是区域之间生态、环境和经济利益的失衡，以及在经济发展和生态保护成本分担上存在不易克服的冲突。解决这一问题的关键要从区域外部性的视角，研究限制开发区域的外部性特点和克服外部性的基本路径模式，实现区域可持续发展和经济、社会、生态环境的协调发展。

目前，国内外关于限制开发区域的研究文献并不多见，主要集中在对某一特殊类型区域或特定具体区域的可持续发展及其机制、政策设计方面，大多系统性不够，缺乏对限制性开发区域的特征进行全面梳理以及对其可持续发展模式进行总体归纳。本文拟从区域外部性的视角，分析限制开发区域的特征并提出其可持续发展模式与对策。

二、限制开发区域的外部性分析

（一）区域外部性的内涵

经济学中的外部性通常指私人收益与社会收益、私人成本与社会成本不一致的现象。如果一种经济行为给外部造成积极影响，使社会收益大于私人收益，而受益者无须花费代价，则为正外部性；如果一种经济行为给外部造成消极影响，使社会成本大于私人成本，而行为实施者不为此承担成本，则为负外部性。

外部性理论的研究范围也能进一步扩展到中观和宏观经济中的地区和国家范畴。在一个国家或地区中，不同区域因资源禀赋、技术水平、劳动力素质和区域政策等的不同存在着经济增长速度和发展水平差异。随着生产要素在地区间的流动，一个区域很容易给另一区域带来有利或不利的影响，且这种影响无法通过市场交易获得补偿，于是产生区域外部性。可引入一个简单的A、B两区域外部性模型来阐释，即：

$R^A=R(X_{1A}, X_{2A}, X_{3A}, X_{4A}, \cdots, X_{nA}, C_{NB})$；

$R^B=R(X_{1B}, X_{2B}, X_{3B}, X_{4B}, \cdots, X_{nB}, C_{NA})$

R^A表示经济主体A的成本收益函数，X_{1A}，X_{2A}，…，X_{nA}表示A为了增加自身收益而动用的各种经济资源，C_{NB}表示经济主体B的行为对A造成的影响，即B的行为对A产生的外部性。B模型参数的意义与上同。进一步将该模型扩展为投入i个经济资源的j个区域：

$R^j=R(X_{1j}, X_{2j}, X_{3j}, X_{4j}, \cdots, X_{ij}, C_{N1}, C_{N2}, C_{N3}, \cdots, C_{Nj-1})$

根据区域外部性模型，R的值可能是正数也可能是负数，这取决于区域自增长与所受外部经济影响的总效应。因此，多个区域间的外部性关系会呈现出比较复杂的情况，区域协调机制的建立存在一定的难度。

（二）限制开发区域的外部性特征

限制开发区域是按照国土开发的主体功能划分出来的一类特殊的区域，其外部性特征也表现一定的特殊性，主要体现在以下方面：

1. 区域功能的双重性

限制开发区域的主要功能是提供农产品和生态环境产品，这种功能一方面对毗邻区域乃至全国具有重要意义，可以通过其生产能力和生态环境作用于其他地区产生溢出效应；另一方面，由于农业是弱质产业，从经济学理论来说，农产品生产一般需要政府给予较大补贴，而生态环境产品也通常被作为公共物品，通常是由政府直接提供。对限制开发区域的功能限定实际上是把本应由国家或中央所承担的责任转移给了限制开发区域，是对这些区域可能从事其他产业发展的机会的剥夺，其结果是阻碍了这些地区的经济增长。从这个意义上来说，这种功能是对区域内部造成的一种负的外部性。若对限制开发区的经济开发活动实施有效的监督并限制其经济开发活动并给予补偿，就可以避免限制开发区通过发展粗放型经济来缓解发展压力，这样既促进限制区的可持续发展，又能实现对生态环境的保护，也对周边地区产生有利影响，形成积极的区域外部性。

2. 区域发展的矛盾性

发展是一个涉及经济、人文、政治等诸多因素在内的总体概念，不仅包括 GDP 的增长，更体现人民生活质量、国民素质和幸福感的提升。由于限制开发区域大多以农业为主，地处偏远、交通不便，属于人口分布相对稀疏、经济发展相对落后、基础设施条件较差的地区，地方政府具有较为强烈的赶超心理。一方面，如果进行无约束的经济开发活动，则工业化城市化进程加快，经济指标值增长，GDP 和政府财政收入可能在短期内呈现增加态势，且在一定程度上可以完善城市基础设施建设，为人民创造更多实惠。但是由于限制开发区域对环境敏感性较强，可持续发展能力和抗干扰能力较差，大规模开发可能会使得脆弱的自然环境更加难以承受人口增长和社会发展的压力，又会导致人民生活质量的下降，难以实现经济和社会的协调发展。另一方面，如果禁止限制开发区域的经济开发活动，则可以明显改善区内的生态环境，提升社会和谐程度。但由于经济发展停滞，则可能出现政府财政收入赤字，难以在区内提供较高的公共服务，也会使人民生活质量下滑。禁止开发与无约束开发的冲突体现了区域发展中“生态不经济，经济不生态”的深刻矛盾。因此，在限制开发区内实行“限制”发展是一个较好的解决途径，但如何“限制”、“限制”多少是需要探讨和研究的问题。

3. 区域外部效应的放大性

区域之间的外部性关系不是简单的对应增减关系，而是乘数关系[11]。即区域开发对周围区域产生的正（负）外部性效应会以乘数的速度加倍影响，同时也会受到其他区域对自身放大性的冲击。这种效应的倍增效应在限制开发区域的发展中表现尤为明显。限制开发区域主要提供农产品和生态环境产品，确保国家粮食安全和生态安全，关系社会经济发展的稳定。一旦遭到破坏，将会引发连锁反应，危害性巨大。为避免这种外部性通过乘数效应加倍扩散，需要积极寻求将外部性内部化的合理路径。因此，成功的区域协调机制，不论是否会对不同区域有不同的效应而呈现出不同的排列组合，但是对所有区域的总体效应必须呈现正的状态。目前对限制开发区域的经济发展来讲，成功的发展模式不一定要求对所有区域各自产生正效应，但是必须要在考虑到区域外部乘数效应的基础上使得所有区域的总效应为正。

三、限制开发区域的可持续发展模式

根据上文所述，限制开发区域要实现可持续发展，必须建立区域协调机制，克服区域外部性影响。在经济学中，矫正外部性的方式主要有以下四种：（1）征收庇古税。政府采取补偿措施，通过对有负外部性的活动征税以及对有正外部性的活动提供补贴，向私人提供符合社会效率的激励，以此来实现外部性内部化。（2）企业合并。就是把不同类型的经营整合在一起的形式，即把原来不同企业的两种活动放在同一个企业内进行。（3）产权交易。通过界定产权，实现产权交易，消除外部性影响。（4）政府管制。政府通过制定标准、公布禁令、发放许可证等形式限制经济行为，杜绝或减少外部性的产生。

根据以上四种外部性矫正方式，可以构建四种限制开发区域克服区域外部性，实现区域可持续发展的基本模式。

（一）区域补偿模式

限制开发区域受到毗邻区域的关联与影响，如优先开发区域或重点开发区域由于巨大的开发强度而产生的水资源短缺、能源危机、交通拥挤、地面沉降和大气污染等生态环境问题均可能对限制开发区域造成负的外部性影响。可以通过向产生负外部性的区域征税，即庇古税的方式来弥补限制开发区域所受的损失。相反，限制开发区域不从事大规模开发性经济活动，保障了国家粮食和生态安全，对其他区域产生了积极的生态环境示范作用，这是正的外部性影响，可以运用庇古税的方式给予补偿。因此，区域补偿模式就是建立区域补偿机制以平衡地区间生态和经济利益冲突，并遵循“谁受益，谁开发，谁补偿”的原则来确定补偿主体和对象，主要包括三种形式：（1）财政补偿。通过中央政府或其他区域对限制开发区域进行财政转移支付，加强对限制开发区域的调控和引导，确保资源的重新配置和经济稳定，不仅可以弥补该区域由于正外部性所造成的损失，还能平衡各地财政、缩小地区差距和促进经济协调发展。此外，财政补偿也可以通过税收的形式完成。以资源税为例，自然资源由于产权界定或者开采权的界定不清导致过度竞争，出现资源枯竭。限制开发区域生态环境脆弱，资源耗竭、环境污染更使其缺乏可持续发展的后劲，征收资源税可以对其补偿。通过建立起资源税和其他环保税类共同构建的生态税体系，将其纳入到地方财政，来补偿受到较大外部成本影响的地区。（2）产业补偿。中央政府以及其他相关受益区域可通过向限制开发区域直接投资来创造更多的就业岗位，缓解就业压力；也可在限制区域外部具有发展空间的地区建立“飞地”，重点发展劳动与资源密集型产业，使限制区内的劳动力外迁。（3）政策补偿。一是中央政府通过颁布地方产业政策，积极引导和带动不影响生态系统功能的特色产业发展；二是中央政府制定投资优惠政策以引导外来资金、技术的流入；三是完善“生态标记”、“污染权”、“水权”等的区域交易的制度安排，营造良好的市场交易环境。

（二）区域合作模式

区域合作是通过合作和整合的方式实施的区域协调模式。区域合作可以减少区域间的恶性竞争，内化区域间的交易成本以及克服其负外部效应，并阻止负外部性以乘数效应进行扩散。在不可能实施大规模城市化、工业化开发的背景下，限制开发区域可以通过区域外具有发展优势的大型工业集团兼并或收购限制区内原有涉及化工业、装备制造业、能源和矿产采掘业等破坏生态环境、高污染、高能耗的相关重工业企业，并将生产基地和园区向外迁出，实现产业链转移和延伸。限制开发区域也可与其他区域之间依凭结构、功能相似的企业合并实现合作，并在适宜开发的区域进行生产活动，既保护了限制区的生态安全和环境，又促进了各区域经济协调可持续的发展态势，使合作区域双方都达到互利共赢。

当然，这种合作需要相应的制度和市场基础。制度上需要有稳定经济关系的法律制度和中央、地方政府和民间团体共同参与的管理机构，同时要立法赋予相应的职能和权力；市场方面，需要让各地市场充分发育及优化空间结构布局，降低政府对市场的非经济性干预，建立企业进退市场成本低、信息性高、法律法规完善的有效市场。

（三）区域发展权流转模式

发展权是关于发展机会均等和发展利益共享的权利。区域发展权是指区域内主体参与、促进、享受区域经济、社会、文化和政治发展的权利。区域可持续发展所反映出的公平关系实际上就是不同区域享有平等的发展权。从这个意义上讲，国家主体功能分区破坏了区域共享的平等发展权。优先发展某个区域，重点发展某个区域，限制区域发展，禁止区域发展并不符合上述理念。然而，从国家宏观层面上来看，主体功能分区又十分必要。因此，在推进区域发展中，可借鉴通过产权交易消除外部性影响的方式，实现发展权的流转，通过市场化手段实现限制开发区域和禁止开发区域的可持续发展问题。

区域发展权从内涵上讲，是一种关于物质形态的权利，是区域自主行使参与，促进发展的行为权和获取发展利益的受益权的统一。既然是一种具有物质形态和行为权、受益权统一的权利，那么它就有流转的可能性。此外，主体功能区域间和区域内部都存在发展差距并造成不同的利益团体，使得在利益分配上有鲜明的竞用性和排他性，而且区域的功能定位各不相同，为发展权的转让提供了可能。一方面，我国限制开发区域是因良好的农业生产条件或者重要的生态地位而限制大规模高强度工业化城镇化开发的地区，如果在这些地区滥用发展权可能会导致资源浪费、环境污染和生态系统恶化；另一方面，优化和重点开发区域具有较强的发展潜力和后劲，希望能获得更多的发展权，以保证其发展速度和效率。由此促成了发展权交易的供给方和需求方。限制开发区通过把发展权以出售或租赁的形式向优化和重点开发区转移，缓解了区域发展压力，实现了区域间相关经济资源和产业的整合和集聚，使得该区域潜在的负外部性得以内部化，双方也因互惠互利而得以可持续和持久发展。

（四）区域生态经济模式

限制开发不等于不开发，而是以维护区域生态功能为目标的保护性开发。在满足国家对区域功能要求的基础上，限制开发区域依然可以兼顾到地区经济增长和综合实力提升。但是其自我发展的道路绝不是传统的工业化城市化模式，而是选择“经济生态化，生态经济化”的区域生态创新发展模式。用区域外部性的思路不断强化区域内的经济生态化与生态经济化理念，坚持经济生态化与生态经济化的良性循环，平衡该区域与其他区域的经济分工和利益矛盾，是实现限制开发区可持续和协调发展的基本思路和模式。将经济发展与生态建设相连接，通过生态建设促进经济发展，以经济成果支持生态维护。在经济生态化的发展模式下，区域农产品、工业产品和服务品的常规生产方式可以转变为生态型的生产方式，如生态农业和生态服务业等；同时，该区因受到特殊“限制”而富含的清洁空气、水源和适宜的气候等自然要素也可以成为特殊的“生态产品”，获得经济利益。另一方面，将经济回报投入到生态建设之中，形成经济与生态之间相互促进、相互互动的良性循环。

四、限制开发区域的可持续发展对策

根据上文限制开发区域可持续发展模式，在实践中可以从以下方面具体实施：

（一）举绿色大旗走生态之路，实现工农业特色发展

1. 倡导工业园区化，发展企业循环经济

一是推行工业园区化产业政策，促使限制开发区工业在园区集中。工业园区化能够有效地解决限制开发区工业化进程中在污染防治和强度控制方面存在的问题，有利于规模化地引进先进环保技术，集约处理生产污染，严守环保门槛。二是鼓励企业循环生产，建立循环经济格局。在资源开采中大力提高资源综合开发能力；在资源消耗中有效提高资源利用率；在废弃物产生中鼓励开展资源综合配置；在再生资源产生中提倡回收和循环使用各种废旧资源；在社会消费中倡导绿色消费。

2. 延伸农业产业链，突出区域品牌特色

限制开发区应抓住全国主体功能区规划契机，优化农业生产布局，打造我国农产品重要基地。一是发展有机农业，延伸农业产业链。实施农业有机化战略目标，促进我国粮食安全由数量向质量的突破性跨越；改变单纯的种养布局，形成生产、加工、衍生品等系列化的生产格局，建立区域型农业产业化；细化农副产品价值链、产业链分析，辅助农业产业化构建，实施定向招商政策，将同一产品数个环节的龙头企业齐聚本区域，实现产业集群目标。二是依托区域优势资源，突出产品品牌特色。特色经济是经济过剩和多元消费背景下的理性的选择，它既能避免同质、同构的重复建设，又能规避低水平的恶性竞争。在农业取向上，应注重向特色经济倾斜，突破关键技术，创新营销方式，使产品品牌化、国际化，并不断发挥和放大品牌效应，辐射带动其他产业协同发展。

3. 整合生态资源，构建“两化”互动格局

限制开发区尤其是重点生态功能区应抓住未来生态产品的消费趋向，夯实市场供应基础。以生态水、生态果等产品打开消费市场，形成一系列生态产品供应链；发挥地理优势，整合生态资源，打造地区特色的生态休闲旅游业；将完善基础设施建设与开发区域生态旅游资源相结合，做到基础设施建设支持地方旅游业发展，旅游业的兴盛带动地区全面性发展。以产业开发维系区域生态效益，用生态理念支撑经济可持续发展，以经济成果完善生态服务，构建生态经济化、经济生态化两化互动格局。

（二）合理运用人口转移政策，减缓资源环境压力

限制开发区由于不适宜进行大规模高强度的工业化城镇化开发，因而难以容纳较多就业人口，有必要实施劳动力转移政策，缓解社会就业压力。对于重点生态功能区，还应合理运用生态移民政策，减轻资源承载压力。

1. 实施必要的劳动力转移政策

一是立足市场，强化培训，提高转移人口职业技能。建立准公共产品性质的职业技能教育，以培养中级技术工人为主，提升转移人口就业能力。二是建立与重点、优化开发区劳动力对接机制，开拓区域外就业市场，有计划、有组织、有步骤地开展劳务输出工作，落实劳动力与企业对接工作。三是改革户籍制度，完善城乡统一的劳动力市场，为农村剩

余劳动力的转移创造一个公平、合理、有序的环境。

2. 合理运用生态移民政策

一是形成全国性的生态移民补偿安置条例。由中央政府出台相应的政策法规，规范生态移民工作，推动限制开发区人口转移，实现区域生态功能目标。二是保障移民补偿安置工作落实到位。需认识到移民对全国主体功能区的建设做出了巨大的牺牲与贡献，因此要注重补偿的全面性，安置的可行性，突出移民就业、住房等涉及重大民生方面的政策扶持。三是明确移民安置去向。引导一部分人口向城市化地区转移，一部分人口向区域内的县城和中心镇转移，建立与安置地转移接纳机制，保障转移人口安稳致富。

（三）构建多种利益补偿机制，统筹区域协调发展

1. 建立生态补偿机制

生态补偿机制是统筹区域发展的重要手段之一。促进优化开发区域、重点保护区域向限制开发区提供经济援助，实施财政转移支付制度，补偿限制开发区在供应社会生态产品中所丧失的发展机会成本。建立市场化的生态补偿机制，以资源税、生态标记或出口生态产品等形式，补偿限制开发区蒙受的发展损失。我国“十二五”规划明确提出，按照“谁开发谁保护”、“谁受益谁补偿”的原则，加快建立生态补偿机制。通过加大对重点生态功能区的均衡性转移支付力度，设立国家生态补偿专项资金，推行资源型企业可持续发展准备金制度等方式，引导和实施生态受益地区对生态保护地区的补偿。

2. 营造良好产业发展平台

以造血的方式为限制开发区营造产业发展平台。一是打造税收融资优惠平台。以减免税收的形式，降低企业生产成本，提升企业市场竞争力；以融资优惠的方式，提高企业信贷可获得性，增强扩大再生产能力。二是由上级政府向限制开发区植入发展项目，帮助地区实现产业升级，创造就业岗位，提高区域整体发展水平。

3. 加强区域经济合作

一是强化区域联系，以优化、重点开发区实行产品购买、劳动力吸纳等方式，带动限制开发区资源、人口协调发展。二是以异地开发模式补充限制开发区经济实力，允许部分产业外迁，尤其是不适合当地生态功能特征，但符合其他开发区承载能力的大型重工业产业，落户重点开发区域，并以税收返回形式，充实限制开发区发展基金。三是加强技术援助工作，以人才输入、技术馈赠等方式，帮助限制开发区解决发展进程中的关键技术问题。

参考文献

[1] Wim Heijman，Regional Externalities，Berlin：SpringerPress，2007.

[2] 卢艳丽，丁四保，王荣成，王昱．生态脆弱地区的区域外部性及其可持续发展［J］．中国人口资源与环境，2010（7）．

[3] 李国英．流域生态补偿机制研究［J］．中国水利，2008（12）．

[4] 周丽．珠三角限制开发区域生态发展路径研究［J］．生态经济，2011（1）．

[5] 贾永飞．南水北调丹江口库区建立生态补偿机制的问题研究［J］．水利发展研究，

2009（12）.
[6] 谢静怡，姚艺伟．丹江口库区水源地保护的生态补偿机制研究［J］．理论月刊，2009（9）.
[7] 袁锋，吴映梅，武友德，金桂梅．金沙江中上游限制开发区产业结构整合与战略定位研究［J］．地域研究与开发，2009（5）.
[8] 李晓冰．关于建立我国金沙江流域生态补偿机制的思考．云南财经大学学报［J］，2009（2）.
[9] 蔡云辉．论限制开发区的经济突破发展［J］．长白学刊，2011（1）.
[10] 刘普，李雪松．外部性、区域关联效应与区域协调机制［J］．经济学动态，2009（3）.
[11] 伍新木．开发区的理论和实践［J］．经济评论，1995（5）.
[12] 陈文东．论矿产资源税费改革［J］．中央财经大学学报，2006（4）.
[13] 中国生态补偿机制与政策研究课题组．中国生态补偿机制与政策研究［M］．科学出版社，2007.
[14] 汪习根．法制社会的基本人权——发展权法律制度研究［M］．中国人民公安大学出版社，2002.

环丹江口库区区域合作及机制制度保障探讨

李庆功
（湖北省发展和改革委员会地区处　武汉　430070）

随着国家南水北调调水日期的临近和国家水污染防治、经济社会发展规划及对口协作方案等重大政策的出台，人们的目光将向丹江口库区聚焦，势必将激活这一区域的发展因子。实现环丹江口库区水质保护和发展的路径很多，区域合作及机制制度保障的问题显得尤其重要。

一、构建环丹江口库区区域合作及机制制度的根由

（一）国家南水北调中线工程的实施是命题的前提

南水北调工程的实施派生出三个大的问题：一是水量保证。也就是说要确保有水可调。二是水质保护。包括水源涵养、水土保持和生物多样性、国家重要生态安全屏障等，通过治污等措施确保“一泓清水北送”。三是库区发展。解决好因调水引发的突出矛盾和问题，既确保库区水体水质长期稳定达标，又能保障和改善民生、脱贫致富、缩小发展差距，解决好移民问题，促进库区社会和谐和协调发展，确保库区长治久安。与之相对应，当前库区区域面临的主要矛盾：一是水量保证方面，气候变化的趋势使得入库水量正在发生着难以预期的变化；跨流域极端气象事件灾害频率增高；上游规划用水存在开发过大的风险。二是水质保护方面，经过“十一五”水污染防治和水质保持规划的实施，水库及汉江干流水质保持稳定，部分河段仍然超标（16个河段）；污染物排放总量降低，个别控制单元有所增加（4个控制单元）；还存在着水源区水质监测、水量调度、污染事故应急处置、城市污水垃圾处理设施运行费用保障等方面的问题。三是经济社会发展方面，库区地处秦巴山片区，区域各县大多属国家贫困县，2010年城镇居民人均可支配收入和农村居民人均纯收入分别为13155元和3978元（相当于全国平均水平的67.2%）；2011年一、二、三次产业结构11.4：53.1：35.5；城镇化率为30.4%。基于此，丹江口库区这三个大的问题之间，有着天然的内在联系的机理，三者是共生共赢的关系，这就需要从宏观和全局上把库区及上游作为一个统一整体来看待，即统筹地解决环丹江口库区区域存在的问题，比如，环库区区域用水量要合理调节分成，生态保护要整个流域共同行动，因污染治理发展权要保障等，区域合作及机制制度构建尤为重要。

（二）环丹江口库区区域是经济联合体和命运共同体

环丹江口库区区域的架构特征是一个流域性的、跨政区的，容水量、水质、环境、城市、产业、能源、交通、土地、灾害和生态系统等要素为一体的经济综合体；是一个以水资源为纽带、库岸河岸为脉络，以十堰、邓州、商洛、安康、汉中等城市为主轴，以中小

城市为支点，组成点、轴、线、带状结构的共同体；其调水工程、经济活动和管理体系涉及中央、地方、水源区和受水区等诸多方面。因南水北调中线工程的实施，使得环丹江口库区区域成为一个特殊的经济关联体和命运共同体，整个库区的命运紧紧地捆在了一起，工程实施的任何一项目重大举措都将在环丹江口库区引起激荡和共振，环丹江口库区区域合作成为必然。因此，要超越行政思维、跨越地理区位、资源禀赋等客观条件的局限，以主动开放的视野和行为开展区域合作，构建区域合作体系及保障的机制制度。

（三）环丹江口库区区域共享国家特殊政策的惠顾

《丹江口库区及上游水污染防治和水土保持“十二五”规划》、《秦巴山片区区域发展和扶贫攻坚规划》国家已经批复，《丹江口库区及上游地区经济社会发展规划》和《丹江口库区及上游地区对口协作工作方案》也即将实施，“三个规划、一个方案”，体现了国家意志与地方发展思路及发挥地方比较优势的有效对接，这是具有含金量的区域规划和支持政策（水污染防治修编规划投资达 115.86 亿元，经济社会发展规划建立的长效资金约 9 亿元，国家秦巴山生物多样性功能区的补偿资金逐年增加，调水后补偿力度更大，受水区的对口协作更是环库区可持续发展的无形资源和推力），必将形成强大的国家品牌效应，有效集聚大量的资金、技术、人才等资源要素，这对库区发展来讲带来的是机遇的 N 次方，还有哪一个区域能像环丹江口库区这样国家如此抬爱，这并不是哪个区域都能轮得上的，可以讲是千年等一回，不能错过历史的惠顾。在三个规划一个工作方案的带动下，环丹江口库区区域今后必将成为经济活力强劲之区域。协力突破行政区划界限，携手合作，互利共赢，探索区域协调发展的新机制、新路径的时机已经成熟，环丹江口库区区域合作的前景无限。

（四）构建环丹江口库区的区域合作及机制制度必然而迫切

环丹江口区域泛指丹江口库区及上游流域，涉及陕西、湖北和河南三省的十堰、安康、汉中、商洛、邓州等区域中心城市地域。第一，这一区域地缘相接、人缘相亲、文化相近，资源禀赋相同，区域内能源、矿产、特色农业和旅游资源丰富，资源互补性强，产业基础良好，开展区域协作发展的条件得天独厚，前景广阔。因此，构建区域合作及机制制度，为解决主体功能相近，由于行政区划分割，经济主体功能难以充分发挥的问题，为远离中心城市的省际边缘地区实现区域协调发展，是富有价值的探索。第二，环丹江口库区区域还属于“欠发达地区、欠发达阶段”，几个市块头都不大，如果单打独斗，争资源、争项目，浪费的是资源，污染的是环境。只有突破行政限制，谋划区域发展大格局，促进生产要素的自己流动，抱起团来发展，几个穷加一起才能变成富，取得相互叠加效益。区域合作、抱团发展，这就有个区域发展中的合作和分工问题，使有限资源更合理地得到利用。第三，各项规划项目特别是重大基础设施、能源开发、产业项目的实施都牵扯对方合作，并且比以往任何时候都多。如湖北省郧西县境内汉江孤山电站建设，两岸涉及两个县，一系列问题需要解决，陕西省政府今年 4 月 7 日专此下令禁止在电站工程占地和淹没区新增建设项目和迁入人口（陕政发［2012］21 号），这就是联合动作。丹江口库区经济发展规划中明确的铁路、高速公路、电站，都是跨区域的重大基础设施项目，并且都即将展开实施。开展区域合作势在必行，而区域合作的动力和捷径是机制制度层面的创新。

（五）构建环丹江口库区区域合作及机制制度具有正外部性

作为一个环库区区域的特殊经济体中的任何一方的经济行为都将会对其他造成连带的影响。目前，秦巴片区扶贫攻坚规划了这一区域“一带、三中心、五走廊”的线路图，丹江口库区及上游经济社会发展规划也对区域的发展指向进行了明确，区域各地也都有自己的动作。十堰市着力打造国际商用车之都、国家生态文明示范区和鄂豫陕渝毗邻区域中心城市，形成汽车为主导，旅游、水电、生物医药、绿色食品为特色的“一主四大”产业结构；邓州市着力打造成经济先锋区、新型农业现代化示范区、农产品生产加工基地和建材装备制造基地；汉中市着力打造以“陕飞”为龙头的装备制造、以“汉钢”为龙头的有色冶金、农副产品深加工三大产业体系；安康市着力打造矿业、现代农业和旅游业三大产业；商洛市着力打造生态经济区。这些城市的发展思路和这些产业之间都互有交集，且环丹江口库区区域5个中心城市之间大都只有200多公里左右，以各城市产业群聚为辐射源，以沿江经济带为纽带，势必带动库区周边的相关产业发展。这些地理和产业的联系，以相配套机制制度催生区域间商品流、技术流、资金流、人才信息流的出现，在环库区城市间集散，使环库区区域生产要素配套更加合理，从而提高各自的经济效益，带来城市周边的正外部性和环库沿江沿河的正外部性。

二、环丹江口库区区域合作及机制制度保障架构

环丹江口库区区域是一个流域性质的经济共同体，这样在探索区域合作的体制机制时，应该是借鉴欧洲莱茵河、美国田纳西河、澳大利亚墨累达令河流域流治理的经验，他们的成功之处集中到一点就是：畅通无阻的跨流域协调机制、充满智慧的制度化设计以及让流域下游地区充当主角。共同之处都是出台了一系列的流域管理相关法规，约束流域各利益方的行为，较好地兼顾流域治污和经济发展的利益均衡。环丹江口库区区域的合作由共识迈向实践，需要探索区域合作的机制制度保障。

环丹江口库区区域合作及机制制度保障架构：环丹江口库区区域是指丹江口库区及上游地区所含的河南、湖北和陕西3省邓州、十堰、安康、商洛、汉中等5市区域。构建区域合作机制制度，必须以库区水量保障、水质保护和库区长治久安为目标，以优势互补、互利共赢为根本，以水资源为纽带，各成员方在资源共享、效益综合及可持续发展的原则基础上，建立健全市场机制、协调机制和调控机制，形成协调合作的工作关系、互补共赢的经济关系和开发利用的互利关系。思路：以水资源为纽带、汉江、丹江水线路为脉络，以五个城市为主轴，以小城市为支点，组成点、轴、线、带结构的经济综合体和共同体。以政府为主导、市场为纽带、企业为主体，注重发挥市场配置资源的基础性作用；注重发挥各区域比较优势；深化体制机制创新，优化区域合作发展环境；注重统筹兼顾，有效协调区域合作中各种利益关系，不断拓展区域合作领域，丰富区域合作方式，以跨区域重大项目建设、区域一体化发展、对口协作和帮扶、承接产业转移等为重点推动区域合作向纵深发展。

（一）构建环丹江口库区区域统筹协调机制制度

考虑到南水北调中线工程调水的跨流域特性，把整个环丹江口库区区域当作一个流域

整体来看待进行统筹谋划机制制度。一是确立环丹江口库区区域合作及机制制度图景。就是把环丹江口库区区域规划同筹、交通同网、资源同享、市场同体、产业同步、科教同兴、旅游同线、环境同治作为构建区域合作及机制制度的目标。实施“六个统一”：统一规划，国家层面编制环丹江口库区流域综合开发、生产力布局和经济社会发展规划；统一产业政策准入门槛和政府政策执行标准；统一通信、供输电、交通运输等公共服务基础设施建设；统一组建行业协会、担保公司、技术政策咨询服务公司等社会中介服务组织；统一环境治理和监督，提高环境承载能力；统一资源配置，提升资源承载能力，实现可持续发展。二是构建国家层面统筹管理协调机制。构建把环丹江口库区流域当作一个整体、将“三个规划、一个方案”捆在一起的统筹协调机制，考虑由国家发改委牵头、相关部委组成、国务院南水北调办公室具体负责，组建流域综合管理机构，负责规划、部署实施中线流域全局性的开发、利用、保护等重大建设活动，协调省市之间的供用水利益关系，实行统一联合调度，保障中线水利事业和经济开发有序进行；考虑建立河南、湖北、陕西三地及北京、天津、河北三方和国家有关部委参加的部际联席会议制度，国家发改委、南水北调办和国家扶贫办等三部委加强对“三个规划、一个方案”实施的协调指导，及时研究协调解决规划实施工作中的重大问题；考虑明确中央和省市部门的对库区支持的责任与任务，在政策支持、资金投入、项目安排等方面对环丹江口库区流域积极倾斜，鼓励支持区域先行先试。目前丹江口库区只有水污染防治方面建立了部际联系会议制度，经济社会发展方面还没有建立起来。三是建立日常议事办事机制制度。以“委员会”或“理事会”形式开展工作，形成严谨合理的工作制度，定期协商水资源利用和经济协作方面的议题。一方面引进地方参加水域的管理，向水资源管理机构提供咨询性意见，保证行政决策的科学性、权威性；另一方面参与水域经济开发的协作决策，客观地表达水资源调出地区、调入地区及民间的意见和建议，增强区域的代表性，进而强化经济开发与合作关系。各省市政府和中心城市派员参加，在沿线城市间建立定期或不定期接触、洽谈、协商机制，解决和处理经济协作活动过程中出现的各种问题。在中心城市还可以考虑派驻合作性的办事机构，随时随机加强联系，为扩大企业间的协作提供相应服务。

（二）构建环丹江口库区区域产业发展协调机制制度

跨区域合作最难的是如何突破行政区划所导致的壁垒。各省产业政策不同，以及“分灶吃饭”的行政体制和偏重经济增长的政绩考核机制，让跨地区产业的整合、布局困难重重。需要建立一个跨区域的平台，消除协作的行政壁垒，建立利益分配机制，让技术、资金、人才流动等方面实现无缝对接，推动开放、统一、有序的大市场的形成，实现从按行政区域配置资源向按经济区域配置资源转变。探索在环丹江口库区三省五市建立联席会议制度，常协商、多协作，抱团申请需要国家支持的重大政策、平台和项目，探索一体化发展和产业融合路子，开展相邻县、交界区、口子镇多层次的合作，把能做的事情先做起来。一是以统筹协调跨区域重大项目为核心，促进基础设施互联互通、联合共享。要在交通、水电等领域重大基础设施和重大产业项目建设上开展实质性合作，积极与国家衔接，组建由国家发改委牵头，交通、能源、水利等部门参与的审批工作机构，实行“一站式服务”，加强对重大建设项目和区域建设项目的统筹服务，推动库区区域重大基础设施和跨省建设项目提早进入国家层面优先安排实施。二是以促进区域间生产要素自由流动为核心，大力推进市场体系一体化建设。酝酿进一步加大区域内相关产业实质合作力度，拓宽合作领域，提高合作层次。

1. 推进特色农业实质性合作

环库区区域各地都均有优势特色农业，积极开展区域内种殖业、养殖业和家庭服务体系合作，走品牌化、精细化、集约化、产业化、特色化、有机化的现代农业发展之路。

2. 推进优势工业实质性合作

要发挥区域内城市车、矿、钢、电、制造等产业优势，加快产业升级换代步伐，提高资源承载能力；加大联合技术研发力度，掌握核心技术，形成自己的终端拳头产品；统一开发培育市场，形成本区域独特的工业生产优势。

3. 推进库区区域旅游业实质性合作

联合建设并完善以寻道武当、汉江揽胜、休闲度假、民俗风情等为核心的多元化旅游产品体系，把本区域建成国内著名、国际有一定影响的文化旅游目的地；在打造旅游品牌、旅游产品和一体化上下功夫，完善交通、饮食、住宿、娱乐、购物等旅游配置设施，制定统一服务标准，构建无障碍旅游区；出台“一证游”政策，流域内常住居民能在区域内景点享受半价门票。以积极创造条件推进公共服务为核心，促进社会管理的一体化建设。解决好通信、教育、医疗等资源在区域内合理配制和共享问题。

（三）构建环丹江口库区区域调水补偿机制制度

因为是调水，这就不能不排除水源区与受水区的利益关系问题。因调水对库区生态环境平衡体系的影响、发展权的限制和保护环境的压力，需要国家和受水区给予水源区以经济补助和精神的慰藉。补偿机制的建立，体现了统筹兼顾和公平正义，有利于经济的可持续发展。概括起来是两个补偿，一个是对发展权影响的补偿，这是一个跨流域调水补偿，目前国家开展的是对口协作，根本的还是要建立长久的、以水权为核心的补偿机制，这就有个对口支援问题。另一个是对生态环境影响的补偿，这就有个生态补偿问题。

1. 要建立对口协作机制

目前水源区及汉江上游流域农业落后、经济贫困、面临发展经济改善生态环境的双重性任务，利用库区资源型优势与水源区的资金、人才、技术、信息等技术型优势结合，可以达到互利互惠、利益共享。现在的基本情况是，支援方有三个层面：北京市和天津市，国务院有关部门，中央企业。对口协作的法律依据是，三个规划一个方案，一个方案就是《丹江口库区及上游地区对口协作区工作方案》。对口协作的着力点是各有侧重：受水区的北京市和天津市侧重的是产业支持，国院有关部门是规划实施和政策倾斜，中央企业侧重的是共同合作。第一个规划是建立对口协作组织。体现政府推动，成立由国家发改委为组长单位、国家南办为副组长单位，有关部门和单位、有关省（市）政府参加的对口协作工作协调小组。有关部省（市）和水源区地方政府要将对口协作工作纳入重要议事日程，相应建立工作领导小组和日常沟通协商机制。第二个规划是搭建对口协作平台。目前是对口协作的结对关系已经明确，国家按照地区统筹、实力和贡献匹配的原则，已确立了结对关系。支援市会同水源区政府编制对口协作规划，明确指导思想、工作目标、重点任务和保障措施。结对省（市）双方签署对口协作框架协议，明确建立高层定期会商制度，根据对口协作工作的进展有需要，定期安排两地政府高层领导会商，研究重要事项，制定重大方略，部署阶段性工作等；建立联席会议制度，分别明确相应工作机构和人员，共同研究制定对口协作年度工作计划，搞好检查督办与考核，形成定期沟通协调机制和长效工作机制；建立对口协作服务机制，主要是结对双方各级政府要增强服务意识和诚信意识，优化投资环境，保障投资者的合法权益。第三个规划是构建对口协作框架。在明确协作原则和协作目标的基础上，注重明确结对双方的协作内容架构：在生态环境保护上，开展生态环境保护和节能减排合作，建立应对水环境污染的联防联控机制，参与重大生态治理和水源保护项目建设，促进区域生态环境改善。在发展生态经济上，发展生态型农林产业、特色畜禽养殖业和淡水养殖业，建立特色农产品示范区、打造名优品牌、经营管理、市场营销等产业链的支持。积极推进生态旅游合作，依托水源区丰富的旅游资源和受水区客源市场优势，积极推进生态旅游合作，携手打造精品旅游线路、支持旅游基础设施建设、旅游商品发和相关服务业发展。在经贸合作交流上，注重通过出台优惠政策，依托企业打造市场，受水区通过品牌嫁接、农超对接、旅游共享，推进市场化进程。在发展优势特色产业上，通过受水区的技术、人才、资金等优势与水源区的特色资源优势和传统工业对接，如水电、矿产等能源方面，汽车、装备制造等产业方面，中药材和绿色农产品方面助推发展，促进产业集群、延伸产业链，推动双方产业融合发展。在人力资源开发上，制订专业人才培养和交流计划，通过办班、挂职、交流方式进行，加大农村实用人才、农业科技人才、新型农民以及转移就业和创业技能培训，提高水源区劳动技能，引导和组织水源区富裕劳动力到受水区就业创业。在科技支持上，推动科研机构、高等院校开展多种形式交流和科研合作，将科技成果和先进生产工艺向水源区转化。在增强公共服务能力上，积极参与开展教育、公共卫生、社会保障、农村社会化服务等领域的合作，支持受水区院校、医疗机构在水源区设立分支机构，鼓励受水区企事业、社会团体和志愿者到水源区开展公益设施建设等到种类公益活动。

2. 建立生态补偿机制

建立生态补偿机制，就是要使生态环境的外部成本内部化，形成生态环境的受益者付费、破坏者赔偿、建设者和保护者得到合理补偿的良性运行机制，从而提高社会各界的生态环境意识，促进经济发展方式的根本转变，调动水源区和受水区从事生态建设和环境保护的积极性，为建设资源节约型和环境友好型社会，促进人与自然和谐发展提供体制和政策保障。目前的现状是，生态补偿的责任主体存在缺失，利益相关者的横向转移支付补偿没有建立起来；补偿的重点不突出，核心区和影响区采取一样标准，生态贡献多与生态补偿少的矛盾日益突出；补偿资金渠道单一，补偿标准界定不清晰，补偿的法律法规不健全。南水北调中线工程核心水源区生态补偿机制应按照“谁开发谁保护，谁受益谁补偿”的补偿原则进行。以湖北省为例，还没有真正意义上的生态补偿，是以国家批复的《全国主体功能区规划》（国发［2012］46 号）文件，进行的均衡性财政转移支付，名目还都不一样，秦巴山区生态多样性、三峡库区是水土保持、武陵山和大别山是主体功能区，都不是专项的生态补偿。一是明确补偿责任主体和对象。责任主体应为中央人民政府，京、津、冀、豫等受水区各地政府。补偿对象应为水源区各地政府。二是确定合理的补偿标准。依据以下三个方面确立补偿标准：（1）调水区开展生态环境保护和水源涵养所发生的直接投入，包括人力、物力、财力等；（2）为了涵养水源与维护生态功能，调水区限制部分产业发展，关、停、并、转部分企业而遭受的直接损失和潜在发展损失，以及生态移民投入成本；（3）调水区为保障调水水量而新建水利设施的延伸投入，为进一步改善水质而新增环境污染综合整治的延伸投入。三是明确补偿范围和受益区域。生态补偿范围为水源地安全保障区、水质影响控制区和水源涵养生态建设区。受益区域是南水北调受水地的各类主体。四是确定科学有效的补偿方式。（1）财政转移支付。进一步优化完善资金支付方案，继续执行目前均衡性资金支付方式的基础上，体现核心水源区的地位和作用、谁贡献多给谁补偿多、生态功能等主要因素，按照丹江口库区及上游水污染防治规划所划区域分级确定权重进行补偿。（2）资金补偿。按实际调水量开征水资源保护附加费，用于丹江口库区生态环境保护、经济结构调整、特色产业扶持、社会公益事业和基础设施建设。（3）项目补偿。重点围绕生态农业、生态屏障、产业转型、基础设施、基本生产生活条件改善等方面实施项目补偿。（4）产业补偿。加快国家丹江口库区水污染防治、经济社会发展等各类规划项目对十堰市的倾斜支持力度，尽快启动受水区对水源区的对口支援和协作，对库区实行特殊的财税扶持政策。（5）技术和智力补偿。国家部委、重点院校、科研院所及受水区各省市展开对库区经济、教育、医疗、科研、就业、培训等方面的技术和智力扶持。（6）实物对口补偿。围绕库区建设和发展所需的关键机械和设备，组织开展实物补偿。五是加强对生态补偿资金的监管。建立财政生态补偿资金使用绩效考核评估制度，对各项财政专项补助资金的使用绩效进行严格考核，使财政生态补偿资金更好地发挥激励和引导作用。同时，建立健全实施生态补偿的审计制度和信息公开制度，接受社会监督。

（四）构建环丹江口库区区域降低调水量风险的保障机制制度

目前工程中涉及水量调度的主要风险包括可调水量目标的实现风险和水量短期调度的安全风险。经济社会发展，水源区上游耗水量增加的风险；极端气象事件风险，使得入库水量正在发生着难以预期的变化；上游现有的水利枢纽工程的权属复杂，水利工程的无序调度风险；调水工程运行后水库的动态变化范围将会更大。因此急需建立保障流域可调水量的稳定性以及实际的水量调度的安全性的机制，尽可能避免调水中存在的风险。一是积极推进引江补汉神农溪引水工程的实施。南水北调中线一期工程和“引汉济渭”工程调水量占丹江口断面多年平均径流量近30%，多项引汉调水工程的实施将会影响汉江流域地区经济发展和水资源、水环境安全。应该加快引江补汉神农溪引水工程推进力度，尽快予以组织实施。目前，《全国水利展“十二五”规划》已同意开展引江补汉工程前期认证工作，湖北省形成了《引江补汉神农溪引水工程项目建议书》，并进行了第一次专家咨询，长江委向水利部报送了《关于审批引江补汉工程规划任务书的请示》，水利部批复《引江补汉工程规划任务书》还有待于国家发改委的认可。还有另一条引江补汉的线路也正在探讨论证。二是完善气象保障系统。建立健全气候变化及气候影响评估系统、汉江流域气象预测预报预警系统、空中云水资源开发利用系统和核心水源区气象监测及通信系统。三是构建水源区水库联合调度机制。丹江口水库大坝加高后，调蓄性能提高，其功能由防洪、发电、供水转变为防洪、供水、发电等，要建立丹江口水利枢纽及上游水库群联合调度机制，在保持一定安全度的前提下，通过在时空上合理分配水量，确保防洪、枯水期蓄水及调水安全。四是强化水文管理职能。进一步明确水文部门水文防汛、应急监测、突发水事件、水文中长期预报、预警、河流入库口、排污口水质监测等职能。

（五）构建环丹江口库区区域水环境保护机制制度

以《丹江口库区及上游水污染防治和水土保持“十二五”规划》为依托。一是建立水环境保护的统筹协调机制。明确各省政府对丹江口库区整个流域水环境总量和规划实施的主体责任，发挥部际联系会议制度作用，明确规划项目实施分工，落实重点流域治理总量资金优先切块保障，对丹江口库区推行实施河长制，制定计划和年度治理目标。二是开展治理水环境各种制度模式创新。探索建立排污权交易制度，在减排总量控制的前提下，实行流域、区域内、各地和污水处理厂之间进行排污权交易；探索建立水权交易制度，开展水资源取（使）用权出让、转让和租赁；探索水污染治理项目建设和运营管理模式，推行投融资渠道的多元化，鼓励社会参与项目的建设和运营；探索水污染治理设施和生态环境建设新的工艺和治理技术，比如，在整个流域推广适合乡镇污水处理厂特点的小型工艺，推广对现有污水处理厂升级节能的技术，推广治理农业面源污染的技术等；探索建立国家生态补偿额度与水环境保护效果挂钩机制，建立水环境综合整治、空气污染防治、生态林业建设等区域环境保护联防联治机制，建立与生态保护相配套的政绩考评机制。三是建立保障调水安全的水质监测系统。水质常规监测能力、应急和预警能力和生态遥感监测能力不足，信息共享机制尚未建立，农业面源污染监测能力弱。其基本架构是建立流域水环境监测网络、水环境监测技术等两大体系，包括气象、环境、水文生态四项内容。根据丹江口库区环境监测工作现状和环境管理需求，充分考虑库区饮用水源地环境保护的特殊性和敏感性，按照先进性、实用性的要求，以十堰市环境监测站为基础，建立国家南水北调中线核心水源区环境预警与应急监测中心，直属中国环境监测总站，由国家环境保护部统一管理，网络覆盖辖区内各县级监测站，形成点、线、面、体一体化的监测网络。监测数据统一由监测中心发布。主要建设内容包括：（1）监测站网建设。以十堰市环境监测站为中心站，三级站为子站，构建南水北调中线核心水源区预警与应急监测网络。加快建设区域监测监控信息平台，形成有效的监测数据信息网络，实现各种环境信息的资源共享。构建由多个水质常规监测断面、多个生物监测断面和多个水质自动监测站组成的区域水环境监测体系。（2）水质常规监测能力建设。配置水质常规监测仪器设备，十堰市环境监测中心站按照《全国环境监测站建设标准》东部二级站标准要求配置，子站按照东部三级站标准要求配置。（3）应急及预警监测能力建设。完善应急监测仪器和安全防护设备，拓展特殊项目的应急监测能力。配备应急和预警监测仪器设备，推进水质远程监测站的建设，形成突发性污染事故应急监测快速反应和预警能力。（4）生态遥感监测能力建设。以空中遥感监测为主导，地面对应监测为辅助，构建以十堰市环境监测站为中心的核心水源区生态监测体系。（5）面源污染监测能力建设。以构建区域土壤环境监测网络为抓手，以防控重金属为切入点，设立农业面源污染监控点，定期对重金属、化肥、农药、径流水、生活污水、垃圾、畜禽粪便等流失情况进行监测。（6）监测信息共享平台建设。建设集数据获取、传输、存储、管理、处理、分析、应用、表征、发布全过程于一体的“环境监测数据平台”，实现环境信息等资源共享，为决策指挥提供良好技术支撑。（7）预警与应急监测中心基础建设。预警与应急监测中心站房按照东部二级站标准建设，与中心配套的各监测子站在现有用房的基础上，进行适当的改扩建，达到标准要求。四是加强流域生态系统建设。加强生态屏障建设，统筹库区及流域上下游、干支流的生态建设和环境保护，大力实施“天然林保护工程”和“退耕还林工程”等重点生态工程建设，实施石漠化综合治理和坡耕地综合治理工程，实施丹江口库区生态隔离带工程，开展野生动植物保护和自然保护区建设，建立地质灾害监测预报、预防、紧急救援体系。加强生态环境保护，按照规划要求，完善重点工业企业污染防控体系，严格执行污染物达标排放，建设生态文明村镇示范市，建设农业面源污染控制示范工程，调整渔业生产布局和品种结构，减轻对水体的污染，力争区域生态环境质量位居全国前列，确保水源区水质达到国家二类以上标准。加强环境资源再生能力建设，提高节能、节水、节材等资源节约与高效利用的潜力，加强耕地质量建设，积极开展土地整理和复垦，实施移土培肥工程，加快推进山地开发整理，提高土地节约集约利用水平。大力发展循环经济，建设低碳循环经济试点工程，大力支持循环经济产业发展。

专题二　产业协同与发展

中部地区工业竞争力与工业发展方式转变①

郭熙保　苏　甫
（武汉大学经济发展研究中心　武汉　430072）

一、引言

早在20世纪80年代，张培刚先生就提出强调中部崛起的“牛肚子”理论。他把东部沿海地区比做牛鼻子，西部地区比做牛尾巴，中部地区比做牛肚子。中华民族伟大复兴能否最终实现在很大程度上就在于中部能不能发展起来。但是，由于改革开放以来国家实施沿海先行的不平衡发展战略，拥有区位优势、资源优势和较为完善的工业基础的中部地区和东部地区的差距越来越大。一些学者指出，中部地区工业结构存在着附加值不高、优势工业偏少、逆比较优势的产业选择等问题，并从简单的梯度推移战略、投融资渠道单一、封闭式发展模式、民营经济不强、中央政策支持不够等原因剖析中部工业发展“塌陷”的原因。②

尽管中部工业发展的上述障碍直到现在仍未彻底解决，但是随着中央实施中部崛起战略以来，中部省份的工业发展无疑焕发了活力。从2005—2010年，中部省份工业增加值占全国比重由17.5%上升到20.4%。当我们重新审视中部工业的发展问题时，应当指出，中部工业所面临的已经不是整体“塌陷”的困境，而是如何转变工业发展模式以适应可持续发展的新形势和新要求。本文从中部六省工业竞争力的比较分析入手，进而探讨中部工业内部结构和政府发展政策的缺陷。本文认为，中部地区转变工业发展方式需要将政府干预式发展模式转变为充分调动民间资源的、以创新为主要驱动力的发展模式。

二、中部地区工业竞争力比较分析

我们选用20个指标，取2009年和2010年的平均值，分别从规模实力、科技创新和可持续发展能力三个方面对全国各省市的工业竞争力进行因子分析③。评价规模实力竞争力的指标包括各地区全部规模以上工业企业的总资产、主营业务收入、固定资产原值、工业增加值、利润总额、出口交货值、工业销售产值、劳均总资产和企业平均规模；科技创

① 该文得到了教育部哲学社会科学重大课题攻关项目（10JZD0016）和南昌大学中国中部发展研究中心招标课题“中部地区工业发展方式转变”的资助。

② 参见郝爱民（2005）、刘茂松（2006）、牛冲槐（2008）、高萍（2007）等学者的研究。

③ 由于西藏部分数据短缺，该省份的分析不在我们的比较范围以内。所有资料均来源于《中国统计年鉴》、《中国高技术产业统计年鉴》、《中国工业经济统计年鉴》、《中国区域经济统计年鉴》，以及《中国科技统计年鉴》相关年份。

新竞争力指标包括大中型工业新产品产值率、每万人三种专利授权数目、人均技术市场成交额、高新技术产业总产值占规模以上工业总产值比重、大中型工业企业主营业务收入中新产品的比重；可持续发展竞争力指标包括单位工业增加值工业废水排放总量、单位工业增加值工业废气排放总量、单位工业增加值工业固体废物产生量、单位地区生产总值能耗、单位工业增加值能耗指标值和单位地区生产总值电耗指标值（为了使其成为正指标，我们取这六个指标的倒数）。

（一）规模实力竞争力比较分析

对各省规模实力竞争力进行因子分析，提取累计贡献率91.7%的两个公因子，分别命名为f_1和f_2。f_1因子与总资产、主营业务收入、固定资产原值、工业增加值、利润总额、出口交货值、工业销售产值这几个变量的载荷系数较大，它反映了各地区工业宏观层次上的实力水平，可以命名为“宏观实力因子”。f_2因子和劳均总资产和企业平均规模两个变量有较高的正载荷，它代表的是企业和劳动力在微观层次上的规模水平，将其命名为“微观实力因子”。

规模实力综合竞争力评比结果见表1。从宏观层次上看，按照宏观实力因子（f_1）排名的结果显示，河南在全国排名第六，而中部其余五省的宏观实力都低于全国平均水平，山西、湖北、安徽、湖南和江西排名依次为第11、第14、第21、第22和第26位。从微观层次上看，除了山西省排名比较靠前以外，中部其余省份都在全国20以后的位次上。规模影响竞争力综合排名结果为：河南第9位，山西第11位，湖北第17位，安徽第24位，湖南第25位，江西第27位。

表1　**各地区规模实力竞争力因子分析排序**

序号	地区按f_1（宏观实力因子）排名		地区按f_2（微观实力因子）排名		地区规模影响竞争力综合排名	
1	广东	2.771	青海	1.867	广东	2.297
2	江苏	2.687	内蒙古	1.773	江苏	2.244
3	山东	2.390	北京	1.740	山东	2.055
4	浙江	0.898	海南	1.493	浙江	0.554
5	上海	0.467	山西	1.163	上海	0.427
6	河南	0.395	新疆	1.109	河北	0.371
7	河北	0.374	陕西	0.802	内蒙古	0.363
8	辽宁	0.372	甘肃	0.555	北京	0.299
9	内蒙古	0.109	天津	0.444	河南	0.261
10	北京	0.040	河北	0.353	辽宁	0.248
11	山西	−0.072	宁夏	0.343	山西	0.116
12	四川	−0.094	上海	0.206	陕西	−0.071

续表

序号	地区按 f_1（宏观实力因子）排名		地区按 f_2（微观实力因子）排名		地区规模影响竞争力综合排名	
13	天津	−0.176	山东	0.191	天津	−0.081
14	湖北	−0.192	云南	0.188	四川	−0.154
15	陕西	−0.227	吉林	−0.005	青海	−0.168
16	福建	−0.424	黑龙江	−0.066	新疆	−0.206
17	新疆	−0.442	江苏	−0.226	湖北	−0.271
18	黑龙江	−0.460	广东	−0.339	海南	−0.317
19	吉林	−0.486	辽宁	−0.446	黑龙江	−0.400
20	青海	−0.534	河南	−0.482	吉林	−0.413
21	安徽	−0.558	四川	−0.489	甘肃	−0.476
22	湖南	−0.576	湖北	−0.710	云南	−0.513
23	云南	−0.639	贵州	−0.769	福建	−0.600
24	海南	−0.642	江西	−0.955	安徽	−0.665
25	甘肃	−0.662	广西	−0.962	湖南	−0.684
26	江西	−0.710	安徽	−1.261	宁夏	−0.685
27	广西	−0.825	湖南	−1.284	江西	−0.747
28	宁夏	−0.869	重庆	−1.289	广西	−0.846
29	重庆	−0.931	浙江	−1.368	贵州	−0.953
30	贵州	−0.986	福建	−1.575	重庆	−0.986

（二）科技创新竞争力比较分析

对各省科技创新竞争力进行因子分析，提取累计贡献率85.8%的两个公因子，分别命名为 f_1 和 f_2。f_1 因子与每万人三种专利授权数目、人均技术市场成交额、高技术产业总产值占规模以上工业总产值比重这3个指标有较高的载荷系数，主要反映的是地区开发、研究、应用、推广高科技产品的能力，可命名为“研究开发因子”。f_2 与大中型工业新产品产值率、大中型主营业务收入中新产品的比重两项指标的载荷系数较高，反映了地区消化、吸收、改造新技术和产品推陈出新的能力，可简单命名为“技术改造因子”。

从研究开发因子（f_1）的排名看，中部地区都处于全国中下游位次。在代表技术改造能力的 f_2 因子排名中，湖南、安徽和湖北处于全国中上游水平，尤其是湖南省排名在全国第3位。江西、河南和山西在技术改造因子排名中则低于全国平均水平，分别处于第17、20、23位。从技术进步的源泉看，中部省份综合创新能力较强的湖南、湖北两省都是主要依赖消化、吸收和改造新技术以优化更新传统产业和产品。从综合排名来看，中部六省全部低于全国平均水平，湖南、湖北在中部地区列于创新能力最强的省份，但在全国仅仅排在第13、14位。江西和安徽两省排名全国第17、18位，处于中部地区中间水平。河南和山西表现较差，在全国位于第22、25位（见表2）。

表2　**各地区科技创新竞争力排名**

序号	地区按 f_1（研究开发）排名		地区按 f_2（技术改造）排名		地区科技创新综合竞争力排名	
1	北京	3.865	重庆	2.962	北京	2.730
2	上海	2.241	吉林	2.055	上海	1.857
3	广东	1.280	湖南	1.564	广东	1.017
4	江苏	1.199	天津	1.165	江苏	0.919
5	浙江	0.570	浙江	0.935	浙江	0.671
6	天津	0.435	上海	0.853	天津	0.637
7	福建	0.106	山东	0.452	福建	0.116
8	陕西	−0.043	广西	0.450	重庆	0.107
9	四川	−0.061	广东	0.329	四川	−0.036
10	海南	−0.193	安徽	0.306	山东	−0.068
11	贵州	−0.221	江苏	0.190	吉林	−0.111
12	辽宁	−0.228	湖北	0.170	陕西	−0.168
13	江西	−0.250	福建	0.140	湖南	−0.169
14	山东	−0.267	四川	0.032	湖北	−0.178
15	黑龙江	−0.296	辽宁	−0.158	辽宁	−0.209
16	湖北	−0.312	北京	−0.233	贵州	−0.276
17	青海	−0.364	江西	−0.369	江西	−0.283
18	河南	−0.380	贵州	−0.418	安徽	−0.327
19	云南	−0.390	陕西	−0.496	广西	−0.365
20	河北	−0.391	河南	−0.666	黑龙江	−0.418
21	山西	−0.443	宁夏	−0.723	海南	−0.439
22	宁夏	−0.447	黑龙江	−0.737	河南	−0.459
23	内蒙古	−0.447	山西	−0.814	宁夏	−0.523
24	甘肃	−0.463	甘肃	−0.843	河北	−0.531
25	新疆	−0.491	内蒙古	−0.880	山西	−0.546
26	安徽	−0.569	河北	−0.896	云南	−0.562
27	广西	−0.678	云南	−1.010	内蒙古	−0.567
28	湖南	−0.833	新疆	−1.052	甘肃	−0.568

续表

序号	地区按 f_1（研究开发）排名		地区按 f_2（技术改造）排名		地区科技创新综合竞争力排名	
29	吉林	-0.942	海南	-1.082	青海	-0.603
30	重庆	-0.986	青海	-1.229	新疆	-0.647

（三）可持续发展竞争力比较分析

各省可持续发展竞争力排名见表3。中部六省排名最高的是湖南和江西两省，分别位于全国第11、12位。山西省排名最靠后，在全国排名倒数第4。在向资源节约型和环境友好型的新型工业化道路转变的过程中，东部地区依然走在前列。对于依赖传统资源消耗和粗放式经营的中西部地区，工业增长方式离可持续发展的要求还有很长的距离。

表3　**各省可持续发展竞争力排名**

序号	地区可持续发展综合竞争力排名		序号	地区可持续发展综合竞争力排名	
1	广东	2.149	16	湖北	-0.059
2	北京	2.125	17	河南	-0.089
3	天津	1.641	18	安徽	-0.240
4	上海	1.522	19	四川	-0.246
5	浙江	1.089	20	辽宁	-0.367
6	江苏	1.028	21	广西	-0.521
7	福建	0.482	22	云南	-0.800
8	黑龙江	0.341	23	新疆	-0.823
9	山东	0.331	24	内蒙古	-0.839
10	吉林	0.284	25	河北	-0.874
11	湖南	0.161	26	甘肃	-1.021
12	江西	0.139	27	山西	-1.189
13	海南	0.088	28	贵州	-1.214
14	陕西	-0.007	29	青海	-1.325
15	重庆	-0.028	30	宁夏	-1.738

（四）综合竞争力比较分析

我们采用均方差法对以上三种竞争力做综合处理。首先我们采用公式：

$$Z_{ij} = \frac{X_{ij} - X_{j\min}}{X_{j\max} - X_{j\min}}$$

对原始数据进行标准化处理。其中，X_{ij} 为单项竞争力的原始得分，Z_{ij} 为标准化后的得分，X_{jmax} 该项竞争力的最高得分，X_{jmin} 为最低得分，j 代表某项竞争力，i 代表样本。

然后，通过线性加权的方法求出区域工业竞争力综合得分。权重的确定是基于"差异驱动"的均方差法，即采用公式：

$$w_j = \frac{\sigma_j}{\sum_{j=1}^{3} \sigma_j}$$

其中，w_j 为子竞争力的权重，σ_j 为子竞争力样本得分的均方差，j 代表某项竞争力。标准化后的子竞争力得分和综合工业竞争力得分的排名情况见表4。

表4　**各地工业综合竞争力排名**

地区	标准化后的竞争力得分			综合工业竞争力排名		
	规模实力竞争力	科技创新竞争力	可持续发展竞争力	序号	地区	得分
北京	0.391	1.000	0.994	1	广东	0.845
天津	0.276	0.380	0.869	2	北京	0.785
河北	0.413	0.034	0.222	3	江苏	0.731
山西	0.336	0.030	0.141	4	上海	0.666
内蒙古	0.411	0.024	0.231	5	山东	0.560
辽宁	0.376	0.130	0.353	6	浙江	0.533
吉林	0.175	0.159	0.520	7	天津	0.512
黑龙江	0.178	0.068	0.535	8	福建	0.307
上海	0.431	0.741	0.839	9	河南	0.296
江苏	0.984	0.464	0.712	10	陕西	0.294
浙江	0.469	0.390	0.727	11	辽宁	0.293
安徽	0.098	0.095	0.385	12	吉林	0.289
福建	0.118	0.226	0.571	13	四川	0.276
江西	0.073	0.108	0.483	14	湖北	0.267
山东	0.926	0.172	0.532	15	黑龙江	0.267
河南	0.380	0.056	0.424	16	海南	0.252
湖北	0.218	0.139	0.432	17	湖南	0.243
湖南	0.092	0.141	0.488	18	河北	0.231
广东	1.000	0.493	1.000	19	内蒙古	0.231
广西	0.043	0.083	0.313	20	江西	0.225
海南	0.204	0.062	0.470	21	重庆	0.219
重庆	0.000	0.223	0.440	22	安徽	0.196

续表

地区	标准化后的竞争力得分			综合工业竞争力排名		
	规模实力竞争力	科技创新竞争力	可持续发展竞争力	序号	地区	得分
四川	0.253	0.181	0.384	23	山西	0.175
贵州	0.010	0.110	0.135	24	新疆	0.164
云南	0.144	0.025	0.241	25	广西	0.148
陕西	0.279	0.142	0.445	26	云南	0.141
甘肃	0.155	0.023	0.185	27	青海	0.128
青海	0.249	0.013	0.106	28	甘肃	0.125
宁夏	0.092	0.037	0.000	29	贵州	0.084
新疆	0.238	0.000	0.235	30	宁夏	0.044

河南工业综合竞争力在全国排名第9，高于中部其他5省。湖北、湖南、江西、安徽、山西依次处于第14、第17、第20、第22和第23位。中部工业竞争力与东部发达省份相比还有较大差距。对于河南和山西两省，凭借其优越的资源禀赋使工业规模得以充分扩张，工业存量庞大但落后，技术创新能力薄弱不仅使其在高附加值、高加工度和高科技含量产业发展上竞争力不够，也使得传统工业生产方式难以改进以适应可持续发展的要求。湖北、湖南、安徽和江西四省的规模实力排名均比科技创新和可持续发展竞争力排名低，其科技创新和可持续能力处于全国中游水平，依然不具备明显的优势，势必对工业市场扩张有所限制。

三、中部工业发展方式转变的结构性障碍

中部工业竞争力水平不高反映在工业结构上就是资源依赖型的初级产品比重偏大、附加值不高，以及高技术产业发展落后。我们首先从重工业内部结构开始分析。① 2010年，中部六省采矿业占重工业总产值比重为17.2%，而全国平均水平为10.6%，东部地区只有5.3%。中部地区原材料加工业比重为43.1%，分别比全国和东部地区高9.7和14.8个百分点。再从重加工制造业比重来看，中部地区是比较低的，全国、东部和中部地区分别是56.0%、66.4%和39.7%。中部地区重加工业比重偏低意味着中部地区工业加工程度较低，仍然处在产业链的低端。

另外，中部地区高技术产业起步比较晚。2010年中部地区高技术产业总产值实现5438.6亿元，仅占全国7.3%。与此相比，东部地区实现高技术产业总产值高达全国的

① 此处数据来源于《中国工业经济统计年鉴2011》。采矿业包括煤炭开采和洗选业、石油和天然气开采业、黑色金属矿采选业、有色金属矿采选业、非金属矿采选业；原材料制造业包括石油加工及炼焦加工业、非金属矿物制品业、黑色金属冶炼及压延加工业、有色金属冶炼及压延加工业；加工制造业包括金属制品业、通用设备制造业、专用设备制造业、交通运输设备制造业、电气机械及器材制造业、通信设备、计算机及其他电子设备制造业、仪器仪表及文化、办公用机械制造业。

82.5%。2010年，江西和湖北的高技术产业占工业总产值比重分别为7.5%和6.1%，河南和山西则分别只有3.5%和2.0%。形成鲜明对照的是，广东、上海和北京的工业总产值中高技术产业的比重都超过20%。

我们还需要结合所有制和企业规模综合探讨中部工业发展的结构性障碍。

第一，中部六省工业发展对国有经济的依赖性较高。2010年，中部地区规模以上工业总产值中国有及国有控股工业企业实现比重占32.64%，高出东部地区13.05个百分点，比全国平均水平也要高出6.03个百分点。同时，中部地区工业发展在利用外资方面十分薄弱。中部地区外商投资和港澳台商投资工业总产值占比11.31%，比东部地区低出25.22个百分点，比全国平均水平低15.88个百分点。

第二，国有经济在中部大型工业企业和垄断行业中占据的优势地位更加明显。2010年，中部地区大型工业企业实收资本中国家资本占比39.2%，比东部地区高17.1个百分点。从行业上看，国有资本集中在资源性和垄断性行业上。以河南为例，国有企业在煤炭开采和洗选业、有色金属冶炼及压延加工业、烟草制品业、石油加工、炼焦及核燃料加工业、黑色金属冶炼及压延加工业和化学原料及化学制品制造业实现工业增加值最高。

第三，中部地区工业发展的支撑力量是私有企业和中小企业。私营工业企业总产值占比达到34.69%，比全国平均水平高出4.15个百分点。中小型工业企业的企业单位数占比高达99.1%，总产值占比达到67.5%。更为重要的是，中部地区中小工业企业在加快推动科技创新上担当着重任。河南省认定的高科技企业中，中小企业占2/3以上。湖北省有67%的发明专利、75%以上的新产品开发都是由中小企业完成的。湖南省科技型中小企业实现了全省80%以上的新产品开发。安徽省中小企业在“十一五”期间每年申请商标占全省的60%以上，全省首批认定的自主创新企业中有70%以上是中小企业，全省高新技术企业中有60%以上是中小企业。

通过以上关于中部工业结构的特征化描述，我们容易得出的结论是：一批垄断型的大型工业企业在政府投资主导下尚不具备显著的竞争优势，而私营经济和中小企业虽然实际扮演着工业发展方式转型的主角，但是其发展潜力还没有充分发掘。我们必须从中部工业的发展政策本身来寻找深层次的原因。

四、中部地区工业发展政策的评价

中部地区利用后发优势之初，由政府权威部门编制产业规划，主导产业布局，集中力量攻克工业基础设施建设的瓶颈，控制垄断型行业，提高资本积累率。由于有发达国家和东部先发地区的经验可供参照，政府干预使中部工业迅速崛起，少走了不少弯路。但是，中部地区却忽视了市场体制的完善和市场主体的培育。中部地区在实施后发追赶战略的同时，必须适时加大创新的力度，而创新是需要一个体现竞争机制的市场体系。在很多方面，中部地区的工业发展政策与转变工业发展方式的要求是不符合的。

第一，中部地区依赖行政指令和财政补贴等办法来淘汰落后产业、鼓励新兴产业，必然遇到信息不对称和委托-代理问题，并且受制于财政实力，其实践效果会大打折扣。一些地方反映，节能减排专项资金落实情况很不理想，节能减排监管不够。受财力所限，很多省辖市没有设立专项节能减排资金，已投入的资金也由于分散使用未能形成合力。在高技术产业发展方面，财政支持的供求之间存在巨大的差距。中部地区高技术产业的发展尚没有充分利用好外来资本和技术，单凭本地高技术产业的自我研发代价过高。中部地区不乏高素质人才和科研机构，缺少的是科技成果的产业化能力，而这并不是简单依靠行政指令就能解决好的。

第二，政府对土地、矿藏、工业用电、用水和信贷、金融等多种资源和生产要素进行控制，这极易造成对私有经济，特别是中小企业的歧视性对待。中部地区通过政府出资担保、建立“绿色通道”、简化行政审批手续等手段很难满足大多数企业的需求。而且，政府部门为企业的服务意识不够强，办事效益低，变相收费、搭车收费现象依然存在。

第三，中部地区近年来强化产业集聚区和城市群的增长极培育，这是发达国家和地区的宝贵经验，但是在政策实践中出现违背自身发展现状和经济规律的急功近利问题。产业集聚区在招商机制上各自为战，拼土地价格、拼税收奖励等形式的无序竞争问题较为严重，招商引资成效与集聚区发展的要求不相适应。此外，涉及不同地区的集聚区的公共设施建设也缺乏协调机制，导致公共基础设施投资建设的积极性不高。

在城市群建设方面，中部城市群从发育初始就带有明显的政府主导规划的性质。中部地区城市群的空间构成取决于政府决策者，而不是由市场决定的城市之间的经济技术关系。中部各省竞相提出城市群发展战略带有浓厚的地方竞争色彩，极力打造地区名片、宣传自身形象。大城市争相扩权增势、盲目提出高目标和高指标。这种强烈的行政干预色彩导致城市之间拉郎配、变相圈地、不正当竞争、城市病突出等一系列后果。

五、中部转变工业发展方式的若干建议

中部地区工业发展方式转变的核心是将政府主导式发展模式转变为充分调动民间资源、以创新为主要驱动力的发展模式。由于中部地区工业发展层次还不够高，创新战略的实施必然是渐进式和分散式的。通过在城市群和产业集聚区培育技术层次高的增量产业，以此调动传统产业的调整升级，是中部转变工业发展模式的成本较低的路径，而通过深化体制改革和创新是支持中部地区工业发展模式转变的重要保障。

（一）中部地区应要转变政府职能，加快市场体制改革

一方面要转变政府职能，循序渐进地建立法治型和服务型政府。政府官员的业绩考核要包括资源节约和环境保护等可持续发展指标。中部地区转变工业发展方式要求政府制定方向性和指导性的产业转型升级规划，但是，政府指导和干预产业发展的原则应当符合公正性和简明性，如此才能降低政府和企业之间的交易成本，减少政府执行管理政策中的寻租空间。另一方面要大力推进投资多元化，为民营企业以及中小企业的发展创造良好的环境；还要进一步扩大对外开放的水平，通过利用外资引进有利于转变工业发展方式的适宜技术。

（二）中部地区转变工业发展方式要强化区域创新体系的培育

中部地区建立区域创新系统就是把以政府为导向、以高等院校和科研机构为主体的科技研发机制转换成以市场为导向、以企业为主体的新型科技创新机制。中部地区创新体系要充分利用企业自身的趋利性，把创新资源集中到企业，明确和突出企业在技术创新中的

主体地位。

政府在区域创新体系中起到重要的引导和调控作用。中部地区应当加强工程技术中心、企业研发中心等研发机构，以及人力资源教育培训设施的建设，要加快推进高校和科研单位的技术评价制度和科技创新奖励制度改革，从而有效刺激科研人员的创新活动。同时，中部地区也应当加快建设适合区域创新体系的金融体系和信息网络体系。此外，有关部门要积极扶持一批能力和信誉卓著的技术成果评估机构、技术咨询机构、技术成果推广机构和技术产权交易市场，完善技术中介机构的相关法律、法规，推动中介机构的市场化步伐，充分发挥市场引导下技术中介机构的作用，为企业的技术创新扩散提供良好的外部环境。

（三）中部地区转变工业发展方式必须打破地区分割状态，在经济一体化的基础上形成合力，实现整体崛起

建议中部各省依托城市群建设和产业集聚区建设，加速省内工业经济整合，规避区域内进入壁垒。依据公开、公正、公平竞争的原则开放省际间市场，建立区域性权威仲裁机构，统一对不合理的保护措施进行公平裁决，同时对地方保护主义严格依据仲裁结果进行惩处。目前，位于长江中游的武汉城市圈、长株潭城市群和环鄱阳湖城市圈彼此相隔300公里，交通便利，工业基础良好，经济互补性强，是中部跨区域整合的最有希望的地区。“中三角”地区如能形成一股合力，将有望打造真正意义上的国家经济增长“第四极”。在城市群融合的基础上，进一步打通省际经济通道，连接整合现有架构资源，如此可望促进中部地区的整体崛起。

参考文献

[1] 张培刚．张培刚选集［M］．山西经济出版社，1997.
[2] 全国工商联．2011年中国中小企业调研报告［M］．中华工商联合出版社，2011.
[3] 郭熙保，苏甫．河南工业竞争力的比较分析［J］．综合竞争力，2010（6）．
[4] 胡汉昌，郭熙保．后发优势战略与比较优势战略［J］．江汉论坛，2002（9）．
[5] 郝爱民、邱长溶．我国中部地区工业崛起的路径选择［J］．经济纵横，2005（11）．
[6] 刘茂松．论中部崛起战略［J］．湖南社会科学，2006（1）．
[7] 牛冲槐、郭争争、张蔷薇．中部工业重新崛起及路径选择［J］．生产力研究，2008（8）．
[8] 高萍、喻建齐．中部地区工业发展比较研究［J］．武汉理工大学学报（社会科学版），2007（20）．

基于偏离—份额分析的中部地区现代服务业竞争力研究*

欧阳有旺　肖燕春
（南昌大学中国中部经济社会发展研究中心，南昌大学经济与管理学院　南昌　330031）

一、问题提出

在现代经济中，服务业尤其是现代服务业所占的比重越来越大并上升为国民经济的主导产业是各国各地区经济活动中的一个共同趋势，现代服务业的发展已经成为衡量区域产业结构和经济发展水平的一个重要标志。现代服务业是与传统服务业相对应的，是指在工业化高度发展阶段产生的，具有高技术含量、高人力资本含量和高附加值的特点，对经济发展具有重要作用的服务业，其实质是服务业的现代化（张涑贤、王秀果，2012）。因此，重视现代服务业的发展应成为各地区经济发展的重要内容。

作为融合东西、对接南北的中部地区，应该顺应现代经济的潮流和遵循现代经济的发展规律，加快现代服务业的发展，赢得经济发展的先机。随着中部崛起战略的实施，中部地区现代服务业不断发展，现代服务业的总量不断增加，2010 年现代服务业总量达 20116 亿元，比 2009 年增长了 17.1%，占 GDP 的 24.2%。但增速和占 GDP 的比例均低于全国的平均水平，中部现代服务业处于落后状态，缺乏竞争力。中部地区的落后在表面上体现为 GDP 及其增长速度上的差距，深层次上却是经济结构特别是产业结构的差距（张秀生、雷武科，2006）。因此，对中部地区现代服务业竞争力问题进行深入研究具有重要的现实意义。本文运用偏离—份额分析法对中部地区现代服务业竞争力进行研究，通过对中部地区现代服务业分行业的增长进行分解，分析中部地区现代服务业的差距及变动决定因素，进而分析中部现代服务业结构效益和竞争力。

二、中部地区现代服务业竞争力的实证分析

（一）模型构建和数据选取

1. 模型构建

偏离—份额分析法（Shift-Share Method，简称 SSM 分析法）是一种从产业结构因素和竞争力因素两方面揭示区域经济增长差异的有效方法，将区域经济相对于大尺度参照体系

* 本文系南昌大学中国中部经济社会发展研究中心课题“中部地区产业结构比较分析及优化调整研究（项目批准号：08zbzx0006）”、2010 年度江西省高校人文社科基地招标项目“中部地区服务业的就业效率及其实证研究（项目批准号：JD1001）”的阶段性成果。

进行对比分析，具有较强的综合性和动态性。

假设 i 地区在经历了时间[0, t] 之后，经济总量和结构均已发生变化。设 $y_{ij,0}$，$y_{ij,t}$ 分别表示 i 地区 j 产业在基期和报告期的经济规模，$y_{i,0}$，$y_{i,t}$ 分别表示 i 地区在基期和报告期的经济总规模；并以 Y_0，Y_t 表示参照地区(全国) 在相应基期与报告期的经济总规模；以 $Y_{j,0}$，$Y_{j,t}$ 表示参照地区基期与报告期第 j 个产业部门的经济规模。

i 地区 j 产业部门在[0, t] 时间段的变化率：$r_{ij} = \dfrac{y_{ij,t} - y_{ij,0}}{y_{ij,0}}$

参照地区 j 产业部门在[0, t] 时间段的变化率：$R_j = \dfrac{Y_{j,t} - Y_{j,0}}{Y_{j,0}}$

以参照地区各产业部门所占份额将各地区各产业部门经济规模标准化：

$$y_{ij} = \frac{y_{i,0} * Y_{j,0}}{Y_0}$$

根据偏离—份额分析法则，将[0, t] 时间段 i 地区 j 产业部门的增长量 G_{ij} 分解为 N_{ij}，P_{ij}，D_{ij} 三个分量：$G_{ij} = y_{ij,t} - y_{ij,0} = N_{ij} + P_{ij} + D_{ij}$　$T_{ij} = P_{ij} + D_{ij}$

其中 $N_{ij} = y_{ij} \cdot R_j$　　$P_{ij} = (y_{ij,0} - y_{ij}) \cdot R_j$　　$D_{ij} = y_{ij,0} \cdot (r_{ij} - R_j)$

N_{ij} 表示份额分量，指研究区域 i 的第 j 产业以全国该产业部门平均增长率增长时可以达到的产业增长水平，N_{ij} 为正值表示 i 地区 j 产业实际增长率高于全国的水平。

P_{ij} 表示产业结构偏离分量，指由被研究区域 i 第 j 产业比重与全国该产业部门比重的差异所引起的被研究区域 i 的第 j 产业增长相对于全国标准而产生的偏差。P_{ij} 为正值表示被研究区域 i 的第 j 产业的结构优于全国的产业结构，且 P_{ij} 值越大，相对于全国的比较优势越大。

D_{ij} 表示竞争力偏离分量，指研究区域 i 的第 j 产业增长速度与全国相应产业增长速度的差异引起的偏差，反映了 i 地区 j 产业的相对竞争力。D_{ij} 为正值表示 i 地区 j 产业处于有利地位，产业竞争力强，且 D_{ij} 值越大，说明 i 地区 j 产业竞争力对经济增长的作用越大。

T_{ij} 为总偏离分量，反映了 i 地区 j 产业的整体竞争优势。

为了进一步分析被研究区域经济发展快慢的原因，可以借助相对增长率 L，计算结构效果指数(W) 和竞争力效果指数(U)。令 i 地区 j 产业部门占全国相应部门比重在基期和报告期分别为 $K_{ij,0} = \dfrac{y_{ij,0}}{Y_{ij,0}}$，$K_{ij,t} = \dfrac{y_{ij,t}}{Y_{ij,t}}$，则 i 地区与全国的相对增长率为：

$$L = \frac{y_{ij,t}}{y_{ij,0}} : \frac{Y_{ij,t}}{Y_{ij,0}} = \frac{\sum_{j=1}^{n} K_{ij,t} * Y_{ij,t}}{\sum_{j=1}^{n} K_{ij,0} * Y_{ij,0}} : \frac{\sum_{j=1}^{n} Y_{ij,t}}{\sum_{j=1}^{n} Y_{ij,0}}$$

$$= \left[\frac{\sum_{j=1}^{n} K_{ij,0} * Y_{ij,t}}{\sum_{j=1}^{n} K_{ij,0} * Y_{ij,0}} : \frac{\sum_{j=1}^{n} Y_{ij,t}}{\sum_{j=1}^{n} Y_{ij,0}} \right] * \left[\frac{\sum_{j=1}^{n} K_{ij,t} * Y_{ij,t}}{\sum_{j=1}^{n} K_{ij,0} * Y_{ij,t}} \right] = W * U$$

结构效果指数 W 反映产业结构对被研究地区经济增长的影响，若 W 大于1，表明被研究区域产业结构比较合理，增长性行业在整个产业中占据主导地位；竞争力效果指数 U 反映竞争力状况对该地区经济增长的影响，若 U 大于 1，表明该地区有多个行业发展迅速，产业竞争力较强。

2. 数据选取

目前对现代服务业暂未有明确的划分标准，本文参照国际和我国的产业部门分类标准，同时结合中部地区经济发展的实际，按照宽泛的现代服务业标准，将中部地区的现代服务业归纳为以下行业：金融业；房地产业；电信业（包括信息传输、计算机服务和软件业）；租赁业与商务服务业；科学研究和技术服务业；物流业；旅游业；居民和社区服务业。将物流业和旅游业这两大复合性行业单独列出，主要是为了突出这两大行业在中部地区现代服务业中的重要地位。

本文运用偏离—份额分析法，以 2005—2010 年作为分析期，采用中部六省现代服务业的上述 8 个分行业的经济规模作为分析对象，以全国为参照系来分析中部地区现代服务业的行业状况。考虑到数据的搜集，科学研究和技术服务业的增加值用各地区技术市场成交额代替，物流业增加值用交通运输业、仓储业和邮政业这三部分的物流总增加值表示，旅游业经济规模用各地区国际旅游收入表示，其余行业的经济规模均用行业增加值表示。各服务行业数据均来自于中部各省相应年份的统计年鉴以及《中国统计年鉴》和《中国第三产业统计年鉴》。

（二）实证分析

1. 中部地区现代服务业偏离—份额分析

将中部地区各省相应经济数据代入上述建立的 SSM 模型，对 2005—2010 年中部地区现代服务业进行偏离—份额分析。其结果见表 1，为了统计方便，计算结果保留不超过两位小数。

表 1　**2005—2010 年中部地区现代服务业偏离—份额分析**

地区	r	R	N	P	D	P+D	G
江西	0.92	1.22	1112.67	−206.07	−220.39	−426.45	686.22
安徽	0.94	1.22	1474.27	−158.36	−295.57	−453.92	1020.34
湖南	1.26	1.22	1785.90	−281.70	50.71	−230.99	1554.92
湖北	1.39	1.22	1788.32	−415.57	194.53	−221.04	1567.28
河南	0.94	1.22	2903.87	−998.55	−435.80	−1434.35	1469.52
山西	1.04	1.22	1146.34	−132.97	−143.17	−276.14	870.20
中部	1.09	1.22	10211.37	−2193.21	−849.68	−3042.89	7168.48

数据来源：1.《中国统计年鉴》；2.《中国第三产业统计年鉴》；3. 中部各省统计年鉴。

表 1 显示，从份额分量看，在 2005—2010 年，中部六省及中部总体的现代服务业均属于增长行业，其中河南省的全国份额分量达到最大（2903.87 亿元）。中部地区现代服

务业在2005—2010年的变化率来看，中部各省的 r 值均大于0，说明各地区的服务业总体经济规模在增加，但除了湖南和湖北两省之外，其余省份以及中部整体的现代服务业增长率均低于全国的平均增长水平（$R=1.22$），说明相对于全国，中部地区各省的现代服务业发展速度较慢。从偏离分量看，中部地区所有省份的结构偏离分量均为负值，说明中部各省的现代服务业在各省GDP中的比重低于全国现代服务业在全国GDP中的比重，中部地区的现代服务业产业结构尚不合理。竞争力偏离分量中除了湖南和湖北两省之外，其余省份均为负，说明与全国相比，中部地区现代服务业不具备相对竞争优势。负的结构偏离分量以及竞争力偏离分量直接导致中部地区负的总偏离分量，反映出中部地区现代服务业基础较差。由此可见，中部地区的现代服务业虽然为全国性增长行业，但产业结构问题突出，缺乏竞争优势，这将对中部地区经济造成负贡献。因此中部地区急需对现代服务业进行产业优化升级，提高竞争力。

2. 中部地区现代服务业分行业偏离—份额分析

为了更加详细地了解中部地区现代服务业的产业结构状况和竞争力水平，本文将对中部地区各省现代服务业进行分行业分析。

2005—2010年中部地区总体现代服务业分行业偏离—份额分析结果见表2。因篇幅原因，中部六省现代服务业分行业偏离—份额分析的结果不在文中列出。

表2　**2005—2010年中部地区总体现代服务业分行业偏离—份额分析**

行业	r	R	N	P	D	T=P+D	G
金融业	2.81	2.45	3026.46	−1223.41	268.15	−955.26	2071.20
房地产业	1.30	1.62	2804.04	−782.15	−403.15	−1185.30	1618.74
电信业	0.66	0.55	658.18	−106.21	105.27	−0.95	657.23
租赁业与商务服务业	1.52	1.45	922.68	−447.58	22.99	−424.60	498.08
科学研究和技术服务业	0.65	1.52	478.58	−253.18	−128.17	−381.35	97.23
物流业	0.73	0.78	1687.05	156.76	−126.10	30.66	1717.71
旅游业	1.36	0.29	142.55	−111.71	112.49	0.78	143.34
居民和社区服务业	0.55	0.78	491.83	21.58	−148.46	−126.88	364.95

数据来源：1.《中国统计年鉴》；2.《中国第三产业统计年鉴》；3. 中部各省统计年鉴。

从表2可知，增长率 r 显示出中部地区总体现代服务业中各分行业都有较大比例的增长。其中，金融业、电信业、租赁业与商务服务业、旅游业表现突出，高于全国相应行业的增长率，但科学研究与技术服务业的增速与全国该行业的平均增速有很大的差距。从份额分量均为正值，表明中部现代服务业各分行业均为全国性增长部门。金融业、房地产业以及物流业这三大份额分量较大的行业主要是因为在全国服务业中所占比重较大，所以这三个行业分得的份额也较大。从结构偏离分量看，中部总体除了物流业与居民和社区服务业之外，其余行业均为负值。这说明与全国相比，中部除了这两大行业外的其余行业在结构上均处于劣势地位，在中部的总产值中所占的比例低于相应行业占全国 GDP 的比重。从竞争力偏离分量看，中部总体中金融业、电信业、租赁与商务服务业以及旅游业为正值，具备一定的相对竞争优势，而房地产业、科学研究和技术服务业、物流业、居民和社区服务业明显缺乏竞争优势。在总偏离分量中，只有物流业和旅游业大于 0 但其值较小，与全国水平相接近。总偏离分量反映出中部现代服务业总体上缺乏竞争力。

将中部各省的现代服务业分行业偏离—份额分析结果进行归类整理（见表 3），结果表明中部各省的分行业偏离—份额结果中，只有极少数行业的总偏离分量为正值，具备一定的竞争力，大部分行业的基础较差。这与中部总体分行业的分析结果相类似，但各省也表现出各自的行业特点。

表 3　**不同范围标准的 2005—2010 年中部各省现代服务业分行业偏离—份额分类**

特征	江西	安徽	湖南	湖北	河南	山西
P>0D>0 T>0	无	无	居民和社区服务业	无	无	物流业
P>0 D<0 T>0	无	无	无	无	无	电信业
T<0	物流业	物流业；居民和社区服务业	无	居民与社区服务业	物流业	无
P<0 D>0 T>0	居民和社区服务业	电信业；旅游业	电信业；物流业；旅游业	电信业；租赁与商务服务业；物流业；旅游业	无	旅游业
T<0	金融业；电信业；旅游业	金融业；科学研究与技术服务业；租赁与商务服务业	金融业；租赁与商务服务业	金融业	金融业；电信业；旅游业	金融业；科学研究与服务业
P<0 D<0 T<0	房地产业；租赁业与商务服务业；科学研究和技术服务业	房地产业	房地产业；科学研究与技术服务业	房地产业；科学研究与技术服务业	房地产业；租赁与商务服务业；科学研究与技术服务业；居民和社区服务业	房地产业；租赁与商务服务业；居民和社区服务业

数据来源：1.《中国统计年鉴》；2.《中国第三产业统计年鉴》；3. 中部各省统计年鉴。

在江西现代服务业中，从结构分量可看出，物流业是唯一一个结构分量为正的行业，说明该行业是一个快速发展的行业，但竞争力分量为负，使之不具备相对竞争优势。居民和社区服务业由于结构分量较大，结构优势明显。金融业、电信业和旅游业虽然竞争力偏离分量为正值，具备一定的竞争优势，但在负的结构偏离分量的影响下，总偏离量为负。房地产业、租赁业与商务服务业、科学研究和技术服务业既无结构优势也无竞争优势，处于不利地位。

安徽现代服务业的结构优势主要得益于物流业与居民和社区服务业，但由于这两个行业的竞争力分量为负，导致整体竞争力落后的局面。但电信业和旅游业有竞争优势，成为安徽省现代服务业中较发达的行业。金融业、科学研究与技术服务业、租赁与商务服务业虽然具备竞争优势，但结构不合理导致对相应行业负的贡献作用。房地产业与全国相比，具有比较劣势。

湖南与湖北的现代服务业较相似。两省的居民和社区服务业的结构因素对现代服务业均形成正向的贡献。两省的电信业、物流业、旅游业、租赁与商务服务业虽无结构优势，但是具备较强的竞争优势。房地产业、科学研究与技术服务业两大行业的结构不合理，缺乏竞争力。

河南现代服务业中所有分行业的总偏离量均为负值，使得河南成为中部六省中总偏离量绝度值最大的省份，与全国的现代服务业差距较大。其中物流业的结构分量为正，说明该行业发展较快。金融业、电信业、旅游业具备一定的竞争优势，但结构效益为负贡献。与全国相比，房地产业、租赁与商务服务业、科学研究与技术服务业、居民和社区服务业均处于落后水平。

山西省的物流业发展迅速，且具备一定的竞争优势；电信业结构优势明显，发展迅速，但缺乏竞争力。旅游业有一定的竞争优势，竞争力对该行业的增长形成较大的促进作用。金融业、科学研究与服务业虽有一定的竞争优势，但结构不合理。房地产业、租赁与商务服务业、居民和社区服务业基础较差，整体上表现出劣势。

从上述各省的情况可以总结出，尽管个别行业或在结构因素上或在竞争力因素对相应行业的增长形成正向的贡献作用，但依然无法改变中部各省现代服务业相对于全国现代服务业整体竞争力落后的现状。这可以通过对中部各省现代服务业的相对增长指数的计算获得进一步印证（见表4）。

表4　**2005—2010年中部地区现代服务业相对增长指数**

地区	W	U	L
江西	0.96	0.90	0.87
安徽	0.97	0.91	0.88
湖南	0.95	1.07	1.02
湖北	0.97	1.11	1.08
河南	0.96	0.91	0.87
山西	0.96	0.96	0.92

中部	0.96	0.98	0.94

数据来源：1.《中国统计年鉴》；2.《中国第三产业统计年鉴》；3. 中部各省统计年鉴。

由表4可知，中部各省及中部总体的现代服务业相对增长率（L）除了湖南、湖北略大于1之外，其余均小于1，现代服务业的发展落后于全国平均水平；从内部结构看，各省总的结构偏离份额为负值（见表1），结构效果指数（W）在0.95~0.97之间，说明中部各省现代服务业的结构尚不合理，内部增长快的产业部门比重较小。同时整体竞争力偏离分量除了湖南、湖北为正之外，其余省份的整体竞争力偏离分量都是负值（见表1），竞争力效果指数（U）中除了湖南、湖北两省稍大于1，与全国平均水平相近，其余省份徘徊在0.90~0.98的范围之内，说明中部各省现代服务业的竞争力与全国相比有一定的差距，具有竞争优势的行业部门较少。总体看来，中部地区现代服务业的结构需要进一步优化和升级，在今后的发展过程中要注意培育各行业的竞争力。

三、结论和政策建议

（一）主要结论

（1）2005—2010年期间，中部地区总体服务业增长速度低于全国同期水平，中部六省中除了湖南和湖北两省的增速略微高于全国的平均水平之外，其余省份均增长缓慢。产业结构内部的增长速度不一。中部地区旅游业是表现最为突出的行业，是引领中部现代服务业增长的主导行业。金融业、电信业、租赁业与商务服务业的增速比全国相应行业的增速更高，发展较快。而房地产业、科学研究和技术服务业、物流业、居民与社区服务业的增速均低于全国的相应行业的增长速度，尤其是科学研究与技术服务业与全国平均水平差距较大。

（2）中部地区现代服务业行业结构不合理，结构性矛盾十分突出。中部各省的现代服务业整体的结构偏离分量均为负值，结构效果指数均小于1。现代服务业分行业中，中部总体中除了物流业的结构偏离为正之外，其余均为负值。江西、河南和山西三省也只有物流业结构偏离分量为正值。安徽只有物流业、居民和社区服务业两个行业的结构偏离分量为正。湖南和湖北只有居民和社区服务业的结构偏离分量为正值。现有的行业结构不利于中部地区现代服务业的发展。

（3）中部地区现代服务业竞争力较弱。中部各省现代服务业整体的竞争力偏离分量除了湖南、湖北之外，其余省份均为负值，竞争力效果指数小于1，表现出比较劣势。中部总体的分行业中，除了个别行业（物流业、旅游业）之外，大部分行业与全国相比缺乏竞争力，尤其是科学研究与技术服务业明显缺乏竞争力。竞争力低下成为中部现代服务业发展的主要障碍。

（二）政策建议

根据上述实证分析结果，今后一段时期，为了进一步提高中部地区现代服务业的产业结构效益和竞争力，更好地促进中部地区现代服务业的发展，必须着力解决以下问题：

1. 政府合理规划产业布局，引导并扶持现代服务业的发展

当前中部地区的产业结构主要是以工业为主，尚处于工业化的阶段，三次产业比重的排序一直为“二三一”。近年来服务业的比重呈现下滑的趋势，落后于东部发达地区以及西方发达国家，而作为现代经济中新的经济增长点的服务业尤其是现代服务业的发展尚未获得足够的重视。政府应努力创造现代服务业发展的有利经济环境，促进产业结构的升级，实现产业结构尤其是现代服务业内部结构的合理化，发挥现代服务业对经济的拉动作用。

2. 完善人才培养机制和科技创新机制，实现现代服务业结构的合理化和高级化

产业结构是影响经济增长的重要因素之一。合理的产业结构可以促进经济增长，反之则会抑制经济增长。目前，中部地区服务业结构不合理，处于低级水平，诸如科技研究与技术服务业等高端服务业极其落后，主要原因是要素投入结构与产业机构不相匹配。其中最主要的是劳动力结构问题，目前中部地区现代服务业领域的高端人才短缺。中部地区应努力培养高素质人才，实现产业结构调整与人才结构优化相协调，通过人才结构的优化来促进产业结构的升级。新经济增长理论认为，技术创新是经济增长的关键。创新被认为是产业机构升级的根本因素和直接动力。中部地区应实施科技创新战略，提高科研投入，促进科学研究与技术服务业的发展，利用这一行业促进中部地区产业结构的优化和升级，拉动整个经济系统的增长。

3. 发挥优势产业，带动现代服务业全面发展，提高现代服务业的竞争力

中部地区拥有丰富的旅游资源，尤其在红色旅游资源方面具有独特的优势。在国家政策的支持下，红色旅游资源开发与中部崛起战略的实施为中部发展提供了巨大的机遇。中部地区应发挥文化旅游的优势，精心打造旅游业。中部地区与东西部相连，近年来现代物流业发展迅速，成为中部地区现代服务业发展的重要推动力，与全国相比具有一定的竞争力。旅游业和物流业作为复合型产业，涉及面广，与众多行业相关联，中部地区应发挥这两大行业的辐射作用，带动金融业、房地产业、租赁与商务服务业等其他服务业的发展，最终实现作为第一、二产业发展平台的科技、教育、金融、物流等产业的发展，提高正中部地区的整体竞争力。

4. 加强中部各省区域合作，形成产业联盟，实现中部地区共同崛起

中部各省应该进一步利用自身的产业优势，加快实现产业集聚，形成产业集群效应。现代服务业具有高度集群的特征，其产业集聚将带来显著的共享和互补等外部经济效应。因此中部地区要避免现代服务业同质化的低层次不良竞争，实现现代服务业的各行业在中部各省之间和谐发展，各省根据各自的比较优势状况，形成布局合理、协同发展的现代服务业体系。中部地区各省的发展应该是开放的，各省的发展应在区域市场竞争的基础上进行广泛和密切的经济合作，建立互信合作机制，实现产业和区域优势的互补。各省应鼓励各省、各行业进行多种形式的合作，获得现代服务业发展的规模经济和范围经济，使各省的产业机构在区域经济一体化中实现动态调整和优化，最终实现中部共同崛起。

参考文献

[1] 干春晖，郑若谷，余典范．中国产业结构变迁对经济增长和波动的影响［J］．经济研究，2011（5）．

[2] 黄茂兴，李军军．技术选择、产业结构升级与经济增长［J］．经济研究，2009（7）．
[3] 张秀生，雷武科．中部产业结构：现状与对策［J］．管理世界，2006（6）．
[4] 谭顺福．中国产业结构的现状及其调整［J］．管理世界，2007（6）．
[5] 唐清泉，李海威．我国产业结构转型升级的内在机制研究［J］．中山大学学报（社会科学版），2011（5）．
[6] 史春云，张捷，高薇．国外偏离—份额分析及其拓展模型研究述评［J］．经济问题探索，2007（3）．
[7] 张涑贤，王秀果．陕西省现代服务业结构的动态偏离份额分析［J］．商业时代，2012（7）．
[8] 陈伟达，景生军．基于偏离—份额分析的南京市软件服务业发展模式和对策研究［J］．东南大学学报（哲学社会科学版），2010（3）．
[9] 孙可奇．基于偏离份额分析法的山东高端产业比较分析［J］．求索，2010（12）．

安徽承接沪苏浙产业转移的趋势特征和重点行业预测

——基于“安徽省利用省外资金项目统计信息系统”的研究

李光龙　韩建雨

（安徽大学经济学院　合肥　230601）

既有研究习惯于利用公开的统计资料分析类似问题，但无论是改进的产业梯度系数、区位商等计算方法都是一种近似的估计，很难准确地反映产业转移的情况，因为统计资料中的产业统计数据不仅包括产业转移，还包括产业消亡等，且具体区域间的产业转移如何从逻辑上是无法通过这些资料推算出来的。相对而言，从各省市立项的项目每年实际到位资金这一数据考察产业转移相对于其他方法更为符合事实，得到的结论也更为准确。本文将利用“安徽省利用省外资金项目统计信息系统”提供的相关数据开展研究。

一、安徽承接沪苏浙产业转移的现实特征

本文对安徽2009—2011年分产业利用沪苏浙资金的情况进行了统计分析，可以比较明显地看到安徽在承接沪苏浙产业转移过程中，表现出以下六个特征：

（1）产业转移呈现“全面开花”态势。几乎所有产业都有来自于沪苏浙的资金进驻安徽，2009—2011年，89个细分行业中只有煤炭开采和洗选业、石油和天然气开采业、保险业、地质勘查业、新闻出版业和广播电视电影和音像业6个行业没有来自上海的转移产业，烟草制品业、航空运输业、地质勘查业和新闻出版业4个行业没有来自江苏的转移产业，石油和天然气开采业、铁路运输业、航空运输业、邮政业、证券业、保险业、地质勘查业和新闻出版业8个行业没有来自浙江的转移产业。考虑到这些产业的转移涉及承接地的资源禀赋、经济发展水平和产业转移转出和转入地各自的产业结构等多重因素，可以认为，安徽承接来自沪苏浙的产业转移已经迈入全面铺开阶段。将安徽每年利用沪苏浙的资金总量与本省经济资源投入比较，可以发现来自于沪苏浙的产业转移已经成为安徽经济发展的重要方面，在安徽产业结构不断的调整升级中，沪苏浙的产业转移发挥了重要作用。

（2）产业转移发展迅速，总量不断扩大，具体表现为三种变化，即逐渐上升型、平稳型和倒U型。逐渐上升型即：2009—2011年，该产业安徽承接总量不断扩大；平稳型是安徽承接来自于沪苏浙的该产业总量维持一种基本稳定的态势；倒U型是指2009年或2010年该产业承接来自沪苏浙的资金总量很大，之后有所下滑。3年中，上海转移来的产业中有50个行业属于逐渐上升类型，10个行业属于平稳型，23个行业存在不明显的倒U型趋势，本文认为这更多是偶然因素的影响；来自江苏的转移产业中，65个行业属于逐渐上升类型，8个行业属于平稳型，17个行业存在不明显的倒U型趋势；来自浙江的转

移产业则是48个行业属于逐渐上升类型，12个行业属于平稳型，21个行业存在不明显的倒U型趋势。来自江浙的转移产业有倒U特征的行业更多的也是因为个别年度到位资金突然短暂爆发所致，剔除掉短期波动，其他年度仍然明晰地表现出稳步上升趋势。

（3）沪苏浙向安徽的大规模集群式产业转移还比较少，散兵游勇型的产业转移居多。从“安徽省利用省外资金项目统计信息系统”提供的数据资料观察，尽管多数项目都为1亿元以上的投资规模，甚至动辄上百亿、千亿的项目也出现过，但转移产业的孤军深入特征还是比较明显，短时期内从转出地以产业链整体转移方式的情况并不多。不过，大规模集群式的产业转移也是发展的必然趋势，这也说明安徽承接来自沪苏浙乃至国内其他省份、国际的产业转移还有很大的潜力可挖。

（4）市场引致型转移现象明显。房地产业、商务服务业、其他服务业、批发零售业、娱乐业等类型的第三产业承接来自沪苏浙的资金转移比较明显，且资金数量巨大，这些产业的大规模转移一方面有国家宏观环境、政策鼓励等因素的影响，另外也与资金所有者对行业的盈利前景预判有关。市场引致型产业转移在短期内有时会表现出受制于宏观政策、投资者行业预期等因素的明显特征，因此波动较之其他行业更为剧烈，不过，这些产业的转移对承接地产业结构的调整升级和完善也有很重要的促进作用，毕竟是市场自身选择的结果。

（5）安徽各地市在承接来自沪苏浙的产业转移时存在明显的区域差异。相对于其他地市，合肥、芜湖、马鞍山、蚌埠等安徽境内的中心城市所承接的产业更为处于产业链的高端，承接产业的规模更大，在选择承接产业时也具有更大的自由度。在区域发展不平衡、资金追求更为有利的投资环境等大背景下，产业转移的区域差异不可避免，在未来可预期的时间内也将继续客观存在。

（6）承接产业多为劳动密集型和低端技术密集型，附加值较低。虽然合肥、芜湖等地在承接来自沪苏浙的产业转移时拥有更大一些的选择余地，但沪苏浙地区计划转移到安徽的产业多数都是劳动密集型和低端技术密集型产业，这和沪苏浙自身的产业转出需要和安徽各地的经济发展程度、产业基础等条件直接相关。菜单上的菜品样式不多且较为一般，即使消费能力稍强也很难吃到品位较高的高档菜，何况消费能力目前还比较一般。

二、一个命题的验证

本文要根据统计数据预测安徽未来可能要承接的来自沪苏浙的主要行业和领域，要实现这一研究目的，我们要先验证一个命题是否正确，即假设“安徽省利用省外资金项目统计信息系统”提供的数据资料反映了沪苏浙向安徽产业转移的基本事实，那么，是否可以利用之前几年的产业静态集聚指数和产业动态集聚指数来提前预测出这些之后确实出现了比较明显转移的产业？如果这一命题是正确的且具有相当的稳健可信性，我们就可以同样利用近年的统计数据预测未来3~5年甚至更远时期的产业转移趋势。仅凭数据的预测是单薄的，产业转移还要受到未来国家宏观政策环境、产业政策、地方经济发展尤其是产业发展战略愿景等的影响，还要分析未来安徽产业发展的战略方向。

验证一个命题：可否利用2008年的行业静态集聚指数和2004—2008年的行业动态集聚指数预测2009—2011年安徽承接沪苏浙的主要转移产业？

对安徽承接来自沪苏浙的转移产业分别验证较之一起验证更为准确。“安徽省利用省外资金项目统计信息系统”包含了一、二、三产的89个细分子行业，鉴于公开的统计资料中只有一产、二产的所有产业和三产中的建筑业可以提供较为翔实可信的信息，而三产中的其他产业如服务业、房地产业、文体娱乐业等即使不需要预测也能判断出未来沪苏浙的相关产业也将持续转移，所以本文只对一产、二产的所有产业和三产中的建筑业（共47个行业）进行验证，可以预见，这样的思路并不影响研究结论的可信。

1. 验证：利用上海和安徽2008年的行业静态集聚指数和2004—2008年的行业动态集聚指数预测2009—2011年安徽承接上海的主要转移产业？

表1　**2009—2011年安徽承接上海转移的主要产业与2008年行业静态集聚指数、2004—2008年行业动态集聚指数**

序号	产业	上海		安徽	
		2008年静态集聚指数	2004—2008年动态集聚指数	2008年静态集聚指数	2004—2008年动态集聚指数
1	房地产业	/	/	/	/
2	商务服务业	/	/	/	/
3	石油加工、炼焦及核燃料加工业	5.32	0.37	1.12	0.48
4	专用设备制造业	5.88	0.82	1.87	1.36
5	电气机械及器材制造业	5.72	0.56	3.64	1.04
6	非金属矿物制品业	2.28	0.36	2.34	1.33
7	交通运输设备制造业	7.70	0.71	2.52	0.93
8	零售业	/	/	/	/
9	通信设备、计算机及其他电子设备制造业	12.00	0.62	0.37	0.97
10	其他服务业	/	/	/	/
11	化学原料及化学制品制造业	5.48	0.62	1.98	0.95
12	纺织服装、鞋、帽制造业	5.0	0.38	1.12	1.82
13	金属制品业	6.48	0.54	1.87	1.28
14	农副食品加工业	1.22	0.69	2.87	1.29
15	公共设施管理业	/	/	/	/
16	铁路运输业	/	/	/	/
17	娱乐业	/	/	/	/
18	住宿业	/	/	/	/
19	居民服务业	/	/	/	/

续表

序号	产业	上海		安徽	
		2008 年静态集聚指数	2004—2008 年动态集聚指数	2008 年静态集聚指数	2004—2008 年动态集聚指数
20	其他金融活动	/	/	/	/
21	农业	0.49	0.58	4.27	1.07
22	通用设备制造业	8.98	0.64	1.86	1.31
23	医药制造业	3.53	0.26	1.67	1.14
24	纺织业	1.62	-0.03	1.34	0.93
25	餐饮业	/	/	/	/
26	电力、热力的生产和供应业	4.01	1.07	3.48	1.42
27	非金属矿采选业	≈0	-5.7	2.62	3.05
28	工艺品及其他制造业	4.21	1.35	1.24	1.24
29	装卸搬运及其他运输服务业	/	/	/	/
30	食品制造业	4.31	0.46	2.41	0.95
31	木材加工及木、竹、藤、棕、草制品业	1.75	0.25	3.06	1.36
32	批发业	/	/	/	/
33	专业技术服务业	/	/	/	/
34	塑料制品业	5.52	0.65	2.66	1.15
35	造纸及纸制品业	2.71	0.62	1.51	1.40
36	文化艺术业	/	/	/	/
37	橡胶制品业	4.05	0.22	2.82	0.70
38	仓储业	/	/	/	/
39	其他建筑业	3.32	-0.33	2.21	0.63
40	废弃资源和废旧材料回收加工业	3.25	0.62	2.75	2.38
41	环境管理业	/	/	/	/
42	畜牧业	0.33	0.51	3.92	0.86
43	黑色金属冶炼及压延加工业	3.66	0.19	3.68	1.45

注：/表示该产业是第三产业，未计算相关集聚指数。

数据来源：中国统计年鉴、安徽统计年鉴、上海统计年鉴。下同。

2009—2011 年安徽承接来自上海的主要产业可以分为 4 类：（1）满足条件“上海该产业 2008 年静态集聚指数>安徽该产业 2008 年静态集聚指数、上海该产业 2004—2008 年动态集聚指数<安徽该产业 2004—2008 年动态集聚指数”，根据行业静态集聚指数和动态集聚指数的含义，这意味着 2008 年上海相对于安徽在该产业在全国处于优势地位，但 2004—2008 年间上海该产业的发展速度要慢于安徽，这类行业有 18 个；（2）满足条件“上海该产业 2008 年静态集聚指数 < 安徽该产业 2008 年静态集聚指数、上海该产业 2004—2008 年动态集聚指数 < 安徽该产业 2004—2008 年动态集聚指数”，这表示 2008 年上海相对于安徽在该产业在全国处于劣势地位，且 2004—2008 年间上海该产业的发展速度要慢于安徽，这类产业有 7 个，包括农业、畜牧业、农副食品加工业、非金属矿采选业、非金属矿物制品业、黑色金属冶炼及压延加工业和木材加工及木、竹、藤、棕、草制品业，显而易见，这些行业主要是第一产业和第二产业中低附加值的资源禀赋依赖型和劳动力依赖型产业，从长期看，这些产业是上海要逐渐退出而安徽仍需要发展的；（3）“上海该产业 2008 年静态集聚指数>安徽该产业 2008 年静态集聚指数、上海该产业 2004—2008 年动态集聚指数>安徽该产业 2004—2008 年动态集聚指数”的产业，只有工艺品及其他制造业；（4）未来发展前景较好，且与生产、生活息息相关的第三产业中的细分行业，如房地产业、服务业、文体娱乐业等，这类行业有 17 个。第一个条件和第二个条件可以归并为“上海该产业 2004—2008 年动态集聚指数<安徽该产业 2004—2008 年动态集聚指数”，即我们可以猜想，如果 2004—2008 年某产业在安徽的发展速度只要快于在上海的发展速度，这种产业就存在由上海向安徽转移的可能，无论两区域哪个在该产业上更处于优势地位。

考虑到 47 个行业中很多产业三年的转移总量刚刚超过 10 个亿，这与我们研究产业转移的主要行业和领域主旨不符，行业面涉及过宽会造成筛选条件过于宽松进而影响结论稳健程度。我们将研究对象集中在 47 个行业中的前 20 位左右之前的产业，进而凝练出如下条件：（1）转出地末年产业静态集聚指数大于 4，且转出地发展速度慢于潜在转入地的产业；（2）发展前景较好、与转入地生产生活影响较大的第三产业；（3）转出地需要逐步退出、转入地仍需发展的第一产业和低端制造业。① 符合上述任一条件，我们即认为可以作为潜在转入地承接来自转出地的重要行业。

利用条件（1）筛选出 2008 年末 22 个有可能由上海向安徽转移的产业，基本囊括了 2009—2011 年实际发生转移的满足该条件的前 20 位主要产业，综合条件（2）、（3），可以比较准确地利用公开统计资料预测区域间待转移主要产业，这表明我们的研究思路是可行的。

2. 验证：利用江苏和安徽 2008 年的行业静态集聚指数和 2004—2008 年的行业动态集聚指数预测 2009—2011 年安徽承接江苏的主要转移产业？

利用在分析由上海向安徽转移产业时验证的筛选条件，即“转出地末年产业静态集聚指数大于 4，且转出地发展速度慢于潜在转入地”，可以推测有 28 个产业有可能发生由江苏到安徽的产业转移。在 2009—2011 年由江苏向安徽转移的最主要 22 个行业中，推测的 28 个行业涵盖了 14 个行业，2 个行业未覆盖，另外 6 个行业属于第三产业，可以用条

① 条件（2）、（3）是对条件（1）的补充，有时二者会与（1）重复。如有些产业既符合条件（1），又符合条件（3）。

件（2）筛选出来。未覆盖的两个行业为电气机械及器材制造业和交通运输设备制造业，其未被筛选出的原因是这两个产业2004—2008年在江苏的发展速度略高于在安徽的发展速度，但几乎是接近状态，所以本文认为这一筛选条件仍然可以认为是合理的。

3. 验证：利用浙江和安徽2008年的行业静态集聚指数和2004—2008年的行业动态集聚指数预测2009—2011年安徽承接浙江的主要转移产业？

同分析江苏向安徽产业转移类似，利用条件（1）筛选出30个行业，覆盖了2009—2011年间由浙江向安徽转移的30个主要行业中的19个，3个产业未能覆盖，另外8个产业属于第三产业，可以通过条件（2）筛选出来。未覆盖的3个行业为交通运输设备制造业、化学原料及化学制品制造业和黑色金属冶炼及压延加工业，3个行业共同的特征为，同为浙江的优势产业且处于持续发展高峰期（内聚过程中），但同时3个行业也是安徽的相对优势产业且也是处于发展加速期，本文认为这3种产业发生转移更多是资本寻找更有利投资机会和两区域竞争的体现，并非两区域均自愿且乐见的产业转移形态。

三、安徽承接沪苏浙产业转移重点行业和领域预测

前文已经验证，利用2008年的行业静态集聚指数和2004—2008年的行业动态集聚指数可以预测2009—2011年安徽承接沪苏浙的主要转移产业，且较为准确，唯一不足是给出的范围稍宽。不过，我们认为，这恰恰说明了该研究逻辑的合理性，这一预测方法只是推测根据统计数据哪些产业存在潜在的转移可能，但是否发生实际的产业转移还要取决于很多复杂的因素，而这对于数据预测来说是无法实现的，不过可以通过对产业发展战略愿景的分析加以弥补。

本文尝试利用2007—2011年的统计数据预测未来3~5年安徽承接沪苏浙地区的主要转移产业，研究方法与前述相同，不再赘述，给出预测结果。

1. 安徽承接上海产业转移的潜在重点行业和领域

与2009—2011年间由上海向安徽的产业转移相比，不同之处是，伴随着食品制造业、纺织服装、鞋、帽制造业、橡胶制品业和电力、热力的生产和供应业4个行业在上海愈加处于衰退状态，其在全国产业格局中的地位也逐渐削弱，2012年开始的3~5年甚至更长时期内，这些产业由上海向安徽转移的规模会越来越小。

表2 **2012—2015年安徽承接上海转移的潜在重点行业和领域**

序号	产业	上海		安徽	
		2011年静态集聚指数	2007—2011年动态集聚指数	2011年静态集聚指数	2007—2011年动态集聚指数
1	家具制造业	5.86	0.71	1.64	3.74
2	印刷业和记录媒介的复制	5.69	0.23	3.07	1.81
3	文教体育用品制造业	4.82	−0.38	1.86	2.71
4	石油加工、炼焦及核燃料加工业	4.65	0.46	1.13	1.03

续表

序号	产业	上海		安徽	
		2011 年静态集聚指数	2007—2011 年动态集聚指数	2011 年静态集聚指数	2007—2011 年动态集聚指数
5	化学原料及化学制品制造业	4.77	0.57	2.39	1.62
6	塑料制品业	4.63	0.46	3.15	1.57
7	金属制品业	4.50	-0.22	2.48	2.11
8	通用设备制造业	6.82	0.20	2.55	2.07
9	专用设备制造业	5.00	0.56	2.44	1.79
10	交通运输设备制造业	8.07	1.11	3.18	1.56
11	电气机械及器材制造业	4.53	0.32	4.60	1.77
12	通信设备、计算机及其他电子设备制造业	10.96	0.59	0.54	2.98
13	仪器仪表及文化、办公用机械制造业	5.54	0.03	1.44	2.38
14	工艺品及其他制造业	4.16	0.96	1.69	2.09
15	燃气生产和供应业	5.83	0.41	1.83	1.31
16	房屋和土木工程建筑业	4.08	0.64	2.93	0.93
17	建筑安装业	7.19	0.57	4.13	1.91
18	建筑装饰业	9.72	0.67	2.09	0.87

2. 安徽承接江苏产业转移的潜在重点行业和领域

根据条件（1）可以遴选出 37 个行业，这些行业是 2012—2015 年安徽承接江苏产业转移的潜在重要行业和领域，与根据条件（1）和 2004—2008 年产业集聚指数遴选的 2009—2011 年潜在重要行业相比，主要变化有：减少了农业，增加了畜牧业等 11 个行业。通过对 12 个发生变化行业的两次产业集聚指数进行对比可以发现，因为江苏农业的发展趋于稳定，其向安徽转移的动能逐渐减弱；而新增加的畜牧业等 11 个行业则是大多在 2007—2011 年间经过了在江苏快速内聚，之后趋于稳定或有所趋弱，开始或即将产业向外扩散的阶段，不过，这些产业在 2011 年末仍然是江苏的明显的优势产业，只是近年相继或即将相继开始其向外扩散发展的阶段。这一点江苏与上海有所不同，上海只是减少了食品制造业等 4 个行业，江苏则相反增加了 11 个行业，仅仅减少了农业，这与上海和江苏的产业发展阶段和产业结构有着直接的关系。

表 3　　2012—2015 年安徽承接江苏转移的潜在重点行业和领域

序号	产业	江苏		安徽	
		2011 年静态集聚指数	2007—2011 年动态集聚指数	2011 年静态集聚指数	2007—2011 年动态集聚指数
1	畜牧业	4.43	0.64	4.15	6.03
2	渔业	12.54	0.90	4.59	1.14
3	非金属矿采选业	5.09	0.19	3.39	1.62
4	农副食品加工业	6.45	1.01	3.74	1.82
5	饮料制造业	6.63	1.04	3.30	1.43
6	烟草制品业	5.93	0.87	3.87	0.97
7	纺织业	20.92	0.68	1.73	2.00
8	纺织服装、鞋、帽制造业	21.27	0.71	2.17	4.13
9	皮革、毛皮、羽毛（绒）及其制品业	5.97	0.82	1.89	2.07
10	木材加工及木、竹、藤、棕、草制品业	14.84	0.88	3.84	1.62
11	家具制造业	4.44	0.57	1.64	3.74
12	造纸及纸制品业	10.72	0.51	1.78	1.65
13	印刷业和记录媒介的复制	8.04	0.96	3.07	1.81
14	文教体育用品制造业	16.72	1.23	1.86	2.71
15	化学原料及化学制品制造业	19.14	0.96	2.39	1.62
16	医药制造业	12.09	1.25	2.10	1.67
17	化学纤维制造业	33.97	1.34	1.13	2.09
18	橡胶制品业	12.14	0.64	2.96	1.15
19	塑料制品业	10.71	0.62	3.15	1.57
20	非金属矿物制品业	8.14	0.86	2.92	1.62
21	黑色金属冶炼及压延加工业	13.73	0.69	2.63	1.02
22	有色金属冶炼及压延加工业	10.33	0.96	4.16	1.70
23	金属制品业	17.60	0.90	2.48	2.11
24	通用设备制造业	17.60	0.85	2.55	2.07
25	专用设备制造业	15.41	1.18	2.44	1.79
26	交通运输设备制造业	11.64	1.16	3.18	1.56
27	电气机械及器材制造业	20.19	1.20	4.60	1.77
28	通信设备、计算机及其他电子设备制造业	23.53	1.19	0.54	2.98

续表

序号	产业	江苏		安徽	
		2011年静态集聚指数	2007—2011年动态集聚指数	2011年静态集聚指数	2007—2011年动态集聚指数
29	仪器仪表及文化、办公用机械制造业	26.93	1.70	1.44	2.38
30	工艺品及其他制造业	7.01	1.58	1.69	2.09
31	废弃资源和废旧材料回收加工业	9.67	0.72	9.39	3.85
32	电力、热力的生产和供应业	7.83	0.83	3.57	1.10
33	燃气生产和供应业	8.01	0.65	1.83	1.31
34	水的生产和供应业	7.65	0.92	2.01	1.50
35	房屋和土木工程建筑业	12.63	0.81	2.93	0.93
36	建筑安装业	14.36	0.98	4.13	1.91
37	其他建筑业	14.45	0.47	2.18	0.97

3. 安徽承接浙江产业转移的潜在重点行业和领域

根据统计数据和条件（1）可以遴选出的2012—2015年可能成为安徽承接来自浙江的潜在重点行业有32个，主要分布在较为高端的制造业和建筑业中，与依据2004—2008年统计数据推测的2009—2011年30个潜在主要转移产业相比，减少了渔业、非金属矿采选业和建筑装饰业，增加了饮料制造业、化学原料及化学制品制造业、橡胶制品业、交通运输设备制造业和水的生产和供应业。对8个发生变化行业的两次产业集聚指数进行对比，可以发现减少的3个行业或是因为发展速度出现反复（渔业、建筑装饰业），或是因为在全国产业格局中的优势地位逐渐削弱，难以继续发生大规模转移（非金属矿采选业），增加的5个产业原因则比较一致，它们均处于向外扩散的产业发展阶段，在这一阶段，产业在全国产业格局中的比重进一步下降，同时伴随发展速度不断下滑，在这种条件下持续出现由浙江向安徽的大规模产业转移就成为必然。

表4　**2012—2015年安徽承接浙江转移的潜在重点行业和领域**

序号	产业	浙江		安徽	
		2011年静态集聚指数	2007—2011年动态集聚指数	2011年静态集聚指数	2007—2011年动态集聚指数
1	林业	4.60	0.58	5.21	0.89
2	饮料制造业	4.70	0.32	3.30	1.43
3	纺织业	19.55	0.75	1.73	2.00

续表

序号	产业	浙江		安徽	
		2011 年静态集聚指数	2007—2011 年动态集聚指数	2011 年静态集聚指数	2007—2011 年动态集聚指数
4	纺织服装、鞋、帽制造业	13.40	0.48	2.17	4.13
5	皮革、毛皮、羽毛（绒）及其制品业	16.31	0.54	1.89	2.07
6	木材加工及木、竹、藤、棕、草制品业	6.09	0.41	3.84	1.62
7	家具制造业	12.73	0.59	1.64	3.74
8	造纸及纸制品业	10.06	0.67	1.78	1.65
9	印刷业和记录媒介的复制	9.60	1.02	3.07	1.81
10	文教体育用品制造业	15.11	0.89	1.86	2.71
11	石油加工、炼焦及核燃料加工业	4.63	0.78	1.13	1.03
12	化学原料及化学制品制造业	7.33	0.81	2.39	1.62
13	医药制造业	6.56	0.54	2.10	1.67
14	化学纤维制造业	37.51	0.82	1.13	2.09
15	橡胶制品业	9.20	0.93	2.96	1.15
16	塑料制品业	14.08	0.77	3.15	1.57
17	非金属矿物制品业	4.56	0.59	2.92	1.62
18	有色金属冶炼及压延加工业	6.53	0.92	4.16	1.70
19	金属制品业	9.79	0.35	2.48	2.11
20	通用设备制造业	10.75	0.66	2.55	2.07
21	专用设备制造业	6.18	0.86	2.44	1.79
22	交通运输设备制造业	6.51	0.60	3.18	1.56
23	电气机械及器材制造业	10.84	0.68	4.60	1.77
24	仪器仪表及文化、办公用机械制造业	11.45	1.47	1.44	2.38
25	工艺品及其他制造业	13.93	0.45	1.69	2.09
26	废弃资源和废旧材料回收加工业	14.59	0.51	9.39	3.85
27	电力、热力的生产和供应业	8.17	0.85	3.57	1.10
28	燃气生产和供应业	5.89	1.04	1.83	1.31
29	水的生产和供应业	9.59	1.20	2.01	1.50
30	房屋和土木工程建筑业	13.32	0.86	2.93	0.93
31	建筑安装业	5.10	0.82	4.13	1.91
32	其他建筑业	6.06	0.58	2.18	0.97

四、安徽承接沪苏浙产业转移的未来趋势特征

将上述预测的2012—2015年安徽承接沪苏浙产业转移的潜在重点行业和领域汇总，可以发现一些比较显著的特征：

（1）第一产业和采矿业几乎停止转移。随着沪苏浙和安徽在全国第一产业和采矿业中产业格局中所占比重的此消彼长，除个别未完成转移的产业外，其他产业由沪苏浙向安徽的转移将逐步经历规模大幅缩小乃至消失的过程，可以预见，这些产业在长三角区域三省一市内的扩散转移将成为一种过去时。

（2）由沪苏浙向安徽的产业转移将步入制造业全面转移时期。安徽承接自沪苏浙转移的产业将由所有产业全面转移时期（目前之前所处时期）进入制造业为转移主流的产业转移时期。在这一过程中，沪苏浙之间也存在差异，在向安徽转移其制造业时，上海更侧重较高端制造业的转出，浙江所转产业集中在制造业和建筑业，江苏则是全面转移，但第一产业和采选业较少，这一特征也反映了沪苏浙各自的产业发展阶段。上海的产业结构更趋向高级化，浙江次之，江苏与安徽的产业发展阶段距离更近，所以在2012—2015年乃至今后更长时期，江苏将是安徽承接外来产业转移的主战场（仅就47个行业而言）。比如说第三产业中高端服务业的转移，主要承接的还是来自上海的产业。总之，沪苏浙三者产业发展阶段的差异，使得安徽在承接来自他们的承接产业时存在着差异，安徽应该清楚这种差异，合理利用这种差异，调整自身的产业承接策略。

（3）服务业由沪苏浙向安徽的产业转移逐渐增多。尽管没有利用翔实可信的统计数据证明这一发展趋势，但通过2004年以来尤其是2009年以来由沪苏浙向安徽转移产业的结构分析，还是可以比较清晰地总结出这一变化特点，可以预期，随着沪苏浙和安徽各自产业结构的不断升级调整，服务业由长三角区域内的发达地区（沪苏浙）向区域内的相对欠发达地区（安徽）逐步开始转移并愈来愈多也是一种必然的趋势。

表5 **2012—2015年安徽承接沪苏浙转移的潜在重点行业和领域汇总表**

序号	行业	上海→安徽潜在重点行业和领域	江苏→安徽潜在重点行业和领域	浙江→安徽潜在重点行业和领域
1	农业			
2	林业			☆
3	畜牧业		☆	
4	渔业		☆	
5	煤炭开采和洗选业			
6	石油和天然气开采业			
7	黑色金属矿采选业			
8	有色金属矿采选业			

续表

序号	行业	上海→安徽潜在重点行业和领域	江苏→安徽潜在重点行业和领域	浙江→安徽潜在重点行业和领域
9	非金属矿采选业		☆	
10	其他采矿业			
11	农副食品加工业		☆	
12	食品制造业			
13	饮料制造业		☆	☆
14	烟草制品业		☆	
15	纺织业		☆	☆
16	纺织服装、鞋、帽制造业		☆	☆
17	皮革、毛皮、羽毛（绒）及其制品业		☆	☆
18	木材加工及木、竹、藤、棕、草制品业		☆	☆
19	家具制造业	☆	☆	☆
20	造纸及纸制品业		☆	☆
21	印刷业和记录媒介的复制	☆	☆	☆
22	文教体育用品制造业	☆	☆	☆
23	石油加工、炼焦及核燃料加工业	☆		☆
24	化学原料及化学制品制造业	☆	☆	☆
25	医药制造业		☆	☆
26	化学纤维制造业		☆	☆
27	橡胶制品业		☆	☆
28	塑料制品业	☆	☆	☆
29	非金属矿物制品业		☆	☆
30	黑色金属冶炼及压延加工业		☆	
31	有色金属冶炼及压延加工业		☆	☆
32	金属制品业	☆	☆	☆
33	通用设备制造业	☆	☆	☆
34	专用设备制造业	☆	☆	☆
35	交通运输设备制造业	☆	☆	☆
36	电气机械及器材制造业	☆	☆	☆
37	通信设备、计算机及其他电子设备制造业	☆	☆	

续表

序号	行业	上海→安徽潜在重点行业和领域	江苏→安徽潜在重点行业和领域	浙江→安徽潜在重点行业和领域
38	仪器仪表及文化、办公用机械制造业	☆	☆	☆
39	工艺品及其他制造业	☆	☆	☆
40	废弃资源和废旧材料回收加工业		☆	☆
41	电力、热力的生产和供应业		☆	☆
42	燃气生产和供应业	☆	☆	☆
43	水的生产和供应业		☆	☆
44	房屋和土木工程建筑业	☆	☆	☆
45	建筑安装业	☆	☆	☆
46	建筑装饰业	☆		
47	其他建筑业		☆	☆

注：☆表示该产业是2012—2015年安徽承接来自该地区的潜在重点行业。

参考文献

[1] 张春法，冯海华，王龙国．产业转移与产业集聚的实证分析——以南京市为例［J］．统计研究，2006（12）．

[2] 贺清云，蒋菁，何海兵．中国中部地区承接产业转移的行业选择［J］．经济地理，2010（6）．

[3] 张少军，刘志彪．全球价值链模式的产业转移——动力、影响与对中国产业升级和区域协调发展的启示［J］．中国工业经济，2009（11）．

[4] 符正平，曾素英．集群产业转移中的转移模式与行动特征——基于企业社会网络视角的分析［J］．管理世界，2008（12）．

科学承接产业转移　促进对外开放与区域合作

孔晓宏
（安徽省发展和改革委员会副主任　合肥　230600）

科学承接产业转移，是安徽深化国内合作交流的重要形式，也是近年来安徽加速崛起的重要推动力量。“十一五”期间，安徽累计引进省外资金1.8万亿元，年均增长53%。2012年以来，尽管受到经济下行压力影响，安徽承接产业转移仍然保持较好势头。前三季度，全省1亿元以上在建省外投资项目4561个，实际到位资金3995.7亿元，同比增长26.8%。

正是得益于国内合作交流，受惠于科学承接产业转移，近年来安徽经济发展实现重大跨越，综合实力明显提升。“十一五”期间，全省生产总值跨越7个千亿元台阶，年均增长13.4%，财政收入增长了2.1倍。2011年全省生产总值1.5万亿元，增长13.5%，实现了“十二五”良好开局。2012年以来，在全国经济稳中趋缓的大背景下，安徽经济运行好于全国、领先中部，总体仍处于较快增长区间。前三季度，全省生产总值12562.3亿元，增长12%。规模以上工业增加值5305.7亿元，增长16%，增幅高于全国6个百分点，居中部第1位。社会消费品零售总额4076.5亿元，增长15.8%，增幅高于全国1.7个百分点，居全国第1位。农民人均现金收入6498.7元，增长182%，增幅高于全国2.8个百分点，居中部第1位。

围绕科学承接产业转移，我们立足安徽省情，切实把握机遇，开展了以下几项重点工作：

一是着力强化战略合作平台。近年来，我们坚持“全面加强合作、重点区域突破”的原则，着力强化与长三角、珠三角、央企、中西部等重点战略合作。我省牵头的长三角产业转移专题合作继续深化，我省与沪、苏、浙两省一市投资合作更趋紧密。前三季度，沪、苏、浙两省一市在皖投资1亿元以上在建项目2895个，到位资金突破2000亿元，占全省55.2%，较1—8月份上升0.5个百分点，比去年同期上升1.7个百分点。其中浙江省1306个项目，到位1031.5亿元，居第一位；江苏省1032个项目，到位744.7亿元，居第二位；上海市557个项目，到位428.2亿元，居第四位。广东省在皖投资亿元以上项目429个，到位资金441.0亿元，居第三位。北京市（含央企）在皖投资亿元以上项目349个，到位资金424.7亿元，居第五位。截至2011年年底，我省与88家中央企业累计签约项目714个，实际完成投资3000多亿元。目前安徽已经成为央企投资发展速度最快、效益最好的省份之一。这些年，我们通过参与中博会等合作平台、加强对口支援工作，与中西部省份的交流合作也日益加深，优势互补、合作共赢的产业分工合作格局已初步形成。

二是着力夯实产业承接载体。皖江示范区是国务院批准的承接产业转移的国家级战略平台，也是我省集聚发展资源、深化开放合作的重要平台。经过两年多的建设，承接产业规模不断扩大，承接产业质量明显提高，示范区品牌效应日益凸显。2011 年，皖江示范区生产总值、财政收入分别占全省的 67%、64%，落户示范区的亿元以上大项目 2981 个，到位资金 2874 亿元，占全省的 68.8%，对外开放的层次和水平进一步提高。省级开发园区扩区升级步伐加快。2011 年共办理扩区申请 38 家，占地面积较上年增加了 450 平方公里。2010 年以来，全省共有 7 家省级开发区升格为国家级，使我省国家级开发区总数位列中部省份第二。目前，全省共有省级以上各类开发园区 152 家，包括 13 家国家级、77 家省级、62 家省级筹建开发区，招商引资载体功能满足了我省“十二五”乃至更长时期的发展需要。

三是着力优化招商引资结构。近年来，安徽连续保持承接产业转移良好势头，利用省外资金全国领先。但从安徽的发展阶段和产业基础来看，招商引资已经走出了单纯追求总量的阶段。我们当前一项重点工作，就是利用用地、用工、融资等要素“倒逼机制”，引导和推动全省招商引资加快由重“量”向“量效”并重转变，进一步树立“招大引强”观念，及时调整招商引资政策和考核评价方式，注重集群式承接，坚持“绿色”承接，把承接产业转移和培育主导产业紧密结合起来，打造产业集聚区，提高地区产业的经济效益。现在盲目搞总量扩张，不仅是对日益紧张的生产要素的浪费，而且会导致新进产业和原有主导产业对生产要素的争夺，丧失了主导产业发展机遇。从 2012 年上半年全省利用省外资金情况看，总量增幅虽然持续回落，但项目结构逐渐优化。如大项目、新建项目多了，10 亿元在建项目 482 个，比 2011 年多 47 个；新建 1 亿元以上项目 922 个，6 月份当月新建项目就有 144 个。先进制造业与现代服务业引资比重继续扩大，战略性新兴产业引资比重由 2011 年的 4.1%上升至 9.6%。总投资 285 亿元的第 8.5 代 TFT-LCD 项目，是迄今安徽引进最大的高新技术项目。

四是着力缓解承接产业转移瓶颈制约。目前，安徽承接产业转移中“用地难、融资难、用工难”现象比较突出，尤其是用地指标少成为不少地方发展难题。调研中我们发现不少开发区重点只做两件事：一是清理和劝退那些供地不建设的项目、建设不开工的项目、产业层次较低的早期入园项目等，尽可能腾出发展空间；二是千方百计帮助入园企业招工，最远的到云南去招工。针对承接产业转移中的要素瓶颈制约，我们加强调研和形势研判，认真贯彻落实国家和省保增长政策，推进实施《安徽省“十二五”合作交流发展规划》，切实加强对全省承接产业转移工作的督导和引导。鼓励皖江城市带重点承接先进制造业、战略性新兴产业和现代服务业等，引导劳动密集型、资源消耗性产业，向土地、自然资源、劳动力供给相对宽松的皖北地区集聚，而大别山区、黄山市等，则以生态保护为主，严把承接产业门槛。针对“用地难”，引导支持各地科学制定土地利用规划，产业向园区集聚，整合乡镇产业集中区，严把项目准入门槛，大力建设标准厂房，加快盘活闲置土地，切实做到节约集约用地；针对“融资难”，引导支持各级政府加强对小额贷款公司等非银行融资平台的支持，支持具备条件的企业加快申报发行企业债券、短期融资券等，积极搭建银企合作对接平台；针对“用工难”，一方面引导支持各地加强劳务培训，重点增加“技工”、“熟练工”供给量，另一方面人口密集的皖北地区向皖江示范区对口输出劳动力，制定政策吸引我省在沿海务工人员回乡就业创业，同时加大对人力资源相对富集省份的招工力度，建立健全政府主导、市场化运作的劳务培训、服务机制。

当前，安徽承接产业转移外部环境趋紧。一方面世界经济仍将维持弱势复苏态势，美欧“再工业化”战略进一步影响其相关产业向我国转移；为“保增长”，我国沿海省市由支持“走出去”变为鼓励“引进来”；中西部地区承接沿海地区产业竞争更趋激烈，桂东、湘南、重庆、荆州四个国家承接产业转移示范区相继成立；另一方面安徽承接产业转移“洼地”效应逐步减退，受土地等要素的制约和可持续发展的要求，对投资强度、产业层次、节能减排等要求越来越高，人力成本优势也逐步被熨平。如何积极应对国内外复杂严峻形势，努力保持安徽承接产业转移的平稳增长？是我们当前努力破解的重大问题。

我们认为，尽管发展大环境发生变化，但安徽处于大有可为的黄金发展期没有改变，对外扩大承接产业转移、对内加快转型升级的大趋势没有逆转。安徽省第九次党代会上，作出了打造“经济强省、文化强省、生态强省”的战略部署，描绘了建设美好安徽的宏伟蓝图。我们将围绕省委省政府决策部署，依托更趋完善的国内合作交流平台，利用省际间区域间日益紧密的合作机制，继续做好科学承接产业转移文章，有力推动美好安徽建设。

我们将以参与新一轮长三角分工合作为重点，进一步深化国内区域合作与交流。安徽作为后发地区，加快发展主要靠“增”量，靠合作交流和承接产业转移。在长三角区域合作新机制下，我们将积极参与长三角区域产业转型升级与分工合作，协同推进基础设施网络化建设，着力推动公共服务领域对接，共同构建绿色发展的生态平台，加快融入长三角一体化发展。同时极推进与珠三角、环渤海、中西部等地区的合作交流，梳理和推进近年来签订的战略合作协议，发挥区域性中介组织的作用，推动形成政府、企业、社会团体等共同参与、相互协作的多层次区域合作体系。继续加强与央企新一轮战略合作，争取重大合作项目在安徽布局。

我们将充分利用土地等要素制约的“倒逼机制”，进一步推动科学承接产业转移。继续树立科学承接产业转移观念，深刻理解“总量和效益”、“承接转移和培育主导产业”的重要性，把宝贵的和稀缺的要素资源，放在与我们主导产业关联度高、经济社会效益前景好的外来投资项目上。切实做好节约用地、集约用地，有效搭建融资平台、劳务服务平台，努力缓解承接产业转移“瓶颈”制约。把世界500强、创新型企业、大型跨国公司、国内龙头企业和战略性新兴产业作为承接重点目标，提高产业层次，改进产业结构。推动建立和完善全省承接产业转移协调推进和服务联动机制，确保项目引得来、留得住、做得大，可持续。

我们将以推进跨省合作共建园区为重要形式，进一步推进集群式承接产业转移。充分利用皖江城市带承接产业转移示范区的先行先试权，积极探索“飞地”经济、园区托管、股份合作、产业招商等多种合作模式，按照“政府搭台、园区支撑、企业运作、项目带动、利益共享”的原则，共同开展基础设施建设和项目招商，切实推进与沿海地区产业园区的合作共建，增强区域间产业互动性和关联性，促进大规模集群式承接沿海地区的产业转移。加强省内开发区与沿海地区开发区的对接，利用沿海开发区的品牌优势和管理经验，加强与沿海先进开发区在发展战略、技术研发、服务外包、市场拓展等方面展开全方位的深度合作，全面提升省内开发区运作和发展水平，更好地发挥承接产业转移主要载体作用。

皖北地区开发区专题发展研究报告

高家国　陈　波
（安徽省发展和改革委员会地区处　合肥　230600）

近年来，在省委、省政府的关心和指导下，皖北六市五县（淮北、亳州、宿州、蚌埠、阜阳、淮南6市和寿县、霍邱、定远、凤阳、明光5县开发区按照“布局集中、用地集约、产业集聚、创新驱动、环境友好”总要求，不断壮大开发区发展规模，不断加快开发区转型发展步伐，为皖北地区经济社会发展提供了有力支撑。开发区已成为带动皖北地区经济发展的重要增长极、承接产业转移的主要载体、利用外资的重要平台、经济社会发展的重要引擎。

一、皖北地区开发区建设发展的新成就

截至2011年年底，皖北六市五县共有省级以上各类开发区49家，其中国家级开发区1家（蚌埠高新技术产业园区）、国家核准的省级开发区31家、筹建的省级开发区17家，其中大多数是在2006年国家清理整顿结束后开始起步的。面对起步较晚、基础薄弱、竞争激烈的实际，各市、县高度重视、改革创新、攻坚克难，举全市或全县之力加快开发区发展，开发区已从当初的“星星之火”渐成现在的“燎原之势”，一批开发区展现出了较强的成长性和生命力。

（1）经济总量持续扩大。近年来，皖北六市五县开发区发展环境不断优化，发展质量不断提高，主要经济指标保持较高增长态势。2011年，皖北六市五县49家省级以上各类开发区实现经营销售收入2781.8亿元，财政收入129.7亿元，分别比上年增长50.5%和61.3%，占全省省级以上各类开发区比重分别为16.2%和17.5%。其中，1家国家级、31家省级、17家省级筹建开发区分别实现经营销售收入445.4亿元、1871.8亿元和464.6亿元，比上年分别增长了22.4%、46.7%和1.2倍。

（2）工业经济增速不断加快。皖北六市五县开发区围绕“工业强区”战略，不断扩大产业规模，注重产业结构升级，涌现出一批新型工业化的生力军。2011年，皖北六市五县49家省级以上各类开发区实现工业销售收入2209.3亿元，比上年增长57.6%，高于经营销售收入增幅7.1个百分点。实现工业增加值673.3亿元，比上年增长57.6%，占全省工业增加值的比重由上年的7.6%提高到9.5%。

（3）对外开放水平稳步提高。2011年，皖北六市五县开发区完成外贸进出口总额16.8亿美元，比上年增长54.1%，占全省省级以上开发区进出口总额的10.5%，比上年提高1.4个百分点，其中，出口总额12.7亿美元，比上年增长45.2%；进口总额4.1亿美元，比上年增长1倍。分类别来看，国家级、省级、筹建省级开发区分别实现进出口总

额3.8亿美元、11.8亿美元和1.2亿美元，分别比上年增长3.2%、81.8%和67.1%。

（4）转型升级取得积极进展。2011年，皖北六市五县开发区实现高新技术产业增加值108亿元，比上年增长77.3%，高于全部工业增加值增速19.7个百分点；高新技术产业增加值占全部工业增加值的比重达16%，比上年提高1.8个百分点。同时，皖北六市五县开发区加强科技人才的引进，加大科技经费的投入力度，进一步提高创新要素的集聚水平。2011年，皖北六市五县开发区研发人员数达到11593人，比上年净增3040人；当年科技活动支出经费总额达到18.9亿元，占开发区全区经营销售收入的比重达0.6%。

（5）招商引资水平显著提高。2011年，皖北六市五县开发区实际利用省外境内资金达到683.9亿元，比去年增长了46.4%。其中，来自苏浙沪的企业个数4086个，比上年增加740个。皖北六市五县开发区实际利用外资9亿美元，比上年增长51.7%，占全省省级以上开发区实际利用外资总额的18.4%。分类别来看，国家级、省级、筹建省级开发区分别实现利用外资1.2亿美元、7.3亿美元和0.5亿美元，分别比上年增长20%、64.3%和22.8%。

（6）发展空间继续拓展。随着工业化、城镇化进程的加快，皖北六市五县开发区的建成区面积不断增加，基础设施投入力度不断加大，人口不断积聚。2011年，皖北六市五县开发区占地面积达到977.5平方公里，建成区面积达419.6平方公里，分别比2010年增加了366.6平方公里、105.3平方公里；全年完成固定资产投资998.3亿元，占到了全省省级以上开发区固定资产投资的20%，比2010年提高3.4个百分点。其中，基础设施投资达151.4亿元，比去年增长了42.4%；皖北六市五县开发区就业人员达到53.1万人，比上年净增10.5万人，增长24.6%。其中，工业从业人员38.4万人，占全部从业人员的72.3%。

二、皖北地区开发区建设发展的新趋势

（1）加快开发区发展的浓厚氛围正在形成，投资环境逐步改善。一是出台了支持开发区发展的系列政策措施。据不完全统计，近两年来，皖北六市五县以市、县政府名义出台的加快开发区发展的政策文件多达50多份，对开发区的管理体制、资金筹措、招商引资、项目建设、拆迁安置等方面作出了规定和安排，这些文件的出台极大地推动了开发区的发展。难能可贵的是，一些贫困县在“缺钱缺人”的情况下，举全县之力，集全民之智，探索了加快开发区发展的一些新思路、新办法、新措施。二是地方党委、政府领导亲自抓开发区发展。阜南、蒙城、利辛、砀山等县委、县政府主要领导亲自过问、协调、解决园区和企业建设的重点问题，亲临招商一线洽谈项目。强有力的领导推动是皖北县域开发区加快发展的主导力量。三是投资环境明显改善。淮北市开展“企业服务年”活动，落实“企业宁静日制度”，实行开发区封闭运行，完善招商引资工作机制，坚持项目全程帮办、全程代理，开发区投资环境持续优化。开发区已经成为该市对外开放的重要窗口和创新创业的示范区。

（2）基础设施建设加快推进，开发区框架基本形成。皖北六市五县49个省级以上各类开发区占地面积977.5平方公里，目前建成面积610.9平方公里。目前，阜阳市园区建成区面积达到77平方公里，相当于再建一个阜阳城区。界首市一园四区建成区面积达到

10 平方公里，已占界首现有市区面积的 60%；太和县一区两园建成区面积也突破 10 平方公里，占太和县现有市区面积的 45%。2011 年，49 个开发区基础设施累计投入资金约 151.4 亿元。市辖开发区基础设施已基本达到“七通一平”标准，县域开发区基本达到“五通一平”。

（3）主导产业显现雏形，产业集聚能力进一步增强。近年来，皖北地区开发区在建设和招商引资过程中，立足自身产业项目集聚现状，发挥比较优势，推进错位发展，突出“一区一品”、“一园一主业”。如淮北市凤凰山经济开发区以食品加工为主，区内现有企业 89 家，其中食品及配套加工企业 62 家；杜集经济开发区以机械装备制造为主，园区现有企业 95 家，其中机械装备制造 72 家；临涣工业园以煤化工为主，正在加快建设的新区以新兴产业为主；亳州市经济开发区以现代中药、食品加工和电子信息为主，亳州工业园区以现代中药、农产品加工为主。皖北六市五县开发区主导产业销售收入完成 1893.7 亿元，占开发区全年销售收入的 68.1%。

（4）节约集约用地意识增强，开发区集约化发展水平有所提高。淮北市出台并落实《关于依法依规节约集约用地的实施意见》，从规划管理、用地结构、项目预审、指标控制等方面进行规范。文件明确提出，开发区新开发的建设区域，工业用地比例不得低于 70%；省级开发区工业项目用地亩均投资强度不低于 200 万元；新增工业项目建筑密度不得低于 40%，建筑容积率不得小于 1.0。与此同时，把项目投资强度、容积率、建筑密度、建设进度、产出效益写进投资协议；对超过规定期限、未按约定使用的园区土地集中进行清理、依法收回。2011 年，皖北地区开发区的投资强度逐步提高，单位土地投资强度为 60.6 万元/亩。

三、皖北地区开发区发展面临的问题

皖北开发区近几年虽有长足的发展，但由于起步晚、基础条件差，总体上还属于起步阶段，存在产业层次不高、综合实力不强、特色不明显等问题。进一步发展，也受到发展空间、生产要素、体制、机制等制约。

（1）缺乏科学规划，开发空间预留不足。开发区建设总体规划缺乏前瞻性，发展空间受限。2006 年以后建设的开发区一般按照边规划、边建设、边招商的原则进行开发，事先缺少总体规划，个别有规划的也没有经过科学论证，导致皖北部分地区开发区建设与土地利用总体规划、城市建设总体规划不协调现象，开发区预留的空间较少。

（2）开发区基础设施建设标准偏低。除市一级开发区外，各县区开发区基础设施大多只达到“五通一平”，而没有达到“七通”或“九通”。部分开发区环保设施不足，缺少集中治污、垃圾收集处理等设施。

（3）产业规划不明确，主导产业不突出。从产业集聚看，皖北开发区的孤岛型企业较多，产业关联度不高，聚集力不强。单个县区开发区的主要产业至少有 3 个，一般都确定了 4~6 个的主导产业。有的开发区内积聚了化工、电力、农产品加工、纺织、机械制造、建材等多个产业，造成主导产业不突出，产业间的配套不明显。从区域竞争看，不少开发区存在产业趋同现象，存在恶性竞争。阜阳市大多数园区都是食品服装、机械制造、化工医药中小型企业，主导产业不明确，配套能力低，互补性差，没有形成产业链，园区特色不明显。

（4）产业层次偏低，企业规模偏小。从产业层次看，皖北开发区工业多属于资源初加工型，产业链条不长，附加值低的传统产业占有较大比重。农副食品加工、纺织、木材加工和玩具制造等劳动密集型企业在园区中占主体地位，而高技术企业相对较少。亳州市90%以上的中药企业主要集中在饮片加工，中药提取、中成药制造企业屈指可数。宿州、阜阳农产品加工业中的面粉、大米加工等农产品初加工企业占了较大份额。从企业规模看，皖北开发区大企业较少，销售收入大多在5000万元以下，亿元以上企业较少，尤其缺少世界500强、国内500强及民营企业500强等具有重大产业带动能力的龙头企业。

（5）资金短缺，影响园区和企业发展。一是缺乏融资平台，基建资金缺口较大。皖北大部分地区财政实力较弱，对开发区建设支持有限，开发区基础设施建设资金筹集压力较大。二是园区企业融资难问题突出。皖北市县两级中小企业信用担保公司实力较弱，县域大部分担保机构资本金都在3000万元以下，担保能力有限。同时，由于皖北中小企业资质较差，担保机构的杠杆效应较小，一般只能以1∶3的比例进行贷款担保，低于沿江和省会地区1∶5和1∶10的担保比例。

（6）土地指标紧张，用地矛盾显现。皖北地区作为我省粮食主产区，基本农田多，滩涂、荒地较少，开发区建设占用耕地压力较大。一方面，部分工业园区用地指标严重不足，有项目无土地，企业排队入园。据国土部门介绍，我省土地紧张的局面将在今后相当长的一个时期存在。同时，开发区更多地注重规模的扩张，急于承接更多的产业，往往以廉价的土地为筹码吸引更多的企业落户开发区，很多地方出现了用地紧张与粗放用地并存的现象。另一方面，也存在个别开发缓慢的园区土地征而不用、圈而少建的现象。从开发区实际控制面积看，皖北部分地区开发区面积已与老城区平分天下。在开发区范围内，部分投资项目占用土地面积较大，投资强度较小。

（7）管理体制不顺，运转机制不畅。大部分开发区内职能部门管理权限不到位，不能适应开发区建设的需要。在实际操作中，开发区内的规划、建设、土地、环保、税务、技术监督等部门的管理职权较小，难以有效开展工作。部分县区开发区缺乏独立运作的财政管理体制，开发区内的财源不能封闭运作，难以全部用于开发区建设。甚至个别开发区的开发区管委会只是个临时管理机构。同时，随着开发区的发展，社会事务普遍增多，管理体制有向传统的行政体制复归倾向，偏离了开发区以招商引资、经济建设为主要任务的初衷。

四、进一步促进皖北地区开发区发展的建议

加快开发区发展，是皖北地区引入增量，壮大总量，培育新的经济增长点，推进跨越式发展，加速崛起进程的迫切需要；是抢抓沿海地区产业转移，参与泛长三角区域发展分工与合作的重要抓手；是皖北地区探索“三化”协调发展新路子，推进经济强省战略的重要力量。要进一步提高认识，把开发区发展放在更加突出的位置，加大工作力度，采取有力措施，推动开发区又好又快发展。

（1）着力优化空间布局，推动开发区转型升级。一是全面开展开发区整合工作。鼓励皖北各市整合中心相邻开发区，形成一批布局合理、分工明确、竞争力强的产业集聚

区；支持县域升级（含筹建）开发区以“一区多园”、合作共建等形式，整合周边乡镇工业集中区。二是规范开发区扩区工作。在符合国民经济和社会发展规划、土地利用总体规划、城市（镇）总体规划和环境保护要求的前提下，依法采取置换、整合等方式扩大开发区规划范围。按照成熟一个、办理一个的原则，有序开展开发区扩区工作。根据省第九次党代会要求“促进我省开发区的转型升级”精神，省发展和改革委员会拟订了《关于进一步加快开发区转型发展的若干意见》、《安徽省开发区考核评价暂行办法》。皖北地区各开发区要以此为契机，积极抓好所属辖区内开发区转型发展和扩容升级工作，争取筹建开发区尽快通过验收审批为正式省级开发区。下一步，省发展和改革委员会将力争增加财政贴息规模，建立科学合理的开发区考核评价体系，引导皖北地区开发区科学发展、转型发展、集约发展。

（2）培育特色产业集群，提升开发区水平。一是科学规划。学习借鉴发达国家和先进地区的先进规划理念，按照“布局集中、产业集群、资金集聚、用地集约、环境友好”的要求，综合考虑地区经济发展现状、资源和能源条件、产业基础和特色，以主导产业、发展空间、功能区块、基础设施、配套设施及生态保护为主要内容，科学编制和修订开发区规划。把开发区规划纳入国民经济和社会发展规划、土地利用总体规划、城市总体规划和环境保护规划，形成总体规划、专项规划、详细规划相统一的规划体系。二是明确主导产业。各开发区根据本地区位优势、资源条件、产业基础，顺应产业发展趋势，搞好产业发展规划，明确产业发展方向，确定2~3个主导产业，合理确定产业发展目标，培育特色产业集群，形成持久竞争优势。按照形成产业集群的思路，根据产业关联度，优化开发区空间布局，打造“园中园”，促进产业集聚发展。三是大力发展战略性新兴产业。坚持自主创新和技术引进相结合，大力发展战略性新兴产业，抢占产业发展制高点。鼓励开发区企业加大技术改造力度，加速传统产业与新兴产业融合发展。完善园区技术创新体系，支持开发区建立科技企业孵化器、公共技术中心等各类科技创新平台，形成以企业为主体、市场为导向的产学研科技创新体系。四是搞好招商选资。更新招商观念，由“捡到篮子里都是菜”向招商选资转变。转变招商方式，由引进单个企业向引进整体产业转变；推进产业招商，围绕主导产业，大力引进上下游企业，促进相互配套，延伸产业链，聚集产业群；以引进龙头企业、“旗舰”项目为重点，着眼于延伸主导产业链，推动产业集聚和企业集群，形成特色产业园区。五是扶持壮大龙头企业。加强对重点企业的跟踪服务，加大资金、土地、人才等生产要素支持，促进龙头企业加快发展，带动整个产业聚集发展。

（3）发展现代服务业，完善开发区配套功能。积极发展物流、金融保险、科技服务、中介服务等生产性服务业，完善开发区服务功能，为承接产业转移提供重要支撑。一是大力发展现代物流业。围绕工业园区和产业集聚区，重点发展物流基地和园区物流设施建设，积极培育第三方物流企业，为制造业提供运输、仓储、配送、信息、企业物流方案设计等综合物流服务，降低企业物流成本。二是加强金融服务。积极引进各类银行、证券、保险、信托等金融机构到开发区设立分支机构。三是发展科技服务。鼓励企业设立研发中心、设计中心、创业中心、孵化中心、重点实验室等各类科技创新载体。四是积极构建综合信息服务平台。组建开发区综合信息服务中心，对开发区内企业进行信息化改造，提高企业技术水平。引导会计、法律、审计等服务中介进入开发区服务中心，提高一站式服务。五是加快完善开发区公共服务功能。加快医疗、教育、公共交通、文化娱乐、供气、供暖等公共服务设施建设，提高开发区服务功能和水平，提升开发区集成功能，使开发区成为宜居宜业宜游的新城区。

（4）节约集约利用土地，提高开发效益。一是进一步规范开发区扩区工作。对符合扩区条件的开发区，要抓紧调整所在市（县）城市总体规划和土地利用总体规划，严格按照开发区扩区实施细则，并结合扩区工作推动开发区总体发展规划修编，明确开发区主导产业，构建科学合理的功能体系。二是强化项目用地审批。严格建设项目用地预审、农用地转用审批和具体建设项目供地审批；加强建设项目优选，对国家和省重点项目、符合产业政策的大项目优先安排用地。三是用活各项土地政策。采取土地置换、城乡建设用地增减挂钩、利用未利用土地等多种方式，多渠道筹集开发区建设用地指标。四是盘活土地存量。充分利用各种存量建设用地、闲置地，对已出让的闲置地责令限期建设，逾期不建则依法收回土地。五是采用灵活的供地政策。根据产业和项目调整供地出让年限。六是提高土地利用率。严格控制工业项目用地的投资强度；鼓励建设多层标准厂房，对投资额小于500万元的工业项目，不再单独供地，进入标准厂房；鼓励企业对厂房进行加层改建等。

（5）加强人才队伍建设，增强开发区竞争力。开发区是发展、创新、开放的区域，需要造就高素质的人才队伍。一是加强开发区管理人才队伍建设。大力引进开发区管理所需专业人才，提高开发区管理水平。加强对开发区管理人员的培训，积极选派开发区干部到发达地区开发区挂职学习。赋予开发区更大的人事权，支持开发区通过竞争、聘用等方式引进所需人才，可对紧缺人才按“政府雇员”实行高薪。建立开发区干部激励机制，按贡献给予发放奖金、提拔重用等奖励。二是加强培训，把劳动力资源优势转变为人力资本优势。政府提供免费劳动力培训，形成一批产业工人，解决工业发展用工问题和加快农村剩余劳动力转移。加快培养高级经营管理和技术人才，满足开发区企业发展需要。加强职业技能教育，加大职业教育培训投入，建立人力资源开发体系。

新形势下促进全省区域经济协调发展的几点思考

董 楠
（安徽省发展和改革委员会地区处 合肥 230600）

在经济全球化和市场一体化的背景下，国内区域发展战略完成了由过去“沿海优先”向“东部率先、西部开发、东北振兴、中部崛起”四大区域协调发展的转变。各省市也都结合自身特点，组织实施多项区域发展规划和区域发展政策。新形势下，如何发挥我省区域比较优势，促进各区域竞相发展；如何缩小区域间发展差距，促进各区域协调发展，成为我省今后一个时期面临的重大战略问题。

一、全省区域经济发展的积极变化

（1）区域经济增长格局发生改变，呈现各区域竞相发展的生动局面。在省委、省政府一系列务实有效的区域政策指引下，区域间发展不平衡的势头得到初步遏制。一是皖江示范区龙头地位进一步加强。皖江示范区建设三年来，对全省经济增长的贡献率达到70%，拉动全省经济增长近10个百分点，示范区“主引擎”的作用更加明显。2012年，示范区生产总值11396.7亿元，固定资产投资10433.9亿元，战略性新兴产业产值3962.4亿元，实际利用外商直接投资60.8亿美元，分别占到全省的66.2%、69.3%、77.8%、70.4%。二是皖北地区加快发展的势头明显。2012年，皖北六市地区生产总值4885.6亿元，增长12.5%，高于全省0.4个百分点；财政收入736.8亿元，增长21.5%，高于全省6.6个百分点。此外，皖北六市的规模以上工业增加值、固定资产投资、社会消费品零售总额、进出口总额、实际利用外商直接投资和实际利用省外资金等主要指标增速均快于全省，且比重较上年均有所提升。三是合肥经济圈核心地位逐步凸显。2012年，合肥经济圈（按新的行政范围计算）GDP为6168.3亿元，增长13.4%，增幅比全省高1.3个百分点，占全省的比重为35.8%，比皖江示范区高0.5个百分点，合肥市的经济首位度提高至24.2%。合肥市的核心地位进一步提升，为辐射周边、带动一体化发展打下了坚实基础。四是皖南和大别山区继续保持良好的发展势头。2012年，皖南示范区旅游总收入1300亿元，同比增长50.6%。大别山9县（区）规模以上工业增加值超过全省平均水平近4个百分点，固定资产投资增长26.3%，高于全省2.1个百分点。

（2）区域差异化发展趋势逐步显现，各地比较优势得到发挥。皖江、皖北、合肥经济圈、皖南、大别山区等板块，充分发挥资源、区位、交通、产业等优势，发展定位逐步清晰。一是皖江示范区、合肥经济圈先进制造业地位凸显。该区域拥有全省95%以上的汽车产量、90%以上家电产量、90%以上的钢铁、铜及水泥产量，拥有芜湖、合肥两个国家级汽车及零部件出口基地，合肥、滁州两个国家级家电制造基地，合肥平板显示基地，安庆、定远化工基地；电子信息产业也主要集中于合肥、芜湖、滁州和铜陵等地。二是皖北地区产业特色逐步形成。宿州、蚌埠、亳州、阜阳等拥有一批国家级、省级现代农业示范区和农产品深加工龙头企业。蚌埠电子元器件产业基地和国家玻璃新材料高新技术产业化基地、两淮煤矿机械产业基地、宿州鞋业基地、淮南新型煤化工基地、淮北食品加工出口基地、亳州现代中药基地、阜阳生物医药基地等规模逐步扩大，逐步形成了各具特色的产业体系。三是皖南、大别山区旅游品牌进一步提升。皖南和大别山区结合自身资源优势和文化底蕴优势，在传统观光旅游基础上，大力发展特色化旅游新业态，积极推动文化旅游与战略性新兴产业、现代服务业、现代农业的融合发展。六安市大力发展红色旅游，黄山市大力培育休闲度假、康体养生、节庆赛事，宣城市以美好乡村建设为契机建成农业休闲园区 198 个。

(3) 区域合作广度深度不断拓展，区域开发开放水平明显提高。一是与周边省份的合作日益紧密。各类跨行政区的经济区、经济带、城市群广泛开展合作。目前，我省参加了长三角城市经济协调会、南京都市圈、南京经济协调区、闽浙赣皖九方经济区、闽浙赣皖福州经济协作区、淮海经济区、中原经济区、长江中游城市群、淮河生态经济走廊等区域合作活动。二是融入长三角成效明显。自国务院批复皖江城市带承接产业转移示范区规划以来，长三角地区三省一市进一步完善合作机制，合作领域逐步扩大、内容继续深化、涌现出苏滁现代产业园、郎溪经都产业园等一批合作成果，进入了沪苏浙皖互惠互利、共同发展的新时代。三是双边协议促进共同发展。近年来，我省共同推进实施了与上海、江苏、浙江、广东、江西、湖北等省市的合作，签署的多项双边战略合作协议，促进经济和社会的互惠互利、共同发展。

二、推进区域经济协调发展的基本经验

近年来，我省顺应区域协调发展的大趋势，综合运用区划、规划、政策、考核四位一体的系统工程，统筹推进皖江示范区、皖北地区、合肥经济圈、大别山革命老区、皖南国际文化旅游示范区等重点区域发展，形成了区域优势互补、主体功能明确的基本格局。

(1) 着力优化行政区划格局，拓展中心城市发展空间。着眼全省区域发展格局，进行重大区划调整和局部优化，将原地级巢湖市所辖县区划归合肥、芜湖、马鞍山三市管辖，将普济圩农场划归铜陵市管辖，优化马鞍山市区划格局并设立博望区。通过区划调整，增强了中心城市的辐射带动作用，跨江联动发展的构想得以实施，巢湖流域的综合治理和整体开发快速推进，生产力布局和基础设施建设在更大区域内实现了统筹安排。

(2) 高水平编制区域发展规划，引领区域特色发展。一是研究制定全省主体功能区规划。通过主体功能区规划赋予不同区域的主体功能定位，明确各区域的发展方向，优化资源空间配置，提高资源配置效率。二是编制并实施《皖江城市带承接产业转移示范区规划》，并印发了基础设施、开发园区、职业教育、城镇体系、人力资源、系统性融资等多个专项规划，形成皖江示范区完备的规划体系。三是编制实施了《加快皖北地区发展"十二五"规划》和《皖北"三化"协调发展先行区规划》，起草了《关于建设皖北"四化"协调发展先行区的实施意见》（初稿）。四是加快合肥经济圈规划纲要修编。结合合

肥经济圈范围调整，并行推进合肥经济圈工业发展、县域经济、现代农业发展、交通基础设施、城际轨道交通线网等专项规划修编。五是编制完成《关于大别山片区区域发展与扶贫攻坚规划》。明确片区发展和扶贫攻坚的总体要求，全面部署区域发展空间布局，安排一批有针对性、可操作的重点项目。六是抓紧编制皖南国际文化旅游示范区规划，努力将皖南示范区打造成为美丽中国建设先行区、国际著名文化旅游目的地、中国优秀传统文化传承创新区。

（3）制定出台区域发展政策，发挥各区域比较优势。在皖江示范区，省人大出台《安徽省促进皖江城市带承接产业转移示范区发展条例》。省政府出台了支持示范区、苏滁现代产业园、郑蒲港新区现代产业园建设的政策措施。在皖北地区，2008—2012 年，省委、省政府连续出台新、老两个“10 条”政策文件、《关于赴江苏学习考察座谈会纪要》、《关于进一步加强干部人才工作支持皖北地区加快发展的若干意见》、《合作共建皖北现代产业园区实施方案》等一系列政策性文件。在合肥经济圈，建立了经济圈城市党政领导会商会议制度，经济圈各市共同签署了电话区号统一、城际轨道、引大别山优质水源工程等 9 个专题合作协议。在大别山革命老区，省委、省政府印发实施了《关于进一步促进安徽大别山革命老区又好又快发展的若干意见》（皖发〔2011〕15 号）。全力做好抓金寨促全省扶贫开发相关工作，印发了《金寨县农村金融综合改革实施方案》和重点特色农业产业发展等 3 个专项规划。在皖南国际文化旅游示范区，皖南示范区已纳入《国务院关于大力实施促进中部地区崛起战略的实施意见》，为今后争取国家政策支持提供了依据。

（4）提升开放合作水平，抢抓产业转移重大机遇。注重发挥政府引导作用、市场和企业的主导作用，全面加强经济合作与交流。一是加强承接产业转移平台建设，省政府制定出台进一步加快全省开发区转型发展的指导意见，规划建设了省江北、江南以及皖江 9 市集中示范园区，皖北地区建设“3+5”现代产业园。2010 年以来，支持安庆经开区、蚌埠高新区等 11 家省级开发区升格为国家级。二是推进长三角区域合作与分工。从 2008 年我省党政主要领导人应邀参加会议到 2011 年我省作为轮值东道主，安徽正式加入长三角政府层面合作新机制，全面参与交通、能源、科技、金融等 12 个重点专题合作，并牵头开展产业转移合作专题研究。合肥、马鞍山两市加入长三角城市经济协调会。三是省际高层互访常态化，多次组织了省党政代表团赴上海、天津、江苏、浙江、广东、福建、山东、江西、湖北、四川等省区市考察学习，逐渐形成省际间经济社会战略合作机制。

（5）建立区域协调发展的体制机制，形成区域发展合力。按照省第九次党代会和安徽省“十二五”规划纲要的要求，省委、省政府在省级层面成立了省皖江示范区建设领导小组办公室、省加快皖北地区发展领导小组办公室等推进省内重大区域发展的常设机构。与省促进中部地区崛起领导小组办公室、促进大别山革命老区发展领导小组办公室、合肥经济圈领导小组办公室等共同开展区域经济发展工作。同时，省人大、省政协加大了对区域政策和规划的监督检查，协调解决规划和政策实施中出现的重大问题，确保已出台的重点区域规划和政策性文件落到实处。

（6）改进政府目标考核体系，促进各区域科学发展。为发挥考核对区域发展的导向作用，根据各类地区特点制定不同的战略导向，对市政府目标管理办法作了修订，修订后的考核办法针对区域发展基础和条件、资源禀赋差异较大的实际，将16个市分成四类，实行分类考核。此外，为引导各地走各具特色的科学发展道路，2011年又结合落实“十二五”规划、主体功能区战略对2008年研究制定的县域分类考核办法进行了调整完善，将全省62个县市分为三类，实行分类考核。

三、全省区域经济发展存在的主要问题

一是区域发展的规划体系尚未完全建立。目前，各地发展的指南仍然是省里的综合性规划、专项规划以及各市的相关规划，在推进上不能满足“统筹推进、一体化布局”的总体要求。皖北、皖南、大别山区缺乏产业、基础设施等专项规划的支撑。皖北、大别山等地区基础设施落后，基本公共服务水平较低的特征没有发生根本性改变。

二是区域发展的配套政策体系还不健全。目前，除了国家和省内的普适性政策，各区域发展还存在政策能级的差异。皖江示范区有国家、省、市三级政策支持，皖北地区和大别山区以省内倾斜性政策为主，国家层面的政策支持还不明显；合肥经济圈、皖南国际文化旅游示范区没有针对性的区域政策支持。同时，各区域在政策诉求方面，存在多多益善、盲目攀比现象，但在推进主体功能区战略方面，缺少跨区域合作发展、生态补偿等单项政策。

三是区域发展不平衡性没有发生根本性转变。部分地区基础设施欠账较多，公共服务均等化水平还有待提高。比如，皖北地区，2012年皖北六市的工业化率是43.6%，比全省（46.6%）低3个百分点，比皖江示范区（53.1%）低9.5个百分点。六市城镇化率为40.8%，低于全省（46.5%）5.7个百分点，低于全国（52.6%）11.8个百分点，更低于皖江示范区（54%）和合芜蚌试验区（60.3%）13.2和19.5个百分点；阜阳、宿州、亳州城镇化率仅为34.9%、34.8%和33%，居全省最后三位。

四是各区域发展综合评价体系需进一步完善。目前，除了省对各市的综合考核、县域经济考核，各区域发展只有皖江示范区建立了综合考评体系，其他区域的综合考核体系尚未建立，而且现有的综合考评体系存在交叉，不能充分反映各区域发展的导向和功能定位。同时，各区域内的发展也需要奖惩机制，如合肥经济圈一体化发展、芜马同城化、铜池一体化方面，由于受现行考核利益机制影响，全局的“大利益”与局部的“小利益”之间的矛盾依然存在。

四、统筹区域经济协调发展的对策建议

“十二五”时期乃至相当长一段时间，“工业化、信息化、城镇化、农业现代化”是我省经济社会发展历史进程中的“中心任务”。把握各区域发展的阶段性特征，紧抓当前各区域“四化”进程中的最迫切、最重要的任务，破解区域协调发展中存在的主要矛盾和问题，是实现统筹区域协调发展当务之急。

（1）深入实施推进主体功能区战略。主体功能区能否真正形成，在很大程度上取决于政策设计和政策落实。一方面省有关部门应提前研究，制定与主体功能区相适应的财政、投资、产业、土地、农业、人口、环境等政策及实施细则；另一方面省主体功能区规划出台后，应选择有代表性的市、县先期开展实施试点，积累经验并向全省范围推广。

（2）不断丰富区域发展规划体系。一是全面了解皖南旅游资源分布和开发潜力，准确把握国际国内文化旅游发展的大背景、大趋势，高水平编制皖南国际文化旅游示范区规划，争取国务院审批印发，形成对皖南示范区建设的总体指导。二是按照经济圈新地理范畴，尽快修编合肥经济圈总体发展规划和各专项规划。三是加快完善皖北“四化”协调发展先行区规划。四是开展大别山生态文明示范区建设专题研究，加强与湖北、河南等省的沟通衔接，共同争取将大别山革命老区振兴发展上升到国家战略层面。

（3）逐步完善区域发展配套政策。一是贯彻落实皖江示范区、大别山扶贫开发、皖北新老“10”条等区域政策，开展政策效果评估，进一步细化落实配套政策，增强政策可操作性。二是借鉴国家服务业综合改革试点、海南国际旅游岛等政策，结合皖南文化旅游发展实际，出台推进皖南示范区建设的扶持政策。三是配合推进主体功能区战略实施，研究出台限制开发区域扶持政策，重点加大对重点生态功能区的财政生态直接补贴及文化旅游等特色产业发展的支持力度。四是按照合肥经济圈一体化发展要求，研究提出加快合肥经济圈建设的扶持政策。

（4）加强区域交通一体化建设水平。抓住国家扩大内需的政策机遇，认真实施交通运输“十二五”发展规划，着力构建与长三角地区一体化发展的综合交通运输体系。进一步完善高速公路网和重大铁路项目建设，全面提速内河航运建设，积极推进综合运输体系建设，努力实现“综合交通一体化、城乡交通一体化、区域交通一体化”。

（5）加强区域发展重大问题的研究和推进力度。开展跨行政区域一体化发展专题研究，完善区域一体化发展的路径选择和机制创新。围绕淮河生态经济走廊、芜马同城化、铜池一体化、合淮一体化等，制定单项工作计划，围绕调整战略定位和目标功能和一体化发展重点任务，建立跨地区跨行业跨部门的大合作大协同机制。实施跨江发展战略，通过合理、科学、有序利用岸线资源，利用巢湖区划调整的机遇，做好城镇总体规划和土地利用规划修编工作；围绕沿江铜陵、安庆跨江发展，开展体制机制和行政区划调整等创新工作。

（6）建立目标导向明确、分类合理的综合考核评价体系。一是根据新型城镇化和主体功能区的要求，结合重点开发区域、农产品主产区、重点生态功能区等不同发展定位要求，修订相关考核指标体系及权重安排，建立与功能区定位相一致的考核评价体系。二是各区域应根据战略定位和发展方向，完善皖江示范区考核评价体系，出台皖北“四化”协调发展专项考核评价体系。三是建立各区域内部协调发展奖惩机制，加大重点项目推进力度，特别是涉及跨区域的重大基础设施建设、跨流域的重点工程等。

（7）营造统筹区域协调发展的浓厚氛围。通过各种方式，有计划、分阶段地组织媒体开展统筹区域协调发展系列宣传活动，广泛宣传统筹协调发展重大战略部署的深远意义，使社会各界和广大干部群众都能充分了解中央和省委、省政府实施区域协调发展战略意图，增强贯彻落实的积极性和主动性。

我国产业转移中风险分析及防范研究

宋　哲
（武汉大学中国中部发展研究院　武汉　430072）

我国各个地区存在着经济发展不平衡的状态，特别是东部沿海与中西部地区之间，存在着较大的发展差距。而且各个地区在地理、气候和历史、文化传统背景上也有着差距，发展的路径依赖也形成了各地资源禀赋上的差距。这为我国区际产业转移提供了基础条件，也是我国地区间产业转移的主要原因之一。产业转移即可以通过技术转移与技术溢出，带动中西部地区相关产业的发展，另外也可以让东部地区产业结构调查与升级，促进东部地区更快的发展。

但是纵观我国产业转移，不平衡不协调的问题还是依然存在，在实践过程中是存在诸多风险的。这些风险会阻碍预期目标的实现，所以有必要对于这些风险的生成规律进行探讨，提出相应的防范措施，推进我国产业转移进一步发展。

一、理论研究综述

产业转移是一个涉及多主体、多空间、多学科属性的问题，它是一个复杂的经济现象。在对产业转移问题进行研究的时候，学者们运用了国际贸易、国际投资、企业战略管理等多个领域的基本理论。

日本经济学家赤松要（1957、1965）在1960年提出有关后起工业国的典型产业发展模式理论，即著名的雁行形态产业发展论。在这个理论中以后起工业国经济发展为视角，通过对日本第二次世界大战前工业发展的统计研究，总结出产业发展遵循的三个模式。第一种模式，产业的发展是按照“进口—国内生产（进口替代）—出口”的模式相继更替发展。第二种模式，从一般消费品到资本品或者是从低附加值产品到高附加值产品，不断提升产业结构。第三种模式，产品会在国与国之间进行动态演化，工业化的后来者会效仿工业化的先行者。由于这个理论模型在图形中显示比较酷似飞行中的雁阵，所以也称为雁行理论。

日本小岛清（Kiyoshi Kojima）教授于1978年提出了著名的边际产业扩张理论。已经处于或即将陷于比较劣势的产业是边际产业，而且这些产业对于对方国家来说应该是具有显在或潜在比较优势的产业。对外直接投资应该从本国向对方国家依次进行转移。在这个过程中，通过产业的空间转移，回避产业的劣势。

20世纪90年代以来，大山道广对小岛清的模式进一步完善，提出了大山模型理论。在这个理论中，认为国际贸易的必要条件是比较优势，而国际产业转移和对外直接投资的必要条件是绝对优势。牛丸元（1999）等认为产业的雁行发展状态和产业的生命周期都是描述了一国或一地区的产业演化过程，但是实质上还是反映了具有比较优势产业的国际转移。

美国学者弗里得曼（J. R. Friedman）在1966年出版的《区域发展政策》一书中把区域空间结构的演变划分为四个阶段。分别是前工业阶段、过渡阶段、工业化阶段和后工业化阶段。在不断的发展过程中，区域空间结构由相对封闭到中心外围结构到最终将走向空间一体化。

拉丁美洲的经济学家劳尔·普雷维什首先提出来“中心—外围”结构。普雷维什借鉴了汉密尔顿、李斯特等人的贸易保护主义理论，强调了发展中国家为迅速实现工业化而产生的被迫性产业移入需求，其关于“中心”和“外围”之间的经济关系的分析反映了发达资本主义国家和发展中国家之间产业转移的现实，同时也较早地注意到产业转移的消极影响。缪尔达尔则运用“扩散效应”和“回波效应”理论来分析现代国际经济体系对发展中国家的利益和损害，认为“回波效应”的力量超过了“扩散效应”的力量，经济发展的结果往往不是带来共同富裕，而是加剧贫富悬殊。

区域经济学者以产品周期理论为基础，提出了区域经济梯度转移理论。梯度理论认为每个国家或地区都处于一定的经济发展梯度上，出现的任意一种新技术、新产品、新行业都会随着时间的推移，由处在高梯度上的地区向低梯度上的地区传递。之所以会发生产业转移，是因为产业发展在客观上存在区域性梯度差异。产业转移实质是高新技术扩散和产业结构升级的过程。根据梯度转移理论，这种从高至低的产业转移其最终结果是使各区域的产业类型和水平与本地区的资源、要素价格和经济发展总体水平相适应。

二、国际产业转移中产业承接国的消极影响

在各次的国际产业转移过程中，世界经济一体化的过程也在不断向前发展。对于这个过程中发达国家还是其他的新型工业化国家，抑或是发展中国家都带来了相应的积极效应，对于这些国家的发展也有着极大的促进作用。但是对于产业转移的承接国来说，不仅仅是有正面影响，也同样也包括消极影响，包括宏观层面和微观层面两个方面。

首先从宏观层面看，是体现在扩大发展差距方面，包括的是产业承接国与产业转出国之间的发展差距和产业承接国内不同地区的发展差距。其中也包括经济发展水平与技术发展水平两个角度。从经济发展水平这个角度上看，产业承接国在全球价值链中依靠自身的要素优势吸收产业转出国的产业投资，承接了劳动力密集型的价值链生产环节，融入全球价值链中。在这样一个过程中虽然能够获得收益，但是承接的也只是低端价值链环节。这样一个收益与产业移出国所掌握的产业价值链高端环节来相比，是非常有限的。在经济发展水平上，产业承接国与产业移出国间的差距会加大。产业承接国通过与产业移出国企业的合作通常所采用的模式是OEM方式。产业移出国企业在全球价值链中是掌握的产品研发设计、市场营销等高附加值环节，并且拥有品牌方面的优势。产业承接国承接的仅仅是低附加值的生产环节，从这个角度上看收益也是相当有限的，所以经济发展水平上的差距会扩大。从技术发展水平这个角度上看，在产业转移的过程中，先进知识、技术、管理经验等资源会随着产业资本投资一同转移，但是从自身保护的角度上看，产业移出国跨国公司会对自身核心竞争力进行保护，对产业承接国企业获得这些资源的过程会进行阻挠和干

扰。而且对于产业转出国来说，低端产业的转出可以让他们将自身更多的资源集中到新技术的开发中来，这也会导致产业承接国与产业移出国在技术水平上的差距不断扩大。通过融入了全球价值链，我国东部沿海地区吸收了大量的产业转出国的产业资本投资，以国际代工为主，产业资本的大量涌入。这些产业需要足够劳动力和自然资源与之配合，所以我国中西部地区的劳动力资源与自然资源不断向东部地区集聚。东部地区经济得到了快速的发展而中西部地区则沦为低端要素的供应地，所获得的仅仅是低级要素报酬，遭受了“自然资源”诅咒，导致区域之间的差距扩大。

另外从微观层面来看，是体现在低端价值锁定方面。产业承接国与产业转出国企业在国际产业转移浪潮中是进行价值链的拆分与合作，产业承接国融入全球价值链的过程。承接国在这个过程中承接的是低端价值链环节的生产工序，相对于从事高附加值产品研发、设计、营销的移出国企业来说收益是非常有限的。产业承接国企业想要获得更高的收益，那么必须要完成价值链的升级。但是产业移出国企业是有着对高额利润的不懈追求，并且保护自身核心竞争力，会采用各种方式来阻止承接国企业的价值链升级。我国东部企业融入了全球价值链，完成了工艺升级与产品升级，但是对于更高级的功能升级和部门升级确实无法进行下去。对于产业转出国企业的这种做法，可以使其在更长时期利用产业承接国的要素资源。对于产业承接国来说确是无法从全球价值链低端环节生产中摆脱出来。这样对于产业承接国来说，经济发展会遭遇瓶颈，形成所谓的低端价值锁定。

三、我国产业承接地区风险描述

我国现在的经济发展情况已经出现经济相对发达的东部沿海地区将一些资源依赖型、劳动密集型、低技术含量的传统产业向欠发达的中西部地区逐渐进行转移。这个过程中，产业转移的规模在不断扩大。在产业转移的过程中存在着多重利益的博弈，所以对于欠发达地区来说，在产业承接道路上是有着各种风险的，需要密切关注。

第一，产业承接可能会被锁定在低端产业上。产业承接地区在劳动力和其他自然资源方面是具有比较优势的，所以一般都是吸引资源密集型和劳动密集型产业。而转移出来的产业大部分都是属于传统加工贸易产业以及一般商品生产。这些产业都是处于“微笑曲线”的低端，属于全球产业价值链的低端，这些产业的特点是附加值低且竞争激烈。对于产业承接地区如果只是停留在廉价劳动力数量和自然资源上，而不能将自身所有的比较优势转化为核心竞争力，那么是难以实现地区经济的跨越发展，结果必然是被锁定在低水平的产业层次上。

第二，技术创新难以通过技术引进实现，可能会陷入技术僵局。产业承接地区一般都会有发展条件和技术水平方面的限制，所以大多数都是承接一些标准化技术，多半是从产业的成熟阶段进入。而由于自身人才技术条件的先天弱势，这样一个消化——吸收——创新的过程是难以实现的。所以也只是依赖引进技术，所能够获得的效益也只是眼前效益，“改良创新”和“虚假创新”。这个过程中是难以实现自主创新能力提高，对于开发自主创新产品和培育自主品牌也是不利的。发展下去可能会陷入技术僵局，让进一步发展的能力受到限制。

第三，高污染、高能耗产业转移。从现有的情况看，东部地区向外转出的产业大部分都是劳动密集型传统产业，而且这些产业基本都是高污染、高耗能产业。沿海地区需要通过产业转移来进行产业结构的调整，对于技术落后及污染的产业必然会进行限制。广大中西部地区尤其是一些落后的老少边穷地区，作为产业转移的承接方是有着地方经济增长和引资竞争的巨大压力。在经济增长与环境保护这样一个矛盾中，不得不选择承接这些高污染、高耗能产业。产业承接地可能会成为污染产业的避难所，这个过程也会导致当地人民生活质量的下降，对于地方经济的可持续发展也是一个巨大的威胁。

第四，游移性产业转移。游移性产业转移指的是投资者只看重承接地政府提供的各种优惠政策，包括低环保门坎、税收优惠和自然资源优势。如果其他地方有更优的外部环境，那么会立刻考虑对产业进行迁移。这些游移性产业追求的是短期利益，对于当地的发展来说存在不利影响，而且也难以给当地带来先进的技术及管理经验。如果游移性产业在地区经济中所占比例过大，那么结果就是地区经济缺乏长期竞争力，也难以实现可持续发展。而且大部分游移性产业也是劳动力密集型产业，这些产业的不稳定对于各地的就业水平也会有很大的影响，会给就业带来风险。

另外，产业的竞争性也会通过产业转移对当地的相似产业带来巨大的冲击。转移的产业具有管理、技术等方面的优势，对于当地的产业可能会产生挤出效应，引发各种社会问题。所以，在承接产业转移的过程中，中西部地区也面临的各种不确定因素。在实现经济增长和人民生活质量提高的道路上，各种风险也是不同程度存在着。如果不采取一定的方法和控制措施，那么产业转移的经济目标是难以实现的。

四、产业转移风险防范措施

我国企业、地方政府、上级政府和社会公众的行为都会在不同程度上导致经济风险的产生，而利益相关者的行为也可以在一定程度上降低风险。根据上面的风险分析，结合我国的发展实际提出相应的风险防范措施。

（一）建设信息系统与交流平台进行风险监控

产业转移的过程涉及很多利益相关者，他们的行为都会在一定程度上诱发风险，所以要想对风险进行管理就必须要利益相关者进行协作。但是对于产业转移，各个利益相关者都有自己的利益目标或利益要求，在这个过程中他们的利益目标并不一致，甚至有矛盾和对立，并没有形成地方经济福利和社会福利的共同目标。这些利益相关者的利益目标的差异性在这个角度上来看，确实是风险产生的诱因。完善的信息系统与交流平台对于利益相关者所需要的有效信息能够进行集中，共同构成利益相关者的信息指标体系，从而能够在他们之间进行有效传递。在这种条件下才能够进行各个利益相关者的协同治理，本质上是需要建立信息交换机制。

通过综合集成信息平台对于相关风险进行流转，这个过程是对风险进行协同治理的具体体现。在信息源头上综合集成信息平台可以将治理信息规范化和标准化，保证准确性和真实性。而且可以打破利益相关者之间的信息壁垒，确保信息传递的正确性、有效性和及时性。通过信息的流程化和规范化保证协同治理过程的流程化、规范化和固定化。综合集成信息平台对于协同治理的效率是有促进作用的。

（二）建立社会保障和土地财产保护制度进行风险预防

在产业转移中存在这市场失效与政府失效的问题，想要完全杜绝风险对人民生活的不利影响，那么社会保障制就必须要发挥其相应的保护作用。实施社会保障制度，是将政府职能地位在促进或补充民间部门的协调功能，建立一种有效的协调机制，让政府和市场的总效用能够最大化。社会保障制度能够让中西部地区经济发展解除后顾之忧，而且对于发达地区的经济转型也是有着巨大的支撑作用。可以避免产业承接地区为了眼前利益而不惜透支未来的发展。完善社会保障制度的建立也绝对不是完全依靠地方政府来解决，对于资金明显缺乏的中西部地区，需要由中央政府共同合力解决。

农民的土地财产跟城市中的社会保障一样，也是非常重要的。农民维持生活发展生产的根本就是土地，没有了土地，农民也就失去了生存的保证。在土地征用的过程中，农民是处于弱势地位的，而在现有的社会保障体系中，还没有包括大量的失地农民。现行的征地制度和政策实际上是计划经济的产物，在很大程度上已经不适应社会主义市场经济的要求了。这种征地行为实际上是一种行政行为，而不是市场行为。当前征地过程中失地农民土地权益屡遭侵犯也是产业转移风险之一。由于失地农民补偿偏低，而且现有的生活保障不足，所以相应地应该建立完善的土地财产保护制度。既要以土地市场价格为基础提高征地补偿标准，又要建立农民社会保障体系。解决失地农民的生活、养老、就业等问题，降低这个方面的风险问题。

（三）培育优势产业形成产业集聚进行风险遏制

在主导产业选择上产业承接地区必须以自身具备的比较优势为基础，培育优势产业。当前广大中西部地区现有的资源、技术、劳动力等实力，比较适合发展科研技术水平适中的产业。这些产业对于科研技术水平的要求并不高，比较容易形成规模经济效应。东部发展类似产业的经验和教训也能够进行借鉴，具有一定的学习效应。而且这些产业也会受到国家政策的扶持与保护，让中西部地区在发展的过程中能够免受国外竞争对手直接竞争，获得相应的发展空间与发展机会。如果不考虑自身条件，以高新技术产业作为主导产业，可能会陷入赶超陷阱。单纯以劳动力密集和资本密集型产业为主导产业，虽然可以发挥自身的比较优势，但是很可能被低端锁定，带来风险。

在明确主导产业选择方向后，应该集中优势资源形成经济发展的增长极与产业发展的集聚区。中西部地区内部的经济发展水平也是具有差距的，所以应该在市场规律的作用下，将优势资源集中在少数地区，形成新的经济的增长极与辐射源，发挥极化效应，带动周边发展。在这种条件下，产业集聚就是一个比较理性的选择方式。可以通过要素资源的空间聚集，获得诸如外部规模经济、创新效益等一些积极的推动作用，能够提高承接产业转移能力，增强自身竞争力，从而对可能的风险进行遏制。

参考文献

[1] 小岛清．对外贸易论［M］．周宝廉译．南开大学出版社，1987.

[2] Kojima . K. Direct Foreign Investment：A Japanese Model of Multinational Business

Operations. New York：Praeger，1978.
[3] 陈景岭．社会风险预估的系统研究和实证分析［J］．统计与决策，2010（9）．
[4] 吕福新．关于我国经济风险的性状、成因和对策［J］．管理世界，1998（2）．
[5] Kojima K.. Reorganization of North-South Trade：Japan's Foreign Economic Policy for the 1970' s. Hitosubashi Journal of Economics，1973. 13（2）.
[6] 卢根鑫．国际产业转移论［M］．上海人民出版社，1994.
[7] 劳尔·普雷维什．外围资本主义：危机与改造［M］．商务印书馆，1990.
[8] 石奇．集成经济原理与产业转移［J］．中国工业经济，2004（10）．
[9] 魏后凯．产业转移的发展趋势及其对竞争力的影响［J］．福建论坛（经济社会版），2003（4）．
[10] 陈景岭．关于我国产业转移中经济风险评估研究：以江苏为例［J］．科技管理研究，2011（17）．
[11] 谢丽霜．西部地区规避产业梯度转移风险的对策研究［J］．经济纵横，2009（5）．
[12] 陈建军．中国现阶段产业区域转移的实证研究［J］．管理世界，2002（6）．
[13] 谢丽霜．西部地区承接东部产业转移的环境风险及防范对策［J］．商业研究，2009（1）．
[14] Fujita，M.，Hu，*Dapeng. Regional Disperity in China* 1985-1994：*the Effects of Globalization and Economic Liberalization*，The Annals of Regional Science，2001，35.
[15] 蔡昉等，中国产业升级的大国雁阵模型分析［J］．经济研究，2009（9）．

中部地区产业合作模式与运行机制研究

贺清云　朱　翔　何　甜　徐　美　胡宏涛　吴智琴
（湖南师范大学资源与环境科学学院　湖南长沙　421008）

中国的中部地区现在通常是指山西、河南、安徽、湖北、湖南、江西六个相邻省份，地处内陆腹地，处于承东启西、贯通南北的重要战略地位。但是，在中国的市场化进程中，面对借助改革开放的政策优势先行发展起来的东部沿海地区和得益于优惠政策和振兴战略后继猛追的西部地区和东北老工业基地，中部地区却逐步落入“中部塌陷”的被动境地，面临严峻的挑战。2004 年 3 月，温家宝总理在政府工作报告中首次明确提出了“促进中部地区崛起”的概念，2006 年 4 月，国务院颁布了《关于促进中部地区崛起的若干意见》提出要把中部地区建设成为中国重要的粮食生产基地、能源原材料基地、现代装备制造及高新技术产业基地和综合交通运输枢纽。2008 年，国家发改委下发《促进中部地区崛起规划》（初稿），2010 年国家发布《促进中部地区崛起规划实施意见的通知》，为中部地区经济社会的发展提出了纲领性建议。至此，中部崛起成为又一重要的国家经济发展战略，中部地区的发展进入到实质性阶段。面对如此的挑战和机遇，本文尝试从区域产业合作的角度，探索中部地区的产业合作模式及运行机制，以期为中部地区产业合作的有效推进提供借鉴和参考，进而推动整个区域的发展。

一、区域产业合作的典型模式分析

根据区域产业合作的目标，结合不同阶段的合作方式和类型，区域产业合作主要包括三种模式，即基于产业链的产业合作模式、基于市场关联的产业合作模式和基于创新的产业合作模式[1]。这三种模式呈现出由低级向高级的递升态势。

（一）基于产业链的产业合作模式

基于产业链的产业合作模式是最基本的一种产业合作模式，也是相对低级的一种模式，主要表现为垂直型产业合作。它的主要目标是通过在供应链不同环节的分工合作，以获得稳定的上游产品供给，并降低生产成本。要素流动和产业转移是这一合作模式的主要实现方式，产业转移的主要目的是利用转移区域相对廉价的土地、劳动力、原材料等要素资源来实现生产成本的降低。在这种模式中，产业一体化在一定程度上存在，但目的也主要是获得稳定的上游产品的供给。

（二）基于市场的产业合作模式

随着信息技术的广泛应用和市场分工的细化，越来越多的企业专门从事原来固化在制造业内部的服务职能，使制造企业将原先内部的部分服务职能外包出去成为可能，这就为区域产业合作从基于供应链上下游环节的合作提升至基于共同市场开拓的产业合作奠定了基础。这种产业合作模式促进了区域对称网络的生成，通过水平的联系将空间分散的区域紧紧捆绑在了一起。

（三）基于创新的产业合作模式

基于创新的产业合作模式是指区域间的产业合作不再局限于获取要素资源、扩展市场等竞争性的领域，而是以提升区域整体产业能级为目标，开展技术、制度等领域的合作。这是比较高级的一种产业合作模式，水平型合作是这一模式的主要类型，产业一体化则是主要的合作方式。基于创新的产业合作实质是产业技术在不同经济主体之间的转移和扩散过程，是三种合作模式中的最高级阶段。这一阶段中技术要素的作用突出，区域间知识流动频繁，区域制度、区域政策和区域创新环境等软要素作用凸显。

（四）对中部地区产业合作的启示

他山之石，可以攻玉。以上三种模式对中部地区的产业合作有着很好的启示作用。首先，无论是低层次的上下游产业链的衔接还是高层次的技术、创新以及制度的合作，都必须建立在政府、企业和社会的综合合作上，以市场为基础，政府进行统一规划和统筹管理，发挥企业的主体作用，注重社会力量的参与。其次，中部地区不仅要加强资源、市场和基础设施等硬要素的合作，更需注重技术、制度和文化等软要素的合作，共同进行技术创新与攻关、制度的创新与合作，开展文化交流，增加区域认同感，加强人才的流动与共享。最后，在产业合作表现形式上，中部地区可考虑延长产业链条，整合产业集群，建立共同开发区等，从纵横双向综合地开展紧密的产业合作。

二、中部地区产业合作模式构建

中部地区因其独特的资源优势、政策背景和发展形势，在国家“中部崛起”战略的大背景下，应遵循“资源共享、错位发展，平等协商、互利共赢”的原则，打破体制障碍、地方壁垒，实现中部六省区域产业经济一体化。具体合作模式可概括为“纵横双向多方位综合合作模式”，通过产业链条延伸、产业集群整合和政府管理统筹，多方位地进行中部六省产业合作，切实提升中部地区产业整体竞争力。

（一）产业链条延伸

产业链作为区域产业合作的一种模式，它的延伸可以促进产业的上、中、下游企业进行联合生产、合理规划生产规模和共同拓展市场，利用主导产业的前向、后向、旁侧关联，使其产生连锁效应或聚集效应。中部地区在发展中，要以优势产业为核心，建立产业园区，大力发展产业链经济，推动这些产业类型向精深加工方向发展，延伸产业链，提升产业发展的综合效益。同时，将这些产业链在区域内进行有效整合与衔接，积极建立互补协作的产业价值链，如利用山西、河南、安徽的煤炭资源为武钢、太钢、马钢等企业的钢铁产业提供燃料，并利用武钢等的钢铁资源为湖南的工程机械产业，为安徽、湖北、湖南的汽车制造业等提供零部件配套；加强湖北、安徽的汽车产业科研合作，研发出具有国内自主产权的汽车生产体系；利用河南、江西的皮革，安徽、河南的橡胶等为湖北、安徽的汽车产业提供配套；山西、河南、安徽联合壮大煤电、化工、新型建材产业链；湖北、湖南、河南联合延伸电子信息产业链；湖南、湖北联合开发食品深加工技术，壮大行业实

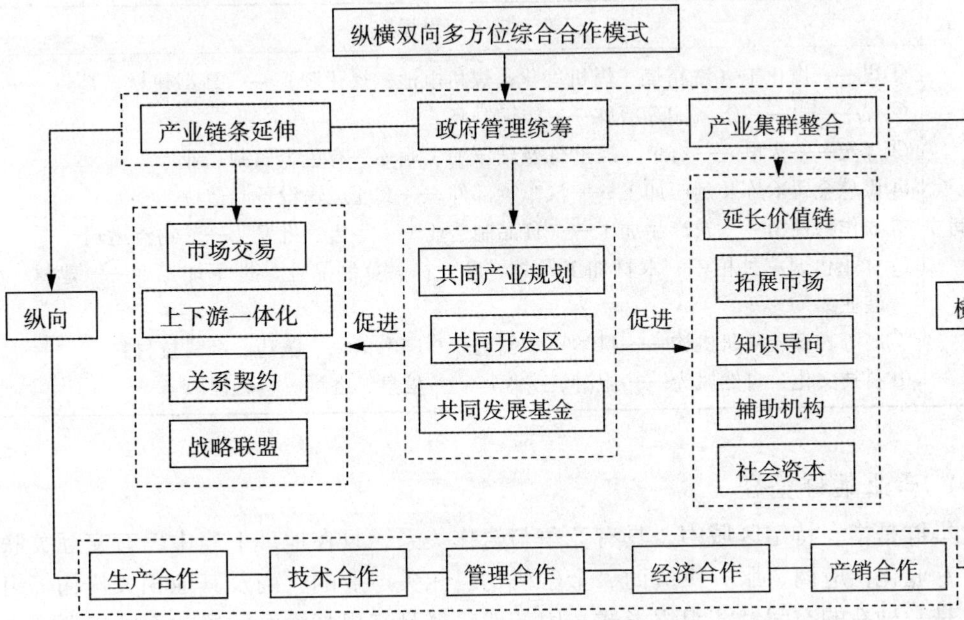

图1　中部地区产业“纵横双向多方位综合合作”模式示意图

力；利用山西、河南丰富的煤炭资源供给湖南、湖北；中部各省合作打造精品旅游线路、联手宣传促销、共享信息资源、拓展旅游市场；中部各省统一整合物流资源，在突出地域特色的基础上深化分工，优势互补等。各类产业可以通过市场式交易、纵向一体化交易、建立关系契约及战略联盟的形式开展产业链的合作。

表1　**中部地区产业链建设思路**

产业链形式	具体建设思路
产业内部	①汽车摩托车产业：重点推进完善乘用车、商用车、摩托车、汽摩零部件等4条产业链 ②装备制造业：重点推进交通设备制造（轨道交通设备、特种船舶）、专用设备制造、通用设备制造、核电辅助装备、节能环保装备、农用机械等7条产业链 ③石油天然气化工：重点推进并完善MDI及化工新材料、化学原料制品、光气及精细化工、化学纤维、合成氨高浓度化肥、氯碱、合成橡胶轮胎、煤化工、医药等9条产业链 ④材料工业：重点推进并完善铝工业、钢铁工业、有色金属制品业、非金属矿物制品业、水泥及制品、玻璃及玻璃纤维制品等6条产业链 ⑤能源工业：重点推进电力生产供应、天然气采输、煤炭生产加工等3条产业链 ⑥电子信息业：重点推进并完善电脑制造、软件及服务外包、集成电路、信息家电、新一代移动通信、光伏及LED、汽车电子等应用电子产品、新型显示器件、医疗器械、动漫等10条产业链 ⑦轻纺及劳动密集型产业：重点推进并完善农副产品加工、食品制造、造纸机纸制品、纺织品、烟草制造、服装鞋帽制造、酒类饮料制造、工艺美术品等8条产业链

续表

产业链形式	具体建设思路
产业之间	①煤——煤化工（洗精煤、煤机气化、煤机电池、煤化肥）——新型建材 ②煤——电——铝、铜等冶炼——铝铜制品 ③煤炭——火电——有色金属冶炼及延压加工业——有色金属制品业 ④黑色金属冶炼及延压加工——汽车零部件——交通运输设备制造业 ⑤农作物种植——农产品加工——食品制造业——零售、批发业——物流运输 ⑥林业和烟草种植——木材加工及竹、藤、棕、草制品业，烟草加工业——建材、服装业 ⑦高等教育、科研机构——科学技术创造——广电信息、医药、高科技材料 ⑧科技文化、自然风光——旅游、房地产——信息、咨询、金融保险

（二）产业集群整合

产业集群是指在特定区域中，具有竞争与合作关系，且在地理上集中，有交互关联性的企业、专业化供应商、服务供应商、金融机构、相关产业的厂商及其他相关机构等组成的群体，是一种新的空间经济组织形式。因产业集群具有提高资源配置效率的集群效应和增强生产效率的自我强化机制，是近年来被广泛运用的一种产业合作方式。中部产业集群的建设应符合区域产业发展的大趋势，根据区域资源禀赋、聚集资源的能力、产业配套条件和要素成本的比较优势，优化区域生产力空间布局，聚合各种生产要素，充分发挥区域现有产业优势，逐步形成区域特色产业集群，将资源优势通过产业集群转化成市场竞争优势。中部地区应以煤炭、电力、化工和建材等优势资源为基础，发展以电力和煤炭为核心的能源工业、钢铁为支柱的材料工业、汽车为龙头的机电工业，形成以资源为依托的现代装备制造业产业集群。要逐步完善农业产业化体系，加快传统轻工业结构的调整优化，进一步发展纺织、塑料、医药、食品和饮料等劳动密集型产业集群，以及光电子信息、生物医药和新材料等高新技术产业集群，提高产品的技术含量与附加值。在发展产业集群时要注重产业价值链的延长，吸纳更多的企业入驻；共同拓展市场，尤其是海外市场；注重知识导向，开展产学研合作和技术创新合作；完善相关辅助机构和重视社会资本对产业集群的促进作用。

表2　**中部地区产业集群建设思路**

序号	产业集群	龙头企业	整合思路
1	以汽车为龙头的机电制造业集群	湖北东风汽车、神龙汽车，江西江铃汽车、昌河汽车，安徽江淮汽车、奇瑞汽车，河南宇通汽车、日产汽车，湖南长丰汽车	继续推进以武汉—襄樊—十堰汽车走廊为代表的一批汽车生产基地的建设，整合汽车制造企业，促进中部地区以汽车为龙头的钢铁、汽车零部件、汽车组装、机电制造业的加速集聚，进而拉动中部钢铁冶金业等产业链的延伸发展

续表

序号	产业集群	龙头企业	整合思路
2	以钢铁为支柱的材料工业集群	武汉钢铁、鄂州钢铁、大冶特钢、华凌集团、株洲冶炼、舞阳钢铁、安阳钢铁、济源钢铁、太原钢铁、长冶钢铁、马钢集团、合肥钢铁、萍乡钢铁、南昌钢铁	全力支持以钢铁为支柱的材料工业的发展，探索六省钢铁产业合作甚至资产重组整合的具体步骤，积极拓展多元化钢材产品，集群内循环利用，建立循环经济，做大做强中部地区的钢铁产业，提升其市场竞争力，促进中部重工业持续发展
3	以农产品深加工为基础的食品、轻纺制造集群	中烟集团、武烟集团、郑州卷烟、莲花集团、武汉统一、襄樊正大、金健米业、旺旺集团、丰原集团、共青城集团、绿源栽培	充分发挥中部地区的农业及劳动力资源优势，构建采、选、加工、运输、供销一体的农产品深加工、食品、烟草制品、轻纺织品等产业集群
4	以电力、煤炭为核心的能源工业集群	三峡、小浪底、葛洲坝、三门峡大型水电站，大同、宁武、西山、霍西、沁水、河东、淮北、淮南八大煤田	应继续强化与推动湖北、河南的水电资源开发，巩固与扩大山西、安徽、江西、河南的煤炭及火电生产，使中部地区变资源优势为竞争优势
5	以光电子信息、生物医药、新材料、软件产业等为重点的高新技术产业集群	武汉、合肥、郑州、长沙、南昌、太原等中心城市，高等院校和研究所，9 个国家级、30 个省级高新技术开发区	进一步深化科技体制改革，拓宽科技融资渠道，建立并运用高新技术产业发展风险投资机制；加强企业之间的技术合作和资源共享，注重集群内企业与高校和科研院所的联系，实现“产学研”的互补，为高新技术产业集群注入持续的动力

资料来源：据参考文献［2-7］整理。

（三）政府管理统筹

产业合作除了产业链的建设和产业集群的整合，还要注重跨省域的政府管理统筹和对接，统一进行产业规划，建立共同开发区，成立区域产业调整基金，在中部崛起总体发展规划下，根据中部六省整体产业发展和地区发展情况，有选择地扶持各地区衰退产业和调整不合理产业结构，以实现中部地区的整体产业优化与合作共赢。

（1）统一制定产业规划。中部地区设置专门机构统一研究制定主要产业结构调整和布局、产业发展的规划：一是制定原则，要符合国家区域产业协调发展布局原则、发挥比较优势原则、形成优势互补原则；二是尽快确定各行业合理的经济规模，在规模经济效益显著的行业设立必要的企业进入门槛；达不到行业发展规模的行业，采取有效措施鼓励引导临近省份或地区的相同或相近产业进行整合，做大做强，以便形成产业规模；三是审查各地经济结构调整规划及政策，督促各地区在确定支柱产业时做好充分的论证工作，避免盲目性和短期行为，对不符合全国及中部地区产业布局以及重复建设产业规划的予以纠正。

（2）建立共同开发区。以中部六省为一个整体，结合与长三角、珠三角、西部地区等合作的趋势，成立共同开发区。中部六省共同对外招商引资，同时，有意识地进行区域内部资源倾斜配置，培育中部六省区域合作共同载体。首先，各地区在统筹的基础上，经行政首长联席会议确认，成立共同开发区。根据中部六省区域发展规划，结合全球和周边经济发展趋势，由行政首长联席会议确定共同开发区的选址及发展方向。共同开发区收益主要归中部发展基金和所在地政府。其次，根据区域发展规划，确立不同类型共同开发区。结合地区发展需要，可以设立不同类型共同开发区，制定配套的开发区政策，由区域发展基金和开发区所在地地方政府共同投资。根据开发区类型，配套相关产业，鼓励跨省区共同进行项目投资，争取中央财政资金支持。再次，鼓励区域内部投资重点进入共同开发区。优先引导区域内部资金进入共同开发区，鼓励产业转移与开发区发展相结合，资金来源地享有投资税收分享。

（3）成立共同发展基金。为了避免市场调控下资本和利润的“洼地”效应，产业分工体系中六省差距拉大，中部地区产业合作可探索建立区域发展基金，利用基金的“杠杆作用”，促进区域的协调发展。首先，根据各省区地区生产总值提取合作基金。区域合作财政基金的主要资金来源是各地方政府的财政收入，根据各省区地区生产总值，按一定标准进行提取。其次，在区域经济和社会发展规划框架内，根据地区生产要素贡献度、市场贡献度等要素，结合区域产业发展需要，在统筹的基础上划分各省区可列入投资预选地区。投资预选地区提出具体的投资项目，在结合行政首长联席会议和社会中立机构评估的基础上决定是否进行投资。成立基金投资跟踪机构，根据阶段评估决定是否追加投资。再次，以合作基金为基础，形成区域内财政资金配套。区域合作基金投资项目要求地方政府进行必要的地方财政资金配置，也可以由地方政府引入社会资金经营。鼓励跨地区共同设立项目，鼓励地方政府合作投资，鼓励地方政府争取中央政府立项。

三、中部地区产业合作的运行机制

产业的合作必须建立在良好的运行机制和合作平台上，必须打破行政体系壁垒和地方保护主义壁垒，充分发挥政府和市场的调控作用。推进职能转换结构优化的行政创新，进行科学规范兼顾多方的利益整合，充分发挥市场配置资源的主导作用；科学界定政府职能，理清政府与市场的关系，依法规制地方政府的产业竞争行为，科学提供财政转移支付、区域政策和产业政策配套支持，营造一个公平开放、规范、有序的产业合作环境。

（一）政府层面的协调机制

（1）健全组织领导机制。强化政府在区域合作中的统筹、协调、指导和服务职能，借鉴泛珠三角区域合作的经验，建立中部六省政府间定期联席会议机制，研究决定重大合作内容、协调解决中部地区产业合作与区域协调发展中遇到的共性而单一省区又难以解决的重大问题、协调区域内整体定位、制定相关政策等，做到组织有保障。抓紧推进设立中部地区区域合作行政首长联席会议秘书处，落实工作责任制，形成工作合力，共同推动中部地区区域合作健康发展。

（2）强化规划引导机制。着手谋划出台中部地区产业合作与区域竞争力提升中长期发展规划、区域重点投资项目发展规划、区域规划等，把跨区域合作纳入中部各省经济社会发展总体战略，更好地为区域合作提供科学依据和制度保障，并积极争取将中部地区产业合作重点项目列入国家相关专项规划的笼子。

（3）深化一体化发展机制。建立跨区域的行业协会、商会，加快形成政府、企业、社会团体等共同参与、相互协作的多层次区域合作体系。在跨地区的发展规划、基础设施建设、生态环境保护、市场要素流动等重点领域建立协调机制，推进区域务实合作。建立公开透明、及时准确的区域合作信息交流和发布机制。以基础设施建设为突破口，加强中部各省之间的沟通联系，在交通、港口、机场、通信、能源、信息、电力等基础设施上实现对接与资源整合，构建高效、协调发展的区域基础设施体系。以一体化市场建设为基础，建立健全并规范产权交易、柜台交易等资本市场平台，优化区域要素组合，促进各省间资金、技术、人才、信息等生产要素的自由流动。

（4）创新投融资体制。开放投资领域，放宽产业开放政策和行业准入标准，规范审批权限和程序，扩大民营资本投资领域，允许民营资本和外资进入法律法规未禁止的、不涉及国家安全的行业与领域，允许其进入基础设施、公用事业、社会事业与金融服务业等领域。

（5）深化对外经济体制。建立中部地区对外招商统一平台和协调机制，降低商务成本，积极引进海外资金、技术、人才等要素。转变外贸增长方式，扩大先进技术和关键设备的进口。加强中部地区口岸基础设施建设，完善口岸功能布局，强化跨区域的合作，建立与长三角、珠三角等区域的口岸合作协调机制。营造良好的承接产业转移和发展服务外包的体制环境，建立承接东部地区产业转移的区域联动机制，积极承接沿海地区技术水平高、增值空间大的产业的转移，支持皖江城市带承接产业转移示范区、湘南承接产业转移示范区、荆州承接产业转移示范区做大做强。

（二）企业层面的合作机制

加强企业之间的市场联系、纵向一体化联系和准市场联系，核心企业或龙头企业还可通过虚拟、OEM、ODM、特许经营连锁、外包、战略联盟、租赁等形式建立一种既非完全市场交易又非企业集团内部关系的产业关联，共同促进中部地区企业层面的合作；充分发挥企业组织在区域产业合作过程中的积极作用，以项目为纽带，建立以中部地区企业为主体或牵头的跨区域产、学、研战略合作联盟；支持有条件的企业建立中部地区共同支持的工程技术中心或研发中心，鼓励中部地区大学、研究院所相互建立分支机构，通过重大项目的滚动实施，引导中部地区企业、大学、科研机构由短期项目合作转向建立长期稳定的全面联姻关系；引导中部地区行业协会密切协作，组建跨区域的行业协会，发挥行业协会沟通市场信息、协调合作的功能，促进中部地区企业、科研单位为了解决重大共性问题，建立市场化的协作关系。

（三）社会层面的互动机制

一是充分发挥民间组织研究中部地区产业发展战略及推进六省产业合作的区域产业资源要素的协作功能，以各省高等院校、科研院所以及各市经济专家、离退休老干部为主体组建中部地区“产业合作发展咨询委员会”、“产业合作协调委员会”、“产业合作促进会”等组织。二是发挥各省商会、公会、中介等社会组织的辅助功能，引导和推动各产业建立行业协会、同业商会、企业家协会等行业自律性组织，定期组织会员企业参与跨省投资洽谈，推进合作。三是着重人才开发工作，培养建立产业发展的创新型人力资源队伍。要尽快共建中部高层人才信息库，中部六省可以及时根据自身需要查询、调取所需人才的资料并与之接洽；共同选拔培养行业领军人才，围绕中部优势产业，结合研究机构或大学的优势科目，共同选拔一批高层次创新型人才，支持其项目研发与建设；建立人才交换制度，定期将企业和高校或研究机构的人才互换，交流各自经验，参与双方的项目，共同培养急需的高端人才。

四、结论

中部地区的产业合作应是多层次、宽领域和全方位的合作。在加强基于产业链的纵向合作的同时，还需加强基于市场的横向合作，注重产业集群的构建，更应加大技术在区域内的转移与扩散，注重制度的创新与合作，着眼于区域整体竞争力的提升。中部地区产业合作的具体模式为“纵横双向多方位综合合作模式”，即以延长产业链、整合产业集群和政府统筹管理三种方式进行中部地区的产业合作，具体通过政府进行统一产业规划、设立共同开发区和发展基金，促进产业链上下游一体化，延长价值链，整合市场，提高资源配置水平，开展生产、技术、管理、经济和产销方面的合作。中部地区产业合作的运行机制应从政府、企业和社会三个层面来建立健全：一是健全政府的组织协调作用，强化规划的引导作用，深化区域产业一体化发展；二是以项目为纽带加强企业之间联系，强化跨区域的产、学、研战略合作，引导中部地区行业协会密切协作；三是注重社会团体之间的互动合作，充分发挥民间组织协作功能，发挥各省商会、公会、中介等社会组织的辅助功能，并且注重人才的开发与交流，打造中部人力资源高地。

参考文献

[1] 向晓梅．区域产业合作的机理和模式研究——以粤台产业合作为例［J］．广东社会科学，2012（5）．

[2] 湖北省发改委．湖北省国民经济和社会发展“十二五”规划纲要．2010.

[3] 湖南省发改委．湖南省国民经济和社会发展“十二五”规划纲要．2010.

[4] 河南省发改委．河南省国民经济和社会发展“十二五”规划纲要．2010.

[5] 安徽省发改委．安徽省国民经济和社会发展“十二五”规划纲要．2010.

[6] 江西省发改委．江西省国民经济和社会发展“十二五”规划纲要．2010.

[7] 山西省发改委．山西省国民经济和社会发展“十二五”规划纲要．2010.

[8] 张秀生，陈立兵．产业集群、合作竞争与区域竞争力［J］．武汉大学学报（哲学社会科学版），2005，58（3）．

[9] 盛见．中部地区产业竞争力研究［M］．中国地质大学出版社，2009.

[10] 沈振中．泛珠三角区域产业合作模式及协调机制分析［D］．华南师范大学硕士学位论文，2007.

[11] 孙东琪，朱传耿．苏鲁产业合作模式比较及其合作路径研究［J］．经济地理，2012，32（2）．

[12] 冯德显．中部地区人才的资源化开发及机制创新研究［J］．地域研究与开发，2007（26）．

中部地区物流与金融产业集聚及演进分析*

戴志敏[1]　郭露[2]

（1. 南昌大学经济与管理学院　江西南昌　330031；
2. 江西财经大学统计学院　江西南昌　330013）

一、引言

世纪交替时期，在国家提出“西部大开发”和“振兴东北老工业基地”的战略背景下，中部六省提出了“中部崛起”方略以迎头赶上新经济的发展浪潮。十余年来，在基础设施大规模建设、各地承接东部产业接续和国外产业转移的大背景下，中部六省经济与社会发展取得了长足进步。但限于地理位置的分散与历史归属的原因，中部六省仍没有找到一条经济发展的最优化道路，无论在主导产业还是服务经济配套行业发展速率方面，都与东部地区有渐行渐远的趋势。考虑到物流业与金融业作为生产与服务的高端行业，其发展对经济的促进和拉动对中部地区实现后发超越和产业转型意义重大，因此本文从集聚经济的角度观察中部六省各自现有两大产业发展实际问题，运用集聚经济理论辨析行业发展阶段与相关计量模型改进给出现有发展模式下的两大行业经济发展汇同方式及预期饱和点，以供相关决策参考。

二、相关研究综述

1926年，Alfred. Weber在他的《工业区位论》中阐述了集聚经济理论。他指出集聚形成需要四个因素：技术设备发展、劳动力组织孕育、市场化程度以及经常性开支成本；并主要探讨了产业集群与创新的关系：集中带来竞争；企业、供应商、客户沟通交流，并在传播中了解市场动态。马歇尔在著名的《经济学原理》一书中阐述了他的外部经济理论：产业集群是外部经济所致，而外部经济是由市场共享、专业性附属行业的创造和技术外溢构成。克鲁格曼（P. Krugman）发展了马歇尔的外部经济理论，提出了“规模报酬递增”模型，他把马歇尔的“产业区”优势论述也总结为三点：本地专业化劳动力的发展；大量相关性产业服务；频繁的信息交流对创新的贡献。科斯也用交易成本理论对产业集群

* **基金项目**：国家社会科学基金项目“基于产业传导机制的金融业集群配置效率模型开发及中东部比较研究”（08CJY058）；江西省社会科学“十二五”规划2011年课题“鄱阳湖生态经济区金融生态系统结构方程研究”（11YJ65）。

作者简介：戴志敏（1980—　），男，江西泰和人，南昌大学经济与管理学院副教授，管理学博士，主要从事金融经济方面的研究；郭露（1983—　），女，江西吉安人，江西财经大学统计学院讲师，在读博士生，主要从事经济统计方面的研究。

进行了阐述：首先，增加交易频率，降低区位成本，减少了不确定性；其次，市场化提高了信息的对称性，并克服交易中的机会主义行为；最后，产业集群根植于共同社会环境，促进双方达成协议并履行合约。

我国学者对产业集聚也进行了大量的研究。梁琦（2004）以克鲁格曼的理论模型为基础，通过数学模型和实证分析对产业集聚形成机理进行深入研究。陈继祥（2005）运用复杂性科学和涌现性理论对产业集群的动力机制进行研究。刘秉镰（2006）提出了现代物流业与区域经济增长之间的关联机理。李爱国、黄建宏（2006）从新经济地理理论的角度，运用影响经济空间集聚的向心力和离心力理论，阐述了现代物流对区域经济发展的调节作用。学者多数运用就业集中度法和灰关联分析研究物流集聚度与经济发展之间的关联作用。

流通经济学视角下物流和金融流的集聚是创造价值的集中体现，在第三方利润来源愈发重要的情况下，两种产业集聚现象对一国或区域经济持续增长具有现实意义。一般认为拥有完备的物流基础设施，分工协作关系明确，竞争优势明显的物流园区和快速高效的金融资源集中与分销网络布局是这两个产业集群的集中表现形式。

金融集聚是指通过金融资源与区域条件协调、配置、组合的时空动态变化，金融产业组织孕育、发展，进而在一定地域空间形成金融地域密集系统的变化过程。在产业升级的情况下，金融资源以“大雁阵形”由集聚区域向周边地区扩散，而低端的资源被“边缘化”并溢出到周边区域，这反过来在一定程度上可加强集聚中心区对高端资源的吸引力。金融资源的这种集中和扩散都会对区域经济增长有影响，即金融集聚对核心区经济将产生增长效应，对周边地区经济产生辐射效应。

有关金融集聚形成动因的研究文献可以分为三个部分：一是对金融集聚内在动因的直接研究。如 Porteous（1995，1999）、Martin（1999）、Thrift（1994）、Corbridge（1998）；Thrift、Martin（1994）认为信息流是金融中心发展的先决条件，而金融业也可被理解为“高增值”的信息服务业。Porteous（1995）强调塑造和发展金融中心的背后力量，大致上可以从“信息外在性”、“信息腹地”、“国际依附性”、“路径依赖”和“不对称信息”来解释。这背后力量是金融中心地位兴衰的决定因素。韩国经济学家帕克（1999）则首先将微观经济学的规模经济理论应用于国际银行业的发展和国际金融中心的成因分析上，认为规模经济体现在行业内银行之间的协作、金融机构之间共享基础设施、信息沟通的快捷等。二是对区域金融成长的研究在一定意义上也揭示了金融集聚的动因。张凤超、王亚范（2000）认为区城金融成长内含于区城经济发展状态的形成和变化过程之中，为区城金融成长提供成长条件和空间；同时，区城金融成长的水平和能力也为支持该地区区城经济发展提供内在动力。张凤超（2005）根据金融产业成长阶段与金融职能特征两个条件，将城市划分为金融支点、金融增长极和金融中心三种金融级别类型，以揭示金融等别城市的空间运动格局。三是对产业集聚动因的研究，对金融集聚也有一定的借鉴意义。如马歇尔关于空间集聚外在性的理论主要针对产业空间集聚而言，但对金融集聚也有一定的解释能力。这些理论从不同侧面、不同视角分析金融集聚的成因，对此问题提供了较强的解释。不足之处在于缺乏对行业成长过程、其他行业速率带来的动态影响考察，从而难以揭示金融集聚内在动因的动态特征。

而且对物流业和金融业进行联合考察的分析不多，事实上物流业快速发展给区域经济带来增长的同时渗透了外部性经济的强力挤压，而区域金融业自身发展又给当地物流业资源的调配起着方向性作用。两业的协同性和发展阶段性的承接特点在区域经济发展的不同阶段对区域经济发展所起的作用非常微妙。物流业作为实体活动的最后一环，直接和生产产出挂钩。而金融业作为服务的高端形式，服务对象和服务深度也直接对实体产业产生重要影响。因此，考察两产业发展产业内状态和产业间协同，对中部地区实现后发超越非常重要。

三、中部六省物流业与经济关联比较

中部地区包括山西、安徽、江西、河南、湖北和湖南六省。改革开放以来，中部地区经济总量迅速增长。但与全国其他地区相比，中部地区在经济发展速度、规模和质量方面都处于相对滞后状态。“中部塌陷”的趋势日益明显（如表1所示）。

表1　**“六五”以来中国中部地区GDP增长情况（单位：亿元）**

时期	山西	安徽	江西	河南	湖北	湖南
六五	606.04	772.41	630.24	1202.47	1054.67	1039.84
七五	769.70	1104.58	803.03	1621.46	1433.78	1454.04
八五	1180.49	1570.69	1217.18	2487.52	2185.76	2322.10
九五	1516.30	1990.40	1493.24	3456.10	2954.73	3246.96
十五	1660.33	1971.79	1684.29	3806.79	2870.62	3291.93
十一五	3088.51	3859.91	2629.52	8396.72	5415.46	5175.29

资料来源：《新中国五十年统计资料汇编》及各省统计年鉴汇总计算所得，表中数据已按1980年不变价格处理。“十一五”均值数据是根据各省2006—2008GDP基础上的预估GDP增加值。

同时应用计量工具和投入产出模型考察中部地区经济增长关键要素分析发现：中部各省经济增长对生产要素投入依赖重，对全生产要素依赖轻。物质资本、全社会固定资产投资、劳动力和人力资本属于生产要素投入，它们四者对中部经济增长贡献之和远高于全要素生产率的贡献。以 e_p 和 e_q 两个参数作为生产要素投入和全要素生产率对中部经济增长的贡献率指标，可以判断中部地区经济增长模式（如表2所示）。

表2　**中部地区经济增长方式**

区域	e_p	e_q	$\frac{e_p}{e_q}$	增长方式
全国	0.692	0.308	2.247	相对粗放型

续表

区域	e_p	e_q	$\frac{e_p}{e_q}$	增长方式
中部地区	0.736	0.264	2.788	中部地区总的来说呈现相对粗放型发展，同时各自呈现经济发展阶段的粗放型程度不同
山西	0.716	0.308	2.325	
安徽	0.720	0.280	2.571	
江西	0.748	0.252	2.968	
河南	0.802	0.198	4.051	
湖北	0.726	0.274	2.650	
湖南	0.728	0.272	2.676	

资料来源同表 1。注：学界一般认为参数 e_p 和 e_q 的大小可以反映出经济增长的集约或粗放程度：e_q 越小（或 e_p 越大），经济增长的集约程度越低（或粗放型程度越高）；e_q 越大（或 e_p 越小），经济增长的集约程度越高（或粗放程度越低）。经济增长方式大概分为三种：粗放型（又分相对和绝对）、并重型和集约型（又分相对和绝对），如同时有 $0.5<e_p<1.0$ 或 $0<e_q<0.5$，则属于相对粗放型。

中部地区现有经济相对粗放型态势主要原因在于：（1）产业分工层次低，物质资本使用效率低，经济效益较差；（2）投资、融资环境差，渠道窄，投资规模和利用外资规模较小、质量较低；（3）劳动力资源丰富，利用率较低，质量偏低，农村劳动力转移困难；（4）科技投入不足，科技产出效率较低，自主创新能力弱。

目前中部地区的物流业正处于由传统初级物流向现代化的高级物流发展的初级阶段，总体上物流业发展水平较低，基础比较薄弱。而同期全国物流业处于协调、持续、快速发展阶段。中部地区是全国经济发展蕴藏的最大潜力。中部地区业已充分利用区位优势和交通优势，发展各类专业市场。从 2008 年全国货物周转量绝对值来看，中部六省只占不到 20%，远低于东部地区。但中部六省货物周转速率保持了持续快速增长，这是中部地区发展物流市场、建设现代物流中心的潜力。

（一）数据的选取与说明

一般来说，物流业的发展主要由运输、仓储和物流管理水平以及良好的基础设施水平来决定。为了使假定的模型具有一定的可操作性，根据常见的计量经济学分析方法，将六省经济总量用 GDP 表示（考虑数据可比较性，以下数据都为当年实际数据），物流业生产总值用当年货运量来表示。建立一元线性回归模型加以分析。

（二）Logistic 增长模型

Logistic 函数模型，也被称为生长函数曲线模型，其函数表达式为：$Y=\frac{1}{k+ab^x}$；式中 y 表示因变量，x 为自变量，k，a，b 为未知常数，$k>0$，$a>0$，$0<b\neq1$。

物流发展的初级阶段，物流业对区域经济发展推动作用不太明显，对区域经济只是表现出平缓增长趋势；随着物流规模进一步扩大，对经济贡献作用越来越明显，呈显著上升趋势，当达到一定规模后，贡献趋于平稳。即这种贡献过程与 Logistic 曲线形状相似。货运量与 GDP 相关性分析。假设 GDP 与货运量符合一元线性回归模型 $y=a+bx$，y 表示 GDP，x 表示货运量。利用 E-VIEWS 软件可求中部六省回归分析统计数据如表 3 所示（从 1991—2008）：

表 3　　　　中部六省物流业与经济回归分析统计数据

	a	b	Std Error a	Std Error b（x）	t-Statistic（x）	R-squared	F-statistic
山西	−2985.1	0.061	435.149	0.005	13.115	0.915	171.899
安徽	−2909.7	0.123	758.008	0.014	8.757	0.828	76.743
江西	−1370.3	0.142	327.625	0.011	12.643	0.909	159.811
河南	−8439.4	0.249	930.046	0.015	16.651	0.945	277.325
湖北	1159.7	0.126	483.613	0.015	8.160	0.806	66.627
湖南	−4499.3	0.144	478.327	0.008	18.971	0.957	359.597

从以上回归结果来看，中部六省的拟合程度都很高，都符合 GDP 随货运量增加的经济学规律。只有湖北省 a 值为正是因为湖北省处于“九省通衢”位置，密集的物流过往使得相关代理数值与真实计算数值差距较大。这种粗略的线性参数方法只是从必要性上对物流与经济的关联加以佐证，因此本文对模型 $Y=\frac{1}{k+ab^x}$ 作如下变换：令 $y'=\ln\left(\frac{1}{y}-k\right)$，$a'=\ln a$，$b'=\ln b$，则得到 $y'=a'+b'x$。这样可避免物流业与 GDP 增长无限正向相互关联。应用 OLS 方法，则假定的六省 Logistic 模型的表达式分别为：

表 4　　　　**中部六省 Logistic 模型表达式**

区域	Logistic 模型	区域	Logistic 模型
山西	$y'=\frac{1}{k+0.0602*(0.7322)^x}$	河南	$y'=\frac{1}{k+0.2486*(0.7892)^x}$
安徽	$y'=\frac{1}{k+0.1226*(0.7306)^x}$	湖北	$y'=\frac{1}{k+0.1264*(0.6698)^x}$
江西	$y'=\frac{1}{k+0.1416*(0.6817)^x}$	湖南	$y'=\frac{1}{k+0.1438*(0.7559)^x}$

注：k 为各省 GDP 未来可预测的年份数值（单位：亿元），属于可调控值。从统计检验来看，以上方程拟合优度很高，通过显著性检验。

四、中部六省金融业与经济关联比较

学术界把金融发展与经济增长的关系大致归结为三种：经济增长促进金融的发展、金融发展促进经济的增长、金融发展与经济增长相互促进。大多数实证研究基本上是选用多国或者是一国金融时间序列数据进行的研究，很少选用区域或者省份的金融数据来进行实证研究，尽管最近有不少学者正在向这一方面做更深的研究：如缪小眉、贺刻奋对宁波金融发展与经济增长的关系进行研究，得出宁波市金融相关比率能促进经济增长率的提高，并且它们之间存在单向因果关系。孙慧君、周少卿对浙江省 1990—2007 年的数据做了实证研究，得出两者存在单向的因果关系，金融发展促进经济增长。

一般研究都主要以以下三个指标与数据来源来刻画金融经济关系：（1）国内 GDP 指数。是一个比较能反映一个地区的经济发展能力的综合指标，并且它已经扣除了物价因素，更能真实地反映一个地区的实际情况。本报告就选择六省 1991—2008 年的 GDP 指数作为因变量，用 RGDP 表示；（2）金融相关比率（FIR）。由戈德史密斯最先提出来，是用一国或者一个地区的金融资产除以该地区的国内生产总值得出来的数值，由于一个地区金融资产的数据难以取得，在这里用存款（D）、贷款（L）之和来代替该地区的全部金融资产，即 FIR=（D+L）/GDP；（3）人均 GDP 指数（AGDP）。指数最能反映一个地区的人均生活、消费水平、经济真实情况，本文选取其作为一个变量。

（一）模型建立

由于对数据取对数可以消除其异方差性但是并不改变它们之间的协整关系。因此，本文对各个变量取对数采用的模型为：

$$\ln RGDP_t = \beta_0 + \sum_{i=1}^{n} \beta_{1i} \ln FIR_{t-i} + \sum_{i=1}^{n} \beta_{2i} \ln AGDP_{t-i} + v_t$$

$$\ln FIR_t = \beta_0 + \sum_{i=1}^{n} \beta_{1i} \ln RGDP_{t-i} + \sum_{i=1}^{n} \beta_{2i} \ln AGDP_{t-i} + \sigma_t$$

在上面的模型中：RGDP 是以向量形式表示的各省的国内生产总值指数，FIR 是以向量形式表示的各省金融的存贷总量占 GDP 的比率，AGDP 是以向量形式表示的各省人均国内生产总值指数。u、v 表示白噪声序列，β_0、β_{1i}、β_{2i}、α_0、α_{1i}、α_{2i} 分别是各变量的向量系数矩阵，t 表示时间，i 表示滞后阶数。

（二）实证分析

相关数据根据各省历年统计年鉴、历年各省国民经济和社会发展统计公报、《新中国 50 年统计资料汇编》计算求得，且为剔除了物价因素后的实际可比数据。限于篇幅，此处仅挑选江西省检验，其他省份检验过程类同且已有相关文献的省域范围研究。我们使用 ADF 单位根检验法，检验结果如表 5：

表 5　　**变量的 ADF 检验**

变量	检验类型	ADF 统计量	临界值	结论
lnAGDP	（c，t，0）	1.56	-2.96	非平稳

续表

变量	检验类型	ADF 统计量	临界值	结论
lnRGDP	(c, t, 0)	-2.13	-3.57	非平稳
lnFIR	(c, 0, 0)	-2.23	-2.96	非平稳
ΔlnAGDP	(c, 0, 2)	-4.6	-2.97	平稳
ΔlnAGDP	(c, 0, 2)	-4.75	-2.96	平稳
ΔlnFI	(c, 0, 0)	-4.54	-2.97	平稳

各变量前的系数都通过了显著性检验，只要方程的残差序列是平稳的，则各变量间就有长期的协整关系。对协整方程的残差序列 u∧t 作平稳性检验的结果如表 6：

表 6　**残差序列的 ADF 检验**

变量	检验类型	ADF 统计量	5%临界值	DW 值	结论
$\hat{u}_t$	(0, 0, 0)	-2.02	-1.95	1.618	平稳

由表 2 我们可以看出 ADF 统计量的值-2.02 小于 5%的临界值-1.95，可以得到残差序列是平稳的，ln*RGDP*、ln*FIR*、ln*AGDP* 之间存在长期的协整关系。考虑到 Granger 检验的结果依赖于滞后长度，所以本文选取滞后 2 阶和 4 阶，结果如表 7：

表 7　**Granger 检验结果**

零假设	滞后期	P 值	F 值	滞后期	P 值	F 值
ln*FIR* 不是 ln*RGDP* 的 Granger 原因	2	0.032	5.96	4	0.696	0.553
ln*RGDP* 不是 ln*FIR* 的 Granger 原因	2	0.056	0.601	4	0.312	1.264

从前述方程计算可得，金融相关比率每增加一个百分点，就可以促进 GDP 指数变化 0.176 个百分点，并且这种关系是正向的。人均 GDP 指数每增加一个百分点，能促进 GDP 指数增加 1.065 个百分点，这说明江西经济的增长对金融发展的依赖性比较强，同时由于江西人口总数较小，人均 GDP 增长对经济发展弹性效应较明显。

从表 7 可以看出：(1) 在短期内江西金融发展和经济增长之间存在单向的因果关系，金融发展能促进其经济增长；(2) 在相对长期内它们之间没有因果关系，原因可能是江西的金融体系不发达，不能长期支持其经济发展；(3) 一个很现实的问题是：受制于长期金融抑制和原有落后的金融体系影响，目前情况下，江西金融对经济增长所起的促进作用可能还没来得及完整度过量的阶段，就必须直接过渡到质的阶段了。同样的对中部地区其他五省做类似的实证分析得到的结论如下：

（1）从金融相关率看，湖南最强，山西与江西最弱，这说明湖南的金融深化程度和金融生态环境是中部地区最好的；而山西受限于其主导产业过于单一，金融资源配置存在严重失衡；江西由于经济总量小，金融发展潜力还有待开发。6省顺序为：湖南>河南>湖北>安徽>江西>山西。

（2）中部六省金融发展都能促进经济增长，湖南与湖北金融体系相对完善，两者正处稳步协调互动中，处于金融正引领经济增长的阶段；安徽目前处于工业化相对加速发展阶段，主导产业带动作用已经凸显，急需金融业强力支持；山西和江西还需做好经济发展的增长极工作，以吸引各地、各层次的金融资源为己所用，但两省情况大不相同，山西省要做好金融资源过度集中于煤炭开采、有色金属加工等极少数产业从而降低其他产业发育所需金融资源的使用偏差，江西省要做的是尽快突出主导产业，使得有限的金融资源尽快的找到最佳投资方向。

五、中部地区物流业与金融业的产业集聚演进分析

我们以第三部分的各省物流业 Logistic 模型做产出边际分析如下：在经济学中，边际是描述一个经济变量在另一个经济变量变化1%时所带来的变化额。边际点的自变量在经济决策中往往是最佳点，找到最合理的边际点，就能作出最有利的经济决策。

对前述 Logistic 一般公式求导则有：$\frac{dy}{dx}=-a\ (\ln b)\ \frac{b^x}{(k+ab^x)^2}$；拐点处的值满足：$\frac{d^2y}{dx^2}=0$。我们分别将六省2008年货运量数据，$k$，$a$，$b$ 的值代入上两式分别得到$\frac{dy}{dx}$和拐点的 x：$\left|\frac{\ln k-\ln a}{\ln b}\right|$为：

表8　中部六省物流业与金融业融合下的边际点与拐点

区域	$\frac{dy}{dx}$	x（万吨）
山西	0.033	374196
安徽	0.017	360292
江西	0.006	282082
河南	0.022	474965
湖北	0.005	285969
湖南	0.022	404937

这里计算所用 k 值分别为2008年中部六省 GDP 的“饱和值”（现有区域可供利用金融资源生长曲线模型下的极限值）。为习惯性使用，分别按顺序取7000、10000、7000、19000、12000、12000亿元，计算所得的$\frac{dy}{dx}$可看作是保守值或基本值（因为按照现值计

算，如江西省2010年GDP总量为9435亿元），拐点x可认为是“天花板”值或极限值。

从表8结果可以看出：按照各省现有GDP存量规模，中部各省货运量对GDP的贡献大小分别为山西>湖南>河南>安徽>江西>湖北；物流业对GDP贡献最大的是山西省，每一万吨可以贡献0.033亿元GDP；湖南和河南基本一致，每一万吨贡献约0.022亿元GDP；安徽为0.017亿元GDP；湖北和江西基本一致，每一万吨贡献0.006亿元左右GDP。

驻点x取值表明物流业每增长1个单位所带来的GDP的增长额会随着物流规模的增加而不断增加，而各省x数值表明当年货运量达到各自的数值时，物流业对GDP的增长作用达到最大峰值，此后推动能力逐渐下降，在各自取值附近左右成为成熟及稳定产业。中部各省货运量“天花板”数值大小分别为：河南>湖南>山西>安徽>湖北>江西；其中河南省最大，货运量达到474965万吨的时候极限值出现；湖南其次，山西和安徽比较接近。这和刚才的贡献度次序有差别。

对比中部六省物流业、金融业与经济关联，我们可以发现：不同的省份物流业对经济发展促进作用不同，同时金融业在经济发展的不同阶段起着加速或减速的作用，物流业作为实体经济的最后一环对区域经济发展的重要性是毋庸置疑的；而金融资源作为天生追逐利益的代表，其流向和有效使用也对经济发展起带动作用。从省域情况来看，我们发现湖南在物流与金融集聚方面都相对做得较好，物流规模与经济发展良性互动势头已形成；同时金融生态环境也逐步完善，一个基础好、整体上升势头明显的协调发展格局正显现，外加“长株潭”综合配套改革实验区和城市群建设集聚了省内外优质资源和企业落户于此。湖北省本省金融对经济发展促进作用并不显著，但湖南省的相对强势带动对其辐射力是影响深远的，刚开通的武广客运专线则更是双方包括物流业和金融业在内的多个产业集聚的重要纽带体现。

而这两省金融资源集聚对中部其他四省物流与金融产业集聚影响是两面性的，金融资源调配不受时空限制，更多地是受利益吸引。因此河南、安徽和江西三省未来一段时间省域金融产业集聚以支持经济发展需要本省实体经济支持的同时，也许更多地是要考虑金融服务的产业对象不同和产业层次的不同所带来的增长效应持续性。山西金融产业集聚过于集中体现于采掘、有色金属等初级产业，还无法形成合力以支持产业转型，本省物流业发展依托的对象也过于集中，限制其进一步发展。

六、结论与展望

本文从实体经济的终端——物流业和服务经济的高端，即金融业入手对中部六省物流、金融与经济的匹配度、产业集聚状况和未来发展导向作了深入分析。从本文可见：

湖南、安徽属于相对稳步协调发展阶段，湖南处于南下珠三角主通道，发展目标明确，现有政策效果较好；同时金融生态环境好，有利于金融产业集聚加速物流经济发展，要考虑进一步做好长株潭城市群建设、周边卫星城建设和生态示范城镇建设；安徽定位于面向长三角腹地，做好长三角产业接续后花园，政策效果正向良性显现；可继续做好向长三角靠拢城市群及物流设置建设。

考虑河南省的中部大省、农业主产区、交通咽喉的地理优势，河南省的物流业发展潜力还没被充分激发出来，物流经济发展对经济带动还有极大空间；由于急需金融资源支持，因此金融集聚大有可为。山西物流发展相对更快触及天花板，这是由于该省长期以来货运方式单一、货运品种单一、产业结构失衡状况所导致的。应逐步考虑政策调整；同时多给金融资源以获利的产业机会，更重要的是要把山西本省创造的金融资源留在山西，同时保持政策稳定性以吸引金融资源集聚；湖北还需加快发展物流业、基础设施及其相关产业来带动经济发展，但由于地理位置受限于河南和湖南之间，未来物流业大发展无相对优势，应考虑做好物流配套相关工作并向湖南靠拢；江西由于近年来交通基础设施建设及过境客货运量增加的带动，物流业取得了长足发展，但未来仍应较早考虑经济拉动力的新的着力点，突出优势产业，做足特色产业。这样才能使金融资源落地、集聚格局形成，政策上应尽快明确自身定位。适当的发展江西南部城市群，以赣南城市产业带动地方金融业集聚。

未来研究可以考虑定量分析目前中部六省金融和物流如何形成嵌套合作能力以促进中部地区整体受益，从而实现互惠互利局面，而不是仅仅停留在文字上的中部地区合作态势。

参考文献

[1] Alfred Weber, *Industrial location theory*, Commercial Press, 1997.

[2] Michael Quayle, Bryan Jones, *Logistics: An Integrated Approach*, Athenaeum Press Ltd., 1999.

[3] *Brewer A M. Handbook of Logistics and Supply-Chain Management*, Los Angeles: Elsevier Science Ltd., 2001.

[4] 梁琦．产业集聚论［M］．商业出版社，2004.

[5] 张群，程肖冰．现代物流与区域经济发展［J］．统计与决策，2005（12）．

[6] 刘秉镰．中国交通运输与区域经济发展因果关系的实证研究［J］．中国软科学，2005（6）．

[7] 傅松．中国物流产业集聚信息系统［D］．博士学位论文，2007.

[8] 刘南，李燕．现代物流与经济增长的关系研究［J］．管理工程学报，2007（1）．

[9] Claessens S, *Laeven L. Financial Development*, *Property Rights and Growth*, Journal of Finance, 2003, 58（6）．

[10] Clarke, George, Xu, Lixin Colin and Zou, *Heng-fu. Finance and Income Inequality: Test of Alternative Theories*, World Bank Policy Research Working Paper, 2003（03）．

[11] Peter Rousseau, Dadanee Vuthipadorn, *Financial investment and growth: Time Series Evidence from* 10 *Asian economies*, Journal of Macroeconomics, 2005（07）．

[12] Jagdish Handa, Shubha Rahman Khan, *Financial Development and Economic Growth: a Symbiotic Relationship*, Applied Financial Economics, 2008（13）．

[13] 暴奉贤，陈宏立．经济预测与决策方法［M］．暨南大学出版社，1997.

[14] 谭清美，王子龙．区域经济物流弹性研究［J］．统计与决策，2005（5）．

[15] 平先秉，湖南省物流产业与经济协调发展的定量分析［J］. 技术经济与管理研究，2008（6）.
[16] 国家统计局. 中国统计年鉴［M］. 中国统计出版社，1990—2008.
[17] 金雪军，田霖. 金融地理学研究评述［J］. 经济学动态，2004（4）.
[18] 黄解宇，杨再斌. 金融集聚论：金融中心形成的理论与实践分析［M］. 中国社会科学出版社，2006.
[19] 周立. 中国各地区金融发展与经济增长［M］. 清华大学出版社，2003.
[20] 谈儒勇. 中国金融发展和经济增长关系的实证研究［J］. 经济研究，1999（10）.
[21] 周立，王子明. 中国各地区金融发展与经济增长实证分析［J］. 金融研究，2002（10）.
[22] 钟新桥，钟炎君，曾祺林. 中部地区经济发展分析及对策建议［J］. 经济问题探索，2005（11）.
[23] 赵震全，于震，刘森. 中国金融结构和经济增长的关联性分析：理论与实证［J］. 吉林大学社会科学学报，2006（5）.

加快推进武陵山区域文化旅游一体化发展

李卫国*
（湖南吉首市人民政府　吉首　416000）

武陵山区地处我国中南部，跨越湘、鄂、渝、黔三省一市，包括四省市交界地区的71个县（市、区）①，国土面积约17万平方公里，总人口3600多万，是我国内陆省际交界地区面积最大、少数民族聚集多、贫困人口分布广的地区，是国家西部大开发和中部崛起战略交汇地带，也是国家重点扶持的18个集中连片贫困地区和扶贫攻坚的主战场之一。该地区山同脉、水同源、民同俗，经济同型，文化旅游资源富集，文化旅游产业发展粗具规模。

2011年10月国务院出台《武陵山片区区域发展和扶贫攻坚规划》，确立了将武陵山区打造成为国际知名生态文化旅游胜地的战略定位，对武陵地区来说，如何加快推进文化旅游一体化发展，从而促进连片扶贫开发、经济持续发展是我们面临的重大课题。

一、武陵山区域文化旅游业SWOT分析

（一）优势（Strengths）

1. 资源优势

武陵山区文化资源底蕴深厚，旅游资源富集。一是特色而神秘的武陵文化：历史文化、民族文化、宗教文化、红色文化、服饰文化、饮食文化、建筑文化和生态文化。二是丰富的物质文化遗产。拥有世界历史文化名城1座，世界自然遗产4个，国家级非物质文化遗产60多项等。三是高品位的自然风景和人文景观旅游资源。拥有国家级3A以上风景名胜区60个。其中有创4项世界第一的矮寨特大悬索桥，“天下第一漂”的清江漂流，中国五大宗教文化胜地之一的梵净山等高品位的景区（点）。

2. 区位优势

一是武陵山区位于全国生态旅游走廊，它北接长江三峡、神农架、武当山风景区，南接环北部湾旅游圈、西黄果树——织金洞风景区，东与岳阳楼——洞庭湖，南岳衡山风景区相辉映，省际间旅游资源的区域互补性较强，关联度较大。二是武陵山区交通便利

---

* 李卫国：（1964—　），男，苗族，本科，吉首市市委副书记、市长。

① 71个县（市、区）：湖南湘西土家族苗族自治州、怀化市、张家界市及邵阳市的新邵县、邵阳县、隆回县、洞口县、绥宁县、新宁县、城步苗族自治县、武冈市，常德市的石门县，益阳市的安化县，娄底市的新化县、涟源市、冷水江市，湖北恩施土家族自治州及宜昌市的秭归县、长阳土家族自治县、五峰土家族自治县，重庆市黔江区、酉阳土家族自治县、秀山土家族苗族自治县、彭水苗族土家族自治县、武隆县、石柱土家族自治县、丰都县，贵州铜仁地区及遵义市的正安县、道真仡佬族苗族自治县、务川仡佬族苗族自治县、凤冈县、湄潭县、余庆县。

(见图1)。区域有张家界荷花机场、黔江舟白机场、恩施许家坪机场，怀化芷江机场、铜仁凤凰机场、黔东南州黎平机场6大机场与全国主要旅游城市通航，枝柳铁路、湘黔铁路、渝怀铁路、宜万铁路4条铁路干线穿越本区域，沪昆高速、沪渝高速、包茂高速、沪蓉高速、杭瑞高速、厦蓉高速6条高速纵横贯穿，G209、G318、G319、G326、G320、G321等6条国道在此过境，沅水、澧水、乌江等江河常年通航。

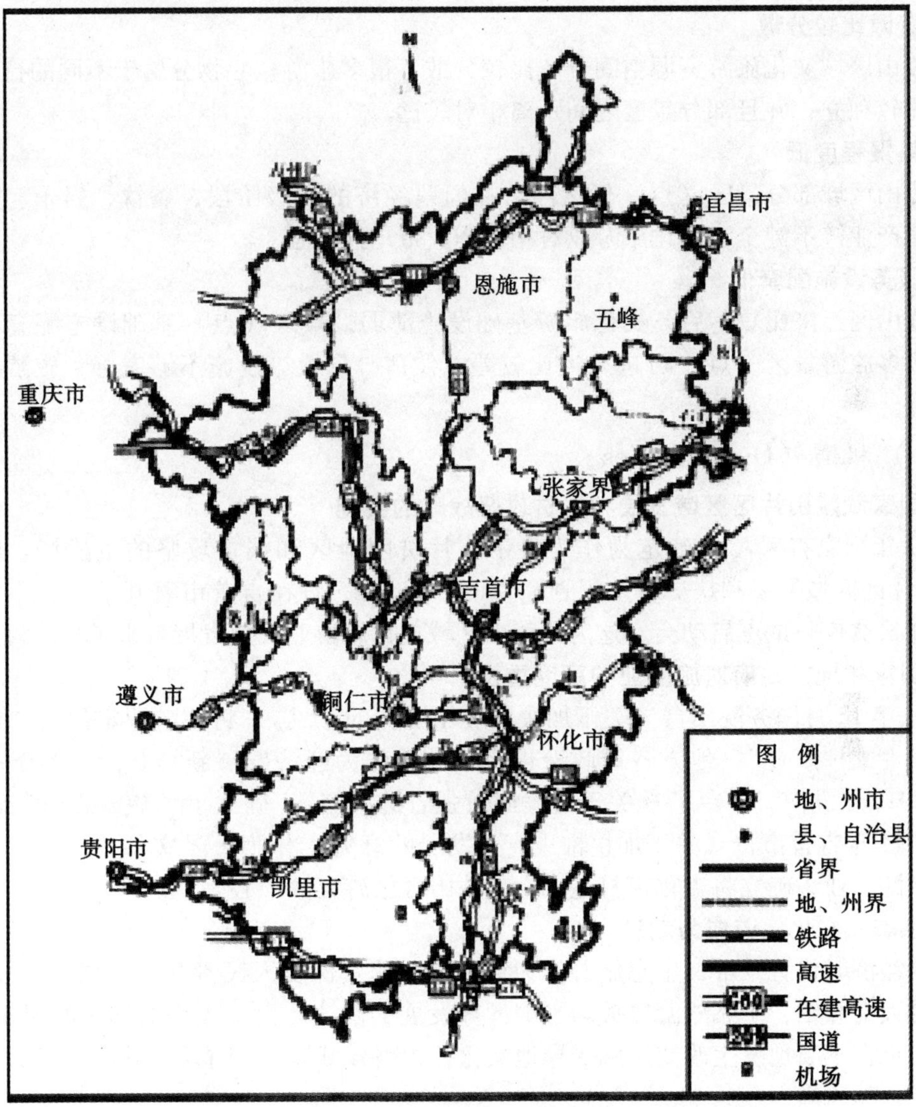

图1 武陵山区交通网络图

3. 市场优势

一是武陵山区旅游形象鲜明。自然景观、历史文化古迹、民俗风情三大核心资源符合市场需求，具有广阔的市场前景。二是武陵山区域文化旅游形象好。区域内的德夯风景区、张家界武陵源景区、贵州梵净山等景区（点）的知名度和名誉度高，吸引力强。三是吉首、张家界、黔江等城市的区域旅游中心逐步凸显，带动与辐射效应强。四是武陵山区域处于长株潭“3+5”城市群、武汉“1+8”城市圈、成渝城市群与国家级综合改革试验区的中间地域，南融珠三角都市圈，腹地客源市场潜力大。

（二）劣势（Weaknesses）

1. 资源比较分散

武陵山区域文化旅游资源空间分布比较分散，很多旅游核心物分属于不同的行政区域管辖，比较独立，并且部分景区之间距离相对较远。

2. 集聚程度低

武陵山区域部分景区（点）仍然停留在门票经济的初级阶段，餐饮、娱乐、购物等高附加值产业链不健全，文化旅游业对相关产业带动性不强。

3. 服务设施配套低

武陵山区经济比较落后，文化旅游基础设施薄弱，景区（点）基础设施配套功能不齐全，很多旅游景区（点）可进入性比较差，住宿、餐饮等设施不够完善，旅游接待能力比较低。

（三）机遇（Opportunities）

1. 国家武陵山片区区域发展和扶贫攻坚战略的实施

2011 年国家将武陵山确定为作为集中连片贫困地区和扶贫攻坚的主战场，出台了《武陵山片区区域发展和扶贫攻坚规划》，同年 11 月 15 日在吉首市召开了武陵山片区区域发展和扶贫攻坚试点启动会。这为武陵山区域文化旅游业快速发展带来了战略机遇。

2. 国家和地方政府对旅游业的高度重视

2009 年 12 月国务院出台《关于加快发展旅游业的意见》，将旅游业定位为“国民经济的战略性支柱产业”。地方各级政府也将旅游业作为经济发展新增长点，给予高度重视。如 2012 年湖南省出台了《关于建设旅游强省的决定》，确立了“旅游强省”的战略定位；2011 年吉首市将《关于加快推进产业发展的意见》作为 1 号文件，提出了优先发展文化旅游产业，确立将吉首市打造成为武陵山区旅游集散中心。

3. 生态、文化旅游成为潮流

低碳经济时代背景下，生态旅游作为绿色旅游消费深受人民青睐。根据 2001 年世界生态旅游大会介绍，生态旅游已成为当前世界发展的潮流。由于人们对知识的渴求增大，旅游观念也在不断地发生改变，感受异地文化，领略异域风情，寻求文化享受已成为当前旅游者的一种风尚。

4. 国内旅游市场的高速增长

目前，我国旅游业已经进入大众化、产业化发展的新阶段，形成世界上最大的国内旅游市场和全球第三大入境旅游接待国。根据国内游客市场的分布和出游规律的调查研究表明，国内旅游主要一般多为中途的观光旅游、周末短途度假旅游，80%的出游市场集中在距周围 500 公里以内的范围内。武陵山区域文化旅游圈距离国内旅游主要客源地东部和中部地区的中心城市距离均500公里左右，非常适合发展中途观光客源市场。

（四）威胁（Threaths）

1. 资源与环境比较脆弱

文化旅游资源是发展文化旅游产业的基础，没有了这些资源就犹如无本之木。武陵山区生态环境资源十分脆弱，早期不合理的开发和缺乏必要的保护在一定程度上破坏了文化资源的持续利用。如果这些问题不能得到有效解决，会严重影响到武陵山区域文化旅游业可持续发展，影响人与自然的和谐发展。

2. 民俗民族风情传承难

随着城镇化进程的不断推进，武陵山区域的宗教、传统习俗、道德观念、生活方式等已经发生或者正在发生着重大的改变，很多民俗文化被同化、商业化和庸俗化。同时，旅游业的不断发展，外来文化对本民族文化的强势冲击，造成了很多民族文化的衰微和消亡。

通过以上SWOT模型分析，武陵山区域文化旅游业发展的外部环境机会较多，内部优势明显，宜采用一体化的发展模式。并从现实上要求我们强化大合作、大市场的意识，采取强有力的措施，加快推进区域一体化发展进程。

二、武陵山区域文化旅游一体化发展的现状

（一）文化旅游一体化已成为各界共识

一是各级领导已经开始认识到区域文化旅游一体化有利于提升文化旅游产业竞争力，增强区域经济实力。要实现文化旅游一体化发展，就必须打破行政区划，建立无障碍的区域文化旅游市场。二是各类旅游企业主动联合，谋求共赢。区域内很多旅行社和旅游景区（点）建立营销网络，签署了多项旅游合作项目。

（二）文化旅游一体化已在不同范围和层次展开

2009年10月，湖南与重庆、贵州、湖北的相关地市政府通过了《武陵山经济协作区合作章程》，签署了《武陵山经济协作区合作框架协议》，确定共同发展旅游产业。武陵山区四省（市）也积极加快推进本辖区内文化旅游一体化发展。如2009年湘西州、张家界、怀化、常德、邵阳等政府签署了《大湘西旅游经济协作区合作协议书》，建立了协调工作机构和联席会议制度，开通了大湘西旅游经济协作区专网，确定了“神秘大湘西、世外桃花源”的大湘西旅游主题口号和“人”形五色图案的大湘西旅游形象标志。2011年湘西州提出了将吉首市打造成武陵山区文化旅游集散中心和核心增长极，2012年5月武陵山区首个县级旅游业商会在吉首市成立。

（三）武陵山区域文化旅游一体化发展中存在的主要问题

一是文化旅游业一体化规划制定滞后，“武陵山区域文化旅游圈”还未成型。二是文化旅游资源的合作层次和深度不够，联合开发的跨省域文化旅游产品比较少，国外市场开放度不高。三是服务配套设施不健全。旅游交通网络化、服务一体化、信息共享化、行业标准化还没有形成。

三、加快推进武陵山区域文化旅游一体化发展路径

（一）创新体制，建立跨行政区域的文化旅游协调管理组织

武陵山区域各级政府要紧抓国家实施武陵山片区区域发展与扶贫攻坚的战略机遇，创新管理体制，突破武陵山区行政区划分割障碍。一是及时成立由四省市政府及武陵山区各市（州）区（县）政府牵头，发改委、民委、扶贫办、文化局、旅游局、交通局、财政局等相关职能部门为主体的武陵山区域文化旅游一体化协调委员会，科学制定武陵山区域文化旅游一体化发展规划，积极推进国家对武陵山区域文化旅游一体化发展的立法工作。二是由武陵山区最大的综合性大学——吉首大学牵头组建各类专家、学者、企业家等为成员的武陵山区文化旅游一体化咨询参谋机构，为武陵山区文化旅游一体化发展进行课题研究探讨，为文化旅游产业一体化发展中出现的各种问题提供科学的解决方案。三是进一步完善文化旅游行业协会、商会组织机构，协调企业之间的矛盾纠纷。

（二）品牌引领，联合开发整合武陵山区域文化旅游资源

一是针对游客需求，深度开发武陵山区域的文化旅游资源，将资源优势转化为产品优势，对区域内相对独立的旅游产品和景区进行串连、包装、组合，将产品串联于精品线路中，全方位延展旅游触角。重点抓好长沙市—桃花源—张家界—猛洞河—凤凰县—梵净山名山风情精品旅游线路的开发；张家界—吉首—凤凰—怀化—洪江—靖州以及崀山—城步—通道—桂林黄金旅游线路的开发以及宜昌—恩施—张家界—凤凰—铜仁—梵净山—乌江画廊—小南海区域旅游线路的开发。二是全面整合资源，积极构建互补性文化旅游产品群，将成品群塑造成文化旅游核心品牌。重点建设好以“武陵山旅游金三角”张家界、湘西、梵净山为龙头的生态文化品牌；以濮文化、巴文化、楚文化、苗文化、越文化等为源头的历史文化品牌；以土家族、苗族、侗族等民族民间工艺、建筑、婚姻、服饰等风情习俗为代表的民族文化品牌；以杨岳斌、罗荣光、吴八月等为代表的爱国主义文化品牌；以贺龙、滕代远、向警予、周逸群、贺锦斋、袁任远、廖汉生等为代表的红色文化品牌；以熊希龄、张一尊、沈从文、黄永玉、宋祖英等为代表的名人文化品牌；以麻阳长寿文化为代表的长寿文化品牌；以湘西北“湘菜”和渝东南“川菜”为特色的饮食文化品牌。

（三）合作共赢，联合构建武陵山区域一体化文化旅游市场

武陵山区各级政府和旅游企业要深化领会旅游景区（点）之间是合作伙伴，不全是竞争对手，是一种在竞争前提下的有机合作的竞合关系。按照“政策互惠、客源互送、信息互通、资源共享”的原则，加快构建武陵山区域一体化文化旅游市场。一是取消旅游地陪制度，消除旅游壁垒，出台旅游团体在武陵山区域享受统一的优惠政策，积极构建无障碍旅游区。二是加快构建武陵山区域文化旅游整体形象和一体化的文化旅游品牌系统，加快建立一体化的市场营销体系和服务标准体系，加快构筑集成化的旅游电子商务平台，推动文化旅游市场的一体化发展。三是继续巩固武陵山区基础客源市场，主动对接长株潭城市群、武汉城市圈、成渝城市群、珠三角都市圈等核心客源市场，联手开拓海外新兴客源市场，提高对外开放度，提升武陵山区域旅游产品的国际影响力与美誉度。

（四）主动作为，不断增强武陵山区域文化旅游发展后劲

一是加大投入，不断提升武陵山区域景区（点）的品质。武陵山区四省（市）地区地方政府要分别争取当地省（市）级政府的支持，联合向国务院及有关部门请示，向上争取国家的政策、财政支持。全力抓好武陵山区域文化旅游景区（点）的品质提升。二是加快建设，不断强化武陵山区域文化旅游硬件设施。实施“旅游畅达工程”，按照《武陵山片区区域发展和扶贫攻坚规划》，加快主要景区（点）和乡村旅游点公路的提质改造，建立覆盖武陵山区的旅游集散分级承运网络。规范引导武陵山区旅游酒店在现有基础上提质升级，在吉首、张家界、怀化、恩施、黔江等中心城市一批精心规划建设高档星级酒店，在核心文化旅游景区（点）规划建设一些度假型酒店。加快建设旅游集散中心和旅游信息服务、旅游商贸、城市交通等配套设施建设。三是提升服务水平，不断优化武陵山区域文化旅游软环境。积极搭建一体化的文化旅游服务平台，建立健全文化旅游公益服务体系和自助旅游体系。积极构建旅游行业、交通运输、商贸服务、文化娱乐等文化旅游领域的标准体系。切实加强对酒店、宾馆、商场、车站、旅行社等旅游从业人员的职业道德教育和业务知识培训，全面推行人性化、细微化、亲情化导游服务，提升旅游服务的“软环境”。

吉首市作为武陵山区域文化旅游中心城市，应抢抓机遇。要依托丰厚的民族民俗文化底蕴和丰富的旅游资源，充分用好手中的“区域牌”、“民族牌”和“文化牌”，打响“百年路桥奇观、千年苗寨风情、万年峡谷风光”，“游湘西、奔乾城”为核心的旅游品牌和“谷韵吉首，带您走进神秘湘西”的城市品牌。要紧紧围绕“吃、住、行、游、购、娱”五大要素，加快打造武陵山区域旅游集散中心，促进人流、物流、资金流、信息流的聚集，全面提升文化旅游的竞争力。要先行先试，积极加强与武陵山区其他各县（市）的合作，积极推进武陵山区域旅游资源同享、旅游交通贯通、旅游客源互流，加快推进跨区域旅游资源和精品路线的联袂开发，主动融入武陵山区域文化旅游一体化的发展中，努力将武陵山区打造成为国际知名生态文化旅游胜地。

参考文献

[1] 国家民委．武陵山片区区域发展与扶贫攻坚规划（2011—2020年）．

[2] 刘高，汪宇．基于SWOT分析武陵山经济协作区旅游业的竞合发展［J］．云南地理环境研究，2011（23）．

[3] 刘楚凤．建设以张家界为核心的武陵山“两型”旅游经济圈问题研究［J］．湖南行政学院学报，2011（67）．

[4] 田广增．中部地区的区域旅游合作研究［J］．安阳师范学报，2005（100）．

[5] 戴楚洲．加快武陵山经济协作区经济文化发展的思考．土家族文化网．

制度、开放与中部地区金融发展的实证研究

陈志刚
（武汉大学中国中部发展研究院　武汉　430072）

一、引　言

继东部沿海率先发展、西部大开发和东北老工业基地振兴战略之后，2006 年 4 月国务院正式付诸实施中部崛起的国家区域发展战略，并取得了一系列重大成就。地区生产总值由 2005 年的 37411.17 亿元，提高到 2010 年的 86109.38 亿元，年均增速为 18.26%。“三基地、一枢纽”地位进一步巩固提升，构筑了中部地区承东启西、贯通南北的综合运输大通道。对内对外开放水平明显提高，人民生活明显改善，社会事业全面发展，在全国区域发展格局中的地位进一步提升。

稳健高效的金融系统有利于储蓄的增加，储蓄向投资转化和资金优化配置，进而推动资本积累、资源优化配置、技术进步和长期经济增长（Levine，1997）。所以，作为现代经济的核心，金融发展已经成为中部崛起的决定力量。但是，与全国平均水平相比，中部地区金融发展相对滞后。那么，中部地区金融发展的决定因素与机制是什么？如何推动金融发展，加快中部地区崛起的步伐？20 世纪 90 年代末以来，从制度、开放等不同角度出发，国内外学者对金融发展的决定进行理论解释，并提供了国别经验的证据。以此为基础，本文以中部地区为样本，对制度、开放与金融发展的关系进行研究，初步解答上述问题。

本文的其他部分结构安排如下：首先是一个简要的文献综述；其次描述中部地区制度、开放和金融发展的特征事实；再次对中部地区制度、开放与金融发展的关系进行实证研究；最后是本文的结论与政策建议。

二、文献综述

金融是现代经济的核心，是一国或地区长期经济增长的决定力量。既然金融发展对一国长期经济增长具有重要的作用与影响，那么，金融发展又是如何决定的，究竟是什么因素造成各国或地区之间金融发展水平的显著差异呢？20 世纪 90 年代末以来，从制度、开放等不同角度出发，国内外学者对金融发展的决定因素与机制进行理论解释，并提供了国别经验的证据。

LLSV（LaPorta，Lopez-de-silanes，Shleifer 和 Vishny，1998）考察了两大法律体系（大陆法系、普通法系）国家的金融发展，研究发现，相对于大陆法系，普通法系国家给投资者提供了较好的权利保护，金融发展水平也较高，并且，较好的法律实施质量和投资

者权利保护与金融发展之间存在正向联系。Demetriades 和 Hussein（1996）的经验研究表明，只有当金融体系植根于健全的制度框架，金融发展才会对经济增长产生巨大的影响。这里发达的金融体系所需要的健全的制度框架包括对产权的尊重、促进透明的会计和信息披露体系、以较低成本实施合约的法律体系，以及保护消费者利益、鼓励竞争的监管体系等。而 Claessens 和 Laeven（2003）的研究则发现，不同的法律框架不仅影响可获得的外部融资的数量，还将影响资源在不同类型的资产之间的配置情况。对于产权保护不足和法律实施薄弱的国家，不仅投资的总额很少，同时在有限的投资总额中，投资于无形资产的比例相对于固定资产而言更加微不足道。卢峰和姚洋（2004）通过中国的省级数据计量研究发现，在中国金融压抑的条件下，加强法治有助于提高私人部门获得的银行信贷份额，推动银行业的竞争。皮天雷（2010）利用 1995—2005 年中国省级单位的数据研究了政府行为和法治水平对地区金融发展的影响。结果发现，在不考虑政府行为这一制度因素时，法治水平的提高对地区金融发展具有一定的促进效应，但这个效应有限。

LLSV（1998）之后，Rajan 和 Zingales（2003）指出，出于维护既得利益的考虑，来自金融业和其他产业的既得利益集团所采取的阻挠金融发展的措施，成为了各国金融发展差异的重要原因。无论金融业还是其他产业的利益集团都有将通过施加手中的政治影响力，阻挠有助于新企业的进入和鼓励竞争的金融发展，而政府最终被“俘获”，公众也常为他们的合谋所欺骗所压迫。作为对外开放的基本形式，对外贸易和国际资本流动有利于削弱利益集团对金融发展的阻挠力量，促进金融发展。在这方面，Rajan 和 Zingales 特别指出，开放贸易、国际资本流动独自并不足以使既得利益集团转而支持金融的发展。只有贸易和资本的国际流动同时不受限制，金融业和其他产业的既得利益者才有激励推动金融的发展。其原因是，一方面以迎接贸易开放的挑战、竞争导致的利润下降和新项目投资，其他产业的既得利益者需要外部融资；另一方面国际资本自由流动限制了国内政府试图维持宏观经济稳定，向金融业既得利益集团提供信贷津贴的可能。运用 96 个国家 1980—2006 年的实际数据，Bekaert et al（2010）的实证研究发现，一国的国际资本流动能促进国内股票市场与银行中介的发展；并且，国内的制度环境（如产权、法律制度）、宏观经济稳定性越好，国际资本流动对金融发展的促进作用越大。

三、中部地区制度、开放和金融发展的特征事实

30 多年来，作为中国改革开放的一个重要区域组成部分，中部地区的制度建设、对外开放获得了长足的发展。作为制度建设、对外开放的一种结果，中部地区金融发展也取得了突出的成绩。但是，从总体看，在制度建设、对外开放和金融发展方面，中部地区与全国平均水平存在较大的差距，中部六省之间也存在显著的差异。

（一）中部地区制度建设

什么是制度？North（1990）指出：“制度是一个社会的游戏规则，更规范地说，它们为决定人们的相互关系而人为设定的一些制约。制度构造了人们在政治、社会或经济方面发生交换的激励结构，制度变迁则决定了社会演进的方式。”制度的含义非常宽泛，对金融发展起决定作用与影响的制度主要包括产权制度、法律制度。

产权制度是制度集合中最基本、最重要的正式制度。阿尔钦（1994）认为，产权是

一个社会强制实施对于某种经济物品的多种用途进行选择的权利。从某种意义上讲，发展中国家金融发展中存在的问题的根本原因在于，产权制度不完善、产权保护不力和金融部门的国有产权比例过高。Demirguc-Kunt 和 Maksimovic（1998）通过研究发现，越重视产权制度的国家，那么企业使用的外部资金就越多。在产权保护较好的国家，企业家愿意利用利润进行再投资。世界银行（2001）的调查发现，1998—1999 年全世界 40%以上的人口仍然生活在大多数银行资产被国家控股的国家（主要是发展中国家）中；并且，银行的国有成分越高，意味着更高的存贷利差，更少的私人部门信贷，更冷清的证券交易活动，更脆弱的金融国际竞争力。

法律制度是指运用法律规范来调整各种社会关系时所形成的各种制度。一种良好的法律制度有着三个方面的要素：第一是法律的权威，第二是良好的司法官员，第三是简单易行的诉讼程序。法律制度不仅是为市场经济运行提供保障的正式制度，而且也是一国金融发展的重要影响因素。LLSV（1998）首次在金融发展决定因素中引入法律因素，并对其进行量化，检验二者的关系，发现法律起源的不同可以解释各国金融发展差异。在 LLSV（1998）以后，从产业和企业等不同层次所提供的经验证据进一步支持了金融发展的法律渊源理论所持的"法律渊源与投资者债权人保护、法律实施质量，从而金融发展存在相关性"的观点。

问题是，如何度量一国或地区的产权制度、法律制度的质量与水平？根据数据资料的可获得性与相关性，本文以每万人律师人数作为产权制度、法律制度质量与水平的度量标准，并且，每万人律师人数越多，产权保护越好，法律实施质量越高。图 1 描述了 1996—2010 年中部六省每万人律师人数的变化情况，以及其与全国平均水平的比较。

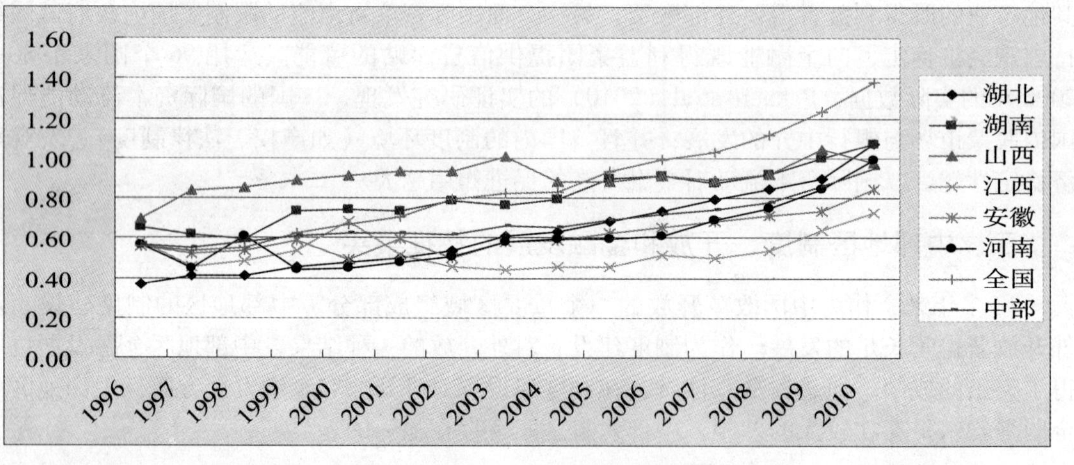

图 1　1996—2010 年中部六省每万人律师人数

如图 1 所示，1996—2010 年，中部地区和全国平均每万人律师人数都呈不断增长趋势；在此期间，中部平均每万人律师人数由 0.57 增加到 0.95，全国平均由 0.56 增加到 1.38。中部与全国的起点比较接近，因为增速低于全国平均水平，2010 年中部平均每万人律师人数只有全国平均水平的 2/3 左右；这从一个侧面反映中部地区的产权、法律制度建设要滞后于全国平均水平。就中部六省内部而言，湖北每万人律师人数增速较快，2010年达到1.07，江西每万人律师人数增速较慢，2010年仅为0.73。

（二）中部地区对外开放

对外开放指一国积极主动地扩大对外经济交往，放开或者取消各种限制，不再采取封锁国内商品市场和国内投资场所的保护政策，发展开放型经济。国际贸易和国际资本流动是一国对外开放的两种基本形式。除有利于发挥比较优势，促进经济增长外，对外开放还可以削弱利益集团的阻挠作用，推动一国金融发展。

Rajan 和 Zingale（2003）认为，来自金融业和其他产业的既得利益集团出于维护既得利益的考虑所采取的阻挠金融发展的措施，已经成为各国金融发展呈现显著差异的内在原因。对于产业的既得利益集团，他们更多依赖赢利来为新项目融资，通常不能从金融发展中受益，相反金融发展导致的新企业的进入会加剧行业的竞争；与此同时，金融发展不仅摧毁了金融业的既得利益集团的位置租金，还将破坏金融机构与其他产业的既得利益集团长期形成的信用关系。所以，无论金融业还是其他产业的利益集团都有将通过施加手中的政治影响力，阻挠有助于新企业的进入和鼓励竞争的金融发展，而政府最终被“俘获”，公众也常为他们的合谋所欺骗。

对外贸易和国际资本流动有利于削弱利益集团对金融发展的阻挠力量，促进金融发展。在这方面，Rajan 和 Zingales 特别指出，贸易开放独自并不足以使既得利益集团转而支持金融的发展。其原因是，在国际资本流动管制的条件下，本国金融业的既得利益集团可以通过请求政府的贷款津贴来应对贸易开放的挑战，而不是从根本上提高当地金融体系的质量。与此同时，由于产品市场缺乏竞争，国内企业对外部融资依赖度不高，国际资本流动独自也不足以激励既得本国其他产业利益集团推动金融的发展。所以，按照 Rajan 和 Zingales 的观点，只有贸易和资本国际流动同时不受限制，金融产业和其他产业的既得利益者才有激励推动金融的发展。

以进出口总额/GDP、外商直接投资（FDI）/GDP 分别作为对外贸易、国际资本流动程度的衡量标准，图2、图3分别描述了1996—2010年中部六省对外贸易、国际资本流动的变化趋势，以及其与全国平均水平的比较。

如图2所示，1996—2007年，全国平均和中部地区进出口总额占 GDP 的比例都呈不断增长趋势，分别由33.91%、8.58%上升至62.78%、13.22%。受全球金融危机的冲击与影响，上述比例分别大幅下滑至2008年的44.89%、9.48%。中部地区进出口总额/GDP 与全国平均水平存在相当大的差距，2010年中部平均为10.82%，而全国平均为44.85%，后者是前者的4倍还多。就中部六省内部而言，虽然2010年 GDP 总量位居中部六省的前两位，但是，河南、湖南两省的进出口总额处第四位、第五位，直接导致两省进出口总额占 GDP 的比重排最后两位。作为国家煤炭基地，山西省对外贸易发展也较慢，并且相较河南、湖南两省，其对外贸易更为依靠煤炭的出口。湖北、江西、安徽三省对外贸易发展情况相对较好，处于中部地区的前列；尤其是，江西省经济总量不大，但是进出口总额却超过了一些经济总量较大的河南、湖南两省。

如图3所示，1996—2007年，因为 FDI 的增长速度慢于 GDP，全国平均和中部地区 FDI 占 GDP 的比例都呈不断下降趋势，分别由4.87%、2.27%降至2.14%、2.17%。受全

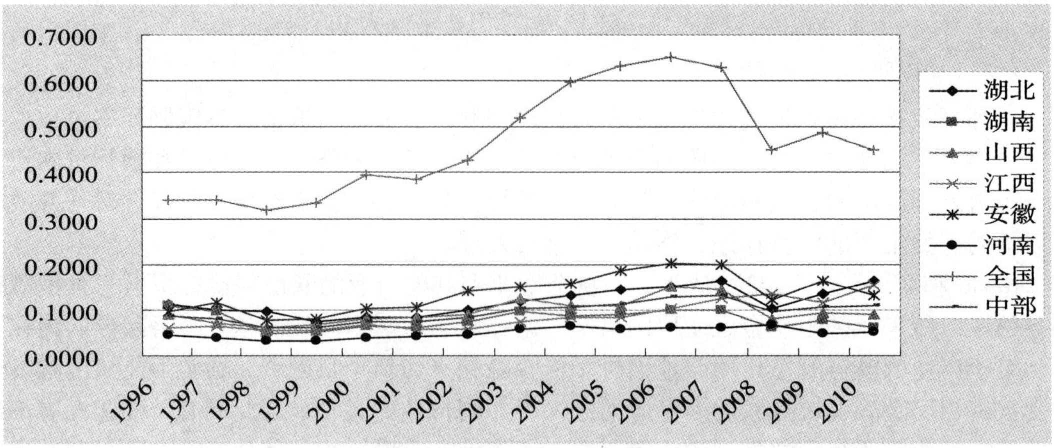

图 2　1996—2010 年中部六省进出口总额/GDP

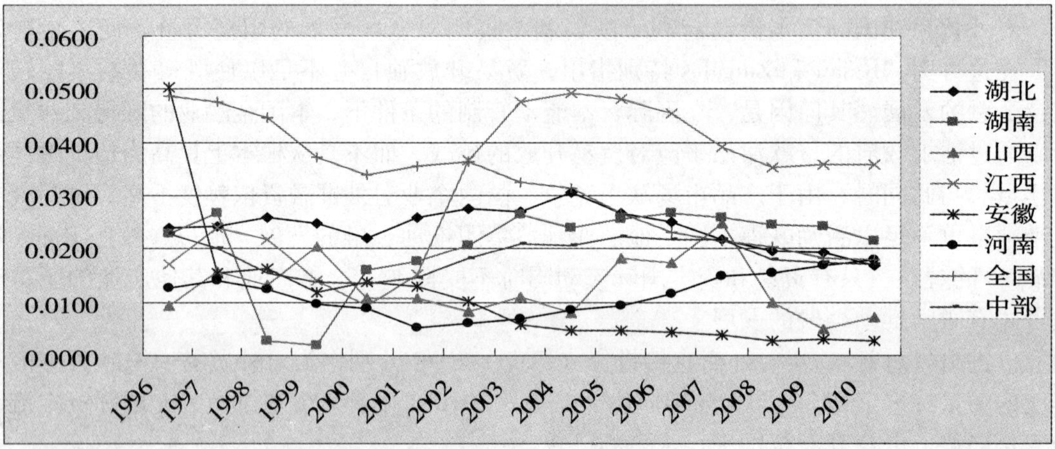

图 3　1996—2010 年中部六省 FDI/GDP

球金融危机的冲击与影响，上述比例分别出现下滑至 2008 年的 2.04%、1.79%，但冲击与影响程度明显小于对外贸易。2010 年，中部地区 FDI/GDP 与全国平均水平比较接近，分别为 1.70%、1.78%。就中部六省内部而言，1996—2010 年，在总体呈不断下降趋势下，江西、河南两省 FDI 占 GDP 比重却有所上升。特别是，江西省 FDI 占 GDP 的比例占中部六省第一位，且大大超过全国平均水平，外商直接投资已经成为促进经济发展的重要动力；在国际金融危机期间，河南省 FDI 占 GDP 的比例不但没有下降，反而上升了。江西、河南两省的实例说明，在当前国际、国内东部沿海大规模产业转移的背景下，如果能够加大招商引资力度、积极承接国内外产业转移，那么中部地区的 FDI 就会出现迅速增长，进而加快中部崛起的步伐。

（三）中部地区金融发展

20世纪70年代以前，在发展经济学文献中，金融部门或金融政策在经济增长中一度没有什么地位和作用。直到1973年，McKinnon（1973）和Shaw（1973）系统地提出金融深化理论后，金融发展问题才受到人们广泛地重视。特别是过去的10多年里，众多的国内外学者不断地将金融发展的研究推向高潮。

在本质上讲，金融发展过程就是金融功能深化的过程。按照Levine（1997）的分类，金融系统动员储蓄、配置资源、促进公司治理、分散风险和降低交易成本5大功能。正是通过上述功能的发挥，金融发展促进了资本积累、投资效率和技术创新，进而影响经济增长。从中小企业发展和全要素全产率（TFP）角度，Beck et al.（2008）认为，一国金融发展、融投资环境的改善，有利于中小企业的成长、技术创新和全要素生产率（TFP）的提升，进而促进经济增长。在内生经济增长框架下，陆静、唐小我（2009）通过引入金融产业的信用放大机制，刻画了金融发展与经济增长之间的互动关系，研究表明，在稳态经济增长中，金融发展具有正向的作用。运用63个国家的工业数据，Dabla-Norris et al.（2010）的研究发现、金融发展与技术创新和全要素生产率（TFP）的提升之间存在显著的正向联系。

那么，如何度量金融发展？在金融发展的度量方面，以国外学者实证研究涉及的度量指标为基础，国内学者针对中国的实际进行了一定的创新与发展，并提出了三个方面的度量方法及指标：一是从规模角度度量金融发展，主要有M2/GDP、FIR及其变种等指标（武志，2008）；二是从效率角度度量金融发展，主要指标是金融机构的存款与贷款比值，该比值越大，表示商业银行更注重风险与收益的权衡，金融体系的资金配置效率越高（陈志刚等，2009）；三是从结构角度度量金融发展，主要采用证券余额占全部金融资产的比重，以反映金融市场与金融中介的相对地位（王志强等，2003）。

根据中部地区的实际和数据资料的可获得性，本文主要从金融发展规模层面度量中部地区金融发展水平，并将金融发展水平FIR界定为存贷款总额与GDP的比值。图3-4描述了1996—2010年中部六省金融发展水平的变化趋势，以及其与全国平均水平的比较。

如图4所示，1996—2010年，中部地区和全国平均金融发展水平都呈不断上升趋势；在此期间，中部平均FIR由1.60上升到2.11，全国平均由1.82上升到2.98。从总体看，因为增速低于全国平均水平，中部地区金融发展水平与全国平均水平的绝对差距呈不断扩大的态势，由1996年的0.22扩大至2010年的1.16。就中部六省内部而言，山西省一枝独秀，是中部地区FIR高于全国平均水平的唯一省份。尤其值得注意的是，作为中部地区GDP排名第一的省份，其金融发展水平在此期间停滞不前，15年FIR仅上升0.07。

四、中部地区制度、开放与金融发展的实证研究

由前面的统计分析可知，在制度建设、对外开放和金融发展方面，中部地区与全国平均水平存在一定的差距，中部六省之间也存在显著的差异。国内外学者的研究表明，制度建设、对外开放是决定一国或地区金融发展的重要因素。那么，在金融发展方面，中部地区与全国平均水平存在较大的差距，以及中部六省之间也存在显著的差异，是否也归因于制度建设、对外开放程度的不同？作为统计分析的深入与补充，本文将建立实证模型，运

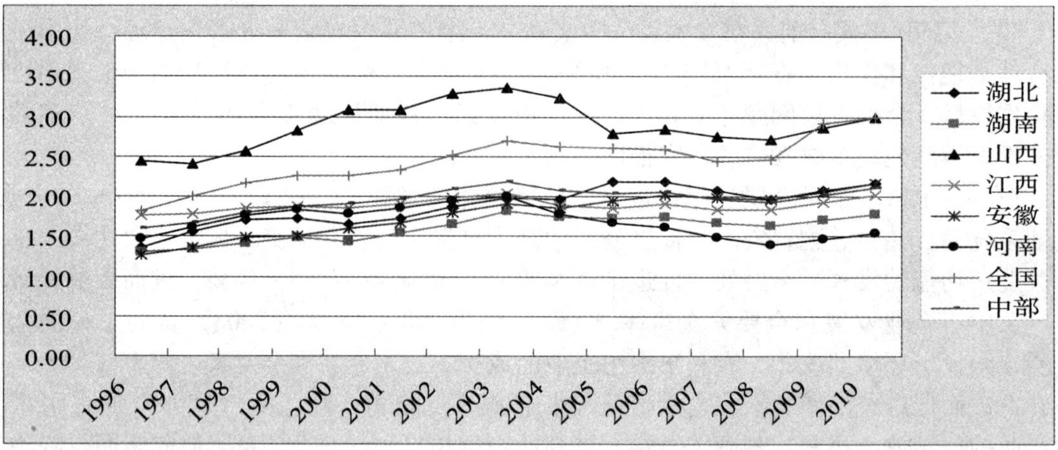

图 4　1996—2010 年中部六省金融发展水平（FIR）

用中部六省 1996—2010 年的面板数据，对中部地区制度、开放与金融发展的关系进行实证研究。

（一）实证模型

根据国内外的相关理论研究，实证考察中部地区制度、开放与金融发展的关系，本文建立如下的回归模型：

$$LnFIR_{i,t}=a_0+a_1LAW_{i,t}+a_2TRAED_{i,t}+a_3FDI_{i,t}+a_4TRADE_{i,t}*FDI_{i,t}+a_5LnRGD_{i,t}+\varepsilon_{i,t} \quad (1)$$

（1）式中，下标 i 和 t，分别代表了第 i 个省份（涉及中部地区 6 个省份）和第 t 年（t=1996，1997，…，2010）。FIR、LAW、TRADE、FDI、RGDP 分别表示金融发展水平、制度建设、对外贸易、外商直接投资和人均实际 GDP。将 1990—2010 年中部六省的上述各项指标组成面板数据，运用 STATA11 软件进行实证检验。

（二）变量与数据说明

1. 变量选择

（1）金融发展水平（FIR）

由于分省的现金余额无法获取，而且考虑到我国主要的金融资产集中在银行，而银行的最主要资产是存款和贷款，所以利用金融机构存贷款的数据基本上可以揭示出中部六省金融发展的状况。因此，金融相关比率（FIR）为

$$FIR=\frac{\text{金融机构存、贷款余额}}{GDP} \quad (2)$$

（2）制度建设（LAW）

对金融发展起决定作用与影响的制度主要包括产权制度、法律制度。根据数据资料的可获得性与相关性，本文以每万人律师人数（LAW）作为产权制度、法律制度质量与水平的度量标准。因此，制度建设（LAW）为

$$LAW=\frac{\text{专职、兼职律师人数}}{\text{总人口数（万）}} \quad (3)$$

（3）对外开放（TRADE、FDI）

对外贸易和国际资本流动是一国或地区对外开放的两种基本形式。因为目前中国对短期资本双向流动，以及对外直接投资的限制，外商直接投资是国际资本的主要渠道。所以，本文以 TRADE（进出口总额/GDP）、FDI（实际使用外商直接投资额/GDP）来度量中部六省对外开放的程度。

（4）其他控制变量（RGDP）

除制度建设、对外开放外，经济增长也是一国或地区金融发展的决定变量。在相关的实证研究中，人们通常以人均实际 GDP 来衡量一国经济增长，本文亦选用该指标作为反映我国经济增长的控制变量。同时，为了防止异方差，我们采用人均实际 GDP 的自然对数形式（LnRGDP）。

2. 数据说明

上述变量的相关数据来源于《中国统计年鉴（1997—2011）》、《中部六省统计年鉴（1997—2011）》计算整理。本文的一些数据直接剔除了价格水平变动因素的影响，并且为了减少数据变动幅度，我们对相关变量数据取了自然对数值。

（三）实证分析过程与结果

1. 主要变量统计描述

对 FIR、LAW、TRADE、FDI 和 LnRGDP 等变量指标进行统计描述，相关统计量及其结果见表 1。

表 1　**主要变量的描述性统计结果**

变量	观察数	均值	标准差	最小值	最大值
FIR	90	1.949606	0.4820516	1.2647	3.3517
LAW	90	0.6819567	0.1845663	0.3639	1.0748
TRADE	90	0.0939178	0.0391449	0.0321	0.2035
FDI	90	0.0184978	0.0114186	0.0020	0.0503
LNRGDP	90	9.119166	0.7108953	8.1414	10.9126

如表 1 所示，从各个解释变量的统计值来看，中部六省金融发展水平、制度建设、对外开放，以及经济增长的地区差异都非常显著。

2. 面板数据回归分析

首先进行 Wooldridge Test 以探究面板数据是否存在自相关，该检验的原假设（即 H_0）为不存在一阶自相关。检验结果表明，面板数据的 P 值为零，拒绝了原假设，即变量数据各自都存在自相关。其次，本文对面板数据是否存在异方差进行了检验，对异方差检验的原假设（即 H_0）是存在同方差。检验结果表明，面板数据的 P 值都非常小，拒绝了原假设，即面板数据存在异方差。

根据上述检验结果，本文认为，在面板数据中存在自相关结构和复杂误差，所以固定效应模型和随机效应模型不适合作为估计模型，我们采用 FGLS（Feasible Generalized Least Squares）方法进行估计，估计结果见表 2。

表 2　　**中部六省面板数据的估计结果**

解释变量	面板数据回归			
	方程（a）	方程（b）	方程（c）	方程（d）
C	0.3310675* （0.081）	0.4463591** （0.016）	0.4341451** （0.016）	0.3689227** （0.047）
LAW	0.3655518*** （0.008）	0.3780192** （0.004）	0.292122** （0.026）	0.282123** （0.030）
TRADE		1.361297*** （0.002）	1.406182*** （0.001）	2.113745*** （0.001）
FDI			−3.434313*** （0.006）	0.8466397 （0.793）
TRADE * FDI				−44.43052 （0.149）
LnRGDP	0.0066497 （0.799）	−0.0209454 （0.428）	−0.0066783 （0.797）	−0.0062235 （0.809）
Wald 统计量	21.37	33.06	43.11	45.80
P 值	0.0000	0.0000	0.0000	0.0000
样本数	90	90	90	90

注：①***、**和*分别表示 1%、5%和 10%的显著水平；
②表中（·）内为显著水平的概率值（Prob.）。

在表 2 中，从方程（a）可知，1996—2010 年间，在 1%的显著水平下，制度建设（LAW）促进了中部地区金融发展水平，经济增长变量（LnRGDP）没有通过显著性检验。加入对外贸易变量（TRADE）后，从方程（b）可知，在 10%的显著水平下，对外贸易也促进了中部地区金融发展。再加入外商直接投资变量（FDI）后，从方程（c）可知，外商直接投资抑制了中部地区金融发展。最后，引入对外贸易与外商直接投资的交互项（TRADE * FDI），从方程（d）可知，FDI、TRADE * FDI 变量均没有通过显著性检验。

3. 时序数据回归分析

旨在中部地区与全国的比较，以及检验模型的稳健性，本文运用全国 1996—2010 年的时序数据，对制度、开放与金融发展的关系进行协整回归分析。限于篇幅，变量单位根、残差序列的平稳性等相关检验从略，协整回归估计结果见表 3。

表 3　　**全国时序数据的估计结果**

解释变量	时序数据协整回归			
	方程（e）	方程（f）	方程（g）	方程（h）
C	3. 228793* （0. 0889）	2. 798729 （0. 1285）	4. 394050* （0. 0569）	3. 139589 （0. 1290）
LAW	1. 265459** （0. 0412）	0. 987788* （0. 0517）	0. 933212* （0. 0599）	0. 640086* （0. 0516）
TRADE		0. 382305* （0. 0944）	0. 265554 （0. 2690）	-1. 316510 （0. 1324）
FDI			-9. 272598 （0. 2155）	-26. 92640 （0. 1310）
TRADE * FDI				53. 84991 （0. 1703）
LnRGDP	-0. 355528 （0. 1506）	-0. 312566 （0. 1947）	-0. 0066783 （0. 1956）	-0. 222420 （0. 3664）
R-squared	0. 755202	0. 781259	0. 813816	0. 873185
Adjusted R-squared	0. 710693	0. 721603	0. 739343	0. 802732
F-statistic	16. 96752	13. 09594	10. 92760	12. 39386
Prob（F-statistic）	0. 000435	0. 000597	0. 001134	0. 000809

注：①***、**和*分别表示 1%、5%和 10%的显著水平；
②表中（·）内为显著水平的概率值（Prob.）。

如表 3 中，从方程（e）可知，1996—2010 年间，在 5%的显著水平下，制度建设（LAW）促进了全国金融发展水平，经济增长变量（LnRGDP）没有通过显著性检验。加入对外贸易变量（TRADE）后，从方程（f）可知，在 10%的显著水平下，对外贸易也促进了全国金融发展。再加入外商直接投资变量（FDI）后，从方程（g）可知，FDI 变量没有通过显著性检验。最后，引入对外贸易与外商直接投资的交互项（TRADE * FDI），从方程（h）可知，TRADE * FDI 变量也没有通过显著性检验。

进一步，将表 2、表 3 进行比较发现，在中部六省，外商直接投资抑制了金融发展；在全国范围，外商直接投资变量则没有通过显著性检验。除此之外，在中部六省和全国范围，制度建设、对外贸易均促进了金融发展，经济增长、对外贸易与外商直接投资的交互项均没有通过显著性检验。这说明在中部六省和全国之间，制度、开放与金融发展的关系具有较好的一致性，实证模型比较稳健。

五、结论与政策建议

在国内外学者相关研究的基础上，基于全国比较的角度，对中部地区制度、开放与金融发展的特征事实分析，以及三者之间经验关系的面板数据实证检验，本文初步得出一些重要结论，并由此引申若干政策建议。

根据中部地区制度、开放和金融发展的特征事实分析及其与全国比较，本文的研究发现：（1）1996—2010 年，在制度建设方面，以每万人律师人数为度量标准，中部与全国的起点比较接近，因为增速低于全国平均水平，2010 年中部地区的产权、法律制度建设要滞后于全国平均水平。（2）在此期间，在对外开放方面，以进出口总额占 GDP 的比例为度量指标，2010 年中部地区与全国平均水平存在相当大的差距，后者是前者的 4 倍多；以 FDI 占 GDP 的比例为度量指标，2010 年中部地区则与全国平均水平比较接近。（3）1996—2010 年，在金融发展方面，以 FIR（存贷款总额与 GDP 的比值）为衡量指标，中部地区金融发展水平与全国平均水平的绝对差距呈不断扩大的态势，由 0.22 扩大至 1.16。

进一步，本文对中部地区和全国范围制度、开放与金融发展三者之间经验关系的实证研究表明：（1）1996—2010 年，在中部地区和全国范围，制度建设、对外贸易促进了金融发展。正是制度建设与对外贸易方面的差异，形成了中部地区与全国平均，以及中部六省之间的金融发展差距。例如，得益于制度建设，山西省金融发展水平居中部六省首位，且高于全国平均水平；而受对外贸易的不利影响，河南省金融发展水平长期停滞不前，居中部六省末位。（2）在此期间，外商直接投资抑制了中部地区金融发展，在全国范围外商直接投资变量则没有通过显著性检验，在中部地区和全国范围对外贸易与外商直接投资的交互项都没有通过显著性检验。可能的解释是，一方面，在中部地区外商直接投资与国内投资之间存在替代效应，外商直接投资挤出了一部分国内贷款与投资，进而放慢了中部地区金融发展。另一方面，以 FDI 占 GDP 的比例为度量指标，不足以反映一国或地区国际资本流动程度；并且，目前中国在对外直接投资、短期资本双向流动方面的高度管制，使国际资本流动尚未成为金融发展的决定因素。（3）1996—2010 年，在中部地区和全国范围，经济增长变量都没有通过显著性检验，说明金融体系可以脱离实体经济，具有其自身内在的发展规律。

所以，旨在促进金融发展，加快中部地区崛起步伐：一是完善相关的法律、法规，减少不必要的政府行政干预，加强产权保护、法律制度建设，为金融发展创造良好的制度环境。二是在后金融危机时期，积极合理承接国内外产业转移，发展外向型经济，逐步缩小与全国平均对外贸易程度的差距，进而促进金融发展。三是加快对外直接投资的步伐，鼓励具有竞争优势的国内企业的境外投资；在风险可控的范围内，逐步放松短期资本跨境流动的管制，使国际资本流动成为金融发展的决定因素。

参考文献

[1] 阿尔钦．产权：一个经典注释制度//科斯等．财产权利与制度变迁——产权学派与新制度学派译文集［M］．上海三联书店，1994.

[2] 陈志刚，王皖君．金融发展与中国的收入分配：1986—2005［J］．财贸经济，2009（5）.

[3] 卢峰，姚洋．金融压抑下的法治、金融发展和经济增长［J］．中国社会科学，2004

（1）.

[4] 陆静，唐小我．金融发展推动经济增长的理论模式及实证分析［J］．管理工程学报，2009（3）．

[5] 皮天雷．经济转型中的法治水平、政府行为与地区金融发展——来自中国的新证据［J］．经济评论，2010（1）．

[6] 世界银行．金融与增长——动荡条件下的政策选择［M］．经济科学出版社，2001.

[7] 王志强，孙刚．中国金融发展规模、结构、效率与经济增长关系的经验分析［J］．管理世界，2003（7）．

[8] 武志．中国金融发展的测量与修正［J］．上海金融，2008（4）．

[9] Beck, T., A. Demirgüc-Kunt, L. Laeven, and R. Levine, *Finance, Firm Size and Growth*, Journal of Money, Credit and Banking 2008, 40 (7).

[10] Bekaert, G., Harvey, C. R. and Lundblad, C., *Financial Openness and Productivity*, NBER Working Paper 2010.

[11] Claessens, S. and L. Laeven, *Financial Development, Property Rights, and Growth*, Journal of Finance 2003, 58.

[12] Demetriades, P. and K. Hussein, *Does Financial Development Cause Economic Growth? Time Series Evidence from* 16 *Countries*, Journal of Development Economics 1996, 51.

[13] Demirguc-Kunt, Asli and Maksimovic, Vojislav, *Law, Finance, and Firm Growth*, Journal of Finance, December 1998, 53 (6).

[14] Douglass C. North, *Institutions, Institutional Change, and Economic Performance*, Cambridge University Press, New York 1990.

[15] Edward S. Shaw, *Financial Deepening in Economic Development*, Oxford University Press, 1973.

[16] Era Dabla-Norris, Erasmus Kersting and Geneviève Verdier, *Firm Productivity, Innovation, and Financial Development, IMF Working Paper* 2010, WP/10/49.

[17] La Porta, Rafael, Lopez-de-silanes, Florencio, Shleifer, Andrei and Vishny, Robert, *Lawand Finance, Journal of Political Economy* 1998, 106.

[18] Levine Ross, *Financial Development and Economic Growth: Views and Agenda*, Journal of Economic Literature, June 1997.

[19] Rajan, Raghuram G. and Luigi Zingale, *Saving Capitalism from the Capitalists: Unleashing the Power of Financial Markets to Create Wealth and Spread Opportunity*, Crown Business, Random House, 2003.

[20] Ronald McKinnon, *Money and Capital in Economic Development*, The Brookings Institute, 1973.

新型工业化与赣南等原中央苏区的振兴

周金堂①
（中国井冈山干部学院　井冈山　）

工业是国民经济的主导和实体经济的主体，在加快转变经济发展方式中扮演着主力军和主战场的重要作用。工业化，作为现代化的核心和主导，是任何一个现代化国家都必须经历的历史发展过程。在我国，对于大多数地级市来说，工业化是市域经济发展不可逾越的阶段。特别是在我国人口规模大、资源能源紧张、约束加大、环境承载力较弱的国家背景下，如何全面、客观地认识工业化与赣南等原中央苏区经济发展之间的关系，正确处理好发展工业与实现市域经济社会可持续发展特别是人与自然和谐相处的问题，既是全面贯彻落实科学发展观、振兴赣南等原中央苏区的现实需要，也是理论指导、政策安排、制度设计与具体实际紧密结合的必然选择。

新型工业化的标志是“高好低少优”，即：科技含量高，经济效益好，资源消耗低，环境污染少，人力资源优势得到充分利用。新型是以信息化带动工业化，工业化促进信息化，以科技进步为动力，以提高经济效益和竞争力为中心的工业化，同时与实施可持续发展战略相结合的，人力资源优势得到充分发挥的工业化。赣南等原中央苏区地跨赣闽粤，是土地革命战争时期中国共产党创建的最大最重要的革命根据地，是中华苏维埃共和国临时中央政府所在地，是人民共和国的摇篮和苏区精神的主要发源地，为中国革命作出了重大贡献和巨大牺牲。由于战争创伤的影响以及自然地理等多种原因，迄今为止，原中央苏区特别是赣南地区，经济发展仍然滞后，民生问题仍然突出，贫困落后面貌仍然没有得到根本改变，同时基础设施薄弱、产业结构单一、生态环境脆弱等制约当地经济社会发展的问题仍然比较突出。要解决好这些问题，真正实现赣南等原中央苏区的振兴发展，就要依托赣南的要素禀赋实际，紧紧抓住《国务院关于支持赣南等原中央苏区振兴发展的若干意见》（国发〔2012〕21 号）和《江西省委、省政府关于贯彻〈国务院关于支持赣南等原中央苏区振兴发展的若干意见〉的实施意见》（赣发〔2012〕8 号）文件出台的战略性历史机遇，按照“五个战略定位”要求，走新型工业化道路，发展生态绿色、低碳经济，着力打造“全国革命老区扶贫攻坚示范区，全国稀有金属产业基地、先进制造业基地和特色农产品深加工基地，重要的区域性综合交通枢纽，我国南方地区重要的生态屏障，红色文化传承创新区”，在实施区域发展总体战略和主体功能区战略的实践中坚持“高好低少优”的思路和措施，以大力推进新型工业化为抓手，为加速赣南等中央苏区的振兴，

---

① 周金堂，中国井冈山干部学院副院长、教授、研究员，中国区域经济学会副理事长、县域经济专业委员会主任委员，全国党的建设研究会第五届理事会理事，石油管理干部学院客座教授，武汉大学中国中部发展研究院博士研究生。

夯实基础，创造条件。

一、赣州所处工业化阶段的判断及与芜湖、临沂、黄冈等市工业化及有关经济社会发展情况对比分析

从安徽的芜湖，山东的临沂，湖北的黄冈与赣州的地理环境及有关经济社会发展情况对比分析来看，除芜湖市以外其他三个地级市都是革命老区，特别是临沂市与赣州市的情况十分相近，都是所在省面积最大、人口最多的地级市，市域内多为山区，并且都是革命老区县市，具有很强的可比性，从工业发展与经济社会发展的相互关系上进行分析研究，能说明很多问题。

表 1　**2011 年赣州、芜湖、临沂、黄冈市有关数据对比表**

项目		赣州	芜湖	临沂	黄冈
国土面积（万平方公里）		3.94	0.599	1.72	1.75
人口（万人）		918	384.21（2010 年）	1005.56（2010 年）	740（2010 年）
城市化率%		42.5	65.18%（2010 年）	32.8（2010 年）	36.9
生产总值（亿元）		1335.98	1658.24	2770.45	1045.11
人均生产总值（元）		15965	43095	26892	16908
三次产业占 GDP 比重%		17.4：47.2：35.4	6.4：65.9：27.7	10.1：49.4：40	27.8：38.9：33.3
财政收入（亿元）	总收入	180.32	286.81	387.9	134.29
	地方财政收入	110.05	139.97	141.3	51.61
全社会固定资产投资（亿元）		1002.3	1354.21	1608.6	823.81
规模以上工业增加值（亿元）		430.35	984.55	1230.7	324
实际利用外资（亿美元）		9.29	10.54	2.69	0.23
进出口额（亿美元）	总额	29.2	39.65	68.4	3.43
	出口	25.2	27.04	36.2	2.56
社会消费品零售总额（亿元）		432.32	421.01	1366.1	475.75
城镇居民可支配收入（元）		16058	21561	21440	14731
农民人均纯收入（元）		4681	8413	8018	5375

注：表中的数据来自有关年鉴、报纸和网站。2011 年全国国民生产总值 471564 亿元，人均 GDP 为 35083 元，按平均汇率折算为 5432 美元。我国财政收入 103740 亿元，外汇储备 31811 亿美元，城市化率 51.27%，城镇居民可支配收入 21810 元（中位数为 19118 元），农民人均纯收入 6977 元（中位数为 6194 元）

表 2　　工业增加值、固定资产投资、实际利用外资、出口总额

项目	全国省市部分地级市	年份		
		2005	2010	2011
规模以上工业增加值（亿元）	全国	6642	186481	220592
	江西省	828.5	2948.9	3911
	赣州市	85.51	290.93	430.35
	黄冈市	107.86	328.16	324
	临沂市	633	1206.3	1382.05
	芜湖市	213.16	722.62	984.55
固定资产投资（亿元）	全国	88773.6	278140	311022
	江西省	2293	8772.3	11020
	赣州市	186	781	1002
	黄冈市	158.56	736.06	823.81
	临沂市	703.4	1408.3	1608.6
	芜湖市	220.93	1220.10	1354.21
实际利用外资（亿美元）	全国	638.05	1057	1160
	江西省	24.2	51.01	60.59
	赣州市	6.16	8.36	9.29
	黄冈市	0.70	1.36	0.23
	临沂市	3.62	3.27	2.69
	芜湖市	2.57	7.41	10.54
出口总额（亿美元）	全国	7619.5	15779	18986
	江西省	24.4	134.16	218.81
	赣州市	3.82	13.10	25.23
	黄冈市	1.56	2.64	2.56
	临沂市	12.8	28.3	36.2
	芜湖市	4.62	26.10	27.04

注：表中的数据来自有关年鉴、报纸和网站

（一）赣州市所处工业化阶段的判断

根据表 1，从人均生产总值来看，2011 年赣州人均生产总值为 15965 元，约合 2500 美元，根据 H. 钱纳里标准，人均生产总值处于 2400~4800 美元为工业化中期阶段可以判断，目前赣州还处于工业化的中期阶段的起步阶段。

从三次产业的比重来看，2011 年赣州三次产业比值为 17.4：47.2：35.4，农业产值

比重占到17.4%，要高于15%，制造业在生产总值的份额超过36%。根据H. 钱纳里的判断标准，赣州也是处于工业化中期阶段。

从三次产业就业结构来看，2011年赣州第一、二、三产业就业比重为38.9：31.31：29.79，第二产业的就业人数比重为31.31%，制造业的就业份额大大超过了20%的水平，劳动力转移主要发生在农业和服务业之间，根据H. 钱纳里标准判断，即目前赣州也是处于工业化中期阶段。

从以上分析可以看出，赣州市工业化水平还是处于工业化阶段中期，特别是在我们国家工业发展约束增强的背景下，在2011年全国国民生产总值达到471564亿元，人均GDP35083元，按平均汇率折算为5432美元的情况下，赣州的工业化要赶上全国工业发展的水平还要付出艰辛的努力。

（二）赣州与芜湖、临沂、黄冈等三市有关数据的比较分析

根据表1、2中的数据对比可以看到：在四个地级市中赣州的国土面积最大，达到3.94万平方公里，是临沂、黄冈的2倍多，是芜湖的6倍多；赣州人口排在临沂之后，位列第二；城市化率排在芜湖后面；2011年生产总值1335.98亿排在第三位；而赣州人均生产总值15965元排在最后，只有芜湖的37%左右，是临沂的60%，是黄冈的94.4%，人均生产总值低充分说明了在赣州目前生产总值规模不大、人口众多的情况下，居民的收入水平低，可支配收入低，人民的生活质量不高，贫困问题依然严重。

赣州市三次产业的比值是17.4：47.2：35.4，农业所占的比例依然较高，仅次于黄冈；从财政收入上来看，2011年赣州财政总收入为180.32亿，排在第三位，与芜湖和临沂还有较大的差距，赣州的地方财政收入为110.05亿，也排在第三位。但是有一点我们应该清楚，赣州拥有18个县市区，而芜湖只有8个，临沂有12个，黄冈包括龙感湖农场有10个，若以县（市）平均下来，县一级财政与芜湖、临沂等地区的差距将会更大。

从社会固定资产投资来看，2011年赣州的固定资产投资是1002.3亿，位列第三；2011年赣州规模以上工业增加值是430.35亿，也位列第三，但是不到芜湖的一半，是临沂的三分之一左右；实际利用外资赣州达到9.29亿美元，仅次于芜湖；进出口总额2011年赣州达到54.4亿，与芜湖和临沂有较大差距；社会消费品零售总额赣州达到432.32亿，与芜湖、黄冈的规模差不多，但与临沂有较大差距；2011年赣州城镇居民人均收入为16058元，排在第三位，而农民人均收入4681元，排在最后一位，只有芜湖和临沂的一半多一点。

（三）赣州经济社会发展存在的主要差距和主要问题

赣州是工业化需要大力发展的老区。由于我国工业发展长期依靠高投入、高消耗，存在发展方式粗放、结构不合理、核心技术受制于人、资源环境约束强化、区域发展不平衡等深层次矛盾和问题。这些问题，对处于“追赶型”阶段的赣南等原中央苏区的发展来说，无疑增加了推进新型工业化、全面实施科学发展的难度。

从赣州市与芜湖等三市的有关数据分析可以看出，赣南等原中央苏区目前主要存在的问题、矛盾与困难有：“总量不足与结构不优并存、基础薄弱与成长快速并存、发展任务繁重与约束条件趋紧并存、发展黄金机遇期与社会矛盾凸显期并存的挑战严峻，后发展、

欠发达的基本市情还没有根本改变，一些深层次的体制机制矛盾仍未得到有效解决。经济总量小、人均水平低；产业结构不优，发展方式亟需转变；工业化和城镇化水平偏低，大企业、大项目少，中心城市辐射带动力不强，县域经济较为薄弱；人民群众生活水平有待进一步提高，促进社会和谐稳定的任务依然艰巨；基层党组织建设存在薄弱环节，少数党员干部的工作作风、能力水平不适应形势发展要求。”

综上所述：从2011年有关数据来看，赣州的财政总收入、地方财政收入、城镇居民和农民人均收入都比较低，在四个地级市中排位都是靠后，与芜湖和临沂的差距都比较大，这充分说明赣州目前还处于一种相对比较贫困，人均收入低，居民生活水平不高，工业化程度不高、工业化产值规模不大、进出口贸易不活、产业结构不优的状态，振兴赣南等中央苏区，还需中央和有关部门大力支持，还要从全面建成小康社会的角度，从促进平衡协调可持续发展的角度给予政策倾斜和合理的制度安排。胡锦涛指出，“工业是实体经济的主体，也是转变经济发展方式、调整优化产业结构的主战场。坚持走中国特色新型工业化道路，走出一条科技含量高、经济效益好、资源消耗低、环境污染少、人力资源优势得到充分发挥的新型工业化路子，是加快转变经济发展方式的重要途径，是全面建设小康社会的必然要求，是提高我国综合国力和国际竞争力的重要保障”。赣南等原中央苏区，要通过走新型工业化的路子来促进经济社会的协调发展，必须牢牢把握科学发展这个主题，紧紧围绕转变经济发展方式这条主线，遵循工业化客观规律，适应市场需求变化，根据科技进步新趋势，积极发展结构优化、技术先进、清洁安全、附加值高、吸纳就业能力强的现代产业体系，提高工业发展质量和效益。要在我国从工业大国向工业强国转变的过程中创造条件、夯实基础，为促进工业化与信息化的深度融合，推动新型工业化、信息化、城镇化、农业现代化的“四化”同步协调发展，为全面建设小康社会、加快振兴赣南等原中央苏区奠定坚实物质基础。

二、加快赣南等原中央苏区振兴发展，大力推进新型工业化的思路及主要对策

（一）加快赣南等原中央苏区振兴发展的主要思路

（1）坚持统筹兼顾、突出重点，用科学发展统领赣南等原中央苏区的崛起。按照统筹兼顾、突出重点，立足当前、着眼长远，加快发展、推进转型，改革创新、开放合作，国家扶持、自力更生的原则，协调推进新型工业化、城镇化和农业现代化，坚持加快发展与振兴发展结合，努力走出一条欠发达地区加速崛起的科学发展之路。要抓住产业梯度转移的机遇，有序、集群承接产业转移，着力打造新型加工业基地。把承接新一轮产业转移作为推进原中央苏区跨越发展的最大机遇，充分发挥比较优势，把资源加工型、劳动密集型、市场依托型产业作为主攻方向。坚持集群承接、龙头带动，主动承接产业链、产业集群转移，同步推动转型升级，加快形成工业化的支柱产业、主导产业集群，努力打造新技术条件下的加工制造业基地。坚持市场导向，立足比较优势，着力培育产业集群，促进集聚发展、创新发展，推动服务业与制造业、产业与城市协调发展，构建特色鲜明、结构合理、集约高效、环境友好的现代产业体系，积极推动钨、稀土等优势矿产业发展，加快提升制造业发展水平，促进红色文化旅游产业大发展，大力发展现代服务业，推动工业化、

信息化、城镇化、市场化的协调发展和可持续发展。

（2）用足、用好、用活《若干意见》和《实施意见》，抓住加大投入机遇，借投资结构调整的东风调整产业结构。投资不仅可以形成有效的社会需求，还具有很强的结构调整功能，投资结构在很大程度上决定着经济结构。“今天的投资结构就是明天的产业结构。”当前，稳中求进，调结构、促改革、惠民生是破解加快发展和振兴发展面临的重要课题，而稳投资是稳增长的重要抓手，但稳投资的前提是必须促进投资结构的优化。对赣州来说，在运用制度安排，政策驱动杠杆，加大有效投入的同时，要注重优化投资结构，进一步加大对战略性新兴产业、先进制造业和现代服务业的投入，加快传统优势产业改造升级步伐，构建技术先进、具有核心竞争力的现代产业体系。与此同时，鼓励和加大支持环境保护、生态建设及教育、卫生、文化、保障性住房等民生建设的投入，增强可持续发展的能力，使人民群众更好地共享改革发展的成果。

（3）加强生态建设和环境保护，增强可持续发展能力，以生态文明重塑发展模式。牢固树立绿色发展理念，大力推进生态文明建设，正确处理经济发展与生态保护的关系，坚持在发展中保护、在保护中发展，促进经济社会发展与资源环境相协调。要根据赣南老区的实际，在振兴发展中坚持节约资源和保护环境的基本国策，坚持节约优先、保护优先、自然恢复为主的方针，按照人口资源环境相均衡、经济社会效益相统一的原则，加快实施主体功能区战略。

加快建设强大的“天然碳汇生态屏障”。要切实增强森林、草原和湿地碳汇意识，拓宽经济发展思路，为构建天蓝、地缘、水净的“创业、宜居、平安、生态、幸福”的“五个赣州”提供“天然碳汇生态屏障”。要努力促进新型工业化与城镇化、农业现代化的协调发展，为促进绿色发展、循环发展、低碳发展的节约与保护相结合发展新格局的形成，为原中央苏区人民创造良好的生产生活环境，重塑新的发展模式，开辟光明前景。

（二）大力推进新型工业化，加快赣南等原中央苏区振兴的主要对策建议

加快赣南等原中央苏区振兴，既要充分认识振兴中央苏区的必要性、紧迫性和战略意义，更要充分认识振兴中央苏区的艰巨性。一方面，苏区各级干部群众，要继续发扬苏区精神和苏区干部好作风，不等不靠，自力更生，艰苦奋斗，敢闯新路，做好各县市（区）的实施规划，以超常举措，调结构，转方式，保民生，创新创业，加速发展；另一方面，由于振兴赣南等原中央苏区是一项复杂的系统工程，提升原中央苏区在全球化背景下的市场经济竞争力，需要卓越的战略规划、持续的投入和长期的艰苦奋斗，而不能靠一时的热情或几个功利性的动作，而要在用足用好振兴政策的基础上，大胆创新、奋力创业，全面推进原中央苏区振兴发展的各项事业。

（1）正确理解和全面贯彻《若干意见》和《实施意见》，在执行西部大开发政策的同时，用好相关政策组合。

①财政与税收扶持政策，加大资金投入力度。加快建立原中央苏区各县的基本财力保障机制，提高规范性转移支付规模和占比。要根据赣南的特殊情况，把重点帮扶政策用好。赣南原中央苏区只有 36.3%区域面积列入国家重点生态功能区，而赣南为保护赣江源头、东江源头、闽江源头等国家级生态保护区，拒绝了许多发展项目；同时，赣南是“世界的钨都”，百余年的开采不仅使钨资源面临枯竭，而且在生态环境方面留下了许多

问题；赣南又是“稀土王国”，对开采稀土受到破坏的土地进行生态修复需要大量资金。对赣南老区稀土产业整治减少的地方财政收入，中央财政应给予转移支付补助。要大力争取国家扶贫办、国家民政部、国家人力资源与社会保障部增加“中央苏区扶贫开发资金”、“中央苏区民生保障资金”、“中央苏区社会保障专项补助资金”。

②投资与金融政策。设立中央苏区金融改革试验区，鼓励先行先试。支持发展地方金融机构，鼓励民营金融机构发展。支持中央苏区发行特别债券。扩大中央苏区信贷规模。国家开发行、农发行设立中央苏区专项贷款平台，实行低息贴息支持中央苏区的交通、能源、水利等基础设施和新兴产业发展。与此同时，在投资取向上，对中央苏区有资源优势和产业前景的新材料、新能源等新兴产业，特色农林产业基地建设，矿产资源的勘探与开发，公益性建设项目，地方铁路建设项目，“县县通国道”、村村通公路”计划的实施等，国家在项目规划布局中应给予重点倾斜，帮助赣南等原中央苏区引入战略投资者，加快老区基础设施和民生工程建设步伐。

③产业和国土资源政策。实行差别化产业政策，从规划引导、项目安排、资金配置等多方面给予支持和倾斜。加大企业技术改造和产业结构调整专项对特色优势产业发展的支持力度。对符合条件的产业项目优先规划布局。创建赣州国家印刷包装产业基地，并实行来料加工、来样加工、来件装配和补偿贸易的政策。

要积极开展低丘缓坡荒滩等未利用地开发利用试点和工矿废弃地复垦利用试点工作，开展稀土采矿临时用地改革试点。在符合矿产资源规划和不突破开采总量指标的前提下，支持对稀土、钨残矿、尾矿和重点建设项目压覆稀土资源进行回收利用，对因资源枯竭而注销的稀土、钨采矿权，允许通过探矿权转采矿权或安排其他资源地实行接续。对稀土、钨矿等优势矿产资源在国家下达新增开采、生产总量控制指标时给予倾斜，积极支持绿色矿山建设。

④生态补偿政策。将东江源、赣江源、闽江源列为国家生态补偿试点。结合主体功能区规划调整和完善，研究将贡江源头纳入国家重点生态功能区范围，提高国家重点生态功能区转移支付系数，中央财政加大转移支付力度。加快建立资源型企业可持续发展准备金制度。国家加大对废弃矿山植被恢复和生态治理工程的资金支持。加大对国家公益林生态补偿的投入力度。

⑤人才开发与科教发展政策。振兴赣南老区，最紧缺的是人才。既包括高层次、高技能人才，也包括科技推广、经营管理、生产加工、能工巧匠、创意创业等类型的人才。人才的基础是教育和培训。中央应把赣南苏区列为中央人才支持计划的示范区，在人才、教育政策和机制上先行先试。在赣南老区建设博士后科研流动站和工作站，建立国家重点实验室，引导国内知名高校、科研院所和大型企业，帮助开展重点产业关键领域和核心技术创新，帮助培养稀土、钨、食品精深加工等重点产业以及现代金融、现代会计审计、现代国际商务、现代文化创意等新兴现代服务产业的急需缺人才，全方位地提升赣南老区教育、科技与人才开发水平，持续、大量地培养各类人才，为赣南老区的可持续发展提供人才支撑。

⑥建立和用好国家机关对口支援政策。目前，50 多个国家部委在红都瑞金建立了旧址和教育培训基地。中央应采取和比照全国援疆援藏的对口支援机制对赣南等原中央苏区

进行帮扶。要建立中央各部委、中央企业和各省市对口支援中央苏区的长效机制，推动“一对一”支援苏区各县（市、区）的经济社会建设，投资工业项目和民生项目，增强县域经济造血功能。同时，还应动员组织经济发达地区，特别是珠三角、闽三角、长三角和京津唐地区的县、乡、村和企业、学校、医院，与赣南等原中央苏区的相应单位结成帮扶对子，一对一对口支援。通过对口支援和一帮一的帮扶，帮助赣南老区学习发达地区的市场经济经验，引进人才、技术、管理、资金和项目，迅速提升老区自我发展能力，拓展发展空间，开辟振兴发展的新路。

（2）深化体制机制改革，创新振兴发展机制。

从总体上说，振兴赣南老区的体制创新，要紧紧围绕完善社会主义市场经济体制机制，优化发展环境，激发老区人民创业激情，增强老区区域经济核心竞争力，加速全面建设小康社会这个大局，进一步解放思想，大胆探索，先行先试，在中央苏区启动城乡一体化国家级综合配套改革试点。

①要围绕促进工业化与城镇化的良性互动，积极推进以增强赣州为中心，以瑞金、龙南为次中心城市的辐射和带动功能的综合配套改革。赣南地域辽阔，多为山区，城镇化水平低，亟需加强以赣州市为中心的卫星城市群建设，以形成新的经济增长极，带动区域经济的发展。要以增强赣州市大中心，瑞金、龙南次中心的集聚力和辐射力为目的，进行综合配套改革，把它们建成区域性金融中心、物流中心、商贸中心、旅游中心。要通过工业化与城镇化的良性互动、相互促进，使工业化真正成为城镇化的经济支撑，城镇化成为工业化的空间依托。要进一步深化林权制度改革，为赣南老区绿色发展、和谐发展创造条件。

②要围绕大力推进新型工业化，深化赣南特色战略资源经营与价格管理体制改革。钨、稀土是世界性稀缺性战略资源，钨、稀土工业是赣南老区的特色支柱产业。赣南有“世界钨都”、“稀土王国”之称，本来在世界市场上占有绝对优势。很长时期由于体制不顺，多头管理，混乱开采，低端加工，生产环节“散乱差”，营销环节恶性竞争，导致在国际市场上丧失话语权、定价权，留给老区的是地质地理破坏和环境污染。要从改革政策措施的系统性、配套性、科学性角度出发，对科学研究、勘探、开采、精深加工、战略储备、市场配额及营销和价格形成与管理机制等进行改革设计，中央应赋予赣南老区属地管理的更大的权责利。

③要围绕人力资源优势的充分发挥，深化符合老区特点的教育体制改革。赣南老区的可持续发展，基础在教育，这是百年大计。老区的地理特征是山高路远，居住分散，小学、中学的布点也相对分散，条件艰苦，加上老区财力极其薄弱，教师队伍建设面临更大困难。因此，应该建立以中央政府兜底的学前教育、十二年义务教育（含高中）、技校和中专教育的投资体制，其校舍硬软件设施标准、教师宿舍标准及其薪酬标准、校车标准等，宜适当高于省会城市；大学教育则应以中央为主同时吸收社会资本的投资办学体制；招生与分配体制，应向中央苏区倾斜（包括提高老区助学、奖学补贴和毕业生老区工作补贴），提高中央苏区助学资金和助教资金，帮助老区贫困学子，也帮助和奖励在老区任教的优秀教师，在科研、职称评聘、进修学习、出国考察等方面也应给予倾斜，以鼓励青年才俊在老区教育岗位上建功立业，加速优质教学力量向老区流动；建立省市级中小学优

秀教师、骨干教师到老区支教，老区教师到大中城市名校教学或进修的轮换制度，全面提高老区基础教育水平。

④要围绕改善民生，提高老区人民的幸福指数，深化符合老区特点的社会保障体制改革。赣南老区的社会保障体系建设，除特贫困山区面临的问题以外，还有革命烈士、“两红”人员遗属遗孀大病医疗、生活困难救助和住房等突出问题。因此，应将无正式工作单位的烈士配偶、子女纳入国家抚恤补助范围，应将在乡退伍红军老战士子女、红军失散人员遗属列入抚恤补助范围，并将解决其住房、医疗、养老服务如建光荣院等，纳入社会保障网络。同时应实施革命烈士后代就业援助，使他们在新时代有所作为，并过上有尊严的幸福生活。

赣南等原中央苏区振兴发展已上升为国家战略，赣南人民应牢牢把握住这个历史性的战略政策，坚持走新型工业化道路，以科学发展观统领经济社会发展全局，转变发展方式，全面认识工业化、信息化、城镇化、市场化、国际化深入发展的新形势、新任务，深刻把握我国发展面临的新课题新矛盾，按照党的十八大会议精神和“第十二个五年规划”的要求，切实转变经济发展方式，积极推进城乡统筹发展，推进现代农业建设，全面深化农村改革，大力发展农村公共事业，千方百计增加农民收入。因为只有这样，才能为赣州经济社会在新型工业化的过程中实现又好又快发展夯实基础、创造条件，才能按照“五个战略定位”的要求，加快形成城乡经济社会发展一体化的新格局，把赣南等原中央苏区打造成为充满活力的发展新高地，中部地区最具潜力的经济增长极。

参考文献

［1］摘自《史文清在中国共产党赣州市第四次代表大会上的报告》和《赣州市国民经济和社会发展第十二个五年（2011—2015 年）规划纲要》.

［2］胡锦涛在中共中央政治局第三十三次集体学习时强调，着力提高我国工业发展质量效益，努力从工业大国向工业强国转变。参见 2012 年 05 月 30 日《经济日报》1 版.

中部地区产学研合作模式创新研究①

温兴琦
（武汉大学 经济与管理学院/中国产学研合作问题研究中心　武汉　430072）

环境是组织管理中一个综合性较强的概念，其包含的内容丰富繁杂。企业环境相关理论是随着系统理论和权变理论的产生和发展而形成和发展起来的。从管理学理论研究发展的脉络来看，对于企业环境的理论研究，是战略管理领域的关键内容。任何组织战略的制定与实施，都是源于组织环境的分析。因此，战略管理的本质，实际上是追求组织自身与环境之间的匹配（Fit）或者一致的过程。

将企业环境及其创新的理论观点引入产学研合作研究之中，有利于从整体上厘清产学研合作组织的系统性与全局观，通过强调企业环境创新主体的多元性，更有利于充分调动产学研合作组织各方主体的能动性和积极性，更好地创造产学研合作的环境供给，协同推进产学研合作进程，提升合作绩效。

一、企业环境供给与企业环境创新

（一）企业环境供给的概念

所谓企业环境供给，就是指企业环境系统中（包括外部环境和内部环境）各有关主体，通过各种方式作用于企业环境的具体要素，创造或改善企业所处的环境，增进企业绩效的行为过程。

企业环境供给这一概念，是借用经济学中关于市场上商品供给的提法，将企业环境的需求与供给当作一种稀缺的产品来看，我们认为，企业在发展过程中，也存在着一个企业环境需求与供给的矛盾斗争过程。进而，企业环境的供给与需求也会存在均衡和非均衡的状态。只有当均衡出现时，企业的发展才变得更加顺利和快速。然而，企业环境的供需之间，非均衡是常态，而均衡往往是偶然的和瞬间的。

企业环境的供给，有许多方面的主体，包括企业自身、政府、供应商、顾客、竞争对手、合作伙伴以及社会公众等。

（二）企业环境创新界定及特征

依据上述关于创新和企业环境的界定，我们可以提出企业环境创新的定义，即通过各种方式作用于企业环境系统的各组成要素，改变其规模、结构及作用形式，使之有利于企

① 基金项目：湖北省发展战略规划办资助课题“促进武汉城市圈产学研合作持续发展的理论与政策研究”（20120009）、湖北省教育厅人文社会科学研究项目“基于企业环境供给的武汉城市圈产学研合作模式及创新研究”（项目号：2011jyte128）。

业更好地生存和发展的行动过程。在这一界定中，我们可以从以下几个方面对企业环境创新进行理解：

1. 企业环境创新的主体是多元的

企业环境创新是要通过各种方式改变企业环境构成要素的规模、结构及其形成的合力，因此，凡是能够对这一改变过程产生影响的主体都应该属于企业环境创新的主体。正如前面第四章中所提到的，企业环境创新的主体包括企业自身，还包括政府、竞争对手、社会公众、媒体、消费者及其他利益相关者等。企业环境是一个复杂的巨系统，企业环境创新的主体也是多元化的主体集合。

2. 企业环境创新的对象是企业环境构成要素

任何创新活动都有特定的创新对象，企业环境创新的对象就是构成企业环境的各方面要素。根据对企业环境系统构成的界定，企业环境创新的对象包括内部环境要素与外部环境要素两个方面，内部环境要素的创新包括企业资源创新、企业文化创新、企业制度创新、企业管理创新等，而外部环境要素的创新则包括市场创新、社会文化创新、法律法规政策创新、科技创新等。总之，企业环境创新的对象是企业环境的各构成要素，对这些环境要素的任一方面施加力量，都会影响或改变企业生存和发展的环境。

3. 企业环境创新的目的是促进企业更好地发展

随着企业环境变得日益开放、复杂和动态，如何实现企业与环境之间的动态适应，促进企业更好地发展成为企业面临的战略难题。尽管吉姆·柯林斯在《从优秀到卓越》一书中提出，“卓越并非是环境的产物，在很大程度上，它是一种慎重决策的结果”，但在企业经营管理实践中，企业除了不断提升自身能力，提高内部管理水平之外，还应对环境进行创新，营造更加有利于企业生存和发展，有利于提升企业竞争能力和盈利水平的环境。所以，促进企业更好地发展，是企业环境创新的根本目的。

实际上，企业环境创新暗含的理论支撑是战略管理理论中资源观与竞争动力学中行动观的融合（Herman 等，2010），即企业既要重视和依赖自身所拥有和控制的资源，更要在此基础上实施正确的行动，只有这样企业环境创新才能实质性地展开，获得卓越的绩效。

二、产学研合作的本质是创新系统

根据当前学术界对产学研合作的界定，一般认为，产学研合作是指企业、高校和科研院所为了实现共同目标、获得最佳利益和综合优势，利用各自的资源或优势而建立的一种优势互补、风险共担、利益共享、共同发展的正式但非合并的关系结构。它是面向市场而建立的一种动态性的知识、技术和经济联盟，是科技成果转化为生产力的不可或缺的有效实现形式和途径。

产学研联盟能将高校、科研院所、企业三方结合，实现优势互补、合作共赢、共同发展，推进科技成果转化为现实生产力，建立富有创新活力的创新系统，从而促进区域经济发展。

（一）创新系统

经济全球化导致竞争日趋激烈，创新日愈受到了人们的关注。但对于一个单位、区域乃至一个国家来说，要使创新活动有序、高效、持续地进行，要使创新目标和层次不断提升和超越，就应该明确创新不是一个或几个要素所能实现的，而是多种要素的系统耦合效应，这就有赖于创新系统。

1. 创新系统的含义

创新系统是指一个国家或地区内各有关部门和机构间相互作用而形成的推动创新网络，是由经济和科技的组织机构组成的创新网络。创新是一个从新思想的产生到产品设计、试制、生产、营销和市场化的一系列的活动，也是知识的创造、转换和应用的过程，其实质是新技术的产生和商业应用。它既包括技术创新，也包括管理创新、组织创新和服务创新。但它不是一个简单的线性过程，而是企业内部的研究开发部门、生产部门和营销部门，以及企业与企业外的研究开发机构、高校及其他企业互相作用的结果。

2. 创新系统的构成要素

创新系统有六个基本要素，即创新活动的行为主体、行为主体的内部运行机制、行为主体之间的联系、创新政策、市场环境和国际联系。

（1）创新活动的行为主体，主要是企业、研究机构、教育培训机构、政府部门等。企业是创新投入、产出及其收益的主干，因而在创新系统起着关键作用。

（2）行为主体的内部运行机制，决定创新系统运行效率的重要因素。系统由构成系统的要素及各要素间的相互关系所组成，各个要素的自身优化是系统整体实力和效率的基础。企业、研究机构、教育培训机构和政府都具有良好的运行机制，才能保证运行效率的提高，从而保证创新系统整体效率的提高。

（3）行为主体间有效的联系和合作，是与创新系统运行效率密切相关的重要因素。创新资源在行为主体间高效的流动，有助于分担创新风险、减少创新成本、加快创新速度、提高创新效益，各行为主体之间的密切联系有助于创新系统的整体效率。

（4）创新政策，指能对创新活动产生影响的法律、法规和政策。通常分为供给、需求和环境等几大方面的政策。创新政策与科技政策、经济政策、产业政策、财政政策、税收政策、教育政策等有密切的关系。

（5）市场环境是企业创新活动的基本背景。市场作为一种资源配置的方式，对企业及其他行为主体的创新活动具有重要影响。一个国家或地区市场的发育程度、规范程度和运行效率，对创新活动的规模、效益、效率等都是至关重要的。

（6）国际联系是每个国家或地区的创新系统与国际大环境进行资源交流的重要环节，也是每个国家创新活动的行为主体进行国际竞争与合作的途径和方式。在当今世界经济一体化和科学技术国际化趋势日益加强的条件下，各国的国内市场日益与国际大市场接轨。因此，对各行为主体而言，国际联系更具有参与国际大市场竞争，开展国际化经营的意义。

（二）企业环境创新系统视角下的产学研合作

从上述关于企业环境创新系统的分析，本文认为，产学研合作，实际上就是一个企业环境创新的系统。在这个系统中，产学研合作各方主体各自扮演着明确的角色，相互之间也具有紧密的联系和互动作用。

1. 企业是企业环境创新的直接受益者与推动者

在产学研合作过程中，企业始终处于最为积极和主导的地位，是开展产学研合作，进行企业环境创新的直接受益者与推动者。企业是产学研合作组织中技术创新的主体，也是创新投入、产出以及收益的主体，是企业环境创新体系的核心。当前，我国政府明确提出，要建立“以企业为主体，市场为导向，产学研结合”的自主创新体系，这也特别强调了企业在这一体系中的核心地位。

2. 高校是企业环境创新的强大驱动力

高校在产学研合作体系中的地位与作用较为显著，其承担着培养人才和科研研究的功能，具有整合知识创造、知识加工及知识传播和应用的作用。在产学研合作中，高校能把智力资源与生产要素结合起来，使高校的新技术、新思想和新文化能及时移植到企业，从而帮助企业加快技术创新，形成和保持市场竞争优势。因此，从企业环境创新系统的角度来看，高校是环境创新的强大驱动力。

3. 科研机构是企业环境创新的技术源泉和主要贡献者

科研机构的主要职能是从事科学研究，其教学科研、技术开发的根本目的是为社会发展和经济建设服务。科研机构的技术开发水平和运作管理水平，本身也是市场中企业环境的重要组成部分，先进的技术研发和良好的运行管理，无疑有助于与企业的良好合作，促进企业的技术成果转化，形成突出的竞争优势。因此，在企业环境创新系统中，科研机构不仅是技术成果的主要来源，也是企业运行制度，特别是企业与科研机构合作交易制度的主要影响者，是企业环境创新的重要贡献者。

上述从产学研合作各方主体的角度，对其在企业环境创新系统中的地位和作用进行了简要分析，当然，这些主体既独立发挥各自的功能作用，更主要的还是通过互动形成合力，为企业发展创造良好的环境供给，促进企业环境的创新。

三、企业环境供给视角下中部地区产学研合作模式创新的思考

到2011年底，我国城市化率已达到51.27%，涌现出了一批城市群或城市（都市）圈，区域竞争正在由个体竞争走向群体竞争。而与其他城市群（圈）相比，长江中游城市群城市化较为滞后，除武汉城市圈外，均低于全国平均水平，更远低于长三角、珠三角和京津冀三大城市群的水平。在这种背景下，“中三角”的概念被提出来，建设长江中游城市群对鄂湘赣三省是一种多赢的必然选择，一体化和分工写作可以产生显著的系统集成效应。世界经济发展实践表明，充分发挥各地区的特点和优势，利用各地区的自然资源、人力资源、物质技术条件，加快区域经济发展，是促进国民经济平稳较快发展的重要力量。

基于上述企业环境及其创新的分析，我们认为，从企业环境创新的视角审视产学研合作，对于剖析产学研合作的本质，创新产学研合作模式，有着逻辑上的解释力和实践上的可行性。当前，在中部崛起战略不断实施和“中三角”日益凸显的背景下，中部地区的产学研合作不断推进升级，从企业环境及其创新的角度来看，其产学研合作模式的创新存在着巨大的空间。

（一）产学研合作战略联盟

产学研战略联盟是指企业、高校和科研机构从各自的发展战略目标与战略意图出发，通过股权参与或契约合作的方式建立的较为稳定、长期的合作伙伴关系。这种伙伴关系充分发挥了各主体的资源或能力优势，建立起了一种优势互补、风险共担、利益共享、共同发展的正式但非合并的松散型合作关系，其目标是为了实现共同愿景、获得最佳效益和发挥综合优势。

从企业环境创新的视角来看，创新的主体有多种，但真正能够为企业所把握和影响的不多，因此，在参与产学研合作的过程中，通过建立产学研合作战略联盟，将自己与高校、科研机构进行捆绑，既形成联盟，又相对松散独立，能为企业的发展创造更为“舒适”的环境。当前，中部地区各省市都已经建立了多种产学研合作战略联盟，其中以武汉地区最为典型。在“中三角”由概念上升为发展实践的过程中，产学研合作战略联盟必将跨越城市和地区界限，形成规模更大、功能更强的联盟体系。

（二）产学研用协同创新系统

产学研用协同创新系统是一个较为新颖的概念，有的学者构建了基于“政产学研用”五位一体的新型高等教育合作模式，在宏观和微观两个层面使政府、企业、高校、研究机构和用户各履其职、协同发展。为了大力推进产学研用合作的创新国策，必须努力实现体制机制、合作模式、创新人才培养三大突破。也有学者指出，产学研合作必须走产学研用紧密结合的道路，充分发挥应用和用户在技术创新中的重要作用。将“产学研结合”调整为“产学研用结合”，是对中国特色产学研合作在认识上的新飞跃。实践证明，任何一项新的技术，只有通过应用才能转化为现实生产力，为人类社会带来福祉，由于用户是技术创新的重要参与者和利益相关者，用户直接参与产学研合作，不但能够减少技术创新的盲目性，缩短新产品从研究开发到进入市场的周期，而且能够有效降低技术创新的风险和成本。

因此，为企业创造良好的环境供给，建立和完善产学研用合作创新的体系，是当前和今后相当长时期内的重要途径。

（三）区域创新系统

区域创新系统是国家创新系统的延伸和发展。区域创新系统，是指由一个地区内的企业、大学、科研机构和地方政府构成的综合创新系统。区域创新系统的实质是通过系统内各要素的互动作用，推动该地区以市场机制为基础的知识和人才资源流动、技术扩散和产业群活动，不断采用新工艺、催生新产品并取得巨大投资回报率，有效地实现创新目标。在“中部崛起”、“两型社会”、“中三角”等战略机遇背景下，武汉城市圈与周边地区正在为建设区域创新系统进行努力，相信通过地区合作分工和制度创新，中部地区的区域创新系统，必将成为产学研合作的新型模式，并能为区域内的企业提供更优的环境条件。

（四）创新示范区

产学研合作的本质是创新，而这里的创新包括技术创新、管理创新、制度创新等方面的内容。创新示范区是经政府批准，在推进自主创新和高技术产业发展方面先行先试、探索经验、作出示范的区域。目前，国务院批准的国家级自主创新示范区包括北京中关村科技园区、武汉东湖新技术产业开发区、上海张江高科技园区、安徽合芜蚌自主创新示范区等四家。

除了国家级示范区之外，各地区也各自设立了各种创新示范区，这些示范区本身就是产学研合作模式的引领者和创新主体。当前，要以国家自主创新示范区为战略基点，充分发挥示范区先行先试、探索经验的优势，增强示范区创新能力和辐射带动效应，以点带面，推进创新型国家的建设，引领经济发展方式转变。

总之，企业环境创新是企业发展的重要保障，也是企业其他方面创新的重要前提。产学研合作的本质就是企业环境创新的行动过程，从企业环境创新的视角，对产学研合作模式进行思考，有助于从根本上识别产学研合作的目的，提出更好更先进的产学研合作模式，并能更好地实现产学研合作各方主体的目标。

参考文献

[1] 宋歌、温兴琦．基于创新理论的企业环境创新研究［J］．科技进步与对策，2012（5）：74~77.
[2] 赵娜．五位一体的“政产学研用”合作策略研究［J］．福建论坛（社科教育版），2010（12）：97~98.
[3] 张凤、何传启．国家创新系统——第二次现代化的发动机［M］．高等教育出版社，1999.
[4] 李健．中国特色产学研合作体系的形成与发展［N］．光明日报，2009-12-18.
[5] 辜胜阻．国家自主创新示范区的功能定位与政策选择［N］．长江日报，2010-11-7.

专题三　城市群建设与发展

长江中游城市群一体化体制机制创新研究

秦尊文　张　静*

（湖北省社会科学院　武汉　430077）

长江中游城市群，是以武汉城市圈、长株潭城市群和鄱阳湖生态经济区为基础构建的新兴特大城市群，因地处中部地区中心地带又称“中三角”。2012 年 8 月 27 日，国务院颁布《关于大力实施促进中部地区崛起战略的若干意见》：“鼓励和支持武汉城市圈、长株潭城市群和环鄱阳湖城市群开展战略合作，促进长江中游城市群一体化发展。”研究长江中游城市群一体化推进的现状，剖析其存在的问题，推进体制机制创新，具有十分重要的意义。

一、长江中游城市群一体化推进情况

2012 年 2 月 10 日，“长江中游城市群三省会商会议”在武汉举行。湘鄂赣三省政府签订了合作框架协议，标志着构建中三角从三省共识迈入三省实践。从理论界提出中三角战略到湘鄂赣三省联动，从各职能部门对接到企业力推，长江中游城市群基础设施、产业、市场、文化旅游、生态环保“五个一体化”建设扎实推进，整体联动发展格局初步形成。

（一）基础设施一体化先行

2012 年 2 月 4 日，湖北、湖南、江西等省交通运输厅共同签订推进设立长江中游城市群综合交通运输示范区合作意向书，将实现航空、公路、铁路、水运和管道等运输方式的一体化。5 月 31 日，长江中游城市群综合交通运输示范区推进联席会在武汉召开。决定建立长江中游统一的 ETC 结算清分制度和体系，并建立甩挂运输联盟。所谓“甩挂”，就是“甩掉挂车，继续行驶”。货车有车头与挂车两个部分，到达目的地后，车头直接卸下挂车车厢，拉上另外的车厢即可上路。作为提高道路货运和物流效率的重要手段，甩挂运输已成为欧美日等发达国家和地区的主流运输方式。长江中游城市群建立甩挂联盟后，时间将大大节约，实载率也会大大提高。与此同时，省际“断头路”正在加强连接规划和建设，连通三省的蒙西至华中重载铁路筹备工作正在有序推进。

9 月 1 日，华中电网公司宣布，到 2015 年“中三角”将建成特高压电网将形成“一横两纵”主网架结构。其中荆门至武汉、荆门至长沙和武汉至南昌特高压通道，将与

---

* 秦尊文（1961—　），男，湖北省社会科学院副院长、长江中游城市群研究中心主任，经济学博士，博士生导师。研究方向：区域经济、城市经济。张静（1977—　），女，湖北省社会科学院长江流域经济研究所副所长、长江中游城市群研究中心副主任，经济学博士。研究方向：区域经济、经济史。

“十一五”形成的500千伏中部主框架一起，汇集川电、三峡电力以及北方送入火电，向湘鄂赣三省供电。

（二）文化旅游一体化突破

2012年2月10日，三省旅游局局长签署了旅游业合作协议。根据协议，三省将在六大领域加强旅游业合作：联手编制长江中游城市集群旅游业发展规划；大力加强旅游资源整合，编排跨区域旅游产品；在促进旅游客源互动的基础上，共同开发国内外旅游市场；推进旅游企业的重组和规模扩张，不断壮大旅游市场；加强旅游标准、管理和服务的对接，构建统一有序的旅游大市场；打造入境和出境旅游通道，着力培育长江中游的旅游口岸城市。同时，三省还将成立旅游合作发展轮值主席会议机构。4月15日，三省共同在青岛中国国内旅游交易会上推出“中三角”概念。4月18日，中三角旅游发展会商会议在汉举行，达成了《中三角旅游合作发展2012年行动计划》和一揽子工作方案，形成了一系列合作成果。5月19日，三省旅游部门在汉联手启动“万人畅游湘鄂赣”活动。8月10日，“2012湘鄂赣三省12城万车自驾游”启动，将持续到国庆节后。

4月18日，中国中部“中三角”演艺联盟在武汉剧院正式挂牌成立，以演活剧团、激活剧场、成立演出行业研究机构、打造复合型剧场为新思路，发展“中三角”三省联合运作，突破传统单打独斗的市场操作方式，规模化吸引国内外演出商，以达到资源优势互补，实现共同发展。

7月27日，湖南、江西、湖北文化发展战略合作框架协议暨三省公共图书馆联盟协议签约仪式在汉举行。三省文化厅共同签署了《湖南江西湖北三省文化发展战略合作框架协议》，公布了《湖南江西湖北三省文化合作2012—2013年行动计划》，三省图书馆签订了《湘鄂赣三省公共图书馆联盟协议》，开通了三省公共图书馆联盟网站。根据合作框架协议和行动计划，湘鄂赣三省文化部门将在建立联席会议制度、舞台艺术精品交流演出、红色题材作品巡回展、演艺市场开发、文物保护利用、非物质文化遗产生产性保护技艺展、公共图书馆联盟建设等方面进行广泛深入的合作。

（三）市场一体化扎实推进

2012年2月24日，三省商务部门积极行动，在汉召开长江中游城市群商务发展第一次联席会议，发布了《武汉宣言》。依据三省商务厅协同规划，湘鄂赣三省将在商贸流通、对外贸易、对外投资、承接产业转移、口岸通关、商务信息共享六个方面实现一体化合作。为实现上述商贸交流与合作，中国中三角商务网也以10种语言版本正式上线。

4月11日，中三角经济圈小商品产业发展峰会在湖南岳阳举行，中国市场学会常务副会长、原国家物价局长高铁生等专家到会发言，会议就中三角小商品市场建设和发展进行了交流。

7月11日，岳阳市、九江市、咸宁市三市签署加快“小三角”城市区域市场一体化进程战略合作协议。根据协议，三市将着力消除市场壁垒，力争在商贸流通、对外贸易、对外投资、承接产业转移、口岸通关、商务信息共享“六个一体化”合作机制上取得突破。

（四）产业一体化积极跟进

2012年3月31日，在科技部指导下，湘鄂赣三省在武汉签订《长江中游城市群科技合作框架协议》，三省科技厅将在建立科技联席会议制度、做强高新技术产业、争取国家科技计划支持、推动产学研合作、实现科技创新资源共享、加强科技计划管理与协调、开展区域可持续发展战略研究、设立中三角科技创新论坛等方面，开展广泛深入的合作。

4月12日，长江中游城市群产业一体化战略合作发展论坛在汉举行，湘鄂赣三省经信部门负责人共同签署了战略合作协议。三省将发挥资源禀赋和比较优势，鼓励扩大相互投资，推进产业融合发展，加快主导优势产业集聚，提升区域产业综合实力。促进企业跨省域兼并重组，加快市场开放和生产要素合理流动，推进跨省域企业间协作配套和产业合作互补，完善上下游产业链，提升区域产业集中度，打造区域富有活力的现代产业集群。同为缺煤省份，三省将建立以企业主体、政府推动的煤电保障共赢合作机制，积极拓展煤源通道，共同争取国家加快推进输煤输电通道建设。

5月4日，三省农业部门共同签署了《湘鄂赣三省农业合作协议》，将从产业、市场、技术、信息、防疫、资源保护等八个方面“联姻”，齐步迈向农业强省，共同打造长江中游农业带。

尤其可喜的是，民营资本积极投入产业一体化发展。湖北著名民营企业——卓尔控股，在湖南建设的长沙物流总部基地近期已开工。该项目总投资12亿元，将吸引国内大型企业湖南分部、湖南省内中型企业总部入驻，同时成为卓尔控股旗下汉口北国际商品交易中心分销平台和阳逻港货物收集平台。湖北格林美在江西、湖南建立电子废弃物回收超市，开始实施对电子废弃物的规范、阳光收集。现已辐射三省100多个县市。

（五）生态环保一体化破冰

以洞庭湖平原为主体的环洞庭湖地区，其中大部分归属于湖南，辖岳阳、常德、益阳3市，湖北荆州市占据一部分，被行政分割为东、西、南洞庭湖三块水面。长期以来，由于湖区分属两省独立管辖，管理分散、体制不顺等因素，洞庭湖被开发利用过度，生态环境问题一直没有得到彻底解决。2012年5月9日至10日，湖南省委副书记梅克保、副省长徐明华率湖南省代表团赴湖北考察，并出席湖南·湖北洞庭湖生态经济区建设座谈会，共商合作发展大计。湖北省委副书记张昌尔就表示，将主动配合，联手加快推进洞庭湖湖区综合治理，并争取上升为国家战略。

9月8日，三省水利厅长在汉签署《水利发展合作协议》。合作的主要内容包括：加强在“一江两湖”、跨省主要支流、中小河流、湖泊等规划编制中的沟通与合作；加强江河湖泊综合治理与保护合作；开展实行最严格水资源管理制度合作；加强水行政立法、执法和河道采砂管理交流合作；等等。

二、长江中游城市群一体化建设面临的障碍

长江中游城市群虽然有着良好的合作条件和现实基础，但是也同样面临着行政分割现象突出、中心城市辐射带动作用不强、资源要素整合有限、产业集聚度不高、创新能力较弱、生态环境保护压力加大、区域合作机制不健全等突出问题。

（一）行政壁垒、条块分割的问题突出

湘鄂赣三省现有区域合作协调机制：一是三省省直职能部门签订合作协议；二是三省毗邻地区地方政府顺应自身经济发展发起形成。这种合作机制在推进交流、探讨一些共识性强、实施难度不高的项目合作方面已经初见成效，但是要真正担负起中三角一体化全面合作协调的重任，还面临着许多亟待解决的问题。

目前，长江中游城市群囊括的29个市都已经制定了各自的“十二五”规划，在这些规划中，几乎都是从本地经济的发展出发，对局部地区内部发展的要求高于对中三角区域共同利益的追求。各城市更多地关注局部利益及中短期目标，协调力度有限，不能达成具有法律效力的制度框架。同时，普遍存在着“市域”观念强，“区域”观念弱的问题，这既干扰了地方政府之间的合作，导致一些区域性交通基础设施和环境治理工程因缺乏协调而进展缓慢，更是严重干扰和制约了区域内企业的市场运作，形成所谓的条条经济和块块经济。

（二）产业同质化竞争明显

由于中三角内部资源禀赋相近，三省往往忽略区域差异、忽略各自优势的发挥，纷纷构建与其他地区相似甚至相同的产业结构。同时，目前中三角区域合作协调组织的主体是政府，而作为市场主体的企业却没有参与区域合作协调组织的决策，这使得区域合作协调组织对该地区内市场需求的敏感度不高，造成了产业结构趋同现象。根据湘鄂赣39个工业大类的数据计算，2011年湖北省与江西省工业结构相似系数是0.64，湖北与湖南工业结构相似系数是0.77，江西与湖南工业结构相似系数是0.85。可见，三省产业结构具有一定的趋同性，特别是江西、湖南两省产业结构相似度较高。产业结构趋同使得各地区不能发挥自己的比较优势，同时也使得投资和生产分散，降低了地区的整体经济效益。更为严重的是形成了大量的重复建设，尤其是行政干预性的重复建设造成市场竞争的扭曲和资源配置的高成本，加剧地方保护行为，阻碍区域市场统一和区域经济整合。

（三）城市间分工协作程度较低

由于各城市在各个行政区的地位不同，经济发达程度存在一定差异，造成了政府的政策倾斜不同，政府的投资、扶持力度等也不一样，这就导致了一些城市总体实力和竞争力要高于其他一些城市。此外，由于一些得天独厚的地理因素，以及现实的发展情况，使得一些城市的潜力逐渐发挥出来，这也造成了区域内各地经济发展的非均衡性。这主要表现为：一是城市群结构互补性不强。长江中游城市群的城市密度为1.05个/km^2，虽然高于全国平均水平，但低于成渝经济区（1.30个）、海西经济区（1.62个）和中原经济区（1.53个）等地水平，而且城市分布比较离散，中心城市三角中间区域缺乏城市节点。二是次中心城市的发展层次还比较低，未能与中心城市建立起高效能的功能互补关系。在长江三角洲，除上海、南京、杭州三大行政中心外，还拥有苏州、无锡、南通、宁波、绍兴等主要的经济中心。在珠江三角洲，除广州、深圳外，更拥有东莞、佛山、惠州、中山、珠海、江门、肇庆等明星城市。目前，长江中游城市群的城镇结构体系不容乐观，拥有雄厚实力的此中心城市还比较少，中小城市对于城市群缺乏坚实的发展支撑。

三、长江中游城市群一体化体制机制创新思考

推动体制机制创新是开展战略合作的重要前提，当前，中三角区域整合面临的体制和机制问题与各地方政府的利益驱动、缺乏约束密切相关。以各地方政府利益为主体的行政性区际关系掩盖、削弱了以地方企业为利益主体的市场性区际经济关系，甚至对市场性区际经济关系产生经常性的行政干预，以致影响到区域经济的整合与发展。因此，要形成一种新型的稳定的区域合作协调机制，以体制机制推进政府与政府、区域市场与区域市场、政府与市场之间的协作与互动。只有这样，才能切实有效地推进中三角一体化进程。

建立和完善推进长江中游城市群一体化的合作协调机制，要突破传统区域协作概念和行政区划的限制，整合市场、政府和社会三种力量，设计一个合理的制度框架，建立起均衡各方利益的制度保障，并对合作模式、配套政策、法制调整、分工协作、资源共享、利益分配等诸多直接关系到一体化进程的重大问题进行梳理、探索和实践。

（一）完善合作协调机制

随着三省党政领导会商会议的召开和战略合作框架协议的签署，可以说目前三省已经基本建立起了行政首脑的协商机制。要使这一机制制度化、常态化。重点就跨省域的经济社会发展重大问题定期进行协商，与此同时，还要建立多形式、多层次的协商机制。

一是在三省省级层面，建立高层联席会议制度和多层次协商协调机制，成主要领导定期会晤制度，实现超行政区的协调与联动。从规划编制、政策制定、项目布局、平台建设等方面着手，逐步实现城市群重大事项统一协商、重大规划统一协调、重大项目统一协作。

二是在市级层面尤其是各省中心城市，各市高层每年定期举行会议，研究和协商中三角发展的重大问题，强调各城市间的统筹发展、协调发展，以各方的互利共赢为工作的出发点，探索各合作群体间的利益共享机制。

三是以三省经协部门为平台，共同推动三省交通、水利、农业、旅游、文化、教育、科教、环保等部门的交流、合作，为其相互考察、观摩、访问提供方便和服务。

四是推进行业协会、异地商会间的合作交流。发挥行业协会、商会在产业合作中的桥梁纽带作用，拓宽省际间、企业间的合作渠道，推进三省相关行业协会和商会建立友好合作关系。

同时还要特别密切三省与周边地区的合作，加强与中三角、珠三角、海峡西岸经济区、中原经济区、皖江城市带等其他经济区的区域合作，实现开放、互利、共赢。

（二）建立利益调整机制

一是建立新型的“利益共享机制”，协调好产业政策和区域政策的关系。在产业政策调整过程中，应充分遵循利益分享的原则，尽可能避免将过多的资源集中于某一产业上，改变原有的中三角产业趋同的现象，充分发挥区域特点，逐渐形成有区域优势的产业结构，从而合理地共同分享利益。

二是建立新型的“利益补偿机制”。这是使损失的利益合理地实现补偿的重要方式，对部分地区在地区利益和地区机会上的损失予以补偿，使这些地区同样享受到协同整合后

效率提高所增加的利益，从而减少城市群经济整合和一体化发展可能遇到的阻力。

（三）构建城市分工机制

中三角各城市围绕自身功能定位，要尽快明确职责分工，建议由各市发改委作为具体的牵头部门，联合财税、土地、交通、环保等部门，打破行政区划的体制机制障碍，强调包容性增长，促进城市群内部大中小城市合理分工、错位竞争。大力推动武汉、长沙、南昌等中心城市产业向高端化、服务化方向发展，将岳阳、九江、咸宁作为三省合作的门户，加强其与中心城市的联系，以构建功能完善的城市群发展轴心，最终实现中心城市、边界城市、特色城市协调发展。

（四）推进各个领域一体化合作机制

一是加快行政管理体制改革。进一步打破行政区划界线，打破区域封锁和壁垒，加强在科技要素、人力资源、信用体系、市场准入、质量互认、社会管理和政府服务等方面的对接，为深化合作创造良好的体制环境。

二是优化城市群内产业的布局。突出特色，实现差异发展，错位发展。如武汉、长沙和南昌应从产业综合型向特色型、领先型转变，以高技术产业和战略性新兴产业为重点，大力发展总部经济和研发中心；宜昌、岳阳、常德、株洲、九江作为次中心城市，应加快产业结构高度化步伐，提升产业竞争优势和辐射带动作用；荆州、益阳等中小城市应围绕中心城市和次中心城市的主导产业，主动承接组装、加工、零配件生产等制造环节。

三是建立科技创新共享机制。统筹规划、有序建设多元化科技市场，构建区域技术创新体系，提高城市群的整体技术创新能力。通过采用统一的数据交换标准和接口，将湘鄂赣三省平台进行系统集成，形成一个面向中三角、乃至全国的公共服务平台。建议由各省科技厅和城市群内各市共同出资设立中部城市群区域创新体系建设专项资金，专门用于跨行行政区域的涉及区域发展的一些重大项目联合研究、重大产业关键技术的联合攻关、区域创新型平台的建设。

四是建立统一的市场机制。消除不合理的行政干预和区域内的市场壁垒，统一规划和建设市场网络，加强工商、质监、物价、食品药品监管、检疫、税务、海关等部门的合作，为区域内企业的市场生产经营活动及企业间的合作交流提供便利。

五是建立统一的生态环保机制。以水环境保护为重点，建立健全长江干流的环保联防联控机制，提高跨流域环境污染处置能力，协调协商重大项目环境影响评价，统筹规划重大环境基础设施建设；按照主体功能区规划的要求，携手推进“中三角”重点生态功能区的建设。除了加大财政转移支付力度外，还应积极探索在重点生态功能区与城市化地区、生态保护区与受益地区之间建立横向的生态补偿机制。

六是建立人才共享机制。共同构建公平竞争的人才法制环境和人才生存环境，运用网络技术构建以人才信息系统为主干的人才征信系统，推进区域内各类证书、凭证的互认与衔接，实现教育、培训、考试资源的互通、共享及在服务标准上的统一。

七是建立投资管理机制。按照区域开发银行的模式，组建中三角开发银行，参与国家投资项目的“拼盘开发”融资，也可以按照商业银行法则，对长江中游城市群的开发项目实行一般商业贷款或短期融资。主要用于跨省市基础设施建设、生态环境治理和社会服务设施建设。

八是塑造良好的法制环境。要尽快建立保障中三角一体化中区域合作协调的法律法规，以从根本上扭转各自为政、缺乏协调的局面。不断发展法律服务市场，保持执法的统一性和协调性。尽快建立中三角统一的法律服务市场，为区域内各级政府、各类企业和个人提供统一的法律服务平台。

总之，要按照科学发展观和统筹兼顾的要求，以体制创新、制度创新和机制创新为动力，以区域合作推动区域经济社会进步，为中三角区域经济一体化进程服务，增强区域综合竞争力。

参考文献

[1] 秦尊文．第四增长极：崛起的长江中游城市群［M］．社会科学文献出版社，2012.
[2] 秦尊文．建好“中三角”亟须体制机制创新［J］．政策，2012（11）．
[3] 秦尊文．“中三角”建设进展及未来的黄金价值［J］．学习月刊，2012（7）．

长江中游城市集群的空间经济网络组织

王圣云①
（南昌大学中国中部经济社会发展研究中心　南昌　330047）

一、引言

（一）研究背景

“十一五”以来，我国城市群进入了蓬勃发展的新时代，城市群成为我国推进城镇化的主体形态。2006 年 3 月，《中华人民共和国国民经济和社会发展第十一个五年规划纲要》提出：要把城市群作为推进城镇化的主体形态，逐步形成以沿海及京广京哈线为纵轴，长江及陇海线为横轴，若干城市群为主体，其他城市和小城镇点状分布，高效协调可持续的城镇化空间格局。还指出在具备城市群发展条件的区域，形成若干用地少、就业多、要素集聚能力强、人口分布合理的新城市群。2011 年，《中华人民共和国国民经济和社会发展第十二个五年规划纲要》提出：要以大城市为依托，以中小城市为重点，逐步形成辐射作用大的城市群，促进大中小城市和小城镇协调发展。构建以陆桥通道、沿长江通道为两条横轴，以沿海、京哈京广、包昆通道为三条纵轴，以轴线上若干城市群为依托、其他城市化地区和城市为重要组成部分的城市化战略格局，促进经济增长和市场空间由东向西、由南向北拓展。在中西部有条件的地区培育壮大若干城市群。从我国“十一五”到“十二五”城市化发展战略格局来看，依照中国经济的空间格局，在一些有条件的地区重点培育和壮大城市群是我国城市化发展的一个重要战略导向。

2009 年国务院批复的《促进中部地区崛起规划》（国函［2009］130 号）提出：加快形成长江、陇海、京广和京九“两横两纵”经济带，积极培育充满活力的城市群。2010 年 5 月，国家发改委出台了《关于促进中部地区城市群发展的指导意见》（发改地区［2010］967 号），指导和推动了中部地区城市群发展。目前，中部地区已初步形成了以武汉城市圈、中原城市群、长株潭城市群、皖江城市带、环鄱阳湖城市群和太原城市圈等六大城市群为主的发展格局，并在长江中游地区出现了跨省区的城市联合体——长江中游城市集群。2010 年 12 月，国务院颁布的《全国主体功能区规划——构建高效、协调、可持续的国土空间开发格局》把由武汉都市圈、长株潭城市群和环鄱阳湖城市群为主体构成的长江中游地区被列入国家层面的重点开发区，这是内陆地区唯一跨三省的重点开发区域。位于长江经济带上的长江中游城市群是全国主体功能区规划中被列为重点发展的八个大城市群之一，具有巨大的发展潜力，面临前所未有的发展机遇。长江中游西起湖北宜

① 王圣云（1977—　），男，博士，副研究员，研究方向为区域经济与规划和福祉地理学研究。

昌，东至江西湖口，经湖北、湖南、江西三省，起着承南启北，沟通东西的重要作用。长江中游城市集群位于全国“两横三纵”城市化战略格局中沿长江通道横轴和京哈、京广通道纵轴的交汇处，包括湖北武汉城市圈、湖南长株潭城市群以及江西环鄱阳湖城市群，是武汉城市圈、长株潭城市群及环鄱阳湖城市群在长江中游地域的空间组织。

（二）长江中游城市集群发展状况

当前，中部崛起战略进入加快实施的新阶段，湘鄂赣三省地缘接近，人口和城市密集，处于快速城市化推进阶段。如何进一步发挥武汉、长沙和南昌等城市的集聚效应与集约效益，提高长江中游城市、尤其是大城市的发展效率，提升长江中游城市集群的整体竞争力，在长江中游地区构建一个跨省区、一体化的城市集群经济空间，是带动长江中游地区快速发展的增长引擎和促进中部崛起的重要增长极。2010 年，长江中游城市集群人口总量为 9487.98 万人，经济总量 27764.07 亿元，固定资产投资总额 19206.86 亿元，实际利用外资 1217477 万美元，财政收入总量 3699.44 亿元，社会消费品零售总额 10616.92 亿元，分别占当年中部地区的 26.58%、32.24%、30.54%、5.79%、58.06%、33.89%，分别占当前全国的 7.08%、6.88%、6.91%、11.51%、4.45%、6.76%，在中部地区和全国经济格局中具有举足轻重的地位（表 1）。

表 1　　**长江中游城市集群经济发展指标（2010 年）**

指标	人口总量	GDP	固定资产投资额	实际利用外资总额	财政收入总量	社会消费品零售总额
单位	万人	亿元	亿元	万美元	亿元	亿元
武汉城市圈	3174.32	9635.77	6765.87	431601	1796.03	4303.17
长株潭城市群	4008.36	12558.80	7540.19	410831	1168.21	4476.55
环鄱阳湖城市群	2305.30	5569.50	4900.80	375045	735.20	1837.20
长江中游城市集群	9487.98	27764.07	19206.86	1217477	3699.44	10616.92
中部地区	35696	86109.38	62890.6	21030000	6371.3919	31329.7
全国	134091	403260	278121.9	10574000	83101.5	156998.4

城市集群是由多个城市圈聚合而成的一个高密度的、关联紧密的城市空间。在这个城市空间里，各城市圈内的中小城市在一个比较密集的空间范围内相互连动，构成一个布满经济联系的非均衡空间网络结构。随着长江中游地区经济一体化进程的不断深化，长江中游城市集群物流空间联系网络日益明显，长江中游城市集群化发展使得城市间物流、商流、信息流、资金流等不断涌现，城市间交通物流活动更加频繁，物流网络日趋密集。为此，如何缩短城市间交通运输时间、降低交通运输成本，优化区域物流网络，势必改变这一地区原先的城市物流-经济空间联系，引发区域空间结构的重组，这是研究长江中游城市集群协调发展和空间整合的一个有意义的分析视角。

运输成本和网络分析法是城市间经济联系和城市群网络结构研究新近出现的两种研究

方法。本文将采用包含公路和铁路的运输成本方法计算长江中游城市集群的运输成本空间影响范围，应用社会网络分析方法重点探究长江中游城市集群的物流-经济网络结构，在此基础上提出促进长江中游城市集群化发展的空间组织战略，对于进一步调控并优化长江中游城市集群的空间组织联系与网络结构具有一定的理论指导和实践参考意义。

二、长江中游城市集群物流经济空间网络

（一）交通物流网络对城市集群经济空间的作用机制

1. 运输成本机制

城市之间的空间距离、经济距离往往被高速发展的交通联系所缩短，城市间密切的交通物流联系是城市群发展的活力所在。交通基础设施建设是城市群构建的前提条件，城市之间借助交通基础设施进行的密集化交通联系不断激发出城市交流、交易的经济动力。在城市集群中，若中心城市运输成本较低或出现明显下降，对周边城市的货流运输便具有明显吸引力，引起货流向中心城市集聚，进而提高了中心城市的空间辐射能力，拓展了中心城市的空间辐射范围，反之亦然。运输成本变化影响着城市集群的空间组织和网络结构。

2. 物流网络效应

随着传统物流业向现代物流业转型，区域物流网络化成为现代物流发展的一个宏观趋势。区域内物流节点、连线与经济社会要素相互作用、相互影响，资源和要素在物流节点、联系轴线上产生聚集效应，并随着聚集规模的日益扩大，物流经济客体在地域上发生空间关联作用，在集聚或扩散动力机制下形成稀疏不匀的空间结构。由物流聚集点向交通经济带发展，最后形成区域物流网络。由多个节点和连线构成的区域物流网络是推动和重塑区域经济空间的重要力量。交通通讯技术的飞速进步使城市集群一体化趋势逐渐加强，区域交通网络日趋完善，城市交通可达性不断增强，城市间交通联系时间大幅降低，这使得物流节点城市体系和物流联系通道构成的物流网络结构变得更为重要，物流网络效应在城市集群化发展中的组织和带动作用显现出来。特别是在城市组团发展背景下，城市区域物流网络效应的充分发挥深刻影响着城市群经济空间结构。

（二）长江中游城市集群物流竞争力评价

长江中游城市集群的空间范围大概由长江中游地区的武汉城市圈、长株潭城市群和环鄱阳湖城市群组合而成。本文所有经济社会发展数据来源于《湖北统计年鉴（2011）》、《湖南统计年鉴（2011）》、《江西统计年鉴（2011）》和《中国城市统计年鉴（2011）》。作者首先选取 GDP 总量、全社会固定资产投资总额、工业总产值、社会消费品零售总额、工业企业数、货运总量、货物周转量、载货汽车拥有量、等级公路总里程、交通运输与仓储及邮政业从业人员数、邮电业务总量、移动电话用户数、国际互联网用户数等 13 项具体评价指标，以此综合评价长江中游城市集群各城市交通物流竞争力。其次，借助 SPSS19.0 软件操作，运用主成分分析法，通过正交旋转，得到 2 个主成分，累计方差贡献率达到 91.702%（表 2），计算得到各城市交通物流竞争力得分（表 3）。

表2　　解释的总方差

成分	初始			旋转后		
	特征值	贡献率（%）	累积贡献率（%）	特征值	贡献率（%）	累积贡献率（%）
1	10.891	83.778	83.778	7.100	54.614	54.614
2	1.030	7.924	91.702	4.821	37.088	91.702
3	0.567	4.358	96.060			
4	0.240	1.846	97.906			
5	0.121	0.929	98.834			
6	0.073	0.560	99.394			
7	0.042	0.323	99.717			
8	0.019	0.149	99.866			
9	0.009	0.069	99.935			
10	0.005	0.036	99.971			
11	0.002	0.014	99.985			
12	0.001	0.009	99.994			
13	0.001	0.006	100			

表3　　长江中游城市集群各城市交通物流竞争力得分

城市	得分	城市	得分
武汉市	2.923	益阳市	−0.218
长沙市	0.993	孝感市	−0.233
南昌市	0.671	抚州市	−0.244
岳阳市	0.038	鄂州市	−0.278
株洲市	0.010	仙桃	−0.338
衡阳市	−0.034	潜江	−0.360
黄石市	−0.097	景德镇	−0.378
常德市	−0.100	天门	−0.380
九江市	−0.138	咸宁市	−0.391
湘潭市	−0.148	黄冈市	−0.441
上饶市	−0.201	鹰潭市	−0.441
娄底市	−0.214		

从表3可以看出，长江中游城市集群交通物流竞争力可以划分为3个级别。武汉市、

长沙市、南昌市作为第一层次，得分介于0.5~3.0，武汉市得分为2.923，遥遥领先于长沙市和南昌市。第二层次有岳阳市（0.038）、株洲市（0.010）、衡阳市（-0.034）、黄石市（-0.097）、常德市（-0.100）、九江市（-0.138）、湘潭市（-0.148）。其中，在平均水平以上的有湖南的岳阳市和株洲市，其余五个城市尽管排在第二层级，但处于平均水平以下。第二层级的7个城市中，环鄱阳湖城市群有九江市、武汉城市圈有黄石市，其余5个均属于长株潭城市群。第三层级是其余13个城市。

（三）长江中游城市集群物流网络辐射范围

本文选用网络分析法计算运输成本，将长江中游城市集群地域范围分割为若干个5km×5km大小的栅格，每个栅格内部的影响忽略。首先，区分不同的道路交通等级，并建立交通网络的拓扑关系。将有交通网络通过的栅格赋予相应的速度值，如果同一个栅格有多种道路通过时，该栅格值取最高等级道路速度值，没有交通网络通过的栅格赋予默认速度值。其次，设置区域内网格的通达可行性，利用ArcGIS软件提取每个栅格的几何中心点坐标。最后，进行ArcGIS平台的二次开发，计算每个栅格到中心城市的运行时间成本，确定每个中心城市的辐射范围①。

武汉的交通物流枢纽地位十分突出，在长江中游城市集群的三个中心城市中“一枝独秀”，是长江中游地区交通物流发展的“龙头”，是引领长江中游城市集群交通物流联系的“轴心”。长沙、南昌尽管和武汉列为同一等级，但和武汉存在较大差距。与武汉城市圈和环鄱阳湖城市群相比，长株潭城市群的节点城市有5个，分布相对均匀，交通物流联系网络较为密集。而武汉城市圈和环鄱阳湖城市群都只有1个节点城市，由此也可看出长江中游城市集群交通物流网络明显的地区差异。

长江中游城市集群呈现“三中心”的运输成本空间格局，形成以武汉、长沙、南昌为中心的三个环状运输成本空间结构，这说明湘鄂赣一体化程度目前还较为低下，交通联系尚未达到较高程度的密集，但三省内部均已形成大致均匀和联系相对紧密的运输成本空间格局。以武汉为中心的低运输成本空间辐射范围最大，可达性最好，表明武汉在长江中游城市集群中的空间影响力最强。以南昌为中心的低运输成本空间辐射范围最小，可达性最差。武汉城市圈和环鄱阳湖城市群存在的问题都是“一城独大”，空间辐射范围不均衡。而长株潭城市群的长沙、株洲、湘潭的运输成本处于同一等级，空间辐射范围相对均衡。以武汉为中心的武汉城市圈物流辐射范围朝向西南，表明武汉城市圈与长株潭城市群之间的可达性较好。以南昌为中心的环鄱阳湖城市群通过九江市，其物流辐射朝向湖北，这表明江西有主动融入武汉城市圈的空间发展趋势，但环鄱阳湖城市群的物流辐射空间范围较小，在某种程度上制约了江西经济空间扩展。

---

① 因为测度的是时间距离，首先需要设定不同等级道路的行车速度。根据《中华人民共和国公路工程技术标准（JTGB01—2003）》、《铁路车站及枢纽设计规范（GB50090—99）》规定的公路、铁路设计速度，考虑长江中游地区实际的车速行驶情况，本文设定各类公路、铁路的行驶速度为：有高速公路通过的栅格速度值为100km/h，国家级和省级公路为70km/h，县乡级公路为30km/h，没有等级公路通过的栅格设定速度为15km/h，有铁路通过的栅格速度值为140km/h。因此，每个栅格值基本反映了该栅格的通达能力。

三、长江中游城市集群经济空间网络特征

（一）长江中游城市集群经济联系的空间网络结构

在社会网络分析方法（SNA）中，关系是网络分析的基础。社会网络分析方法可以较好地描述组织间的关系特征及网络结构，目前较少应用于城市空间经济联系网络的研究。城市集群具有开放性的稳定结网关系，应用社会网络分析法正好可以对城市之间空间经济联系进行可视化的分析。应用 Ucinet 6 软件对经济联系矩阵进行 SNA 分析，长江中游城市集群的整体网络如图 1 所示。可以发现，长江中游城市集群整体经济联系比较紧密，已经形成一个较密集的经济联系空间网络。尤其是武汉城市圈的武汉、黄冈、黄石、孝感、咸宁，长株潭城市群的长沙、株洲、衡阳、岳阳、常德以及环鄱阳湖城市群的南昌、九江等城市处于整体网络的中部位置且密集程度较高，体现出这些城市在长江中游城市集群网络中的重要地位；处于网络相对边缘位置的湘潭、益阳、娄底、鄂州、潜江、仙桃、天门、景德镇、高安、樟树、抚州等城市虽然比上述城市的经济联系差，但也比较密切。可以明显看出，环鄱阳湖城市群内的新干、鹰潭、余干、万年、鄱阳等城市间的经济联系整体上比较松散，处于长江中游城市集群经济联系网络的外围，尤其是万年，仅和南昌、武汉有明显的经济联系，这些城市和长江中游城市集群经济网络联系中的地位有待提升。整体来看，武汉城市圈和长株潭城市群之间的经济联系相对更为频繁和密切，而环鄱阳湖城市群的一些城市有“被边缘化”的趋势。

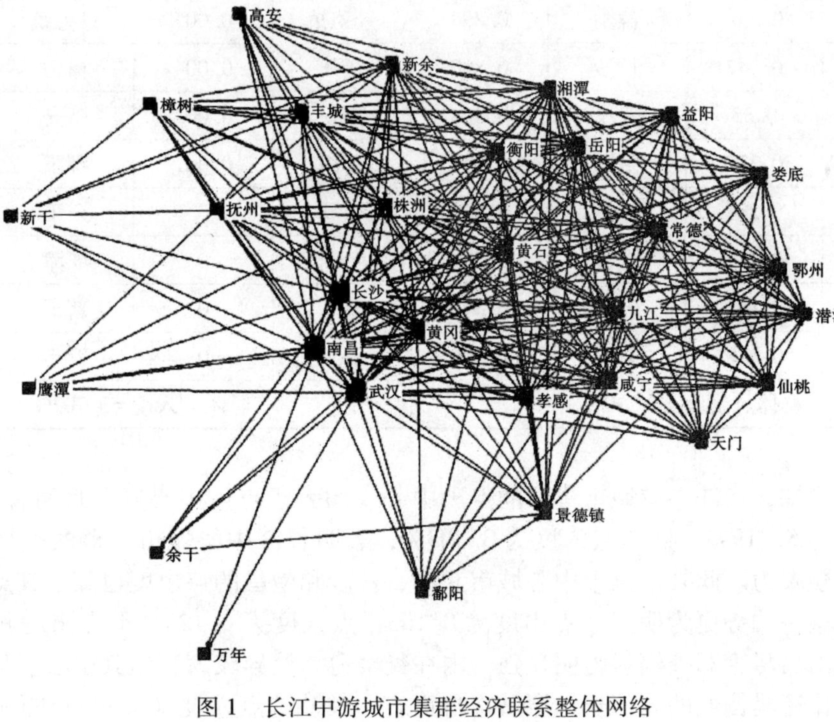

图 1　长江中游城市集群经济联系整体网络

（二）长江中游城市集群经济联系的空间结构特征

在社会网络分析中，中心性是衡量一个区域中城市节点地位优越性或重要性的一个指标。在城市经济联系网络分析中，衡量中心性先要计算城市间的经济联系强度，并据此绘制城市之间的经济联系网络图，可以科学、直观地揭示出城市区域空间结构特征。在社会网络分析方法（SNA）中，描述中心度通常使用点度中心度指标。本文使用万有引力公式计算城市间经济联系，并应用 Ucinet 6 软件对长江中游城市集群城市经济联系矩阵进行中心性分析（表4）。

表4　　**长江中游城市集群网络中心度**

点度中心度（%）							
城市	点出度	城市	点入度	城市	点出度	城市	点入度
武汉	5.809	鄂州	4.343	娄底	0.138	娄底	0.325
黄冈	4.421	黄冈	3.301	潜江	0.114	潜江	0.323
长沙	3.433	湘潭	2.411	天门	0.108	南昌	0.127
株洲	1.946	株洲	2.193	九江	0.036	九江	0.104
鄂州	1.847	孝感	1.952	新余	0.019	新余	0.046
湘潭	1.315	黄石	1.548	丰城	0.013	丰城	0.040
黄石	0.982	咸宁	1.071	樟树	0.006	抚州	0.031
孝感	0.594	益阳	0.898	景德镇	0.005	景德镇	0.027
岳阳	0.547	长沙	0.890	抚州	0.004	樟树	0.025
常德	0.35	武汉	0.828	高安	0.002	高安	0.022
衡阳	0.337	岳阳	0.623	鄱阳	0.001	鄱阳	0.011
咸宁	0.281	仙桃	0.563	鹰潭	0	余干	0.006
益阳	0.274	常德	0.399	余干	0	鹰潭	0.006
南昌	0.163	天门	0.395	万年	0	新干	0.006
仙桃	0.158	衡阳	0.386	新干	0	万年	0.002
群体点出度=5.219%				群体点入度=3.703%			

由表4可知，长江中游城市集群的点出中心度均大于点入中心度，且两者数值较低，群体点出度为5.219%，群体点入度为3.703%，表明长江中游城市集群的整体对外辐射力强于内在凝聚力。此外，三个中心城市武汉、长沙和南昌的点出度也高于其点入度，尤其是南昌，这一趋势更为明显，点出度为0.163，点入度为0.127，但点出度和点入度都很低，说明南昌尽管对外辐射力明显强于内在凝聚力，差异较大，但其中心度与其中心城市的地位相比还是偏低的。就长株潭城市群而言，长沙的点入度（0.890）明显低于其点出度（3.433），而湘潭和株洲的点入度则分别为2.411和2.193，点出度分别为1.315和

1.946，得分较高且比较协调，说明湘潭和株洲在长株潭城市群中具有比较重要的空间组织功能。长沙虽然对外联系功能更强，但对内的凝聚力在湘潭和株洲的竞争之下有所下降。武汉城市圈中武汉的点出度为5.809，是长江中游城市集群中得分最高的城市，但其点入度仅为0.828，排在第10位，也存在和长沙相似的情况。由此可知，武汉、长沙和南昌这三个长江中游城市集群的中心城市在扩大对外联系和经济辐射的同时，如何进一步增强其内在的凝聚力也是需要重视的空间组织问题。更为明显的是，江西的新干、万年、余干、鹰潭、鄱阳、高安、抚州、景德镇、樟树、丰城、新余等城市的点出中心度和点入中心度都很低，得分介于0~0.1之间。尤其是新干、万年、余干、鹰潭四个城市的点出度均为0，点入度介于0.002~0.006之间，是得分最低的，这说明环鄱阳湖城市群中的一些城市与武汉城市圈、长株潭城市群相比，在长江中游城市集群中的经济联系地位有待提高。

四、长江中游城市集群空间组织的战略方向

武汉市、长沙市、南昌市是长江中游城市集群交通物流竞争力的第一层级，和长沙、南昌相比，武汉市的交通物流竞争力遥遥领先。武汉的交通物流枢纽地位十分突出，在三个中心城市中“一枝独秀”，是长江中游地区交通物流发展的“龙头”。整体来看，长江中游城市集群呈现出以武汉、长沙、南昌为中心的“三中心”的运输成本空间格局，三个城市群围绕中心城市各自形成环状运输成本空间结构。比较而言，武汉城市圈和长株潭城市群之间的经济联系更为频繁和密切，而和环鄱阳湖城市群的经济联系则相对松散，环鄱阳湖城市群的一些城市处有“被边缘化”的趋势。鄱阳湖城市群与武汉城市圈、长株潭城市群相比较，在长江中游城市集群中的地位有待提高。武汉、长沙和南昌既要扩大对外辐射和对外经济联系，在空间竞争日益激烈的背景下，更要注重在各自城市圈（群）中心性的培育。

长江中游城市集群事关我国区域协调发展大局；长江中游跨省区的城市集群是中国城市群发展的十分重要的城市区域组织形式。湘鄂赣三省共同打造长江中游城市集群是实现中部崛起的关键所在和重要引擎。长江中游城市化发展必须走跨省区的城市群联合发展道路，通过分工协作，逐步建立空间一体化、具有较强竞争力的城市组群，长江中游城市集群有望成为中国第四大城市密集地区。针对环鄱阳湖城市群的一些城市在长江中游城市集群中有“被边缘化”的趋势，环鄱阳湖城市群在长江中游城市集群中的地位有待尽快提高，提高环鄱阳湖城市群的城市交通物流竞争力，增强城市间物流经济联系，拓宽城市群物流-经济网络，积极主动融入长江中游城市集群经济网络，并提高其中心性，是环鄱阳湖城市群在更大区域范围内进行空间重组、拓展城市群外向联系的重要的区域战略方向。

中部重点试验区包括国家在中部地区批复的综合配套改革试验区和国家级区域规划，是中部地区推进改革开放与合作、进行先行先试的改革试点；是中部地区顺应经济全球化与区域经济一体化趋势，完善社会主义市场经济体系，在中部崛起战略制定和实施过程中，建立的以制度创新为主要动力，以全方位改革试验为主要特征，对中部乃至全国社会经济发展带来先行先试经验和示范作用的改革试验区；是我国在经济社会发展的新阶段，在科学发展观的指导下为促进中部地方经济社会发展而推出的一项新的举措；是我国改革

开放继深圳等第一批经济特区后在中部地区建立的第二批综合配套改革试验区。国家在中部地区设立综合配套改革试验区是为了探索建设和谐社会、创新区域发展模式、提升区域竞争力的新思维、新思想、新路径、新模式和新道路，国家通过选择一批有特点、有代表性、符合条件的地区进行综合配套改革，以期为中部其他地区经济社会改革提供新经验和新思路。

参考文献

[1] 沈玉芳．长江经济带投资、发展和合作［M］．华东师范大学出版社，2003.

[2] 张敦富．中国区域城市化道路研究［M］．中国轻工业出版社，2008.

[3] 李国平，王碧瀛．中部崛起中的汉长昌经济圈的构建［J］．人文地理，2005（6）.

[4] 秦尊文．长江中游城市群的构建［M］．湖北人民出版社，2010.

[5] 周牧之．托起中国的大城市群［M］．世界知识出版社，2004.

[6] 徐建，曹有挥，孙伟．基于公路运输成本的长三角轴—辐物流网络构建［J］．地理研究，2009，28（4）.

[7] 侯赟慧，刘志彪，岳忠刚．长三角区域一体化进程的社会网络分析［J］．中国软科学，2009（12）.

[8] 王欣、吴殿延、王红强．城市间经济联系的定量计算［J］．城市发展研究，2006（3）.

[9] 韩会然、焦华富、李俊峰．皖江城市带空间经济联系变化特征的网络分析及机理研究［J］．经济地理，2011，31（3）.

[10] 海峰．区域物流论：理论实证与案例［M］．经济管理出版社，2006.

[11] 王圣云、沈玉芳．我国省级区域物流竞争力评价及特征研究［J］．中国软科学，2007（10）.

[12] 罗家德．社会网络分析讲义（第2版）［M］．社会科学出版社，2010.

全球化背景下长江中游城市集群的现状、问题与对策研究

王 磊 梁 爽 田 超
（武汉大学中国中部发展研究院 武汉 430072）

目前，长江三角洲、珠江三角洲和环渤海三大经济密集区占据了我国近一半的经济总量，而世界各国几十年的经验也表明城市群正在成为影响人类发展最重要的空间载体。城市群借助现代化的交通工具，通过发达的综合运输网和信息网，有效发展着城市个体之间的内在联系，加速生产要素的流动与交换，有利于打破区域壁垒，扩大市场规模；有利于深化分工合作，提升产品与服务品质；有利于发挥核心城市带动和辐射作用，促进城市间协调发展；有利于抢抓国家实施区域协调发展战略的重大机遇，加快中部崛起战略支点的构建；有利于提升国际竞争力，推进对外开放程度，实现跨越式发展。因此，把握机遇，迎接挑战，促进发展，提高竞争力，必须要重视城市群的建设与发展。加快推进长江中游城市集群的建设，正是顺应这一潮流，实现我国可持续发展的重要途径。

一、国际城市群发展趋势

（一）城市群是区域竞争力的重要体现

美国大西洋沿岸城市群、北美五大湖城市群、日本太平洋沿岸城市群、欧洲西北部城市群、英国伦敦城市群和中国长江三角洲城市群六大世界级城市群均是世界上发展程度最高的区域。美国大西洋沿岸城市群是美国最大的生产基地，最大的商业贸易中心和世界最大的国际金融中心；北美五大湖城市群是美国城市化、工业化水平最高的地区；日本太平洋城市群是日本经济最发达的地带，是日本政治、经济、文化中心；欧洲西北部城市群有着欧洲稠密的铁路、公路、航空及洲际高速是西欧重要交通中心；英国伦敦城市群是英国的产业密集带和经济核心区；中国长江三角洲城市群是中国综合实力最强的经济中心。

（二）城市群中心城市命令与控制职能凸显

城市群的空间结构模式表现为中心—腹地模式，伴随发达国家的经济向后工业化时代的转型，中心城市成为人流、货币流、物质流、信息流等多种流汇集的主要节点，发挥生产要素的汇聚与扩散功能；在城市流集聚作用下，中心城市规模得以扩大的同时，综合服务功能逐步升级，兼具外贸门户功能、商业金融功能、文化先导功能以及综合创新功能等各项职能于一身；在城市流扩散作用下，中心城市能够更好地对区域内中小型城市起到辐射、引领、示范、带动作用。总之，城市群中心城市以其最具效率的要素流动、最具竞争力的综合职能、最具活力的辐射效应成为引领城市群发展的中坚力量。

（三）城市群内部合理分工协作趋势显著

城市群的精髓在于城市间便捷的要素流动促进资源合理配置。在此基础上，各城市根据自身的比较优势，不断进行产业结构调整优化，大力发展明显优势的产业，进而逐步实现城市群各城市产业和职能的分工协作，构成分工合作和优势互补的城市群整体效应。城市群内部合理分工合作分为两种形式，一是多中心城市群中中心城市间的合理分工；二是城市群中中心城市与腹地城市间的分工协作，中心城市与腹地城市之间通过市场机制形成显著的商品、技术、资金、信息或劳动力等方面的供求关系。城市群中的各城市都有各自特殊职能，并且彼此间又紧密相连，将促进人口、资本等要素更大规模的集聚与扩散，形成城市群巨大的整体效应。

（四）城市群发展的政府协调机制逐步完善

城市群作为主体城市的集合，由于行政分权，因而内部主体城市在追求各自利益最大化的同时难免会产生诸多矛盾，这就需要政府进行协调并加以引导。外国发达国家的城市群管理体制已经经过半个多世纪的发展，正在逐步趋于完善。协调机制主要包括：成立区域政府旨在解决管理主体多样化的问题；建立专一的管理机构旨在通过协商与谅解来处理矛盾；制定区域规划旨在通过合理的规划政策协调城市群发展战略。

（五）城市群是生态环境问题的核心地区

城市群在带来高速的经济发展的同时，不可避免的成为生态环境问题高度集中且激化的核心地区。资源短缺、环境污染、生态破坏等环境问题将会威胁到区域乃至国家的安全和可持续发展。当地政府对环境治理的高度重视可以使得城市群被赋予丰富的城市景观资源，反过来这些丰富的城市景观又赋予了城市群休闲、游憩和生态等功能，促使城市多功能、可持续发展。因此，城市群的经济发展与环境保护同步规划、同步建设、同步实施，对推动国家及地区健康持续发展有着重要意义。

二、长江中游城市集群发展现状分析

1. 区域经济的重要空间载体但联系度有待增强

在全球化趋势与市场化改革的推动下，地区间竞争日趋激烈。为了引导地区间通过良性竞争，实现协调均衡发展，我国《国民经济和社会发展“十二五”规划纲要》明确指出实施区域发展总体战略和主体功能区战略，构筑区域经济优势互补、主体功能定位清晰的区域发展格局。在上述背景下，城市群成为实现区域协调发展战略与主题功能区战略的有效空间载体，推动区域经济又好又快发展的重要抓手。

近年来，我国城市群战略逐步展开，长三角城市群、珠三角城市群、环渤海城市群加速创新发展，促进产业升级；除此，山东半岛、辽东半岛、海峡西岸、长株潭、成渝、中原、哈大长、江淮、关中、天山北坡等城市群如雨后春笋般广泛兴起，面对这样的发展背景，中部城市如不能紧密联合，中部崛起将缺乏有力的空间载体和重要的战略支撑，从而在全国乃至世界范围内的竞争中处于不利的地位。

2. 发展潜力巨大但综合实力有待提高

长江中游城市集群在发展空间、产业基础、人才资源、生态环境、辐射国内市场具有明显的比较优势与竞争优势，具有继长三角、珠三角与环渤海地区之后，成长为全国第四经济增长极的巨大潜力。在全国主体功能区规划中，由武汉城市圈、长株潭城市群和鄱阳湖生态经济区为主体构成的“长江中游地区”被列为18个“国家重点开发区域”之一，也是内陆唯一跨三省的重点开发区域，在我国未来空间开发格局中，具有举足轻重的战略地位和意义。同时，长江中游一直是我国重要的粮食主产区和工业基地，长江中游城市集群在实现农业现代化、新型城市化、新型工业化协调发展方面具有重要的示范意义。

长江中游城市集群最近14年间人均GDP具有显著增长，由1997年的14678.4万元达到2010年的46139.1万元，增长了2.14倍，但与长三角、珠三角及环渤海城市群相比还有较大的差距。2010年，中部六省人口占全国比重是26.6%，中部六省工业增加值总计39334.8亿元，占全国总量的24.45%；城镇固定资产投资总额55623.2亿元，占全国城镇固定资产投资总额的23.04%；社会消费品零售总额31329.7亿元，占全国社会消费品零售总额的19.96%；出口总额534.2986亿美元，占全国出口总额的3.39%；中部六省主要经济指标全部低于中部六省人口比重。由此可见，中部六省经济发展仍然滞后于全国经济发展。

3. 中心城市实力增强但仍有待提升

作为湖北、湖南与江西三省的省会，武汉、长沙和南昌，呈“品”字型分布，也是构成长江中游城市集群的三个都市圈的“首位城市”。进入新世纪后，三市的经济发展明显加快，其中，2010年武汉、长沙、南昌分别实现地区生产总值5515.76亿元、4613.32亿元、2207亿元，分别比上年增长14.7%、15.5%、14%。然而，即使是中部地区中心城市武汉，与现有的5个国家中心城市相比，依然存在明显的差距。在经济总量上，2010年，武汉经济迈进“5000亿元俱乐部”，但GDP总量只有上海的33%、北京的40%。在经济结构与城市功能上，武汉市目前尚处于工业化中后期阶段，产业结构中工业的比重较大，服务业的层次较低，城市的影响力与辐射力偏弱，尚缺乏具有全国影响的企业和产业集群；在城市体系上，长三角和珠三角城市群已经形成了比较完善的城市等级结构。然而，不仅武汉城市圈内其他城市与武汉市的差距过大，长沙、南昌在经济总量与城市功能上也与武汉市存在较为明显的距离，其作为长江中游城市集群副中心的地位还有待进一步充实与提高。

4. 分工合作初具基础有待加深

长江中游城市集群已经初具分工合作的基础。中心城市间联系紧密，由于地理特殊性，“武汉—长沙—南昌”三城之间的经济联系强度远高于其他城市组合，根据引力模型测算得知武汉、长沙、南昌三个城市之间的相互引力之和为40.47，远高于其他任意三个省会城市组合之间的相互引力和。三大城市群内部联系紧密，武汉都市圈产业布局上形成了依托地理条件的“一心一带加三轴”的格局；长株潭城市群3市交通同环、电力同网、金融同城、信息共享、环境共治；环鄱阳湖城市群8个城市的产业结构各具特色，经济外向度较高，产业分工与合作紧密，经济互补性较强。

比较之下，三大城市群之间的经济联系还亟待提高。产业结构趋同是削弱三大城市群间分工合作引力的重要因素。三大城市群的农业发展均偏重于粗放式的传统农业；工业结构均以汽车、冶金、煤炭、电力和重化工为主要特征的重型产业结构，产业深化分工不足；第三产业主要集中在批发、零售和餐饮等传统产业，新兴服务业的发展则相对滞后。以三大城市群的核心城市武汉、长沙和南昌为例，三市都明确将汽车及零部件、生物医药和电子信息作为了当地支柱产业或优势产业，并不约而同地将新能源汽车也作为各自的重点培育产业。

5. 协调机制初步建立但尚不成熟

长江中游城市集群才刚刚起步。2012 年 2 月湖北、湖南、江西三省省长在武汉共同签署了《加快构建长江中游城市集群战略合作框架协议》。三省之间将建立省际联席会议制度，赣湘鄂三省党政主要领导轮流作为召集人，每年定期召开一次省际联席会议。同时，三省还将建立区域合作领导小组制度、三省部门联席会议制度和信息互通和情况通报制度。湖北、湖南、江西、安徽四省的交通运输厅负责人共同签订推进设立长江中游城市集群综合交通运输示范区合作意向书，共同构建“四横四纵”综合交通以及三层交通圈。

相比之下，长三角城市群合作机制已经相对成熟，由政府、行业、企业三个层次互相联动的区域合作机制已经成型；交通、能源、环保、信用、社保等重点合作方向已经明确，区域一体化进程不断加速。而长江中游城市集群的协调机制主要体现在政府层面的引导与推动，企业、社会层面的自发合作行为尚且不足。

6. 生态保护面临严峻挑战

长期以来，受自然和人为因素的影响，长江中游城市集群所在区域面临的生态问题日益严峻。洞庭湖、鄱阳湖都出现鄱阳湖水土流失加剧、土地沙化严重的情况；此外工业污染、农业污染、生活污染也相当严重，导致湖水富营养化日趋突出。素有“千湖之省”称号的湖北由于多年来自然淤积和人工围垦，湖泊的数量和水面面积已急剧减缩。分布于长江与江汉之间“江汉湖群”现存的湖泊面积为 2438. 6km^2，只有 20 世纪 50 年代的 34%。湖北全省大于 1 平方公里以上的湖泊为 217 个，比 20 世纪 50 年代的 522 个减少了一大半。

分析长江中游城市集群地区的发展现状，在该地区建立城市群进一步加深合作与分工具有其合理性及必要性，但与此同时应该看到，与我国发展较早较为成熟的城市群相比，长江中游城市集群的发展还有较大差距，分析原因主要表现在以下几方面：

（1）发展思路不统一。早在 1987 年，中部地区就成立了武汉经济协作区，为中部地区最大的经济合作组织，以武汉为中心，跨越长江中游地区的湖南、湖北、江西和河南四省。虽然时至今日，中部地区城市协同发展、要素融合的思路提出已经有 25 年，但是与长三角、珠三角市场一体化的现状相对照，如今的中部三省却仍然各自为政，分头突围。其中，湖北努力构筑“中部崛起”的战略支点，湖南积极靠拢珠三角，江西则明确提出当长三角的“后花园”。正是由于发展思路和实施战略的不一致，导致长期以来三地都是各走各的路，竞争多于合作。另外，虽然武汉当前的综合实力居于三地首位，初步具备了担当长江中游城市集群龙头的能力，但是湖南和江西两省并未明确表态支持武汉的龙头地位，而是一直培育扶持本地区的经济增长极，希望其经济实力能够与武汉相抗衡。

（2）对内对外开放度不够。现代经济就是开放经济，必须善于运用国际、国内两个市场和两种资源。对于长江中游城市集群而言，不仅要做国内承东启西的枢纽，更要成为对外交流的窗口和平台。但是现阶段，长江中游城市集群在对内对外开放水平上的差距仍然较大。第一，三地虽然是交通要道，地缘邻近，但是由于缺乏统一的规划，因此存在许多断头路的现象，造成彼此之间的联系不畅。第二，城市集群国有经济比重较大，而当地的民营经济发展又相当落后，外向型经济也十分欠缺，因而体制单一，经济缺乏活力。第三，政府购买社会组织服务的发展相对于国内走在前列的省市来说，差距仍然较大，与满足人民群众对公共服务的需求和“和谐社会”建设的要求还不相适应。第四，由于地方政府保护主义的存在，各地区设置了较高的市场准入标准，导致了贸易壁垒的产生，阻碍了三省间正常的商品流。

（3）中部城市发展不足，城市体系不健全。武汉、长沙和南昌分别是武汉城市圈、长株潭城市群以及鄱阳湖生态经济区的中心城市。随着“中部崛起”战略的实施，三大区域的综合实力有了很大的提升，但是和以北京、天津、上海、广州为代表的国内较发达地区主要城市相比，发展仍然不足。首先，武汉作为中部中心城市以及长江中游城市集群的核心，集聚和辐射功能与其定位相比，还有比较明显的差距。其次，长沙和南昌在长江中游城市集群定位于副中心城市，但是经济总量偏小，产业结构不合理，因而缺乏在各自区域内的辐射力和带动力。最后，长江中游城市集群的体系结构不健全。区域内的其他城市与上述三大中心城市差距较大，突出表现为大中城市的数量偏少，城市之间产业分工不明晰，且县域经济不发达，城镇化率偏低，缺少特色产业支撑。因此，难以实现大城市带动中小城市、城市反哺农村的良性局面。

（4）“三化”尚需协调发展。作为我国重要的工业和粮食生产基地，长江中游城市集群“三化”的同步发展不仅是历史使命，更是战略要求。据统计，2010年城市集群第一、第二产业比重分别为10.9%和51.4%，表明农业和工业在该区域仍占有相当重要的地位。由于第三产业发展滞后，严重阻碍了其对第一、第二产业的支持和辅助功能。加之资金、人才和技术的匮乏，农业难以实现规模化和现代化。而缺少相应的制度以及支持性的政策，则进一步阻碍了农村土地的合理流转与利用。虽然武汉、长沙等大中型城市生活型服务业比较发达，但生产型服务业却相对薄弱，相当一部分制造业企业既没有发展生产型服务业，也没有外包，这对城市集群新型工业化和新型城市化的进程和质量产生了不利影响。农业现代化和工业化的深化程度较低的现实更不利于城镇化的建设，因而对于长江中游城市集群来说，“三化”协调发展仍然任重道远。

（5）发展观念有待转变。当前城市的竞争模式已经由传统的硬环境竞争向软环境竞争转变。国内外城市发展的大量事实表明，城市的地理条件、资源状况、基础设施、基础条件等“硬件”在经济发展的过程中不再起着决定性作用，而诸如思想观念、文化氛围、体制机制、政策法规及政府行政能力水平和态度等要素的作用与日增递增。目前长江中游城市集群拥有绝佳的区位条件以及良好的政策优势，虽然城市集群的硬件投入力度在不断增强，城市面貌也有很大的改观，但是和沿海发达地区相比，政府的发展观念仍停留在传统思维模式上，各地方政府职能部门需转变观念，经济发展的驱动力要从硬要素投入的模式向软要素创造的模式进行升级，优化经济发展环境，以增强城市集群的竞争力。

三、长江中游城市集群发展建议

1. 统一发展思路，加强三地联系

湖北、湖南和江西三省不仅地缘、文化相近，而且自古以来就有紧密的经济和人员交流，但是目前这种联系却呈现弱化的趋势。因此，首先，三省应打破地域保护主义，从交通、通讯等基础设施一体化和旅游、科教、文化、卫生等公共资源共享入手，逐步推动三省市场一体化进程和专业化分工深化。其次，三省应统一发展思路，在市场一体化进程中进一步明确中心城市和副中心城市的地位，以增强城市集群的凝聚力和辐射力。最后，建立健全三地政府间的联系协调机制，发展壮大民间力量的组织协调能力，从政府和社会两个层面构筑地域间的联系纽带。

2. 促进城市发展，增强城市集群实力

城市功能不足是长江中游城市集群面临的主要难题。因此，首先要加快武汉和长沙、南昌等中心城市的发展步伐。武汉建设国家中心城市，需要大力提升创新引领、交通枢纽、产业带动和综合服务四大功能。长沙和南昌要巩固自身区域的地位，加大工业投资力度，拉长产业链并形成产业集群，辐射带动周边城市。区域内其他中小城市则应根据要素禀赋特点，对其进行合理定位，围绕中心城市布局周边产业，促进城镇的发展壮大，以对中心城市形成有力的支撑，构建层次分明的城市集群框架体系。

3. 调整产业结构，布局新兴产业

产业结构雷同、资源配置失当是当前长江中游城市集群发展的重大掣肘。三省要利用对外贸易发展困难、转变经济增长方式的契机推动产业转型升级，实现要素的市场重组。而在推动传统产业升级换代的同时，大力发展以技术和知识创造为支撑的新兴产业，提高自主创新能力，推进核心技术的研发，通过传统产业和新兴产业的“两轮驱动”构建合理的现代产业体系，提升区域经济水平。

4. 充分发挥教育优势，大力培育自主创新能力

现阶段长江中游城市集群要借助东湖高新开发区作为国家第二个自主创新示范区的机遇优势以及教育资源丰富的特点，加快吸引人才和科技创新的步伐。第一，通过三省联合招聘与推介会，以科研机构和企业为载体，以自主创新创业为契机，借由多层次人才计划以及突破性的人事制度和奖励制度，积极吸引高端人才和留住本地人才；第二，通过税收减免、风险共担等措施，鼓励企业加大研发投入，鼓励风险投资和社会资本进入，重点扶持高新技术企业和有成长潜力的中小企业；第三，鼓励人才资源在三省范围内的自由流动和充分共享，以此推动官产学研之间的跨省合作与资源整合。

5. 培育壮大民营经济

国有经济比重过大、民营企业发展缓慢造成了长江中游城市集群经济活力不高，缺乏增长后劲的现状。针对这一现状，政府在招商时要摆脱“嫌小爱大”的传统思维，制定切实可行的激励扶持政策，研究相应的税收和信贷优惠政策。另外，通过政府引导和投资，大力拓展创业园和高新技术产业园区，形成良好的基础设施和公共服务平台。通过软件、硬件的综合配套提升，吸引具有活力的中小民营企业落户，形成集聚发展的良好局面。

6. 转变政府观念，推进服务型政府建设

相比于经济发达地区的政府职能部门，长江中游城市集群的政府需要转变固有的政府管理观念，由管理型政府向服务型政府过渡，将企业和市民的利益置于首位，最大程度地营造和谐公平的市场和社会氛围。在招商引资时，政府不仅需要提高行政审批的效率，更要"主动介入、超前服务"，变被动为主动，积极协调各方面的工作。同时，提高重大决议的透明度和公众参与度，主动赢得社会的理解和支持，降低政府运行成本，提高政府运转效率。

7. 注重生态建设，展现后发优势

可持续发展战略是我国的基本国策，生态意识是实现可持续发展战略的重要因素。长江中游城市集群中，武汉城市圈和长株潭城市群为"两型社会"综合配套改革试验区，鄱阳湖生态经济区为生态经济示范区。基于长江中游城市集群的发展定位、环境现状以及可持续发展的需要，应大力加强生态建设和环境保护，不仅发挥其保障长江中下游生态安全乃至国家生态安全的重要作用，构筑区域生态安全体系，更要将其作为不可复制的战略资源和地域资本，为三省的人才引进和集聚、新型工业化和城市化的发展提供重要的依托。同时，长江中游城市集群还可以凭借其得天独厚的自然资源优势和历史文化底蕴，打破三省间的政策壁垒，联合开发旅游资源，以科学发展、绿色发展的理念为指导，构建国内乃至国际闻名的生态旅游文化胜地。

参考文献

[1] 陈联，蔡小峰．城市腹地理论及腹地划分方法研究［J］．经济地理，2005（9）．
[2] 刘晓丽，方创琳．城市群资源环境承载力研究进展及展望［J］．地理科学进展，2008（9）．
[3] 方创琳．2010 中国城市群发展报告［M］．科学出版社，2011.
[4] 徐江．多中心城市群：POLYNET 引发的思考［J］．国际城市规划，2008.
[5] 宁越敏．中外城市群发展趋势及对区域的引领作用［J］．上海城市管理职业技术学院学报，2007.
[6] 王德，项昺．中心城市影响腹地的动态变化研究［J］．同济大学学报（自然科学版），2006（9）．

后　　记

深化推进开放合作既是经济社会发展的内在要求，也是促进中部地区崛起的关键环节。党的十八大报告明确提出，要适应经济全球化新形势，必须实行更加积极主动的开放战略，完善互利共赢、多元平衡、安全高效的开放经济体系，全面提高开放型经济水平。《国务院关于大力实施促进中部地区崛起战略的若干意见》（国发［2012］43 号）也指出，中部地区要不断深化区域合作，健全合作机制，创新合作形式，在更大范围、更广领域、更高水平上实现资源要素优化配置。在经济全球化和我国全方位对外开放的背景下，中部地区克服困难、努力创造条件推进对外开放和区域合作，取得了积极的成效，开放合作水平日益提高，但总体相对不足的状态仍然没有改变。在新的历史时期，中部地区深化开放合作具备不少有利条件，也存在着许多制约因素。适应中部地区加快崛起的要求，把开放合作推向更高层次，需要超常规思维、大力度运作，特别是要着眼于克服薄弱环节，研究解决一些重大理论问题。

2012 年 11 月 20-21 日，武汉大学中国中部发展研究院、江西省发展和改革委员会、南昌大学在江西省南昌市共同主办了以“深化对外开放和区域合作的战略与策略”为主题的“中国中部发展论坛 2012”。来自国家发展和改革委员会、中部六省发展和改革委员会以及中国社会科学院、南开大学、山西大学、安徽大学、南昌大学、郑州大学、华中科技大学、武汉大学、湖南师范大学等高校的领导和专家学者共 80 余人参加了论坛，就新形势下进一步深化中部地区对外开放和区域合作有关问题进行了深入探讨，并提出了一些建议性意见和建议。本次论坛共收到论文 72 篇，经组织专家评审、原作者修改完善，选出其中的 26 篇优秀论文集结成书。本书重点探讨了国内外跨区域开放合作的经验与启示、区域一体化发展、中部地区区域合作的机制与制度保障、中部地区区域产业合作与竞争力提升、中部地区城市群一体化发展机制、中部地区重点试验区对外开放和合作路径等问题，以期为中部地区进一步深化开放合作、形成协调互动的区域发展新格局探索可行路径，为国家及中部地区研究制定深化开放合作有关政策提供有益参考。

本书的出版得到了国家发展和改革委员会地区经济司、武汉大学中国中部发展研究院各理事单位，以及相关领域专家学者的大力支持和辛勤付出，武汉大学出版也给予了鼎力帮助，在此一并表示感谢！